Обзор России: на русском и китайском языках

21世纪大学俄语系列教材

郝 斌　戴卓萌——编著

俄罗斯概况

第 2 版

北京大学出版社
PEKING UNIVERSITY PRESS

（俄汉对照）

图书在版编目(CIP)数据

俄罗斯概况 / 郝斌，戴卓萌编著 . —2 版 . —北京：北京大学出版社，2020.4
21 世纪大学俄语系列教材
ISBN 978-7-301-31184-4

Ⅰ. ①俄… Ⅱ. ①郝… ②戴… Ⅲ. ①俄语 - 高等学校 - 教材 ②俄罗斯 - 概况 Ⅳ. ① H359.39：K

中国版本图书馆 CIP 数据核字 (2020) 第 022874 号

书　　　名	俄罗斯概况（第 2 版）
	ELUOSI GAIKUANG (DI-ER BAN)
著作责任者	郝　斌　戴卓萌　编著
责任编辑	李　哲
标准书号	ISBN 978-7-301-31184-4
出版发行	北京大学出版社
地　　　址	北京市海淀区成府路 205 号　100871
网　　　址	http://www.pup.cn　新浪微博：@北京大学出版社
电子信箱	pup_russian@163.com
电　　　话	邮购部 010-62752015　发行部 010-62750672　编辑部 010-62759634
印　刷　者	天津中印联印务有限公司
经　销　者	新华书店
	787 毫米 ×1092 毫米　16 开本　16.25 印张　320 千字
	2012 年 4 月第 1 版　2020 年 4 月第 2 版　2022 年 4 月第 3 次印刷
定　　　价	58.00 元

未经许可，不得以任何方式复制或抄袭本书之部分或全部内容。
版权所有，侵权必究
举报电话：010-62752024　电子信箱：fd@pup.pku.edu.cn
图书如有印装质量问题，请与出版部联系，电话：010-62756370

再版前言

俄罗斯是中国最大的邻国。在国际舞台上,俄罗斯始终发挥着举足轻重的作用。随着21世纪的到来,历经几百年风风雨雨的中俄关系掀开了新的一页,两国间的经济、文化交流更加频繁,战略伙伴关系日趋紧密。苏联解体后,俄罗斯发生了巨大的变化。面对新的形势,我国出版了一些介绍当代俄罗斯的书籍。然而通过双语统览俄罗斯社会各个方面的著作并不多见。

香港东英金融集团是一家根植于香港的国际金融集团,业务涵盖投资银行服务、证券承销、直接投资、基金管理等。东英与俄罗斯和其他独联体国家的业务合作已有多年历史,深入了解和精准把握俄罗斯的政治、经济全貌,对我们做出投资决策具有十分重要的意义。为此,东英成立了以郝斌教授为首的研究团队,从各个方面多角度对俄罗斯和其他独联体国家进行跟踪和研究。为了帮助香港和内地培养熟悉俄罗斯的业务人才,郝斌教授主持编写了这本《俄罗斯概况》。该书具有以下特点:

1)简要介绍俄罗斯社会、经济、文化、历史、地理等国情知识,信息丰富、内容新颖;

2)俄文部分标有重音并配备相应的练习,可供学习俄语的人士作扩展性深度阅读,同时方便读者今后借助原文深入上述各领域的研究;

3)中俄文对照不求逐词对应,但求句义准确、语体相符、表达规范,既可检验读者对原文的理解程度,也有助于提高读者的翻译能力;

4)注重实用性知识的介绍,侧重高校俄语教材中较少谈及的对俄交往实务,对传统人文学科的着墨重在考研和俄语专业四、八级考试以及各类俄语大赛应掌握的知识点上,尤其侧重相关领域研究和交流必备的基础常识之介绍。

本书力求全面系统地介绍俄罗斯社会生活和风土人情,一书在手即通晓俄罗斯大概。全书融知识、趣味、实用为一体,极具可读性。本书既为社会各界对俄业务人员了解俄罗斯、走进俄罗斯提供了必要的基本知识,也为大专院校俄语专业学生拓宽视野、走复合型人才发展之路提供了一种可能的选择。对于立志未来投身对俄全方位研究或从事对俄经贸、文化交流事业的学生,本书针对目前俄语教学中所欠缺的知识盲点做了必要的补充。

本书融国情常识、语言学习和经贸往来必备知识于一体,自2012年出版以来,受到国内俄语学习和开展对俄业务人士的广泛欢迎,至今已多次印刷。本次再版,除了数据按最新时间更新外,在内容上也更加侧重契合社会的实际需求。随着特朗普的上台,目前全球非确定性因素急剧增多,美国对中国实施的贸易战和高新技术方面的遏制政策,美国及其西方盟友对俄罗斯的制裁,使得中俄战略合作关系和经贸往来水平上升至历史上从未有过的高度。国内俄语学习出现了新的高潮。在这一历史发展的背景下,我们相信本书会受到更多俄语界人士的欢迎。

本书各章的编者均系多年来从事俄罗斯问题研究的俄语专业教学人员:香港东英金融集

团俄罗斯及独联体地区董事郝斌（原黑龙江大学俄语学院院长、教授兼博士生导师）(第一、四、六、七章)，深圳北理莫斯科大学戴卓萌（第三、八、九、十、十四章），黑龙江大学时映梅（第二、十三、十五章）、祖雪晴（第十六章）、贾旭杰（第十一、十二章），哈尔滨理工大学杨楠（第五章）。郝斌还负责全书的审校及主编工作，同时对各章节内容进行了必要的补充和订正。此外，俄罗斯远东联邦大学俄罗斯国情学家 Корчевская Галина Петровна 和俄罗斯人民友谊大学俄罗斯文化学家 Кочергина Ирина Анатольевна 也参与了本书俄文审阅和练习编写的部分工作。

北京大学出版社张冰老师和李哲老师在本书的构思、撰写、修改过程中给予了悉心的指导并倾注了大量的心血和精力，在此深表感谢。

香港东英金融集团董事长

张高波

2020 年 3 月

ПРЕДИСЛОВИЕ К ПЕРЕИЗДАНИЮ

Подростком я начал учиться русскому языку, просто из интереса к великим соседям Китая; также мне хотелось узнать, как там живут, что творится за пределами нашей Родины. Потом я поступил в Хэйлунцзянский университет на факультет русского языка и литературы и четыре года изучал русский язык. Меня поражало богатство русского языка и вместе с тем глубины русской души; пройденный русским народом путь, полный страданий и вместе с тем жизнерадостного отношения к жизни — всё это произвело на меня неизгладимое впечатление. Так у многих моих однокашников, в том числе и у меня, и у главного редактора настоящего пособия — профессора Хао Биня, с которым мы провели вместе четыре года университетской жизни, родилась глубокая любовь к русскому языку, русской культуре и всему, что связано с Россией.

После университета я поступил в аспирантуру по экономическим наукам и стал работать в основном в финансово-биржевой сфере Китая. Потом переехал в Гонконг, чтобы работать в качестве председателя совета директоров Гонконгской Финансовой группы Oriental Patron.

Может быть, именно от того, что всю жизнь я питал любовь к России, я с радостью поддержал предложение профессора Хао о спонсорстве составления настоящего пособия. Гонконгская Финансовая группа Oriental Patron потому всегда уделяла и уделяет огромное внимание делу экономического сотрудничества с Россией в Китае, для чего и организовала составление данного пособия по страноведению России.

Страноведение — это комплексная дисциплина, которая систематизирует и обобщает разнообразные данные о природе регионов и стран мира, о демографическом и национальном составе населения, укладе жизни и традициях народов, хозяйстве, особенностях культуры и социально-политической организации государств, располагающихся в пределах отдельных регионов. Комплексный подход в страноведении неизбежно смыкается с анализом территориальных проблем — природно-экологических и социально-экономических.

Целью настоящего пособия является совершенствование у студентов страноведческой и лингвострановедческой компетенции, формирование системы представлений о русской национальной культуре и русском обществе.

Источниками информации для составленных авторами учебных текстов послужили учебники, энциклопедии, материалы журналов и интернет-ресурсы. Пособие состоит из 16 разделов, в которых представлены основные тематические блоки информации. Кроме того, в каждый раздел включены новые слова, которые студенты должны знать в рамках данной темы, и упражнения для закрепления информации данного раздела.

Учебное пособие «Обзор России» предназначено для преподавания русского языка китайским студентам, обучающимся по специальности «русский язык и литература», а также для всех тех, кого интересует Россия в прошлом и настоящем, для всех тех, чья работа непосредственно касается технико-экономического или культурного сотрудничества России и Китая.

От всей души желаю дальнейшего развития русско-китайского сотрудничества, надеюсь, что данное пособие внесёт свой должный вклад в дело этого сотрудничества. Думается, что факт многократных тиражей и переиздания книги уже сам по себе о многом говорит.

Почётный председатель Совета директоров Гонконгской Финансовой группы Oriental Patron

Чжан Чжипин（张志平）
Март 2020 г.

ЗАГЛАВИЕ

1 РОССИЙСКАЯ ФЕДЕРАЦИЯ (俄罗斯联邦) 1
    Общие сведения о России 1
    Наименование русского государства 1
    Государственные символы 1
    Народные символы 3
    Государственное устройство 7
    Административно-территориальное устройство 7
    Население 8
    Русский язык 9

2 ГЕОГРАФИЯ (地理) 13
    Территория и граница 13
    Рельеф 13
    Реки, озёра, моря 15
    Природные зоны 19
    Климат 21
    Природные ресурсы 23

3 ИСТОРИЯ (历史) 27
    Киевская Русь 27
    Раздробленность русских земель. Монголо-татарское нашествие 28
    Объединение Руси. Создание Московского государства 29
    Правление Ивана Грозного. Смутное время. Начало царствования Романовых... 31
    Образование Российской империи. Российская империя в 18 веке 35
    Россия в 1 половине 19 века 41
    Россия во 2 половине 19 века 43
    Россия в конце 19 века – начале 20 века 44
    Образование СССР 50
    Великая Отечественная война (1941-1945) 53
    Внешняя политика СССР в годы войны 55
    Послевоенное восстановление и развитие СССР (1945-1952) 57
    СССР в 1953-1964 годах 58
    Внутренняя политика СССР в 1965-1984 годах 58
    Последние годы существования СССР (1985-1991) 59
    Распад СССР 59

Россия накануне нового тысячелетия 61
　　Российская Федерация в 2000-2019 годах 63

4　**ЭКОНОМИКА (经济)** **68**
　　Структура экономики 68
　　Добывающая промышленность 68
　　Обрабатывающая промышленность 70
　　Оборонно-промышленный комплекс 73
　　Электроэнергетика 74
　　Сельское, лесное и рыбное хозяйство 75
　　Транспорт 77
　　Телекоммуникации 79
　　Внешнеэкономические деятельности 79
　　Банки 82

5　**ЭКОНОМИЧЕСКАЯ ГЕОГРАФИЯ (经济地理)** **83**
　　Центральный экономический район 83
　　Центрально-Чернозёмный экономический район 85
　　Восточно-Сибирский экономический район 87
　　Дальневосточный экономический район 88
　　Северный экономический район 90
　　Северо-Кавказский экономический район 91
　　Северо-Западный экономический район 92
　　Поволжский экономический район 93
　　Уральский экономический район 94
　　Волго-Вятский экономический район 95
　　Западно-Сибирский экономический район 97
　　Калининградский экономический район 98

6　**СИСТЕМА НАЛОГОВ И СБОРОВ (税制)** **101**
　　Федеральные налоги и сборы 101
　　Региональные налоги 105
　　Местные налоги 106
　　Специальные налоговые режимы 107
　　Евразийский экономический союз (Таможенный союз) 108

7　**ВНЕШНЯЯ ПОЛИТИКА (对外政策)** **110**

8　**СОЦИАЛЬНАЯ СИСТЕМА (社会体系)** **115**
　　Семья и воспитание 115
　　Образование 116
　　Система здравоохранения 117
　　Социальное обеспечение 117
　　Рождаемость и смертность 119
　　Миграционная ситуация 120

9 СРЕДСТВА МАССОВОЙ ИНФОРМАЦИИ (大众传媒) 123
- Телевизио́нное веща́ние 123
- Радиовеща́ние 126
- Газе́ты и журна́лы 127

10 РУССКИЙ НАРОД (俄罗斯人) 133
- Вне́шность и оде́жда 133
- Сво́йства хара́ктера ру́сского наро́да 133
- Традицио́нные национа́льные увлече́ния 138
- Излю́бленные те́мы бесе́д 138
- Гла́вное — прийти́ во́время 140
- Ру́сское и́мя и о́тчество в обще́нии 140
- Россия́не-лауреа́ты но́белевской пре́мии 142

11 ПРАЗДНИКИ И ПАМЯТНЫЕ ДНИ (节日和纪念日) 149
- Официа́льные пра́здники 149
- Религио́зные пра́здники 153
- Профессиона́льные пра́здники 156
- Други́е пра́здники 156

12 КУХНЯ (饮食) 159
- Ру́сские блю́да 159
- Хлеб-соль 161
- Квас, чай, ко́фе 161

13 РЕЛИГИИ (宗教) 163

14 ЛИТЕРАТУРА (文学) 167
- Литерату́ра Ки́евской Руси́ (10 век – пе́рвая полови́на 13 ве́ка) 167
- Пе́рвые оригина́льные произведе́ния древнеру́сской литерату́ры — ле́тописи ... 167
- Литерату́ра пери́ода борьбы́ про́тив тата́ро-монго́льского и́га (13-14 века́) ... 168
- Литерату́ра пери́ода Моско́вской Руси́ (14-17 века́) 169
- Литерату́ра 17 ве́ка 169
- Литерату́ра 18 ве́ка 171
- Литерату́ра 19 ве́ка 173
- Литерату́ра конца́ 19 – нача́ла 20 веко́в 183
- Литерату́рный проце́сс 20 годо́в 20 ве́ка 188
- Литерату́рный проце́сс 30-50 годо́в 20 ве́ка 192
- Литерату́рный проце́сс 60 годо́в 20 ве́ка 197
- Вое́нная про́за 50-70 годо́в 20 ве́ка 200
- Совреме́нная литерату́рная ситуа́ция 201

15 ИСКУССТВО (艺术) 206
- Му́зыка 206

Жи́вопись 208
　　Скульпту́ра 216
　　Архитекту́ра 219
　　Наро́дные про́мыслы 224

16　ТУРИ́ЗМ（旅游）... **229**
　　Москва́ 229
　　Санкт-Петербу́рг 240
　　Други́е туристи́ческие це́нтры 245

1

РОССИЙСКАЯ ФЕДЕРАЦИЯ
(俄罗斯联邦)

Общие сведения о России

Российская Федерация (сокращённо РФ), или Россия, — одно из самых больших государств мира. Она расположена в Восточной Европе и Северной Азии, занимает площадь 17,1 миллиона квадратных километров. Население России составляет 146,75 миллиона человек (2020). Столица России — город Москва. Государственный язык — русский. Денежная единица — рубль.

Наименование русского государства

В 9-ом – 10-ом веках под властью династии Рюриковичей сложилось Древнерусское государство со столицей в Киеве, именуемое в источниках Русью. С 11-ого века по отношению к нему в западноевропейских памятниках встречается латинское название Russia. С конца 15-ого века за ним постепенно закрепилось современное название — Россия. В разные времена оно употреблялось наряду с названиями «Русское царство» (1547), «Российская Империя» (1721), «Российская республика» (1917). После Октябрьской революции «Россия» — это название территории РСФСР (республики в составе СССР). С 25-ого декабря 1991-ого года это наименование Российской Федерации.

Государственные символы

Государственные символы России — это установленные Федеральными конституционными законами отличительные знаки государства. К ним относятся государственный герб, государственный флаг, государственный гимн.

Герб России представляет собой изображение золотого двуглавого орла, помещённого на красном геральдическом щите; над орлом — три короны (над головами — две

俄罗斯概述

俄罗斯联邦（简称"俄联邦"）或称俄罗斯，是世界上最大的国家，地跨欧洲东部和亚洲北部，面积1710万平芬诺斯堪底亚地区，又称波罗的海钻石地盾，地处俄罗斯欧洲部分的西北部，位于芬兰与白海之间。方公里，人口1亿4675万（2020）。首都莫斯科。官方语言为俄语。货币单位为卢布。

国名

公元9至10世纪，留利克王朝统治时期古俄罗斯国家形成，定都基辅，史称"罗斯"。11世纪起的西方古代文献中有对该国的拉丁文称名——俄罗斯。从15世纪末起，这一名称逐渐固定下来并沿用至今。在不同阶段，与这一称谓同时使用的还有"沙皇俄国"[①]（1547）、"俄罗斯帝国"[②]（1721）、"俄罗斯共和国"[③]（1917）等称谓。十月革命后，"俄罗斯"被用来指称苏联境内的俄罗斯苏维埃联邦社会主义共和国，1991年12月25日起成为现俄罗斯联邦之称谓。

国家标志

俄罗斯国家标志是由联邦宪法确立的具有识别国家功能的符号，包括国徽、国旗

---

① 一般认为1547年伊凡四世加冕典礼之后为"沙皇俄国"。
② 1721年，彼得一世宣布俄罗斯帝国成立。
③ 1917年，临时政府成立的俄罗斯共和国短暂存在。

和国歌。

俄罗斯国徽是红色盾徽上带有金色双头鹰的图案。双头鹰头戴三顶由绶带相连的皇冠（头上两顶，一顶大皇冠于其上）；右爪持权杖，左爪握有象征君权的十字金球，胸前有一枚红色盾牌，盾牌绘有一名以长矛击溃蛇怪的骑士。

俄罗斯国徽上的鹰及其双头具有各自的象征意义。鹰象征国家高傲地展翅向上翱翔的目标以及在世界上举足轻重的地位。从古至今，鹰在俄罗斯一直体现神性、太阳的力量、至高无上的威严、绝对的权力、伟大和永恒之精神，它同样反映勇敢无畏的气概、强大的御敌能力、崇高的精神和积极向上的志向。双头金鹰雄视东西两边，意为俄罗斯地跨世界两大洲。因此，双头鹰蕴含"既是欧洲，又是亚洲"之意。三顶皇冠代表三权分立：立法、行政和司法。双头鹰双爪中的皇权权杖和君权十字金球代表国家权力和统一。双头鹰胸前有一面红色盾牌，盾牌上绘有用长矛击溃展翅黑蛇的骑士。从彼得一世起，这位骑士被称为圣乔治，他曾被公认为是俄罗斯的庇护者，代表与恶搏斗的善。国徽的红底色象征着生机勃勃的力量、俄罗斯思想、英雄无畏的精神、美丽与胜利，双头鹰的金色则象征着尊贵荣显、崇高卓越、充裕富足、宏大伟岸、永世长存和荣耀万方。

俄罗斯联邦国徽是国家官方的标志，在旗帜、印章、货币和国家证件上均印有国徽。

ма́лые и над ни́ми — одна́ бо́льшего разме́ра), соединённые ле́нтой; в пра́вой ла́пе орла́ — ски́петр, в ле́вой — держа́ва; на груди́ орла́ на кра́сном щите́ — вса́дник, поража́ющий копьём драко́на.

Двугла́вый орёл на гербе́ Росси́и объединя́ет в себе́ два символи́ческих значе́ния: орёл и две головы́ э́того орла́. Орёл символизи́рует ориента́цию госуда́рства на высо́кий и го́рдый полёт, на значи́тельность в мирово́м соо́бществе. С древне́йших времён орёл воплоща́л собо́й боже́ственность, со́лнечную си́лу, ца́рственность, вы́сшую власть, вели́чие и бессме́ртие, он выража́ет та́кже му́жественность, бесстра́шие, обороноспосо́бность, акти́вность, духо́вность и возвы́шенные устремле́ния. Одна́ голова́ двугла́вого орла́ смо́трит на за́пад, друга́я — на восто́к, что объясня́ется географи́ческим положе́нием Росси́и, кото́рая располага́ется в двух частя́х све́та. Таки́м о́бразом, двугла́вый орёл мо́жет име́ть значе́ние «и Евро́па, и А́зия». Три коро́ны олицетворя́ют три ве́тви вла́сти: законода́тельную, исполни́тельную и суде́бную. Ски́петр с держа́вой, кото́рые двугла́вый орёл де́ржит в ла́пах, символизи́руют госуда́рственную власть и еди́ное госуда́рство. На груди́ орла́ помещён щит с изображе́нием вса́дника, поража́ющего копьём крыла́того зми́я. Со времён Петра́ I э́того вса́дника называ́ют Святы́м Гео́ргием, счита́вшимся покрови́телем Росси́и, си́мволом борьбы́ добра́ со злом. Кра́сный цвет по́ля в гербе́ — си́мвол животво́рной си́лы, ру́сской иде́и, герои́зма, красоты́ и побе́ды, а золото́й цвет орла́ — си́мвол досто́инства, вели́чия, бога́тства, великоле́пия, ве́чности и сла́вы.

Госуда́рственный герб Росси́йской Федера́ции — официа́льная эмбле́ма госуда́рства, изобража́емая на знамёнах, печа́тях, де́нежных зна́ках и госуда́рственных докуме́нтах.

Герб России

Флаг России

Госуда́рственный флаг Росси́йской Федера́ции представля́ет собо́й прямоуго́льное поло́тнище из трёх горизонта́льных равновели́ких поло́с: ве́рхней — бе́лого, сре́дней — си́него и ни́жней — кра́сного цве́та. Отноше́ние ширины́ фла́га к его́ длине́ составля́ет 2:3. Цвета́м Госуда́рственного росси́йского фла́га припи́сывается мно́жество символи́ческих значе́ний. Ча́сто выска́зывается мне́ние, что три цве́та фла́га символизи́руют «Ве́ру, Наде́жду, Любо́вь». Флаг Росси́йской Федера́ции устано́влен федера́льным конституцио́нным зако́ном от 2000-ого го́да.

Совреме́нный **госуда́рственный гимн** Росси́йской Федера́ции утверждён в 2000-ом году́. Му́зыка и осно́ва те́кста бы́ли позаи́мствованы из ги́мна Сове́тского Сою́за, мело́дию к кото́рому написа́л Алекса́ндр Алекса́ндров на стихи́ Серге́я Михалко́ва. Госуда́рственный гимн Росси́йской Федера́ции исполня́ется во вре́мя торже́ственных церемо́ний и други́х мероприя́тий, кото́рые прово́дят госуда́рственные о́рганы. При публи́чном исполне́нии ги́мна прису́тствующие выслу́шивают его́ сто́я, мужчи́ны — без головны́х убо́ров. Гимн трансли́руется госуда́рственными телерадиокомпа́ниями: в нового́днюю ночь по́сле боя́ часо́в, отмеча́ющего наступле́ние но́вого го́да; пе́ред эфи́ром пе́рвой телепрогра́ммы в дни госуда́рственных пра́здников.

Наро́дные си́мволы

Во всём ми́ре с Росси́ей ассоции́руются берёза, рома́шка, медве́дь, матрёшка, самова́р, ва́ленки, балала́йка, блины́ и т.п.

Берёза — национа́льное де́рево Росси́и, она́ растёт почти́ на всей террито́рии страны́. На Руси́ берёза и изде́лия из неё счита́лись оберего́м от нечи́стой си́лы. Дре́вние славя́не счита́ли, что в берёзе живу́т ду́ши уме́рших, поэ́тому хотя́ её почита́ли, но ду́мали о ней как о нечи́стом де́реве. Берёза была́ си́мволом возрожде́ния и чистоты́, с одно́й стороны́, и в то же вре́мя вмести́лищем ме́стных руса́лок и злых ду́хов — с друго́й стороны́. Благодаря́ стиха́м С.А. Есе́нина у совреме́нного ру́сского челове́ка берёза ассоции́руется с родны́м до́мом, с ма́лой ро́диной, с ру́сской глуби́нкой.

俄联邦**国旗**为三个平行长方形组成的横条旗，上、中、下颜色分别为白、蓝、红。国旗长与宽的比例为3:2。俄罗斯国旗的颜色具有多种象征意义，最常见的观点是三种颜色分别代表信仰、希望和博爱。俄联邦国旗于2000年由联邦立法确立。

俄罗斯现行**国歌**确立于2000年。乐曲和主要歌词取自由谢尔盖·米哈尔科夫作词、亚历山大·亚历山德罗夫配曲的苏联国歌。俄联邦国歌在国家机构举行庄严隆重的仪式和其他活动时演奏。在公众场合，出席者聆听国歌时需站立，男士需免冠。每逢跨年之夜迎新钟声响起之后、国家节假日首套节目播出之前，国家电视广播公司均播放国歌。

民族标志

在世界各地，同俄罗斯相关的联想有白桦树、洋甘菊、熊、套娃、茶炊、毡靴、巴拉莱卡琴、薄饼等。

白桦树是俄罗斯民族之树，它几乎遍布俄罗斯大地。在罗斯时期，白桦树及其制品被认为可以避邪。古斯拉夫人认为，白桦树中栖居着亡者的灵魂，所以尽管它受人尊敬，但仍被视为不洁之木。白桦树曾被视为重生和纯洁的象征，同时又被视为一些地方的美人鱼和恶魔的栖身之所。自叶赛宁歌咏

Берёза   *Рома́шка*

白桦树的诗作发表之后，白桦树在当代俄罗斯人心目中开始被联想到童年的故居、故乡和深邃的俄罗斯。

洋甘菊如同白桦树，同样是俄罗斯大自然的象征。洋甘菊自古就是夏日、太阳、纯洁、爱情、青春活力、纯真、柔情、忠诚和善良的象征。人们喜欢用洋甘菊来编织花环。此外，在斯拉夫人的传统中，洋甘菊还是一种拥有预言功能的鲜花。它至今还被用于占卜，尤其是用来推演爱情。

西方人常说，俄罗斯使他们联想到熊。熊作为许多民间故事和神话的主人公，曾常出现在一些俄罗斯古城的市徽中。在俄罗斯人心目中，熊是本民族的标志。它不是魁岸笨拙、性情残暴、富有进攻性的猛兽，而是一种心地善良、聪颖机智、淳朴敦厚、静谧祥和的动物。

玛特廖什卡套娃是外形呈圆柱形、绘有姑娘容貌的木制娃娃，一分为二打开后可看到内置有更小的相同造型娃娃。1 个套娃内的单体数量可达 50 个甚至更多。玛特廖什卡套娃身着彩绘的俄式连衣裙，头戴方巾。人见人迷的套娃由此成为俄罗斯文化之标志和传统纪念品，尽管其并非源自于俄罗斯本土。19 世纪末，这种可以拆分成两半、绘有七福神之一的佛教圣人福禄寿神的木旋制品从日本流入俄罗斯，这种可以一分为二的玩偶内另有 4 个可拆分为两部分的玩偶，一个小于一个。于是俄罗斯工匠创造出了绘有本民族村姑形象的可拆卸玩偶。

茶炊是一种用来烧水的带有水龙头的器皿。在俄罗斯，

Ромашка, как и берёза, символ русской природы. Ромашка издревле считается символом лета, солнца, чистоты, любви, юности, наивности, нежности, верности и доброты. Из ромашек любили плести венки. Кроме того, в славянской традиции ромашка — цветок, обладающий даром прорицания. До сих пор эти цветы используются для гаданий, особенно для гаданий о любви.

Жители западных стран часто говорят, что Россия ассоциируется у них с **медведем**. Медведь был героем многих сказок и мифов, встречался во многих гербах старых русских городов. В качестве своего национального символа русские воспринимают медведя не как большого, неуклюжего, жестокого, агрессивного, а как добродушного, мудрого, бесхитростного, спокойного зверя.

Матрёшка — полуовальная разнимающаяся посередине деревянная расписная кукла, фигурка девушки, в которую вставляются такие же куклы меньшего размера. Число матрёшек в одной игрушке может дойти до 50 и больше. Матрёшка одета в нарисованный сарафан, на голове у неё платок. Удивительная кукла стала символом русской культуры и традиционным русским сувениром, хотя родилась не в России: в конце 19-ого века в Россию привезли японскую точёную фигурку буддистского мудреца Фукурумы, которая раскрывалась на две части. Внутри неё была спрятана другая фигурка, которая также состояла из двух половинок. Внутри одной куколки было четыре других, каждая меньшего размера. Русские мастера создали свой вариант разъёмной игрушки, выполненной в образе крестьянской девушки.

Матрёшка

Самовар

Самовар — устройство с краном для приготовления кипятка. В России самовар появился во времена Петра I. Первый самовар был изготовлен в 1778-ом году в Туле. Самовар — это не просто предмет быта, он всегда был центральной фигурой русского стола и стоял на почётном месте. Вокруг него собирались на чаепитие члены семьи, их родственники и друзья. Самовар — это символ гостеприимства, достатка, покоя и благополучия в доме.

В России очень суровый климат, поэтому одним из любимых предметов одежды на Руси испокон веков были **валенки** — сапожки из овечьей шерсти. В старину валенки считались очень ценным подарком: они стоили дорого, потому что их делали вручную, и далеко не каждая семья могла позволить себе приобретение валенок.

Валенки

Балалайка

Музыкальным символом России является **балалайка** — русский народный трёхструнный щипковый музыкальный инструмент с треугольным, слегка изогнутым деревянным корпусом. Балалайка широко распространилась среди русских крестьян в 18-ом веке. В середине 19-ого века балалайка была очень популярна во многих местах России, на ней играли не только деревенские парни, но и серьёзные придворные музыканты. В конце 19-ого века балалайка получила второе рождение благодаря стараниям Василия Андреева, которого называли «молодым отцом балалайки». В.В. Андреев совместно с другими инструментальными мастерами усовершенствовал народный инструмент и сконструировал семейство балалаек разных размеров. Теперь на балалайке замечательно звучат не только русские народные песни, но и переложения произведений русской и западной классики.

Блины

茶炊出现于彼得一世时期。第一个茶炊于1778年在图拉制成。茶炊不仅仅是一件日常生活用品，它还要作为摆件摆放在俄罗斯人家餐桌中央显著的位子。家庭成员和亲朋好友围坐茶炊四周，啜茶品茗。茶炊标志着主人一家热情好客，丰衣足食，生活安逸，心满意足。

俄罗斯气候严峻，因此**羊毛毡靴**从遥远的罗斯时期起就成为受人喜爱的衣着品。古时候毡靴被视为一种名贵的礼物，它们因纯手工制成而价格不菲，远非每一个家庭都可以拥有。

俄罗斯音乐的标志物是巴拉莱卡琴。这是一种俄罗斯民间拨弦乐器，有3根琴弦，木制的三角形琴身呈略弯的弧状。18世纪，巴拉莱卡琴在俄罗斯乡村广为流行。到了19世纪中叶，则更是普及到了俄罗斯许多地区。无论是乡村农夫，还是宫廷古板的乐师，都弹奏起巴拉莱卡琴。19世纪末，巴拉莱卡琴由于瓦西里·安德列耶夫的努力再获流行，瓦西里·安德列耶夫因此被誉为"年轻的巴拉莱卡琴之父"。他同另外几名弦乐师完善了这一民间乐器，设计出各种不同规格的巴拉莱卡琴，一个新的三角琴家族从此诞生。现在巴拉莱卡琴既能弹奏出动听的俄罗斯民乐，又能演奏出西方的经典作品。

俄罗斯的**薄饼**是东斯拉夫人的传统食品。古时候，薄饼伴随人一生，从出生（女性产前的营养品）到死亡（丧事宴上的必备食品）。薄饼因形状似太阳而成为谢肉节必备的食

Ру́сские **блины́** — традицио́нное блю́до восто́чных славя́н. В старину́ блин сопровожда́л челове́ка всю его́ жизнь — от рожде́ния (же́нщину пе́ред рожде́нием ребёнка корми́ли блино́м) и до са́мой сме́рти (блин — обяза́тельное блю́до во вре́мя помина́льных обря́дов). Блин ассоции́руется с со́лнцем, явля́ется обяза́тельным атрибу́том пра́здника Ма́сленица. Блины́ едя́т со сли́вочным ма́слом, смета́ной, варе́ньем. Внутрь блино́в кладу́т разнообра́зную начи́нку: творо́г, я́году, сыр, мясны́е и ры́бные проду́кты, икру́, о́вощи, фру́кты.

Но́вые слова́

герб 国徽
гимн 国歌
щит 盾牌
коро́на 王冠
ла́па 爪子
ски́петр 权杖
держа́ва（饰有皇冠或十字架的）球状权标
вса́дник 骑士
копьё 长矛
ориента́ция 目标
воплоща́ть 体现
ветвь 分支
змий 蛇（书面语）
покрови́тель 庇护者
досто́инство 尊严
великоле́пие 华丽
сла́ва 荣耀
поло́тнище 一大幅布
полоса́ 带（条）状物

церемо́ния 仪式
мероприя́тие 活动
трансли́роваться （实况）转播
эфи́р 直播
ассоции́роваться 联想
рома́шка 洋甘菊
ва́ленки（复）毡靴
балала́йка 巴拉莱卡琴
блин（俄式发面）薄饼
почита́ть 尊敬
руса́лка 美人鱼
плести́ 编织
прорица́ние 预言
гада́ние 占卜
расписно́й 彩绘的
ко́рпус 琴身
атрибу́т 标志物
ма́сленица 谢肉节

Вопро́сы

1. Как называ́лось Росси́йское госуда́рство в разли́чные пери́оды свое́й исто́рии?
2. Что отно́сится к госуда́рственным си́мволам Росси́и?
3. Как вы́глядит герб Росси́йской Федера́ции?
4. Какова́ симво́лика изображе́ний на гербе́?
5. Где изобража́ется госуда́рственный герб Росси́йской федера́ции?
6. Как вы́глядит госуда́рственный флаг Росси́йской Федера́ции?
7. Кто написа́л му́зыку и текст Ги́мна РФ?

8. Каковы́ наро́дные си́мволы Росси́и?

9. Почему́ берёза счита́ется национа́льным де́ревом Росси́и?

10. Каки́е черты́ ру́сского челове́ка символизи́рует медве́дь?

11. Что тако́е матрёшка?

12. Почему́ блин счита́ется традицио́нным ру́сским блю́дом?

Госуда́рственное устро́йство

Госуда́рственную власть в Росси́йской Федера́ции осуществля́ют Президе́нт Росси́йской Федера́ции, Федера́льное Собра́ние, Прави́тельство Росси́йской Федера́ции, суды́ Росси́йской Федера́ции. Госуда́рственную власть в субъе́ктах Росси́йской Федера́ции осуществля́ют образу́емые и́ми о́рганы госуда́рственной вла́сти.

Главо́й госуда́рства явля́ется Президе́нт Росси́йской Федера́ции. Президе́нт Росси́йской Федера́ции в соотве́тствии с Конститу́цией Росси́йской Федера́ции и федера́льными зако́нами определя́ет основны́е направле́ния вну́тренней и вне́шней поли́тики госуда́рства, представля́ет Росси́йскую Федера́цию внутри́ страны́ и в междунаро́дных отноше́ниях, явля́ется Верхо́вным Главнокома́ндующим Вооружёнными си́лами Росси́йской Федера́ции. Президе́нт избира́ется на шесть лет гра́жданами Росси́йской Федера́ции на осно́ве всео́бщего ра́вного и прямо́го избира́тельного пра́ва при та́йном голосова́нии.

Федера́льное Собра́ние — парла́мент Росси́йской Федера́ции — явля́ется представи́тельным и законода́тельным о́рганом Росси́йской Федера́ции, состои́т из двух пала́т — Сове́та Федера́ции и Госуда́рственной Ду́мы. В Сове́т Федера́ции вхо́дят по два представи́теля от ка́ждого субъе́кта Росси́йской Федера́ции. Госуда́рственная Ду́ма состои́т из 450 депута́тов, избира́ется сро́ком на пять лет.

Исполни́тельную власть Росси́йской Федера́ции осуществля́ет Прави́тельство. Прави́тельство Росси́йской Федера́ции состои́т из Председа́теля Прави́тельства Росси́йской Федера́ции, замести́телей Председа́теля Прави́тельства Росси́йской Федера́ции и федера́льных мини́стров. Председа́тель Прави́тельства Росси́йской Федера́ции назнача́ется Президе́нтом Росси́йской Федера́ции с согла́сия Госуда́рственной Ду́мы.

Администрати́вно-территориа́льное устро́йство

Росси́я — госуда́рство с федерати́вным устро́йством. Росси́йскую Федера́цию образу́ют 85 равнопра́вных субъе́ктов:

— 22 респу́блики: Респу́блика Адыге́я, Респу́блика Алта́й, Респу́блика Башкортоста́н, Респу́блика Буря́тия, Респу́блика Дагеста́н, Ингу́шская респу́блика, Кабарди́но-

物。薄饼可以抹上黄油、奶油、果酱食用，也可以卷上各种夹馅：奶渣、浆果、奶酪、肉制品、鱼制品、鱼子酱、蔬菜、水果。

国家体制

俄罗斯联邦的国家管理职能由俄联邦总统、俄联邦议会、俄联邦政府、俄联邦司法机构履行。俄联邦各主体的国家权力由其组建的国家管理机构履行。

俄罗斯联邦总统为国家元首。根据俄联邦宪法和联邦法规定，俄罗斯联邦总统制定国家对内对外政策的基本方针，在国内和国际事务中代表俄罗斯联邦，是俄联邦武装力量的最高统帅。总统由俄联邦公民在全民平等和直接选举的基础上以无记名投票方式产生，任期为6年。

联邦议会，即俄罗斯联邦国会，是俄罗斯联邦的代表与立法机关，由联邦委员会和国家杜马组成。联邦委员会由俄罗斯所有联邦主体各出2名代表组成。国家杜马则由450名代表组成，任期为5年。

政府是俄罗斯联邦的行政机构。俄罗斯联邦政府由俄联邦政府总理、俄联邦政府副总理和联邦各部部长组成。俄联邦政府总理由俄联邦总统在征得国家杜马同意后任命。

行政区的划分

俄罗斯属联邦制国家。俄罗斯联邦由85个平等的联邦主体构成：

22个共和国：阿迪格共和国、阿尔泰共和国、巴什科尔托斯坦共和国、布里亚特共和国、达吉斯坦共和国、印古什共和国、卡巴尔达—巴尔卡尔共和国、卡尔梅克共和国、卡拉恰伊—切尔克斯共和国、卡累利阿共和国、科米共和国、马里埃尔共和国、莫尔多瓦共和国、萨哈（雅库特）共和国、北奥塞梯共和国、鞑靼斯坦共和国、图瓦共和国、乌德穆尔特共和国、哈卡斯共和国、（伊奇克里亚）车臣共和国、楚瓦什共和国、克里米亚共和国[①]；

9 个边疆区：阿尔泰边疆区、堪察加边疆区、哈巴罗夫斯克边疆区、滨海边疆区、克拉斯诺达尔边疆区、克拉斯诺亚尔斯克边疆区、彼尔姆边疆区、斯塔夫罗波尔边疆区、外贝加尔边疆区；

46 个州：阿穆尔州、阿尔汉格尔斯克州、阿斯特拉罕州、别尔哥罗德州、布良斯克州、弗拉基米尔州、伏尔加格勒州、沃洛格达州、沃罗涅什州、伊凡诺沃州、伊尔库茨克州、加里宁格勒州、卡卢加州、克麦罗沃州、基洛夫州、科斯特罗马州、库尔干州、库尔斯克州、列宁格勒州、利佩茨克州、马加丹州、莫斯科州、摩尔曼斯克州、下哥罗德州、诺夫哥罗德州、新西伯利亚州、鄂木斯克州、奥伦堡州、奥廖尔州、奔萨州、普斯科夫州、罗斯托夫州、梁赞州、萨马拉州、萨拉托夫州、萨哈林州、斯维尔德洛夫斯克州、斯摩棱斯克州、坦波夫州、特维尔州、托姆斯克州、图拉州、秋明州、乌里扬诺夫斯克州、车里亚宾斯克州、雅罗斯拉夫尔州；

3 个联邦直辖市：莫斯科、圣彼得堡、塞瓦斯托波尔；

1 个自治州：犹太自治州；

4 个自治区：涅涅茨自治区、汉特—曼西自治区、楚科奇自治区、亚马尔—涅涅茨自治区。

人口

根据俄罗斯统计局 2020 年 1 月 1 日的数据，俄罗斯常住人口总数为 1 亿 4675 万，居世界第九位，位于中国、印度、

Балка́рская респу́блика, Респу́блика Калмы́кия, Карача́ево-Черке́сская респу́блика, Респу́блика Каре́лия, Респу́блика Ко́ми, Респу́блика Ма́рий Эл, Респу́блика Мордо́вия, Респу́блика Саха́ (Яку́тия), Респу́блика Се́верная Осе́тия, Респу́блика Татарста́н, Респу́блика Тыва́, Удму́ртская респу́блика, Респу́блика Хака́сия, Чече́нская респу́блика (Ичке́рия), Чува́шская респу́блика, респу́блика Крым;

— 9 краёв: Алта́йский, Камча́тский, Хаба́ровский, Примо́рский, Краснода́рский, Красноя́рский, Пе́рмский, Ставропо́льский, Забайка́льский;

— 46 областе́й: Аму́рская, Арха́нгельская, Астраха́нская, Белгоро́дская, Бря́нская, Влади́мирская, Волгогра́дская, Волого́дская, Воро́нежская, Ива́новская, Ирку́тская, Калинингра́дская, Калу́жская, Ке́меровская, Ки́ровская, Костромска́я, Курга́нская, Ку́рская, Ленингра́дская, Ли́пецкая, Магада́нская, Моско́вская, Му́рманская, Нижегоро́дская, Новгоро́дская, Новосиби́рская, Омская, Оренбу́ргская, Орло́вская, Пе́нзенская, Пско́вская, Росто́вская, Ряза́нская, Сама́рская, Сара́товская, Сахали́нская, Свердло́вская, Смоле́нская, Тамбо́вская, Тверска́я, То́мская, Ту́льская, Тюме́нская, Улья́новская, Челя́бинская, Яросла́вская;

— 3 го́рода федера́льного значе́ния: Москва́, Санкт-Петербу́рг, Севасто́поль;

— 1 автоно́мная о́бласть: Евре́йская автоно́мная о́бласть;

— 4 автоно́мных о́круга: Не́нецкий, Ха́нты-Манси́йский, Чуко́тский, Яма́ло-Не́нецкий.

Населе́ние

На 1-ое января́ 2020-ого го́да, по да́нным Росста́та, число́ постоя́нных жи́телей Росси́и соста́вило 14675590 челове́ка, по э́тому показа́телю страна́ занима́ет девя́тое ме́сто в ми́ре по чи́сленности населе́ния по́сле Кита́я, Индии, США, Индоне́зии, Брази́лии, Пакиста́на, Бангладе́ша, Ниге́рии. Пло́тность населе́ния — ме́ньше 9 чел./км^2 (2020). Населе́ние распределено́ кра́йне неравноме́рно: 68,43 % россия́н прожива́ют в европе́йской ча́сти Росси́и, составля́ющей 20,82 % террито́рии. Пло́тность населе́ния европе́йской Росси́и — 27 чел./км^2, а азиа́тской — 3 чел./км^2. Среди́ субъе́ктов федера́ции наибо́льшая пло́тность населе́ния зарегистри́рована в Москве́ — бо́лее 4956 чел./км^2, наиме́ньшая — в Чуко́тском автоно́мном о́круге — ме́нее 0,07 чел./км^2.

По пе́реписи 2010-ого го́да, в Росси́и прожива́ют

[①] 2014 年 3 月 18 日并入俄罗斯实际管辖。

представи́тели 146 наро́дов (учёные добавля́ют к э́тому ещё и 48 этни́ческих групп, входя́щих в соста́в не́которых из э́тих самостоя́тельных наро́дов, ито́го всего́ 194 наро́дов). В число́ 146 наро́дов вхо́дят наро́ды, живу́щие преиму́щественно в преде́лах Росси́и: ру́сские (о́коло 111,0 млн), тата́ры (о́коло 5,31 млн), башки́ры (о́коло 1,584 млн), чува́ши (о́коло 1,436 млн), чече́нцы (о́коло 1,431 млн), та́кже гру́ппы люде́й, принадлежа́щие к наро́дам, прожива́ющим в бы́вших сою́зных респу́бликах СССР, наприме́р, украи́нцы (о́коло 1,928 млн), армя́не (о́коло 1,182 млн), и к наро́дам стран да́льнего зарубе́жья (не́мцы, поля́ки, евре́и, коре́йцы, гре́ки).

Ру́сские

15 городо́в Росси́и име́ют населе́ние бо́лее 1 млн челове́к: Москва́, Санкт-Петербу́рг, Новосиби́рск, Екатеринбу́рг, Ни́жний Но́вгород, Каза́нь, Челя́бинск, Сама́ра, Омск, Росто́в-на-Дону́, Уфа́, Красноя́рск, Пермь, Воро́неж, Волгогра́д.

Ру́сский язы́к

Ру́сский язы́к отно́сится к восточнославя́нской гру́ппе славя́нской ве́тви индоевропе́йской семьи́ языко́в. Он явля́ется официа́льным языко́м ООН. На нача́ло 21-ого ве́ка о́бщее число́ говоря́щих на нём составля́ло о́коло 277 миллио́нов, а 167 миллио́нов челове́к употребля́ют его́ как основно́й язы́к. Подсчи́тано, что он восьмо́й по коли́честву люде́й, для кото́рых явля́ется родны́м.

Исто́ки ру́сского языка́ ухо́дят в глубо́кую дре́вность. Приме́рно в 3-ей – 2-ой тыс. до н. э. среди́ и́ндо-европе́йских языко́в вы́делился протославя́нский диале́кт, ста́вший праславя́нским языко́м че́рез ты́сячу лет. В 6-о́м – 7-о́м века́х он раздели́лся на не́сколько групп: восто́чную, за́падную и ю́жную (ру́сский язы́к при́нято относи́ть к восто́чной). В 9-ом ве́ке (моме́нт образова́ния Ки́евской

---

① 本书所采用的数据涉及诸如"民族数量"等这样较为敏感的话题，仍采用 2010 年俄罗斯全国普查数据。众所周知，民族问题在俄罗斯一直是一个敏感的话题。

语。公元 6 至 7 世纪，原斯拉夫语分化，形成了三大语支：东斯拉夫语支、西斯拉夫语支和南斯拉夫语支（俄语通常被归入东斯拉夫语支）。公元 9 世纪（基辅罗斯形成期间），圣基里尔和圣梅福季兄弟二人在希腊语文字的基础上发明了第一套斯拉夫语字母和字母表。他们翻译、抄录了《福音书》的经文、警句、礼拜祷告辞和使徒行传。同时，他们还花费了约三年半的时间在摩拉维亚（历史上位于捷克境内）对斯拉夫人进行启蒙教育。由于兄弟二人在教育方面的努力和渊博的知识，斯拉夫语得到迅速发展①。13 至 14 世纪，波兰—立陶宛联军的入侵导致东斯拉夫语瓦解成 3 个语种：俄语、乌克兰语和白俄罗斯语。16 世纪，莫斯科罗斯规范了俄语文字。彼得大帝时代对俄语产生了强大的影响。这一时期，俄语摆脱了教会的羁绊。1708 年人们对俄语字母所进行的改革使其更接近欧洲文字。1755 年，罗蒙诺索夫编写了第一部语法（《俄语语法》），制定了俄语标准语的规则。康杰米尔、罗蒙诺索夫、苏马罗科夫、诺维科夫、冯维辛、杰尔查文、卡拉姆辛、克雷洛夫、格里鲍耶多夫、普希金的创作使得俄语规则得以固定，修辞手段获得完善，俄语的词汇量得到极大的扩充。普希金的文学作品综合了俄语口语、外语和教会斯拉夫语的各种因素，在俄罗斯社会中引发了极大的共鸣。这一形式的俄语完整地保留至今。

Руси́) два бра́та, святы́е Кири́лл и Мефо́дий, на осно́ве гре́ческого письма́ изобрели́ пе́рвую славя́нскую а́збуку и алфави́т. Они́ переводи́ли и запи́сывали ева́нгельские про́поведи, при́тчи, богослуже́бные те́ксты и апо́стольские посла́ния; а та́кже о́коло трёх с полови́ной лет занима́лись просвеще́нием славя́н в Мора́вии (истори́ческом регио́не Че́шской респу́блики). Благодаря́ труду́ и зна́ниям бра́тьев-просвети́телей, славя́нский язы́к стал стреми́тельно развива́ться. По́льско-лито́вские завоева́ния в 13-ом – 14-ом века́х раздели́ли язы́к на три гру́ппы: ру́сский, украи́нский и белору́сский. В 16-ом ве́ке Моско́вская Русь нормализова́ла пи́сьменность ру́сского языка́. Петро́вская эпо́ха о́чень си́льно повлия́ла на ру́сскую речь. Именно в э́то вре́мя ру́сский язы́к освободи́лся от опе́ки це́ркви, а в 1708-ом году́ реформи́ровали а́збуку и сде́лали её подо́бной европе́йской. В 1755-ом году́ М.В. Ломоно́сов со́здал пе́рвую грамма́тику, закрепля́ющую но́рмы ру́сского литерату́рного языка́ («Росси́йская грамма́тика»). Стабилиза́ция норм, совершенствова́ние стилисти́ческих средств, пополне́ние слова́рного фо́нда находи́ли своё отраже́ние в тво́рчестве А.Д. Кантеми́ра, М.В. Ломоно́сова, А.П. Сумаро́кова, Н.И. Новико́ва, Д.И. Фонви́зина, Г.Р. Держа́вина, Н.М. Карамзина́, И.А. Крыло́ва, А.С. Грибое́дова, А.С. Пу́шкина. Наибо́льший о́тклик в ру́сском о́бществе получи́л си́нтез ру́сских разгово́рных, иностра́нных и церковнославя́нских элеме́нтов, характе́рный для литерату́рных произведе́ний А.С. Пу́шкина. Именно в э́той фо́рме ру́сский язы́к в це́лом сохраня́ется до настоя́щего вре́мени.

Святые Кирилл и Мефодий

---

① 1863 年，正值斯拉夫文字创立 1000 周年，俄国政府宣布每年的 5 月 24 日为圣基里尔与圣梅福季纪念日。苏联初期，政府实施反宗教政策，这一纪念日被废除。1986 年这一宗教节日被恢复。1991 年，俄罗斯将 5 月 24 日定为国家法定节日并命名为斯拉夫文字文化节。节日期间，俄罗斯文化部、东正教会、教育机构举办丰富多彩的活动。斯拉夫文字文化节也逐渐成为捷克、斯洛伐克、保加利亚、白俄罗斯、摩尔多瓦、乌克兰、克罗地亚、塞尔维亚等国家的共同节日。

Новые слова и словосочетания

устройство 体制，布局
город федерального значения 联邦直辖市
автономная область 自治州
автономный округ 自治区
плотность 密度
перепись 调查统计
башкиры（复）巴什基尔人
поляки（复）波兰人

евреи（复）犹太人
греки（复）希腊人
диалект 方言
азбука（整套）字母
проповедь 布道，说教
притча（醒世的）警句，劝谕
послание 使徒行转

Вопросы и задания

1. Кто осуществляет государственную власть в Российской Федерации?
2. Кто является главой государства?
3. Сколько субъектов входят в состав РФ?
4. Какова численность населения России?
5. Какое место в мире занимает Россия по численности населения?
6. Первая всеобщая перепись населения России была проведена в 1897-ом году. По данным таблицы расскажите, как менялось население России.
   Образец: *По данным 1897-ого года население России составляло 67,5 млн человек.*

Год	Население	Год	Население
1897	67,5 млн	1989	147,0 млн
1914	89,9 млн	1996	148,3 млн
1926	92,7 млн	2000	146,9 млн
1939	108,4 млн	2005	143,5 млн
1959	117,2 млн	2010	142,9 млн
1970	129,9 млн	2015	146,3 млн
1979	137,4 млн	2020	146,7 млн

7. Какова средняя плотность населения России?
8. В каком городе самая большая плотность населения России и сколько она составляет?
9. Где в России наименьшая плотность населения и сколько она составляет?
10. Сколько народов проживает в России? Перечислите самые многочисленные народы России.
11. Расскажите о самых многочисленных народах России. Используйте данные ниже.
    Образец: *Самый многочисленный народ России — русские, их численность составляет 111016896 человек, это 80,9% населения России. На втором месте — татары, их численность составляет…*

№	Национа́льность	Чи́сленность	в %
1	ру́сские	111016896	80,9
2	тата́ры	5310649	3,87
3	украи́нцы	1927988	1,4
4	башки́ры	1584554	1,15
5	чува́ши	1435872	1,05
6	чече́нцы	1431360	1,04
7	армя́не	1182388	0,86
8	ава́рцы	912090	0,66
9	мордва́	744237	0,54
10	казахи́	647732	0,47

Национальный состав России

12. Ско́лько в Росси́и городо́в-миллионе́ров?

13. К како́й языково́й семье́ и языково́й гру́ппе отно́сится ру́сский язы́к?

14. Како́в междунаро́дный ста́тус ру́сского языка́?

15. Что вы зна́ете об исто́рии ру́сского языка́?

ГЕОГРАФИЯ

(地理)

Территория и граница

Россия находится в северном полушарии, на материке Евразия: в восточной части Европы и в северной части Азии. Она занимает около 40% площади Европы и 30% площади Азии. С севера территория страны омывается водами морей Северного Ледовитого океана, с востока — Тихого. Россия — самое большое по площади государство мира. Её площадь составляет 17,1 млн км², это 1/8 часть суши, заселённой человеком. Это почти вдвое больше, чем площадь Канады, второй по площади страны мира. Протяжённость России с севера на юг составляет около 4000 км, а с запада на восток составляет около 9 тыс. км.

Размеры территории России определяют большую протяжённость её границ — почти 61 тыс. км. Западная и южная границы России преимущественно сухопутные, а северная и восточная — морские. На западе идёт граница с Норвегией, Финляндией, Эстонией, Латвией, Беларусью и Украиной. От остальной территории России отделена Калининградская область. Она граничит с Польшей и Литвой. На юге проходит граница России с Грузией, Азербайджаном, Казахстаном, Китаем, Монголией и Северной Кореей. Восточная граница — морская. Здесь ближайшими соседями России являются Япония и США.

Рельеф

Россия расположена к северу от пояса высоких горных хребтов, пересекающих Евразию с запада на восток. Рельеф страны весьма неоднороден и контрастен. Территория России делится на две основные части — восточную и западную, их разделяют невысокие Уральские горы. Западная часть России почти в три раза меньше восточной. Западная часть России преимущественно равнинная; в восточной части преобладают горы. На территории России выделяют шесть основных орографических

领土和疆界

俄罗斯地处北半球，横跨亚欧大陆：位于欧洲的东部和亚洲的北部，占约欧洲 40% 和亚洲 30% 的面积。俄罗斯北接北冰洋，东临太平洋，是世界上版图最大的国家，领土面积 1710 万平方公里，占地球陆地可居住总面积的 1/8，几乎是世界上面积第二国家加拿大的两倍。俄罗斯南北跨度约 4000 公里，东西跨度约 9000 公里。

俄罗斯疆界长达近 6.1 万公里。西部和南部以陆疆为主，东部和北部以海疆为主。西部邻国有挪威、芬兰、爱沙尼亚、拉脱维亚、白俄罗斯和乌克兰。加里宁格勒州作为远离俄罗斯本土的"飞地"毗邻波兰和立陶宛。俄罗斯南部邻国有格鲁吉亚、阿塞拜疆、哈萨克斯坦、中国、蒙古和朝鲜。东部与俄罗斯隔海相望的近邻是日本和美国。

地形

俄罗斯地处自西向东横贯欧亚大陆的高山带以北，地形复杂多样，反差显著。俄罗斯领土分为东西两大主要部分，彼此被山体不高的乌拉尔山隔开。西部面积几乎只有东部的 1/3。西部以平原为主，东部则有部分山区。根据地形，俄罗斯领土可分为六大主要地貌区：芬诺斯堪底亚地区（科拉—卡累利阿地区）、东欧平原（俄罗斯平原）、乌拉尔山区、西西伯利亚平原、中西伯利亚高原、俄罗斯南部和东部山区。俄罗斯70%的领土为平原。

частей: Фенноскандию (или Кольско-Карельский регион), Восточно-Европейскую (Русскую) равнину, Уральские горы, Западно-Сибирскую равнину, Среднесибирское плоскогорье, горы юга и востока России. 70% территории России расположено на равнинах.

Фенноскандия

  芬诺斯堪底亚地区，又称波罗的海钻石地盾，地处俄罗斯欧洲部分的西北部，位于芬兰与白海之间。俄罗斯部分包括卡累利阿共和国，地形主要为低地平原和高地平原、山丘和冈峦。该地区有很多湖泊。

  东欧平原位于俄罗斯西部，自然资源丰富，这里居住着俄罗斯60%以上的人口，汇集了俄罗斯大部分大型城市，建有纵横交错的公路网。

  乌拉尔山脉呈狭长带状，横亘于俄罗斯平原东部边缘，长达2000多公里。山区宽度从40至150公里不等。该地区以矿物资源丰富著称。

  辽阔的西西伯利亚平原的地形差异不明显，彼此间海拔落差不大。该地区的一个显著特点是多沼泽地。

  中西伯利亚高原位于叶尼塞河与勒拿河之间，由几个明显相互分隔的高原组成。

  在俄罗斯南部黑海与里海之间，坐落着大高加索山脉。山脉自西北向东南绵延1100多

  Фенноскандия, иначе Балтийский кристаллический щит, находится на северо-западе Европейской части России, между финской границей и Белым морем. В пределы России входит Республика Карелия с преобладанием низменных и возвышенных равнин, холмогорьем и мелкогорьем. В данном регионе много озёр.

  Восточно-Европейская равнина расположена на западе России. Равнина богата разнообразными природными ресурсами, здесь проживает более 60% населения России, находится большая часть городов, создана густая сеть дорог.

  Уральские горы узкой полосой протянулись вдоль восточной окраины Русской равнины более чем на 2000 км. Их ширина от 40 до 150 км. Этот регион России знаменит обилием минералов и полезных ископаемых.

  Рельеф огромной Западно-Сибирской равнины слабо пересечён, колебания относительных высот минимальны. Одна из характерных особенностей этой части России — заболоченность.

  Среднесибирское плоскогорье расположено на территории между реками Енисей и Лена, состоит из нескольких сильно расчленённых плато.

  На юге России, между Чёрным и Каспийским морями, расположена горная система Большой Кавказ, формирующая естественную границу России с Грузией и Азербайджаном и простирающаяся более чем на 1100 км с северо-запада на юго-восток. Высшая точка России — гора Эльбрус на Кавказе — достигает 5642 м. Самые известные горы к востоку от Урала — Алтай (объект всемирного народного наследия ЮНЕСКО, гора Белуха — 4506 м) — высочайшие горы Сибири (третьи по высоте в России после Кавказа и Камчатки). Алтай привлекает удивительной разнообразной природой и богатым историческим прошлым. Саяны — живописнейшая горная страна на юге Сибири, между Алтаем и Байкалом, в самом сердце Азии. Две главные горные системы — Западные и Восточные Саяны — протянулись с запада на восток. Вдоль побережья Лены в её нижнем течении протянулся Верхоянский хребет, северо-восточнее от него находится хребет Черского. Вдоль Тихоокеанского побережья протянулась почти сплошная цепь нагорий и хребтов, от Чукотского нагорья до Сихотэ-Алиня. Полуостров Камчатка и Курильские острова на крайнем востоке — территория вулканов (всего их более 200, около 50 — действующие).

Реки, озёра, моря

На территории России протекает более 2,5 миллионов рек. 90% рек — это малые реки, так как они имеют длину менее 100 километров. 57 рек имеют длину свыше 1000 км.

Большие реки европейской части России текут, главным образом, на юг. В южной части Уральских гор стекает с них и впадает в Каспийское море довольно большая река Урал. К западу от этой реки в Каспийское же море впадает самая длинная и широкая река в европейской части России и во всей Европе — Волга (длина 3530 км). Волга-матушка — так ласково её называют в России. Издавна Волга служила торговым путём, соединявшим юг и север, восток и запад. И сегодня река выступает в качестве одного из важнейших транспортных путей в европейской части России. В Волгу впадает 300 притоков. Главные из них: справа — Ока и слева — Кама. В бассейне Волги живёт 1/3 населения России. По её берегам расположено много старинных русских городов, славных своим историческим прошлым, крупным хозяйственным и культурным значением: Нижний Новгород, Казань, Самара, Саратов, Волгоград, Астрахань. Западнее Волги, с севера на юг, течёт река Дон. Дон впадает в Азовское море. На запад течёт очень короткая и широкая

公里，构成俄罗斯同格鲁吉亚和阿塞拜疆的自然疆界。俄罗斯最高峰是高加索的厄尔布鲁士山，高度为5642米。乌拉尔山以东地区最著名的山系是阿尔泰山脉（被列入联合国世界遗产名录，别鲁哈峰高度为4506米），它是西伯利亚最高的山脉（在高加索山脉和堪察加半岛火山之后位居俄罗斯第三）。阿尔泰山有着旖旎的自然风光和丰富的历史遗迹。西伯利亚南部，在阿尔泰山和贝加尔湖之间，亚洲的心脏地带，横亘着风景如画的群山萨彦岭。西萨彦岭和东萨彦岭两个主要山系自西向东绵延。上扬斯克山脉位于勒拿河下游，在其东北方则坐落有切尔斯基山脉。顺着太平洋沿岸从楚科奇高地到锡霍特阿林山脉①山峦起伏，绵延不断。最东面的堪察加半岛和千岛群岛火山密布，共计200多座，其中有约50座活火山。

河流、湖泊、海洋

俄罗斯有250多万条河流，其中90%为长度不到100公里的短河，长度在1000公里以上的河流有57条。

俄罗斯欧洲部分的大河主要流向南方。乌拉尔河起源于乌拉尔山南部，注入里海。乌拉尔河以西有一条俄罗斯欧洲部分乃至全欧最长、最宽的河流——伏尔加河（长3530公里），注入里海。俄罗斯人亲切地称之为母亲河。自古以来，伏尔加河就是一条连接东西南北的贸易之路，至今依然是俄罗斯欧洲部分最重要的运输线之一。伏尔加河有300条支流，其中主要有右岸的奥卡河和左岸的卡马河。伏尔加河流域生活着约1/3的俄罗斯人口。伏尔加河两岸坐落着许多历史悠久、具有重要经济和文化意义的俄罗斯古城：下诺夫哥罗德、喀山、萨马拉、萨拉托夫、伏

---

① 又称"老爷岭"。

尔加格勒、阿斯特拉罕。伏尔加河以西是自北向南注入亚速海的顿河。河流不是很长但水面宽阔的涅瓦河取道向西，将拉多加湖与波罗的海的芬兰湾连接起来。流向北方的河流长度总体上短于流向南方的河流，其中一条是注入白海的北德维纳河。河口处有俄罗斯最大的港口之一——阿尔汉格尔斯克港。另外一条北方大河是流入巴伦支海的伯朝拉河。

俄罗斯最宽、最长、水量最多的河流均位于西伯利亚。最宽的河流是鄂毕河，最长的则是勒拿河（长4400公里），水量最多的属叶尼塞河。这三条河流均流入北冰洋。鄂毕河沿岸的大城市有新西伯利亚（俄罗斯人口排名第三，西伯利亚最大的商贸、文化、工业、交通和科研中心），勒拿河沿岸坐落有雅库茨克（远东地区人口排名第三），叶尼塞河沿岸有克拉斯诺亚尔斯克（东西伯利亚文化、经济、工业和教育中心）。

俄罗斯远东的大河阿穆尔河（中国黑龙江）注入太平洋。

俄罗斯大部分的河流，如伏尔加河、顿河等，流经平原，水流平缓。这样的河流适合船运。起源于山区的河流，如叶尼塞河和阿穆尔河，水流湍急，河上建有数座水电站。除了地处俄罗斯最南边的河流，几乎所有的河流冬天均要封冻。

река Нева́. Она́ соединя́ет большо́е Ла́дожское о́зеро с Фи́нским зали́вом Балти́йского мо́ря. На се́вер теку́т не таки́е дли́нные ре́ки, как на юг. Одна́ из них впада́ет в Бе́лое мо́ре. Э́то Се́верная Двина́. В её у́стье располо́жен оди́н из крупне́йших порто́в Росси́и — Арха́нгельск. Друга́я кру́пная река́ се́верного сто́ка — Печо́ра. Она́ впада́ет в Ба́ренцево мо́ре.

Наибо́лее кру́пные и многово́дные ре́ки нахо́дятся в Сиби́ри. Са́мая кру́пная река́ — э́то Обь, а са́мая дли́нная река́ — Ле́на (4400 км). Енисе́й — са́мая многово́дная река́ Росси́и. Они́ впада́ют в Се́верный Ледови́тый океа́н. Больши́е города́ на Оби́ есть Новосиби́рск (тре́тий по чи́сленности населе́ния го́род Росси́и, крупне́йший торго́вый, делово́й, культу́рный, промы́шленный, тра́нспортный и нау́чный центр Сиби́ри) и др., на Ле́не — Яку́тск (тре́тий го́род Дальневосто́чного федера́льного о́круга по чи́сленности населе́ния) и др., а на Енисе́е — Красноя́рск (культу́рный, экономи́ческий, промы́шленный и образова́тельный центр Восто́чной Сиби́ри) и др.

На Да́льнем Восто́ке течёт больша́я река́ Аму́р, впада́ющая в Ти́хий океа́н.

Река Амур

Большинство́ рек Росси́и, наприме́р, Во́лга, Дон и др., — равни́нные ре́ки со споко́йным пла́вным тече́нием. Таки́е ре́ки удо́бны для судохо́дства. А ре́ки, кото́рые начина́ются в гора́х, наприме́р, Енисе́й и́ли Аму́р, о́чень бы́стрые. На э́тих ре́ках постро́ены ГЭС. Почти́ все ре́ки, кро́ме са́мых ю́жных, зимо́й замерза́ют и покрыва́ются льдом.

Красноярская ГЭС на банкноте в 10 рублей

В России более 2 миллионов озёр. Самые крупные озёра России — Байкал, Ладожское, Онежское, Таймыр. Самое глубокое озеро в мире — это озеро Байкал. Озеро находится в Сибири, его глубина — 1642 м (около 1/5 мировых запасов пресной воды без ледников). Озеро расположено на высоте 456 м и окружено горами. На Байкале 27 островов. Флора и фауна Байкала включают около 1800 видов. Со всех сторон в Байкал вливаются 372 притока, а вытекает из него только одна река — Ангара. Загадкой является неизменная температура воды в любом месте озера.

Территории России омывают 12 морей и 1 замкнутое море (Каспийское море): на севере границы России расположены по морям, принадлежащим Северному Ледовитому океану (Баренцево, Белое, Карское, Лаптевых, Восточно-Сибирское, Чукотское); в восточной части России границы располагаются по водам Тихого океана (Берингово, Охотское, Японское); на западе морская граница расположена в водах Балтийского моря; юго-западная морская граница России расположена в водах Азовского и Чёрного морей; Каспийское море находится в Евразии, между Россией, Казахстаном, Туркменистаном, Ираном и Азербайджаном, это самое большое озеро во всём мире, его площадь — 371 тыс. кв. км.

俄罗斯有200多万个湖泊。较大的湖泊有贝加尔湖、拉多加湖、奥涅加湖和泰梅尔湖。贝加尔湖是世界上最深的湖泊，位于西伯利亚，深1642米，约占世界除冰川外的淡水储量的1/5，海拔456米，为群山围绕。贝加尔湖上有27个岛屿。该地区有约1800种动植物种类。汇入贝加尔湖的支流多达372条，流出的仅有一条——安加拉河。整个湖泊各处水温几乎均温，成了一个千古之谜。

俄罗斯濒临12个大海域和1个内陆湖（里海）：北部有北冰洋水域的巴伦支海、白海、喀拉海、拉普捷夫海、东西伯利亚海、楚科奇海；东临太平洋水域有白令海、鄂霍次克海和日本海；西接波罗的海；西南部与亚速海、黑海为邻；里海位于欧亚大陆，在俄罗斯、哈萨克斯坦、土库曼斯坦、伊朗和阿塞拜疆之间，其面积达37.1万平方公里，为世界湖泊之最。

 Новые слова и словосочетания

материк 陆地
омываться 被（江河、海洋）环绕
протяжённость 长度
отделить 使分开
граничить 毗邻，接壤
рельеф 地形
орографический 山岳形态学的
плоскогорье 高原

минерал 矿物
полезные ископаемые（复）矿藏资源
плато 高原
ЮНЕСКО 联合国教科文组织
вулкан 火山
ГЭС 水电站
флора 植物群
фауна 动物类

Вопросы и задания

1. Где находится Российская Федерация?
2. Какова площадь территории Российской Федерации?
3. Какова протяжённость границ России?
4. С какими странами граничит Российская Федерация?
5. Какие орографические части выделяют на территории России?
6. Какая гора является самой высокой в России? Где она находится? Какова её высота?
7. Какие горы являются объектом всемирного наследия ЮНЕСКО?
8. Какие горы находятся в самом сердце Азии?
9. В каком регионе России расположена зона вулканов?
10. Какие крупные реки протекают в европейской части России?
11. Какая река самая длинная в европейской части России? Какова её длина? Какие города расположены на её берегах?
12. Как называется самая крупная река России?
13. Как называется самая длинная река России?
14. Как называется самая многоводная река России?
15. Как называется самое глубокое озеро, находящееся в азиатской части России?
16. Что вы знаете о Байкале?
17. Какие моря омывают берега России?
18. Расскажите о самых больших островах и полуостровах России. Используйте данные ниже.

    Образец: Самый большой остров — Сахалин, он находится между Японским и Охотским морями, его площадь 76,4 тыс. км². На втором месте — Северный остров, это остров архипелага Новая Земля, он находится между Баренцевым и Карским морями, его площадь …

№	Остров	Архипелаг (群岛)	Где находится	Площадь, тыс. км²
1	Сахалин		между Японским и Охотским морями	76,4
2	Северный	Новая Земля	между Баренцевым и Карским морями	48,9
3	Южный			33,3
4	Котельный	Новосибирские острова	между морем Лаптевых и Восточно-Сибирским морем	23,2
5	Октябрьской революции	Северная Земля	между Карским морем и морем Лаптевых	13,7
6	Большевик	Северная Земля	между Карским морем и морем Лаптевых	11,3

Острова России площадью более 10 тыс. км²

№	Полуо́стров	Где нахо́дится	Пло́щадь, тыс. км²
1	Таймы́р	ме́жду Ка́рским мо́рем и мо́рем Ла́птевых	400
2	Камча́тка	ме́жду Бе́ринговым мо́рем и Ти́хим океа́ном на восто́ке и Охо́тским мо́рем на за́паде	370
3	Гы́данский	вдаётся в Ка́рское мо́ре ме́жду Обско́й и Та́зовской губа́ми на за́паде и Енисе́йским зали́вом на восто́ке	150
4	Яма́л	ме́жду Обско́й губо́й и Ка́рским мо́рем	122
5	Ко́льский	ме́жду Бе́лым и Ба́ренцевым моря́ми	100
6	Чуко́тский	ме́жду Чуко́тским и Бе́ринговым моря́ми	49
7	Ка́нин	отделя́ет се́верную часть Бе́лого мо́ря от Ба́ренцева мо́ря и его́ Че́шской губы́	10,5

Полуострова́ России́ площа́дью бо́лее 10 тыс. км²

19. Допиши́те предложе́ния.
   1) ... де́лят Росси́ю на европе́йскую и азиа́тскую ча́сти.
   2) Высоча́йшая верши́на Росси́и — ...
   3) Са́мая дли́нная река́ европе́йской ча́сти Росси́и — ...
   4) Река́ — национа́льный си́мвол Росси́и — ...
   5) Прито́ки Во́лги — э́то ... и ...
   6) Са́мая дли́нная река́ Сиби́ри — ...
   7) Са́мое глубо́кое о́зеро Росси́и и ми́ра — ...
   8) Спо́рные ме́жду Росси́ей и Япо́нией острова́ — Кунаши́р（国后岛）, Шикота́н（色丹岛）, Итуру́п（择捉岛）, Хабома́и（齿舞岛） вхо́дят в Ю́жные Кури́льские острова́ （南千岛群岛）, кото́рые по́сле ... мирово́й войны́ ста́ли принадлежа́ть Росси́и.

Приро́дные зо́ны

В преде́лах Росси́и выделя́ют де́сять приро́дных зон: зо́ны аркти́ческих пусты́нь, ту́ндры, лесоту́ндры, тайги́, сме́шанных и широколи́ственных лесо́в, лесостепи́, степи́, полупусты́нь и пусты́нь.

В **зо́не аркти́ческих пусты́нь** лежа́т Земля́ Фра́нца-Ио́сифа, Но́вая Земля́, Се́верная Земля́, Новосиби́рские острова́. Для да́нной зо́ны хара́ктерно огро́мное коли́чество льда и сне́га во все сезо́ны го́да.

Зо́на тундр располо́жена вдоль побере́жья море́й Се́верного Ледови́того океа́на. Это зо́на хо́лода, си́льных ве́тров, большо́й о́блачности, поля́рной но́чи и поля́рного дня. Здесь коро́ткое и холо́дное ле́то, продолжи́тельная и суро́вая зима́, ма́лое коли́чество оса́дков. По бо́льшей ча́сти ту́ндра безле́сная. Живу́т в ту́ндре постоя́нно оле́ни, бе́лые куропа́тки, со́вы, воро́ны.

自然带

俄罗斯地域覆盖10个自然带：北极荒漠带、苔原带、森林苔原带、原始森林带、混交林带、阔叶林带、森林草原带、草原带、半荒漠带和荒漠带。

属于北极荒漠带的有弗朗兹—约瑟夫大地、新地、北方大地、新西伯利亚岛屿。该带区全年被大量的冰雪覆盖。

苔原带位于北冰洋沿岸。该地区寒冷，风力强，云量大，有极夜和极昼。这里夏季短暂冷峭，冬季漫长酷寒，终年很少降水。苔原带的大部分地区没有林木。这里栖居着鹿、白松鸡、猫头鹰、乌鸦。

Лесотундра в окрестностях г. Салехард

森林苔原带为苔原带向森林带过渡的中间地带，位于苔原带以南，呈狭长带状连亘于海积平原、冰蚀平原和冲击湖平原上。森林苔原带的宽度在不同地区有30至300公里不等。与苔原带气候相比，这里夏日较温暖，风力有所减弱。该带区最明显的特征是生长有西伯利亚云杉、落叶松和白桦树林。森林苔原带的典型动物有白熊、狼、北极狐。在湖泊和大型水库和沼泽地栖息着鹅、鸭子、天鹅。靠近森林苔原带的南部地区有松鼠、驼鹿、棕熊。

原始森林带在俄罗斯自然带中面积最大，从俄罗斯西部的疆界至鄂霍次克海和日本海。该自然带区内集中着大量的沼泽地、湖泊。原始森林带有很多动物：松鼠、猫头鹰、林貂、驼鹿、熊、狐狸。

混交林和阔叶林带绵延于东欧平原和远东地区。与原始森林带相比，这里的气候温暖、湿润。冬季没有原始森林带那样的酷寒，温度为 -20°C 至 -16°C，夏季较长且温暖，温度为 10 至 20°C。

森林草原带位于森林带和草原带之间，呈带状连绵于东欧平原、南乌拉尔山脉和西西伯利亚平原。森林草原带气候介于湿度适中的森林带和不太潮湿的草原带之间。这里的动

Лесотундра — перехо́дная зо́на от ту́ндры к ле́су, у́зкой полосо́й простира́ется южне́е ту́ндры на морски́х, ледннико́вых и аллювиа́льно-озёрных равни́нах. Ширина́ террито́рии лесоту́ндры составля́ет от 30 до 300 км в ра́зных областя́х страны́. В климати́ческом отноше́нии она́ отлича́ется от ту́ндры бо́лее тёплым ле́том и сниже́нием ско́рости ве́тра. Важне́йшей черто́й э́той зо́ны явля́ется нали́чие лесо́в, состоя́щих из сиби́рской е́ли, ли́ственниц и берёзы. Живо́тные лесоту́ндры — бе́лые медве́ди, во́лки, песцы́. На озёрах и боло́тах обита́ют — гу́си, у́тки, ле́беди. Бли́же к ю́гу, в лесоту́ндре встреча́ются бе́лки, ло́си, бу́рые медве́ди.

Зо́на тайги́ занима́ет среди́ приро́дных зон Росси́и наибо́льшую пло́щадь, простира́ясь от за́падных грани́ц Росси́и до побере́жья Охо́тского и Япо́нского море́й. В зо́не тайги́ сосредото́чено большо́е коли́чество боло́т, озёр и кру́пных водохрани́лищ. В тайге́ мно́го ра́зных живо́тных: бе́лки, со́вы, лесна́я куни́ца, ло́си, медве́дь, ли́сы.

Зо́на сме́шанных и широколи́ственных лесо́в распространена́ на Восто́чно-Европе́йской равни́не и на Да́льнем Восто́ке, где кли́мат по сравне́нию с тайго́й значи́тельно тепле́е и влажне́е. Зима́ здесь ме́нее суро́вая, чем в таёжной зо́не, 16-20 гра́дусов моро́за; ле́то до́лгое и тёплое, 10-20 гра́дусов тепла́.

Лесостепна́я зо́на — перехо́дная зо́на ме́жду ле́сом и сте́пью — протя́гивается непреры́вной полосо́й че́рез Восто́чно-Европе́йскую равни́ну, Южный Ура́л и За́падно-Сиби́рскую равни́ну. Кли́мат лесосте́пи перехо́дный от уме́ренно вла́жного лесно́го к недоста́точно вла́жному степно́му. Расти́тельный и живо́тный мир представля́ют растения и животные и леса и степей. Чем ближе к югу, тем меньше лесов, тем меньше лесных животных.

Степная зона в России занимает южные районы Восточно-Европейской равнины и Западной Сибири; на востоке степи простираются до предгорий Алтая; в горах Южной Сибири степи распространены изолированными участками. Почва в степи — плодородный чернозём. Здесь находится много пашен и пастбищ для скота. Климат степной зоны характеризуется тёплым, засушливым летом и холодной зимой, небольшим количеством осадков. Характерная черта степной зоны — безлесье.

Зоны полупустынь и пустынь занимают в России очень небольшую территорию в пределах Прикаспийской низменности и Ергеней. Лето здесь более жаркое, зима холодная, очень малоснежная, с сильными ветрами, весна короткая, на неё приходится максимум осадков, однако количество их непостоянно.

Отдельно нужно поговорить о зоне субтропиков. В России территория субтропиков небольшая — это узкая часть прибрежной суши у Чёрного моря до гор Кавказа. В этой зоне — тропическое лето, зимы практически нет. Горы покрыты густым зелёным ковром деревьев и кустарников. В лесах можно встретить медведей, волков, барсуков, шакалов, белок, мышей и змей. В горах селятся разные птицы.

Климат

На территории России существуют разные типы климата. Большая часть территории России находится в умеренном континентальном климатическом поясе, крайний север страны лежит в арктическом и субарктическом поясах. Черноморское побережье Кавказа расположено в достаточно тёплом субтропическом поясе.

На крайнем западе России климат морской. Но чем дальше на восток, тем климат становится всё более и более континентальным. В Сибири климат резко континентальный. В Восточной Сибири находится место самых низких температур в северном полушарии — город Оймякон, где в январе бывает до -70°C. На юге Дальнего Востока климат умеренный муссонный (средняя температура в январе -5°C). Больше всего осадков выпадает в горах Кавказа и Алтая (до 2000 мм в год), самый засушливый район — Прикаспийская низменность (около 150 мм осадков в год).

Арктический климат характерен для островов Северного Ледовитого океана и его сибирского побережья.

植物同时兼有森林和草原动植物的特征。愈往南，森林和丛林动物愈渐稀少。

草原带位于东欧平原和西西伯利亚的南部区域，东接阿尔泰山山麓，在西伯利亚南部山区草原带呈独立的块状绵延。草原带的土质为肥沃的黑土地，耕地和牧场随处可见。草原带夏季温暖、干旱，冬季寒冷，降水量小。草原带的典型特征是没有森林。

半荒漠带和荒漠带位于里海沿岸的低地和叶尔盖尼地区，占俄罗斯总面积很小的部分。这里夏季较炎热，冬季寒冷，降雪量小，风力大，春季短暂，最大的降水多在春季，但降水量波动较大。

需要单独提一下亚热带。在俄罗斯，亚热带的面积不大，横卧于从黑海边到高加索山脉的一条狭窄的地段上。这里夏天炎热潮湿，实际上没有冬天。山脉为茂密的绿树和灌木所覆盖。经常有熊、狼、獾、豹、松鼠、野鼠及爬蛇出没于森林之中。山岭上栖居着各种鸟类。

气候

俄罗斯气候复杂多样，大部分地区属温带大陆性气候，极北地区属寒带和亚寒带，高加索的黑海沿岸处在亚热带。

俄罗斯最西部为海洋性气候。越是往东，气候的大陆性特点就越显著。西伯利亚呈典型的大陆性气候。东西伯利亚的奥伊米亚康是北半球冬季气温最低的地方，1月份最低气温可达 -70°C。远东南部属温带季风气候（1月份平均气温在 -5°C）。高加索山区和阿尔泰山区的降水量最大（年降水量达2000毫米），最干旱的地区是里海沿岸低地（年降水量约150毫米）。

北冰洋各岛屿及其西伯利亚沿岸地处寒带。这里日照时间短，全年处于北极冷气团的控制之下。夏天气温低，岛上气温接近0°C。北极带南端气温略高，可达5°C。该地降水量不大（200—300毫米/年），以降雪为主，一年中大部分时间里地表被冰雪覆盖。

俄罗斯平原、西西伯利亚平原至北极圈、东部北纬60度以北地区地处亚寒带。这里冬季漫长而酷寒，夏季也相当寒冷。北部最热1个月份的平均气温只有4°C左右，南部约12至14°C。夏季降水量最大。年降水量达300至600毫米。

温带的特点是夏季温暖，冬季寒冷。广阔的温带地区，温度和湿度上有着很大的差异。温带自西向东呈四种气候类型依次更替：欧洲部分属温和的温带大陆性气候，西西伯利亚平原和里海沿岸呈典型的大陆性气候，东西伯利亚属典型的温带大陆性气候，远东属季风气候。

俄罗斯1月份平均气温在不同地区从-50°C至6°C不等，7月份平均气温从1°C到25°C不等；年降水量从150至2000毫米不等。永久冻土带（西伯利亚和远东地区）占俄罗斯领土总面积的65%。

俄罗斯70%以上的领土不适宜耕种。大部分地区适宜耕作的农时为2至3个月（相比之下，欧洲或美国可以持续8至9个月）。

Здесь на поверхность поступает очень мало солнечной радиации. В течение всего года господствует арктический воздух с низкими температурами. Летом температуры низкие, на островах они близки к нулю, а на материке у южных границ арктического пояса увеличиваются до +5°C. Количество осадков здесь невелико (200-300 мм), выпадают они преимущественно в виде снега, который покрывает поверхность большую часть года.

Субарктический климат характерен для территорий, расположенных на Русской и Западно-Сибирской равнинах за полярным кругом, а в восточных районах — почти до 60º северной широты. Зимы здесь продолжительны и морозны, лето довольно холодное. Средняя температура самого тёплого месяца на севере — около +4°C, на юге до +12 – +14°C. Максимум осадков приходится на лето. Их годовая сумма составляет 300-600 мм.

Климат умеренного пояса России отличается тёплым летом и холодной зимой. На большом пространстве умеренного пояса наблюдаются довольно существенные различия температур и влажности. В умеренном поясе выделяются четыре типа климата, которые сменяют друг друга с запада на восток. Умеренно континентальный климат умеренного пояса свойствен европейской части страны. Континентальный климат умеренного пояса распространён на просторах Западной Сибири и Прикаспия. Резко континентальный климат умеренного пояса характерен для Восточной Сибири. Муссонный климат характерен для Дальнего Востока.

Средние температуры января, по разным регионам, колеблются от 6 до -50°C, июля — от 1 до 25°C; осадков от 150 до 2000 мм в год. Вечная мерзлота (районы Сибири и Дальнего Востока) занимает 65% территории России.

Более 70% российской территории — это зона рискованного земледелия. Сельскохозяйственный сезон на большей части территории России длится 2-3 месяца (для сравнения, в Европе или США — 8-9 месяцев).

Новые слова

зона 带，区
арктический 北极的，寒带的
пустыня 荒漠
тундра 苔原带，冻土带

тайга 原始森林
осадок 降水
аллювиальный 冲击的
ель 云杉

ли́ственница 落叶松
водохрани́лище 水库
распространи́ть 延伸
уме́ренно 温和地
предго́рье 山麓
па́шня 耕地
па́стбище 牧场
скот 牲畜
засу́шливый 干旱的

ни́зменность 低地
субтро́пики 亚热带
континента́льный 大陆的
субаркти́ческий 亚寒带的
муссо́нный 季风的
радиа́ция 辐射
мерзлота́ 冻土
риско́ванный 有危险的
земледе́лие 农业

 Вопросы

1. Каки́е приро́дные зо́ны выделя́ют в преде́лах Росси́и? В чём их отличи́тельные осо́бенности?
2. В каки́х климати́ческих пояса́х нахо́дится Росси́я?
3. Како́в кли́мат европе́йской ча́сти Росси́и?
4. Како́в кли́мат За́падной Сиби́ри?
5. Како́в кли́мат Восто́чной Сиби́ри?
6. Како́в кли́мат Да́льнего Восто́ка?
7. Где нахо́дится ме́сто са́мых ни́зких температу́р в се́верном полуша́рии? Ско́лько гра́дусов бы́ло там зафикси́ровано?
8. Где располо́жена зо́на ве́чной мерзлоты́? Каку́ю часть Росси́и она́ занима́ет?
9. Что тако́е «зо́на риско́ванного земледе́лия»? Ско́лько дли́тся сельскохозя́йственный сезо́н в Росси́и?

Приро́дные ресу́рсы

Значи́тельные разме́ры террито́рии Росси́йской Федера́ции определя́ют многообра́зие её приро́дных ресу́рсов. По объёму разве́данных запа́сов минера́льного сырья́ Росси́йская Федера́ция занима́ет веду́щее ме́сто в ми́ре. В стране́ откры́то и разве́дано о́коло 20 тыс. месторожде́ний поле́зных ископа́емых, из кото́рых промы́шленно осво́ены лишь 37%. В не́драх Росси́и, занима́ющей 11,5% пло́щади су́ши Земно́го ша́ра, сосредото́чено 64,5% мировы́х запа́сов апати́тов, 37% о́лова, 32% — га́за, 25% — желе́за, 33% — ни́келя, 21% — ко́бальта, 15% — ци́нка, 26% — алма́зов, 10-12% — не́фти, 11% — у́гля, значи́тельны запа́сы кали́йных соле́й, руд ре́дких и цветны́х мета́ллов. Высо́кой остаётся до́ля Росси́и в мирово́й добы́че минера́льного сырья́ и составля́ет по апати́там — 55%, приро́дному га́зу — 28,1%, алма́зам — 26%, ни́келю — почти́ 22%, не́фти — свы́ше 11%. В структу́ре минера́льно-сырьево́й ба́зы страны́ бо́лее

自然资源

俄罗斯广阔的领土蕴藏着丰富的自然资源。按已探明的矿藏储量，俄罗斯在世界居领先地位。国内已发现并探明的矿区约2万个，其中已经开发的只占37%。在占世界陆地总面积11.5%的俄罗斯领土的地下蕴藏着世界上64.5%的磷灰石、37%的锡、32%的天然气、25%的铁、33%的镍、21%的钴、15%的锌、26%的金刚石、10%—12%的石油、11%的煤炭，钾盐、稀有矿石及有色金属矿藏也十分丰富。俄罗斯矿物原料的开采在世界上占有重要的份额，其中磷灰石的开采量占55%，天然气占28.1%，金刚石占26%，镍占约占22%，石油占11%以上。俄罗斯开采的矿产原料中，70%

以上属于综合能源资源(石油、天然气、煤)，15% 为非金属矿产，13% 为金属矿产，只有 1% 属于金刚石和贵金属(黄金、白银、铂金)。然而，俄罗斯缺乏以下个别矿产资源：锰、铬、铀、钛、锆以及优质铝矾土矿。

俄罗斯预测煤炭储量占世界的 30%(18180 亿吨)，已探明储量占 12%(2020 亿吨)。俄罗斯已探明的煤炭储量占世界第三位，仅次于美国(4450 亿吨)、中国(2720 亿吨)。在已探明的储量中，硬煤占 49%(990 亿吨)，其中 42%(约 420 亿吨) 为焦煤和无烟煤。俄罗斯煤炭资源分布极不平衡，95% 以上分布在东部地区。大型煤田有中西伯利亚的通古斯煤田和南雅库特煤田，南西伯利亚山地边缘的库兹涅茨克煤田和坎斯克－阿钦斯克煤田，俄罗斯平原上的伯朝拉煤田和莫斯科煤田。

俄罗斯天然气储量居世界首位。预测天然气储量高达 211.8 万亿立方米(达世界总量的 40% 以上)，已探明的天然气资源超过 47.8 万亿立方米。在俄罗斯平原上自巴伦支海到里海的乌拉尔山以西广大区域和前高加索地区蕴藏着丰富的石油和天然气。但石油储量最丰富的是西西伯利亚中部地区(萨莫特洛尔等地)。西西伯利亚蕴藏着 70% 已探明的石油和 85% 以上的天然气。天然气储量最为丰富的区域是西西伯利亚北部地区(乌连戈伊和扬堡等地)。油气管道将石油和天然气从这些地区输送到俄罗斯中部和国外地区。在东西伯利亚、萨哈共和国(维柳伊盆地)、鄂霍次克海、白令海、楚科奇海大陆架也蕴藏有石油资源。

俄罗斯的大型铁矿蕴藏地有库尔斯克地磁异常区和南雅库特矿区。

铜矿蕴藏在乌拉尔山、北高加索、阿尔泰山和远东地区。

俄罗斯的大型金矿位于乌拉尔山、外贝加尔和勒拿河流

70% приходится на ресурсы топливно-энергетического комплекса (нефть, газ, уголь), 15% — на нерудные полезные ископаемые, 13% — на металлы и лишь один процент — на алмазы и драгоценные металлы (золото, серебро, платина). Однако по отдельным видам минерального сырья Россия ощущает дефицит: это марганец, хром, уран, титан, цирконий, высококачественные бокситы.

Потенциальные запасы угольных ресурсов России составляют 30% мировых (1818 млрд т), а разведанные — 12% (202 млрд т). По разведанным запасам угля Россия занимает третье место в мире, уступая США (445 млрд т), Китаю (272 млрд т). Из разведанных запасов 49% (99 млрд т) составляют каменные угли, из них 42% (около 42 млрд т) приходится на коксующиеся и антрацитовые. Угольные ресурсы России распределены крайне неравномерно — свыше 95% запасов находятся в восточных районах страны. Крупнейшими угольными бассейнами России являются: Тунгусский и Южно-Якутский — в Средней Сибири, Кузнецкий и Канско-Ачинский — в крайних частях гор Южной Сибири, Печорский и Подмосковный — на Русской равнине.

По запасам природного газа Россия занимает 1-ое место в мире. Потенциальные ресурсы природного газа оцениваются в 211,8 трлн м^3 (более 40% мировых), а разведанные превышают 47,8 трлн м^3. Месторождения нефти и газа сосредоточены в приуральской части Русской равнины от побережья Баренцева до Каспийского моря, в Предкавказье. Но самые крупные запасы нефти — в недрах центральной части Западной Сибири (Самотлор и др.), на Западную Сибирь приходится 70% разведанных запасов нефти и свыше 85% запасов газа. Месторождения газа сосредоточены в северных её районах (Уренгой, Ямбург и др.). Длинные нефтепроводы и газопроводы подают нефть и газ из этих районов в центральные районы России и за границу. Потенциальные ресурсы нефти выявлены в Восточной Сибири, в республике Саха (Вилюйская котловина), а также на шельфе Охотского, Берингова, Чукотского морей.

Крупные бассейны железных руд: Курская магнитная аномалия (КМА), месторождения Южной Якутии.

Медные руды встречаются на Урале, на Северном Кавказе, на Алтае, и на Дальнем Востоке.

Большие месторождения золота есть на Урале, в Забайкалье и в бассейне реки Лены. Там встречаются драгоценные камни и платина. Полиметаллические руды есть на Алтае и северном Кавказе. Из полиметаллических руд получают серебро, свинец, цинк, медь, олово и другие металлы.

На Кольском полуострове находятся месторождения апатитов — важнейшего сырья для производства фосфорных удобрений.

Россия обладает огромными водными ресурсами, но они распределены по территории крайне неравномерно. Однако основная часть этого стока приходится на азиатскую территорию страны. В европейской части России сток вод в 12 раз меньше, чем на азиатских просторах.

На долю сельскохозяйственных земель в России приходится 13% земельного фонда, в том числе на пашню — около 8%. Большая часть сельскохозяйственных земель расположена в южной половине страны.

45% территории занято лесами. В России находится пятая часть всех лесов мира и половина хвойных лесов, которые занимают большие площади на таёжных равнинах Сибири, Дальнего Востока и севера Европейской части. Это лиственничные, сосновые, еловые, кедровые, пихтовые леса. Они занимают около 80% площади лесов в России.

域。这里还有宝石和铂金。阿尔泰山和北高加索蕴藏着多金属矿。从多金属矿中可以提炼银、铅、锌、铜、锡等金属。

生产磷肥的最重要原料——磷灰石矿蕴藏在科拉半岛。

俄罗斯拥有丰富的水资源，但分布地区极不平衡。大部分水量都集中在俄罗斯的亚洲部分，欧洲部分的水流量仅为亚洲部分的1/12。

俄罗斯农用地占土地总面积的13%，其中包括占土地总面积约8%的耕地。大部分农业用地位于俄罗斯的南部。

俄罗斯45%的领土被森林所覆盖。俄罗斯有世界1/5的森林和50%的针叶林，主要分布在西伯利亚平原、远东和欧洲部分的北部。主要树种有落叶松、云杉、雪松、冷杉。这些树种占俄罗斯森林总面积的80%。

 Новые слова и словосочетания

разведать 勘测
апатит 磷灰石
олово 锡
никель 镍
кобальт 钴
цинк 锌
калийная соль 钾盐
руда 矿石，矿
дефицит 缺乏
марганец 锰
хром 铬
уран 铀
титан 钛

цирконий 锆
боксит 铝土矿
коксоваться 炼成焦炭
антрацитовый 无烟煤的
аномалия 异常
КМА 库尔斯克地磁异常区
полиметаллический 多金属的
свинец 铅
земельный фонд 土地储备
хвойный 针叶的
кедровый 雪松的
пихтовый 冷杉的

Вопросы и задания

1. Какие полезные ископаемые добывают в России?
2. Какова структура минерально-сырьевой базы России (какие полезные ископаемые добывают, сколько процентов составляет доля каждого вида)?
3. Что вы знаете о запасах природного газа и нефти в России?
4. Что вы знаете о водных ресурсах России?
5. Расскажите о земельных ресурсах России.
6. Расскажите о лесных ресурсах России.

ИСТОРИЯ

（历史）

Нача́ло росси́йской госуда́рственности — Ки́евская Русь. Что предше́ствовало Ки́евской Руси́? В 1-ом тысячеле́тии до н. э. се́вер и центр Восто́чно-Европе́йской равни́ны был заселён индо-европе́йскими племена́ми. Они́ занима́лись рыболо́вством, охо́той и земледе́лием, в степно́й полосе́ — скотово́дством. На черномо́рском побере́жье в 6-ом – 5-ом века́х до н. э. возни́кли гре́ческие коло́нии. В 6-ом – 8-ом века́х часть террито́рии Росси́и занима́ло госуда́рство племенно́го сою́за тюркю́тов — Тю́ркский кагана́т. В середи́не 8-ого – 10-ого веко́в в Ни́жнем Пово́лжье, на Се́верном Кавка́зе, в Приазо́вье располага́лось госуда́рство Хаза́рский кагана́т. В нача́ле 8-ого ве́ка юг совреме́нного Примо́рского кра́я входи́л в соста́в госуда́рства Боха́й.

Ки́евская Русь

Истори́ческая то́чка отсчёта росси́йской госуда́рственности — 862-о́й год. Согла́сно летопи́сной хроноло́гии, в 862-о́м году́ на се́вере европе́йской Росси́и сложи́лся сою́з восто́чно-славя́нских, фи́нно-уго́рских и ба́лтских племён под вла́стью дина́стии Рю́риковичей. В 882-о́м году́ новгоро́дский князь Оле́г захвати́л Ки́ев и со́здал Древнеру́сское госуда́рство — Ки́евскую Русь. В результа́те успе́шных вое́нных похо́дов и дипломати́ческих уси́лий ки́евских прави́телей в соста́в но́вого госуда́рства вошли́ зе́мли восточнославя́нских и не́которых фи́нно-уго́рских, ба́лтских, тю́ркских племён. Дре́вняя Русь явля́лась кру́пным госуда́рством Евро́пы. При кня́зе Влади́мире в 988-о́м году́ Русь приняла́ правосла́вие. Князь Яросла́в Му́дрый утверди́л пе́рвый ру́сский свод зако́нов — Ру́сскую Пра́вду.

В 1132-о́м году́, по́сле сме́рти ки́евского кня́зя Мстисла́ва Влади́мировича, начался́ распа́д Древнеру́сского госуда́рства на ряд самостоя́тельных кня́жеств: Новгоро́дская земля́, Влади́миро-Су́здальское кня́жество, Га́лицко-Волы́нское кня́жество, Черни́говское кня́жество, Ряза́нское кня́жество,

俄罗斯作为一个国家起源于基辅罗斯。那么基辅罗斯之前又是什么样的呢？公元前1000年，东欧平原北部和中部曾居住着印欧民族部落。他们从事捕鱼、狩猎和农作，在平原地带还从事畜牧业。公元前6世纪至公元前5世纪，黑海沿岸出现了希腊移民区。公元6到8世纪，古突厥人部落联盟——突厥汗国占领了俄罗斯的部分领土。8世纪中期到10世纪，在伏尔加河下游、北高加索、亚速海流域出现了突厥可萨汗国。8世纪初，渤海国兼并了当今的滨海边区南部地区。

基辅罗斯

公元862年被认为是俄罗斯国家奠基之年。据编年史记载，862年，俄罗斯欧洲部分的北部出现了一个受留里克王朝掌控的由东斯拉夫人、芬兰—乌戈尔人和波罗的人组成的部落联盟。公元882年，诺夫哥罗德奥列格大公占领了基辅并建立了古俄罗斯国——基辅罗斯。基辅几代统治者凭借一系列成功的军事远征和外交努力，东斯拉夫人、芬兰—乌戈尔人、波罗的人以及古突厥人部落的领土相继被并入基辅罗斯这一新的国家中。古罗斯成为一个欧洲大国。公元988年，弗拉基米尔大公统治时期，罗斯接受了东正教。智者雅罗斯拉夫大公制定了俄罗斯第一部法典——《罗斯法典》。

1132年，基辅姆斯季斯拉夫·弗拉基米尔大公逝世，之后古罗斯解体为几个独立的公国：诺夫哥罗德公国、弗拉基米尔—苏兹达尔公国、加利奇—沃伦公国、切尔尼戈夫公国、梁赞公国、波罗兹克公国等等。

诸国分裂割据 蒙古鞑靼人的入侵

从 12 世纪中叶起，在罗斯东北部，弗拉基米尔—苏兹达尔公国崛起。1237 年到 1240 年，罗斯大部分地区遭到蒙古大汗拔都[1]毁灭性的入侵。基辅、切尔尼戈夫、彼列亚斯拉夫里、弗拉基米尔、苏兹达尔、梁赞以及古罗斯其他中心市镇均被毁灭。俄罗斯诸公国开始向金帐汗国臣服纳贡，大公们在金帐汗国获得统治各自公国（掌管俄罗斯土地）的敕封（管理的许可）。这一时期史称蒙古鞑靼人统治时期。蒙古人的统治持续了近两个半世纪。

公元 13 世纪，诺夫哥罗德公国同十字军骑士和瑞典人发生战争。1240 年，受诺夫哥罗德市民大会呼请，亚历山大·雅罗斯拉维奇击溃了在涅瓦河岸登陆的瑞典军队（为此他获得了"涅瓦河亚历山大"，即"涅夫斯基"的称号），之后在 1242 年又在楚德湖冰上大血战中打败了条顿骑士团。当罗斯面临天主教西欧国家、蒙古鞑靼联军和立陶宛公国威胁的危难时刻，亚历山大·涅夫斯基起了决定性的作用。他一生从未打过败仗，显示出一位统帅和外交家卓越的才略。他在为形势所迫不得不向金帐汗国称臣之后，击退了德国人的进攻，使罗斯避免了蒙古联军毁灭性的征伐。在战争中他英勇无畏，在国事上决策英明，使俄罗斯得以保持东正教信仰并按自身的规律延续发展。

Полоцкое княжество и другие.

Раздробленность русских земель. Монголо-татарское нашествие

В Северо-Восточной Руси с середины 12-ого века возвышается Владимиро-Суздальское княжество. В 1237-ом – 1240-ом годах большинство русских земель подверглись разрушительному монгольскому нашествию хана Батыя. Киев, Чернигов, Переяславль, Владимир, Суздаль, Рязань и другие центры Древнерусского государства были разрушены. Русские княжества стали данниками Золотой Орды, и князья получали ярлык (документ-разрешение) на княжение (управление русскими землями) у хана Золотой Орды. Этот период вошёл в историю как монголо-татарское иго, продолжавшееся около двух с половиной веков.

Новгородские земли в 13-ом веке воевали с рыцарями-крестоносцами и шведами. Но князь Александр Ярославич, которого призвало вече (народное собрание Новгорода), нанёс поражение шведским отрядам, высадившимся на Неве в 1240-ом году (за эту победу он получил прозвание «Невский»), а затем, в 1242-ом году, разгромил тевтонских рыцарей в Ледовом побоище на Чудском озере. Александр Невский сыграл исключительную роль в русской истории, в тяжёлый период, когда Руси угрожали католический Запад, монголо-татары и Литва (Литовское княжество). Александр Невский, который за всю жизнь не проиграл ни одной битвы, проявил талант полководца и дипломата, отразив нападение немцев и, подчинившись неизбежному владычеству Орды, предотвратил разорительные походы монголо-татар на Русь. Его военная доблесть и мудрая политика позволили сохранить православие и самобытный путь развития русского государства.

Новые слова и словосочетания

скотоводство 畜牧业
колония 移民区，殖民地
племенной 部落的
тюркюты（复）古突厥人
каганат 汗国
хазарский 可萨人的
отсчёт 读数

угорский 乌戈尔人的
православие 东正教
свод 汇编，集
татарский 鞑靼人的
подвергнуться 遭到
данник 纳贡者
Золотая орда 金帐汗国

---

[1] 拔都（约 1200—1255），钦察汗国的创建者，成吉思汗长子术赤之嫡次子。

ярлы́к 封诰
княже́ние 统治
и́го 桎梏
ры́царь-крестоно́сец 十字军骑士
ве́че 市民大会
тевто́нский ры́царь 条顿骑士团骑士

Ледо́вое побо́ище 冰上大血战
полково́дец 统帅
диплома́т 外交官
предотврати́ть 预先防止
разори́тельный 毁灭性的
до́блесть 英勇

Вопро́сы и зада́ния

1. Отку́да «пошла́ Земля́ ру́сская»?
2. Что предше́ствовало Ки́евской Руси́? Каки́е племена́ и госуда́рства бы́ли на э́той террито́рии?
3. Когда́ Русь ста́ла христиа́нской? Како́й князь стал инициа́тором креще́ния Руси́?
4. Как называ́лся пе́рвый ру́сский свод (сбо́рник) зако́нов? Како́й князь его́ утверди́л?
5. Когда́ начался́ распа́д древнеру́сского госуда́рства?
6. Объясни́те значе́ние выраже́ний:
   ➢ разруши́тельное наше́ствие —
   ➢ стать да́нником —
   ➢ ярлы́к на княже́ние —
   ➢ монго́ло-тата́рское и́го —
7. Что э́то? Кто э́то? Да́йте кра́ткий отве́т. Испо́льзуйте слова́ для спра́вок: *госуда́рство, наро́дное собра́ние, би́тва, князь*.
   ➢ Золота́я орда́ —
   ➢ ры́цари-крестоно́сцы —
   ➢ новгоро́дское ве́че —
   ➢ Ледо́вое побо́ище —
   ➢ Алекса́ндр Не́вский —
8. Каки́м поли́тиком и полково́дцем был князь Алекса́ндр Яросла́вич? За что ему́ да́ли про́звище «Не́вский»?

Объедине́ние Руси́. Созда́ние Моско́вского госуда́рства

С нача́ла 14-ого ве́ка постепе́нно форми́руется но́вый центр Руси́ — Моско́вское кня́жество. С 1363-его го́да ярлы́к вруча́лся то́лько князья́м моско́вского до́ма. Ослабле́ние Золото́й Орды́ привело́ к её распа́ду в середи́не 15-ого ве́ка на Кры́мское, Астраха́нское, Каза́нское и Сиби́рское ха́нства.

В проце́ссе освобожде́ния Руси́ огро́мное значе́ние име́ла Кулико́вская би́тва.

Кулико́вская би́тва (Мама́ево и́ли Донско́е побо́ище) — сраже́ние войск ру́сских кня́жеств с ордынцами 8-ого сентября́ 1380-ого го́да на Кулико́вом по́ле. Ле́том 1380-ого го́да прави́тель Золото́й Орды́ Мама́й дви́нулся на Русь. Дружи́ны мно́гих ру́сских земе́ль сошли́сь в подмоско́вной Коло́мне, где находи́лась ста́вка (кома́ндование)

罗斯的统一 莫斯科公国的建立

14世纪初，莫斯科公国逐渐成为罗斯新的中心。1363年，只有莫斯科家族的大公被授予金帐汗国的敕封。金帐汗国之后的衰败导致其在15世纪中叶解体为克里米亚汗国、阿斯特拉罕汗国、喀山汗国和西伯利亚汗国。

库里科沃战役在罗斯解放进程中有着重要的意义。

库里科沃会战（亦称马迈大血战或顿河大血战） 1380年9月8日，俄罗斯公国军队同金帐汗国军队在库里科沃原野展开了会战。1380年夏天，金帐汗国首领马迈出征罗斯。俄罗斯各地的义勇兵在莫斯科郊外的科洛姆纳会师，那里驻扎着莫斯科德米特里·伊凡诺维奇大公的大本营。双方总计有 10 到 12 万兵力。1380 年 9 月 8 日，在涅普里亚德瓦河汇入顿河之处的库里科沃原野上，俄罗斯和金帐汗国两军展开决战。根据传记记载，圣三一谢尔基修道院奠基人兼院长圣谢尔基·拉多涅什斯基开战前为俄罗斯士兵祝福。据传，他派奥斯里亚彼亚和彼列斯维特两位修士前往德米特里·伊凡诺维奇处。彼列斯维特和鞑靼勇士切卢彼伊一对一的大战拉开了这场会战的序幕。两位勇士骑马如飞，用长矛攻击对方，最后两人都落马牺牲。之后双方军队展开了残酷的厮杀。战役最终以马迈从战场上逃遁和蒙古联军的彻底溃败而告终。德米特里·伊凡诺维奇在战场上被找到时已身负重伤。他因库里科沃原野会战的胜利而获得了"顿河德米特里"的称号。马迈溃逃到克里米亚，在那里被自己的盟友杀死。

库里科沃战役是俄罗斯诸国摆脱金帐汗国走向解放的第一步。俄罗斯史学家谢·米·索洛维约夫认为，库里科沃战役对东欧来说也有着重要的意义，它阻止了来自亚洲的入侵。

伊凡三世（1440—1505）时期，莫斯科停止向金帐汗国纳贡。1480 年发生了"乌戈拉河对峙"。

乌戈拉河对峙（1480 年 9 月 8 日至 10 月 11 日） 在库里科沃原野大获全胜之后，整整一个世纪俄罗斯各公国仍然处在金帐汗国掌控之下，只是 1480 年秋天所发生的事件彻底改变了局势。伊凡三世同金帐汗国大汗阿合马的战斗以推翻金帐汗国统治而告终。1480 年，大汗阿合马决定强迫罗斯纳贡并出征罗斯。伊凡三世率军驻守在奥卡河支流乌戈拉河岸边，封锁了鞑靼军队前进的道路。阿合马出于对初寒的畏惧而撤军。两军在一条结冰的窄河相隔、长时间处于对峙状态的故事只是到了近代才引起了俄罗斯史学家们的高度重视。他们对此专门提出了"乌戈拉河对峙"的说法。

моско́вского кня́зя Дми́трия Ива́новича. С обе́их сторо́н насчи́тывалось, вероя́тно, 100-120 ты́сяч во́инов. 8-о́го сентября́ 1380-ого го́да на Кулико́вом по́ле, в ме́сте, где река́ Непря́два впада́ет в Дон, ру́сское и орды́нское войска́ сошли́сь для реши́тельной би́твы. Согла́сно леге́нде, ру́сских во́инов на э́ту би́тву благослови́л преподо́бный Се́ргий Ра́донежский, основа́тель и игу́мен Тро́ице-Се́ргиевского монастыря́. По преда́нию, он посла́л к Дми́трию Ива́новичу двух свои́х и́ноков (мона́хов), Осля́бю и Пересве́та. Сраже́ние начало́сь с поеди́нка Пересве́та и тата́рского богатыря́ Челубе́я. Богатыри́ на по́лном скаку́ уда́рили друг дру́га ко́пьями и о́ба упа́ли с коне́й мёртвыми. Сра́зу по́сле э́того поеди́нка начала́сь жесто́кая би́тва. Она́ зако́нчилась бе́гством Мама́я и по́лным разгро́мом тата́ро-монго́льского во́йска. Дми́трия Ива́новича нашли́ на по́ле би́твы тяжело́ ра́неным. За побе́ду на Кулико́вом по́ле Дми́трия Ива́новича прозва́ли «Донски́м». Мама́й бежа́л в Крым, где и был уби́т свои́ми сою́зниками.

Кулико́вская би́тва была́ не то́лько пе́рвым ша́гом к освобожде́нию ру́сских земе́ль от орды́нской зави́симости. Росси́йский исто́рик С.М. Соловьёв счита́л, что Кулико́вская би́тва име́ла огро́мное значе́ние для Восто́чной Евро́пы, т.к. останови́ла очередно́е наше́ствие из А́зии.

При **Ива́не III** (1440-1505) Москва́ переста́ла плати́ть дань Орде́. В 1480-ом году́ произошло́ «стоя́ние» на реке́ Угре́.

«Стоя́ние» на реке́ Угре́ (8-о́го сентября́ – 11-ого октября́ 1480-ого го́да) По́сле гро́мкой побе́ды на Кулико́вом по́ле ру́сские кня́жества ещё це́лое столе́тие находи́лись в орды́нской зави́симости, и то́лько собы́тия о́сени 1480-ого го́да реши́тельно измени́ли ситуа́цию. Э́то была́ кульмина́ция борьбы́ Ива́на III с ха́ном Золото́й Орды́ Ахма́том, зако́нчившаяся свержением орды́нского и́га. В 1480-ом году́ хан Ахма́т реши́л заста́вить Русь вы́платить дань и повёл во́йско на Русь. Ива́н III закры́л доро́гу тата́рам, встав на берегу́ реки́ Угры́, прито́ке Оки́. Ахма́т испуга́лся ра́нних холодо́в и отступи́л. Уже́ в но́вые времена́ исто́рики, на кото́рых произвёл впечатле́ние расска́з о дли́тельном противостоя́нии двух а́рмий, разделённых неширо́кой замерза́вшей реко́й, приду́мали фо́рмулу «Стоя́ние на Угре́».

Новые слова

ослабле́ние 衰弱
ха́нство 汗国
дружи́на（旧俄）义勇兵团
ста́вка（战时的）大本营
преподо́бный（用于修士名字之前）圣

игу́мен 男修道院院长
сверже́ние 推翻
противостоя́ние 对峙
фо́рмула 提法

Вопросы

1. Когда́ и где состоя́лась Кулико́вская би́тва?
2. Каково́ значе́ние Кулико́вской би́твы?
3. Како́е про́звище и за что получи́л моско́вский князь Дми́трий Ива́нович?
4. Каки́е ва́жные собы́тия произошли́ во вре́мя правле́ния Ива́на III?
5. Почему́ собы́тие на реке́ Угре́ оста́лось в исто́рии как «стоя́ние»?

Правле́ние Ива́на Гро́зного. Сму́тное вре́мя. Нача́ло ца́рствования Рома́новых

Ива́н IV Гро́зный (1530-1584), пе́рвым из ру́сских прави́телей при́нял ти́тул царя́ (в 1547-о́м году́). В его́ правле́ние в соста́в Моско́вского госуда́рства бы́ли включены́ Каза́нское, Астраха́нское и Сиби́рское ха́нства. Тогда́ пе́ред госуда́рством стоя́ла зада́ча присоедини́ть ру́сские зе́мли, поте́рянные в результа́те тата́ро-монго́льского и́га и по́льско-лито́вского захва́та, а та́кже защити́ть ю́жные рубежи́ от набе́гов степны́х коче́вников.

Пе́рвый пери́од правле́ния Ива́на IV был одно́й из све́тлых страни́ц ру́сской исто́рии. В то вре́мя молодо́й царь был под влия́нием культу́рного и гума́нно настро́енного окруже́ния. С его́ по́мощью был проведён ряд рефо́рм: ме́стное самоуправле́ние, уча́стие представи́телей населе́ния в суде́ и т.д.

По́сле Ива́на Гро́зного царём стал его́ сын Фёдор, сла́бый и неспосо́бный к правле́нию челове́к. Факти́чески пра́вил за него́ у́мный и спосо́бный боя́рин Бори́с Годуно́в.

Со сме́ртью безде́тного Фёдора прекрати́лась дина́стия Рю́риковичей, и царём был и́збран Бори́с Годуно́в. Пе́рвые го́ды его́ правле́ния бы́ли уда́чными, но в 1600-ом году́ наступи́ли тру́дности: интри́ги боя́р, не жела́вших признава́ть его́ царём, неурожа́йные го́ды, вы́звавшие го́лод, и крестья́нские восста́ния.

伊凡雷帝统治时期　动乱年代　罗曼诺夫王朝的建立

伊凡四世（1530—1584）是最早（1547）采用沙皇封号的俄罗斯统治者。在其执政期间，莫斯科国家兼并了喀山汗国、阿斯特拉罕汗国和西伯利亚汗国。当时，国家所面临的任务就是收复因蒙古鞑靼联军统治和波兰—立陶宛联军入侵而丧失的领土，同时还要保卫南部边疆，防止草原游牧民族的袭击。

伊凡四世统治前期是俄罗斯历史上灿烂的一页。这一时期，年轻的沙皇在一些富有学识与人道主义精神的大臣的影响和帮助下进行了一系列改革，其中包括地方自治、居民代表参加诉讼等等。

伊凡雷帝之后的执政者是他的儿子费奥多尔。这是一个意志薄弱、毫无统治才能的人。实际上代替他统治的是精明干练的大贵族鲍里斯·戈都诺夫。

沙皇费奥多尔无子嗣，他的逝世也就标志着留里克王朝的终结。鲍里斯·戈都诺夫被推选为沙皇。他最初几年的执政十分成功，但是到了1600年，一连串的繁难相继出现：首先是大贵族们谋划不承认其沙皇身份，其次是连续几年的自然灾害所引起的饥荒以及此起彼伏的农村起义。

1605年戈都诺夫逝世后，国家出现了完全的无政府状态。政权从大贵族和王公们的手上转到了冒险家和自立为王的人的手中。

1558年至1583年，俄罗斯与立陶宛公国为争夺波罗的海出海口进行了利沃尼亚战争。这场战争以俄国失利而告终。顿河、捷列克河和乌拉尔河沿岸开始出现哥萨克[①]居民点。1581年，哥萨克首领叶尔马克出征，开始了对西伯利亚的征伐。在争夺"大帐遗产"（前金帐汗国的领土）的战斗中，俄罗斯与强大的对手克里米亚汗国发生交锋。在14世纪至17世纪期间，俄罗斯南部领土屡遭草原游牧民族和克里米亚鞑靼人的袭击。1571年，克里米亚大汗道拉特·格莱一世率大军烧毁了莫斯科，大部分居民被杀或被俘。翌年，即1572年，俄罗斯军队在莫洛季村（位于距莫斯科数十公里的地方）战役中歼灭了12万克里米亚－土耳其联军。事实上，莫洛季战役成为罗斯与草原游牧民族的最后一场大战。这一鲜为人知的胜利与库里科沃会战以及后来的波尔塔瓦战役和博罗金诺战役具有同样的意义。

17世纪初，在1598年至1613年这一历史阶段，俄罗斯进入了动乱年代。这一阶段出现了接连不断的自然灾害，来自波兰－瑞典的武装干涉和最严重的政治、经济与社会危机。这个动乱年代以民众自愿组成民兵队伍粉碎波兰人的入侵和罗曼诺夫王朝当政（1613年2月21日）而告终。

此时的莫斯科仍然处于波兰人的占领之下。罗斯需要一个可以使全国统一的强有力的政权，保护它免遭外敌的侵犯。1613年，来自全国各地的民众代表聚集在莫斯科选举沙皇。此次大会史称全俄缙绅会议[②]。该会议选举出16岁的米哈伊尔·罗曼诺夫为新沙皇。当时，即将上任的沙皇米

После смерти Годунóва в 1605-ом годý в странé наступила пóлная анáрхия. Власть переходила из рук в рýки от боя́р и князéй к авантюри́стам-самозвáнцам.

В 1558-óм – 1583-ем годáх Россия вела Ливóнскую войнý с Вели́ким кня́жеством Лито́вским за вы́ход к Балти́йскому мóрю, котóрая закóнчилась неудáчно для рýсской стороны́. По берегáм Дóна, Тéрека и реки́ Урáл стáли появля́ться казáчьи поселéния. С похóда казáчьего атамáна Ермакá в 1581-ом годý началóсь покорéние Сиби́ри. В борьбé за «орды́нское наслéдство» (бы́вшие зéмли Золотóй Орды́) Россия столкнýлась с си́льным проти́вником — Кры́мским хáнством. Южные рýсские зéмли на протяжéнии 14-ого и 17-ого векóв подвергáлись набéгам степны́х кочéвников и кры́мских татáр. В 1571-ом годý кры́мский хан Девлéт I Гирéй с огрóмным вóйском сжёг Москвý, а бóльшую часть её жи́телей уничтóжил и́ли увёл в плен. В слéдующем 1572-óм годý рýсское вóйско в би́тве при селé Молоди́ (в нéскольких десятках киломéтрах от Москвы́) уничтóжило 120-ты́сячное кры́мско-турéцкое вóйско. Факти́чески сражéние при Молодя́х стáло послéдней вели́кой би́твой Руси́ со стéпью. Эта малоизвéстная побéда стои́т в однóм ряду́ с би́твами на Кулико́вом пóле, Полта́вской би́твой, Бороди́нским сражéнием.

В начáле 17-ого вéка в Росси́и началáсь Смýта, или Смýтное врéмя — пери́од истории Росси́и с 1598-óго по 1613-ый год, ознаменóванный стихи́йными бéдствиями, пóльско-швéдской интервéнцией, тяжелéйшим полити́ческим, экономи́ческим, госудáрственным и социáльным кри́зисом. Смýта закóнчилась созы́вом всенарóдного ополчéния, разгрóмом пóльских интервéнтов и избрáнием на цáрство динáстии Ромáновых (21-ого февраля́ 1613-ого гóда).

Москвá продолжáла оставáться в пóльских рукáх. Руси́ нужнá былá си́льная власть, котóрая смоглá бы объедини́ть рýсскую зéмлю и защити́ть её от внéшних врагóв. В 1613-ом годý в Москвé со всех концóв страны́ собрали́сь представи́тели нарóда для избрáния царя́. Собрáние э́то назывáлось Зéмским Собóром. Собóр избрáл царём шестнадцатилéтнего **Михаи́ла Ромáнова.**

В то врéмя бýдущий царь Михаи́л жил в монастырé

[①] 哥萨克是一些生活在东欧大草原（乌克兰、俄罗斯南部）的游牧社群。15至16世纪时，大批城市贫民与不愿成为农奴的俄罗斯、乌克兰农民迁徙到俄罗斯南部地区。这些人被称为哥萨克，即突厥语中的"自由人"，在历史上以骁勇善战著称。

[②] 16—17世纪俄国一个代表封建主利益制定国家重大决策、解决国家重大问题的机构。

около города Костромы на Волге. В это время в костромских лесах появились банды поляков. Узнав об избрании нового царя, они решили убить его. Не зная, как пройти по лесным дорогам к монастырю, поляки приказали крестьянину Ивану Сусанину провести их в монастырь. Сусанин решил пожертвовать своей жизнью, чтобы спасти царя. Он послал мужа своей дочери в монастырь, чтобы предупредить об опасности, а сам повёл поляков по густым лесам в другую сторону. Поняв, что Сусанин обманул их, поляки убили его. Но молодой царь был спасён. На эту тему русский композитор М. Глинка написал оперу «Жизнь за царя» («Иван Сусанин»).

Царь Михаил положил начало новой династии — Романовых, которая правила в России более трёхсот лет. В царствование Михаила Фёдоровича, первого царя из династии Романовых, русские казаки начали осваивать Восточную Сибирь, вышли к Тихому океану. К середине 17-ого века русские поселения появились в Приамурье, на побережье Охотского моря, на Чукотке. В 1654-ом году Украина на правах автономии вошла в состав Российского государства. В царствование Алексея Михайловича усилилось влияние Запада, где в это время бурно развивался торговый капитализм и происходило быстрое накопление капитала. Стало очевидным технологическое и военное превосходство западноевропейских стран, приступивших к колониальным захватам по всему миру. Россия, практически лишённая портов и отрезанная от морской торговли, нуждалась в выходе к незамерзающим морям, в новой организации армии, в эффективнейших органах управления.

 Новые слова

смутный 动乱的
титул 封号
захват 占领
набег 袭击
кочевник 游牧民族
ливонский 利沃尼亚的

Терек 捷列克河
атаман 首领
плен 俘虏
ознаменовать 标志
интервенция 武装干涉
созыв 召集

Вопросы и задания

1. Кто и когда стал первым русским царём? Какое прозвище и почему он получил? Для ответа используйте СПРАВКУ 1.
2. Кто и когда начал покорение Сибири?
3. Чем закончилось противостояние Московской Руси и Крымского ханства?
4. Как называется период истории России с 1598-ого по 1613-ый год? Как вы думаете, почему? Чем закончился этот период?
5. Когда на территории современного Дальнего Востока появились русские поселения?
6. Что происходило в Европе в то время, когда в России царствовал Алексей Михайлович?
7. В чём нуждалась Россия в царствование Алексея Михайловича?
8. Как В.И. Суриков изобразил покорение Сибири Ермаком? Опишите картину.

В.И. Суриков. Покорение Ермаком Сибири

9. Перед вами — один из самых известных памятников России. Где он расположен? За что Минину и Пожарскому поставили этот памятник? (см. СПРАВКУ 2)

Памятник гражданину Минину и князю Пожарскому

 **СПРАВКА 1**

Ива́н Гро́зный Роль Ива́на Васи́льевича Гро́зного (Ива́на IV) в ру́сской исто́рии и литерату́ре сложна́ и противоречи́ва. Пе́рвый царь всея́ Руси́, завоева́тель Каза́ни и Астраха́ни, созда́тель опри́чнины（宫廷封地制）и организа́тор крова́вых кара́тельных（讨伐的）похо́дов на со́бственные зе́мли, в ца́рствование кото́рого бы́ло оконча́тельно устано́влено крепостно́е пра́во, Ива́н IV был одно́й из наибо́лее стра́шных фигу́р в исто́рии Росси́и.

Одна́ко Ива́н IV был та́кже самобы́тным писа́телем, своеобра́зной худо́жественной нату́рой и дово́льно образо́ванным для своего́ вре́мени челове́ком: мла́дшие совреме́нники именова́ли его́ «му́жем чю́днаго разсуже́ния». «Скоморо́шеские»（逗乐子的）вку́сы Гро́зного, скло́нность к ре́зкой, иногда́ гру́бой насме́шке обнару́живаются и в его́ сочине́ниях. Его́ оригина́льный вклад в древнеру́сскую литерату́ру — перепи́ска с кня́зем Андре́ем Ку́рбским.

 СПРАВКА 2

Наро́дное ополче́ние（民兵）**под руково́дством Ми́нина и Пожа́рского,** и́ли Второ́е ополче́ние — объедине́ние патриоти́ческих сил Росси́и на заверша́ющем эта́пе борьбы́ с по́льско-лито́вской и шве́дской интерве́нцией в нача́ле 17-ого ве́ка возни́кло, по́сле захва́та интерве́нтами значи́тельной ча́сти страны́, в том числе́ Москвы́ и Смоле́нска, и распа́да Пе́рвого ополче́ния 1611-ого го́да. В сентябре́ 1611-ого го́да в Ни́жнем Но́вгороде зе́мский ста́роста Кузьма́ Ми́нин обрати́лся к поса́дским（工商区的）лю́дям с призы́вом собра́ть сре́дства и созда́ть ополче́ние для освобожде́ния Ро́дины; гра́моты с призы́вом к сбо́ру наро́да бы́ли разо́сланы в ра́зные города́; в ополче́нии, кро́ме поса́дских люде́й и крестья́н, уча́ствовали та́кже ме́лкие и сре́дние дворя́не. Вое́нным руководи́телем был приглашён князь Д.М. Пожа́рский.

Образова́ние Росси́йской импе́рии. Росси́йская импе́рия в 18 ве́ке

Петро́вская эпо́ха В 1689-ом году́ начало́сь правле́ние 17-ле́тнего царя́ Петра́ I (1672-1725). Из Моско́вского госуда́рства, по своему́ разви́тию отста́вшего от За́пада из-за тата́рского и́га, Пётр создаёт Росси́йскую импе́рию, вошéдшую вели́кой держа́вой в семью́ европе́йских госуда́рств. Когда́ у́мер оте́ц Петра́ I, царь Алексе́й Миха́йлович, Петру́ бы́ло всего́ четы́ре го́да. Пра́вила госуда́рством его́ ста́ршая сестра́ Со́фья.

Когда́ Петру́ испо́лнилось 17 лет, сторо́нники Со́фьи реши́ли уби́ть его́ и объяви́ть Со́фью цари́цей. Пётр во́время узна́л об э́том и бежа́л в монасты́рь. Вско́ре к нему́ при́было его́ молодо́е во́йско и часть ста́рых войск, бо́яре и други́е влия́тельные лю́ди. В борьбе́ с Со́фьей Пётр оказа́лся победи́телем. Получи́в власть, молодо́й царь реши́л сра́зу

俄罗斯帝国的形成 18 世纪的俄罗斯帝国

彼得大帝时期 1689 年,17 岁的沙皇彼得一世（1672—1725）开始执政。彼得将一个由于鞑靼人的统治而远远落后于西方的莫斯科王国建成为欧洲列强之一的俄罗斯帝国。彼得的父亲沙皇阿列克谢·米哈伊罗维奇崩殂时,彼得只有 4 岁。朝政由姐姐索菲亚把持。

彼得年满 17 岁时,索菲亚一派的人决定除掉他,拥立索菲亚为女皇。彼得及时获悉了这一消息,并逃到一所修道院里。很快,由效忠于彼得的年轻人组成的军队、一部分现役部队以及大贵族和其他有影力的人物开始聚集到他的周围。彼得在同索菲亚的斗争中最终获胜。夺取政权后，年轻的沙皇决定立即着手对俄罗斯进行大规模的改革。

要想成为一个欧洲国家，俄罗斯必须拥有出海口。彼得最初试图在黑海获得出海口。他亲自两次率军远征土耳其，夺取了亚佐夫要塞，并开始巩固亚佐夫海沿岸的防御，以便能够从这里进入黑海。

彼得一世对国家内务和外交政策进行了根本性的改革。这些改革实际上触及俄罗斯人生活的各个方面，如国家管理体制、各州（外省）体制、司法、常规军和海军、教会、金融、经济、科学与教育、文化与日常。彼得甚至决定把俄罗斯人的外表也改造成欧式的。他敕令大贵族和宫廷人员都要面无胡须，身着欧式服装，像欧洲人一样喝咖啡并参加晚会。同时，彼得开始按照欧洲的样式建立常规军和海军。

彼得一世的改革使得军队、国家机构和教育实现了现代化。俄罗斯确立了以帝王为首的君主专制制度，甚至教会也要服从君王。大贵族失去了以往全部的独立性，变成了普通的宫廷贵族。这也使得彼得一世驾崩后开始了宫廷政变时代，其基本特征是：贵族寡头政治和帝王不断更迭。

彼得一世时期创办了近200家冶金、纺织、造船和其他工业企业，出版了俄罗斯第一份报纸，成立了科学院。也正是在那个时候，人们发明了新的更为简化的俄语字母表。为了接近西欧，彼得决定将新都建在波罗的海沿岸。1703年，在涅瓦河河口开始兴建圣彼得堡这座港口城市，1712年俄罗斯迁都圣彼得堡。

1700年爆发的同瑞典的北方战争持续了21年。1709年，在波尔塔瓦城附近展开了北方战争中一场最著名的战役——波尔塔瓦战役，彼得亲自指挥了这场战争。在波尔塔瓦地区，俄罗斯人击败了瑞典人。同瑞典签订的和约使得波罗的海东岸归属于俄罗斯。在此之后，

же приступи́ть к выполне́нию свои́х обши́рных пла́нов преобразова́ния Росси́и.

Что́бы стать европе́йским госуда́рством, Росси́и был ну́жен вы́ход к мо́рю. Снача́ла Петро́м была́ сде́лана попы́тка доби́ться вы́хода к Чёрному мо́рю. Пётр сам руководи́л двумя́ похо́дами про́тив Ту́рции. Он взял кре́пость Азо́в и на́чал укрепля́ть берега́ Азо́вского мо́ря, что́бы че́рез него́ прони́кнуть в Чёрное мо́ре.

Царь Пётр I провёл радика́льные измене́ния во вну́тренней и вне́шней поли́тике госуда́рства. Факти́чески они́ охвати́ли все о́бласти жи́зни ру́сского наро́да. Бы́ли проведены́ рефо́рмы в сфе́ре госуда́рственного управле́ния, областны́е (губе́рнские) рефо́рмы, суде́бные рефо́рмы, рефо́рмы в сфе́ре а́рмии и фло́та, рефо́рмы в сфе́ре церко́вного управле́ния, фина́нсовые рефо́рмы, рефо́рмы в сфе́ре эконо́мики, рефо́рмы в о́бласти нау́ки и просвеще́ния, рефо́рмы в сфе́ре культу́ры и бы́та. Пётр реши́л европеизи́ровать да́же вне́шний вид ру́сского челове́ка. Боя́рам и придво́рным он приказа́л брить бо́роды, носи́ть европе́йскую оде́жду, пить ко́фе и ходи́ть на вечери́нки, как в Евро́пе. Одновре́менно Пётр приступи́л к созда́нию регуля́рной а́рмии и фло́та по европе́йскому образцу́.

Рефо́рмы Петра́ I привели́ к модерниза́ции а́рмии, госуда́рственного аппара́та и образова́ния. В Росси́и установи́лась абсолю́тная мона́рхия во главе́ с импера́тором, кото́рому подчиня́лась да́же це́рковь. Боя́рство потеря́ло оста́тки самостоя́тельности и преврати́лось в дворя́нство. По́сле сме́рти Петра́ I начала́сь эпо́ха дворцо́вых переворо́тов. Её основны́е черты́: дворя́нская олига́рхия и ча́стая сме́на импера́торов.

При Петре́ I бы́ло со́здано о́коло 200 предприя́тий металлурги́ческой, тексти́льной, судостро́ительной и други́х о́траслей промы́шленности, появи́лась пе́рвая ру́сская газе́та, была́ осно́вана Акаде́мия нау́к. Тогда́ же была́ со́здана но́вая, бо́лее проста́я ру́сская а́збука. Что́бы быть бли́же к За́падной Евро́пе, Пётр реша́ет основа́ть но́вую столи́цу на побере́жье Балти́йского мо́ря. В 1703-ем году́ в у́стье Невы́ был осно́ван го́род-порт Санкт-Петербу́рг, куда́ в 1712-ом году́ была́ перенесена́ столи́ца Росси́и.

В 1700-ом году́ начала́сь Се́верная война́ со Шве́цией, продолжа́вшаяся 21 год. В 1709-ом году́ о́коло го́рода Полта́вы произошло́ са́мое знамени́тое сраже́ние Се́верной войны́ — Полта́вская би́тва. Пётр сам руководи́л бо́ем. Под Полта́вой ру́сские разби́ли шве́дов. Заключи́в мир со Шве́цией и закрепи́в за Росси́ей владе́ние восто́чными берегáми Балти́йского мо́ря, Пётр провозгласи́л в 1721-ом году́ Моско́вское госуда́рство Всеросси́йской Импе́рией, а себя́ — Импера́тором. Пото́мство назва́ло Петра́ Пе́рвого Вели́ким.

Умер Пётр так, как и жил: не жале́я себя́ и же́ртвуя собо́й для Росси́и и ру́сских люде́й. В 1725-ом году́ он ли́чно спаса́л солда́т, тону́вших во вре́мя наводне́ния в Фи́нском зали́ве, си́льно простуди́лся и вско́ре у́мер.

Росси́я по́сле Петра́ Вели́кого Пётр Вели́кий не назна́чил насле́дника престо́ла. Еди́нственный его́ сын Алексе́й у́мер ещё при жи́зни Петра́. По́сле сме́рти Петра́ гварде́йские полки́ провозгласи́ли императри́цей втору́ю жену́ Петра́ Екатери́ну I, кото́рая ца́рствовала два го́да. По́сле сме́рти Екатери́ны еди́нственным зако́нным насле́дником престо́ла оказа́лся внук Петра́, 12-ле́тний ма́льчик, ста́вший импера́тором Петро́м II. При нём власть переходи́ла из рук в ру́ки от одни́х приближённых к други́м.

Че́рез три го́да Пётр II у́мер, и императри́цей ста́ла **Анна Иоа́нновна**, дочь бра́та Петра́ Вели́кого — Ива́на, бы́вшая за́мужем за неме́цким ге́рцогом. При ней начало́сь антиру́сское, жесто́кое и тяжёлое правле́ние не́мцев. Люде́й, кото́рые пыта́лись боро́ться с влия́нием иностра́нцев и́ли когда́-то бы́ли бли́зкими Петру́ Вели́кому, ссыла́ли и да́же казни́ли. Че́рез де́сять лет императри́ца Анна умерла́. В завеща́нии она́ оговори́ла, что насле́дником явля́ется Ива́н Анто́нович, сын Анны Леопо́льдовны (племя́нницы Анны Иоа́нновны) и неме́цкого при́нца. Согла́сно завеща́нию Анны Иоа́нновны, ре́гентом был назна́чен ге́рцог Курля́ндский Э.И. Биро́н.

Ива́н VI (1740–1764) — росси́йский импера́тор из дина́стии Ве́льфов с октября́ 1740-о́го по ноя́брь 1741-о́го, пра́внук **Ива́на V**. Двухме́сячный Ива́н Анто́нович был провозглашён импера́тором. В 1740-ом году́ с согла́сия ма́тери Ива́на VI Анны Леопо́льдовны, фельдма́ршал Ми́них арестова́л Э.И. Биро́на и сосла́л его́ в Сиби́рь. Анна Леопо́льдовна провозгласи́ла себя́ прави́тельницей Росси́и. Но дела́ми правле́ния она́ не занима́лась. Э́тим воспо́льзовалась дочь Петра́ I **Елизаве́та Петро́вна**. По её прика́зу в ноябре́ 1741-ого го́да Анна Леопо́льдовна с му́жем и детьми́ была́ аресто́вана и со́слана в Холмого́ры, где и умерла́ в ма́рте 1747-о́го го́да во вре́мя родо́в,

彼得于1721年宣布莫斯科王国更名为大俄罗斯帝国，而他本人则为这一帝国的皇帝。后世人称彼得一世为彼得大帝。

彼得的死和他的生一样，表现出无私无畏为俄罗斯和俄罗斯民众献身的精神。1725年，他亲自去抢救由于芬兰湾发大水而落海的士兵，因此患上重感冒并于不久后离开人世。

彼得大帝之后的俄罗斯
彼得大帝没有立储，他的独生子阿列克谢在他在世时就已经死去。彼得逝世后近卫军拥戴彼得的第二任妻子叶卡捷琳娜一世为女皇。后者在位两年。叶卡捷琳娜逝世后，彼得的孙子，一个12岁的小男孩成为皇位的唯一合法继承人，他就是后来的彼得二世。彼得二世时期，实际政权基本上辗转于近臣之间。

3年后彼得二世夭逝，彼得大帝的兄长伊凡的女儿**安娜·伊凡诺芙娜**（安娜·伊凡诺芙娜的外甥女）当上了女皇。她当时已嫁给一个德国公爵。安娜在位期间实行了一系列反俄罗斯的残酷、严厉的德国式统治，那些试图同外国影响作斗争的人以及彼得大帝的亲信或是被流放，或是被处以死刑。10年之后，安娜女皇逝世，遗嘱指定伊凡·安东诺维奇（伊凡六世）为继承人，后者为女皇的外甥女安娜·列奥波利多芙娜和一位德国王子所生。安娜女皇在遗嘱中钦定库尔良迪亚的公爵恩斯特·约翰·冯·拜伦为摄政王。

伊凡六世（1740—1764）是一位来自韦尔夫世家①的俄国沙皇（1740—1741在位），为**伊凡五世**②的曾外孙。伊凡六世两个月大时被诏立为沙皇。1740年，经伊凡六世母亲安娜·列奥波利多芙娜的允许，米尼赫元帅逮捕了恩斯特·约翰·冯·拜伦并将其发配到西伯利亚。安娜·列奥波利多芙娜宣布自己为俄罗斯的统治者，但她从不理朝政。这一点被彼得一世的女儿伊丽莎白·彼得罗芙娜所利用。1741年11月，

---

① 在意大利被称为韦尔夫家族，为德国的传统贵族世家。在不同的历史时期，该家族的成员曾先后是士瓦本、勃艮第、意大利、巴伐利亚（拜恩）、萨克森、不伦瑞克—吕讷堡公国（汉诺威）的统治者；家族成员布伦瑞克的奥托曾为神圣罗马帝国皇帝（1209年加冕）。从1714年起，家族的一个分支成为英国王室（汉诺威王朝）。
② 伊凡五世为彼得一世的兄长，1682年—1696年间同彼得一世同为沙皇。但因体弱低能，实际并未参与国政。

按照伊丽莎白·彼得罗芙娜的指令，安娜·列奥波利多芙娜连同丈夫及其孩子们被捕并被发配到霍姆戈雷。安娜·列奥波利多芙娜在那里于1747年3月死于分娩，留下4个孩子。而那位婴儿皇帝则被关在施吕瑟尔堡要塞。他在这座要塞中完全被隔离，被禁止见任何人（甚至是奴仆）。1764年，叶卡捷琳娜二世在位期间，这位终身受到监禁并沦为白痴的23岁的伊凡六世在瓦·雅·米罗维奇少尉试图解救他时被看守所杀。之后，这位伊凡六世被秘密地埋在了要塞的墙下。

德国人的统治终结了。伊丽莎白·彼得罗芙娜20年的统治在国内以稳健著称，而在对外战争方面（同瑞典和普鲁士的战争）则更是一帆风顺。她的治理最终体现为一种纯俄罗斯的方式，包括对待周围的大臣们同样是如此。她在执政时期，颁布了废除死刑的法律。对于那个时代来说，伊丽莎白·彼得罗芙娜的执政总体上是温和、宽仁的。在对内政策方面，伊丽莎白希望继续其父亲彼得大帝的方针。伊丽莎白执政时期，俄罗斯在科学领域取得了一系列重大成就。俄罗斯最具天赋的学者、语文学家和诗人罗蒙诺索夫就是在这个时期充分发挥了自己的聪明才智。1755年，莫斯科大学成立了。伊丽莎白·彼得罗芙娜的薨逝十分突然。在此之前，彼得一世的另一个女儿安娜嫁给了一位德国王子。安娜在德国出生和长大的儿子一跃成为俄罗斯王位的继承人。当时他刚年满14岁，伊丽莎白将他召到彼得堡，并在3年后给他娶了一位德国公主，也就是未来的女皇叶卡捷琳娜二世。这样，在伊丽莎白死后，政权自然转到她的外甥彼得三世的手中。

叶卡捷琳娜二世 彼得三世是一个平庸狭隘、举止粗野的人。1762年6月，近卫军军官们密谋强迫彼得退位，并宣布拥立他的妻子叶卡捷琳娜为女皇。彼得三世不久后即被谋杀。

叶卡捷琳娜二世继位后，一反她丈夫的做法。她很快学会了用俄语交流和书写，开始到东正教教堂做礼拜，并且重用一批俄罗斯人做谋臣。叶卡捷琳娜聪颖明慧，眼界开阔，善于发现人才，在历史上占有特殊的地位。她博学多识、纵览群书，与当时很多杰出人物（狄德罗、伏尔泰）均保持通信往来，对历史、哲学、政治、文学无不爱好。

оставив 4 детей. Младенец-император был помещён в Шлиссельбургскую крепость. В крепости Иван находился в полной изоляции, ему не разрешалось никого видеть, даже крепостных служителей. В 1764-ом году, когда уже царствовала Екатерина II, 23-летний Иван VI, всю жизнь проведший в заключении и впавший в идиотизм, был убит охраной при попытке его освобождения подпоручиком В.Я. Мировичем. Иван VI тайно похоронен у крепостной стены.

Правление немцев окончилось. Двадцатилетнее правление Елизаветы Петровны было мирным внутри империи, успешным во внешних войнах (со Швецией и Пруссией) и чисто русским по направлению и по тем людям, которые её окружали. При ней был издан закон, отменявший смертную казнь. Вообще, её правление было для того времени мягким и гуманным. Во внутренней политике Елизавета хотела продолжать линию своего отца Петра Великого. При Елизавете были достигнуты крупные успехи в области науки. В это время жил и работал один из гениальнейших русских людей — учёный, филолог и поэт М.В. Ломоносов. Был основан Московский университет (1755). Умерла Елизавета Петровна неожиданно. Другая дочь Петра I Анна была замужем за немецким принцем. Наследником русского престола являлся сын Анны, родившийся и воспитанный в Германии. Когда ему исполнилось 14 лет, Елизавета вызвала его в Петербург. Через три года она женила его на немецкой принцессе, будущей императрице Екатерине II. Итак, после смерти Елизаветы власть перешла к её племяннику Петру III.

Екатерина II Пётр III был неспособным, ограниченным и некультурным человеком. В июне 1762-ого года офицеры гвардии организовали заговор, заставили Петра отречься от престола и провозгласили императрицей его жену Екатерину. Пётр III вскоре был убит.

Екатерина II, вступившая на престол, не была похожа на мужа. Она быстро научилась говорить и писать по-русски, стала ходить в православную церковь и окружила себя русскими советниками. По своему уму, широте взглядов и умению находить нужных людей она может считаться исключительной личностью. Она была образованной женщиной, много читала, вела переписку со многими выдающимися людьми того времени (Дидро и Вольтером), интересовалась историей, философией, политикой и литературой.

В своём управлении государством она стремилась к реформам страны и внесла большой вклад в развитие и укрепление России. Была проведена губернская реформа, судебная реформа, секуляризационная реформа, таможенные реформы, реформа Сената, городская реформа, полицейская реформа, денежная реформа, научная реформа, сословные реформы, крестьянские реформы, была создана организация врачебной помощи населению, было расширено народное образование, был объявлен манифест о свободе предпринимательства для развития торговли и промышленности. Эти реформы имели очень большое значение для русской истории.

В Екатерининскую эпоху развитие русской культуры быстро пошло вперёд. Значительно увеличивается число начальных и средних школ. Открываются учебные заведения для девочек. Московский университет становится крупнейшим культурным центром. Русская живопись и скульптура достигают значительных высот. Появляются первые русские композиторы. Широко развивается издательская деятельность. В 90-ых годах 18-ого века ежегодно издаётся около 300 книг и 32 журнала. Растёт число поэтов и писателей. Эпоха Екатерины недаром считается началом «золотого века» русской литературы.

В начале царствования Екатерины самым серьёзным потрясением в государстве было восстание, руководимое казаком Емельяном Пугачёвым, называвшим себя царём Петром III. Крестьянская война Пугачёва — крупнейшая в истории России. Она происходила в степях Заволжья, Урале, Прикамье, Башкирии. После долгой борьбы войска Пугачёва были разбиты, а сам он был выдан властям своими же людьми и казнён.

Русская армия достигает при Екатерине значительной боевой мощи и под предводительством Суворова, Румянцева и других генералов покрывает славой русское оружие. Великий русский полководец А.В. Суворов не только одержал ряд блестящих побед в Турции и Польше, но и сыграл большую роль в деле обучения русской армии и создании русской военной теории.

После нескольких побед над Турцией Россия твёрдо

叶卡捷琳娜二世在位时致力于国家的改革，为俄罗斯的发展和强大做出了很大的贡献。所推行的改革涵盖省级体制、司法、教会资产世俗化、海关、参议院、市级体制、公安部门、货币、科技、各社会阶层等级的确权、农奴制等诸多方面，其间建了医院，扩大了受教育者的范围，颁布了为发展贸易和工业给予企业家自由的通告等等。所有这些改革在俄国史上均有着重大的意义。

叶卡捷琳娜时代俄罗斯文化得到迅速的发展，中小学数目大大增加，开始设立女子教育机构。莫斯科大学成为最大的文化中心，俄罗斯绘画和雕塑达到了相当的高度，出现了第一批俄罗斯作曲家，出版业也得到了广泛的发展。18世纪90年代，俄罗斯平均每年出版书籍约300种，杂志32种，涌现出大批作家和诗人。叶卡捷琳娜时代当之无愧地被认为是俄罗斯文学的"黄金时代"的开端。

叶卡捷琳娜统治初期，国内最大的动荡是由哥萨克人叶米利扬·普加乔夫领导的农民起义——此人自称是沙皇彼得三世。普加乔夫起义是俄国历史上规模最大的一次农民起义。[1]起义席卷了伏尔加河东岸、乌拉尔、卡马河流域和巴什基尔等地区。经过长期的斗争，普加乔夫的起义军最终被击溃，他本人也因同伙出卖被当局处死。[2]

俄罗斯军队在叶卡捷琳娜时代已经具备了相当的军事实力，并在苏沃洛夫、鲁缅采夫和其他将军们的领导下取得了一系列辉煌的胜利。俄罗斯杰出的统帅苏沃洛夫不仅在与土耳其和波兰的战争中取得了一系列辉煌的胜利，并且在训练俄罗斯军队和缔造俄罗斯军事理论方面发挥了巨大的作用。

在取得对土耳其战争的几

---

[1] 俄国历史上有过4次大规模的农民起义：1606年至1607年的伊凡·波洛特尼起义、1667年至1671年的斯捷潘·拉辛起义，1707年至1709年的孔德拉特·布拉文起义和1773年至1775年的叶米利扬·普加乔夫起义。

[2] 描写普加乔夫农民起义的一部著名作品是普希金的历史题材小说——《上尉的女儿》。作家成功地把普加乔夫塑造成一位机智勇敢、乐观豪迈、胸怀远大理想而又深受人民爱戴的农民运动领袖，同时生动地展示了这场运动波澜壮阔的规模和广泛的社会基础，表达了对封建压迫下农民的深切同情和对农奴制度与专制统治的深刻批判。

次胜利之后，俄罗斯在黑海沿岸站稳了脚跟，开始在克里米亚半岛塞瓦斯托波尔组建俄罗斯黑海舰队。纸币出现了。有很多外国人开始定居俄罗斯。对美洲（阿拉斯加）的开发也开始了。随着俄罗斯、奥地利、普鲁士三国对波兰的瓜分，从前曾属于基辅公国的许多地区划归给了俄罗斯，其中包括立陶宛和库尔良迪亚。

叶卡捷琳娜二世作为叶卡捷琳娜大帝被载入俄罗斯史册。

保罗一世 1796 年叶卡捷琳娜二世去世后，她的儿子保罗一世继位。他在执政初期就开始废除叶卡捷琳娜统治期间的各项制度。保罗一世确立了新的王位继承制，取缔了女性可继承皇位之说。贵族圈子对保罗一世所推行政策的不满渐次积聚，最终在 1801 年将他谋杀。

обосно́вывается на берега́х Чёрного мо́ря. Стро́ится Черномо́рский ру́сский флот с ба́зой в Севасто́поле на Кры́мском полуо́строве. Появи́лись бума́жные де́ньги (ассигна́ции), в Росси́и посели́лось мно́жество иностра́нцев, начало́сь освое́ние Аме́рики (на Аля́ске). По́сле разде́ла По́льши ме́жду Росси́ей, А́встрией и Пру́ссией к Росси́и отхо́дит ряд областе́й, бы́вших когда́-то ча́стью Ки́евского госуда́рства, а та́кже Литва́ и Курля́ндия.

В исто́рию Екатери́на II вошла́ как Екатери́на Вели́кая.

Па́вел I В 1796-о́м году́ умира́ет Екатери́на II, и на престо́л восхо́дит её сын Па́вел I. Ца́рствование он на́чал с ло́мки поря́дков екатери́нинского правле́ния. Па́вел установи́л но́вый поря́док престолонасле́дия, исключа́вший попада́ние же́нщин на трон. В дворя́нских круга́х росло́ недово́льство поли́тикой Па́вла I, что привело́ в 1801-ом году́ к его́ уби́йству.

Но́вые слова́

радика́льный 根本的
мона́рхия 君主政体
олига́рхия 寡头政治
ре́гент 摄政王
ге́рцог 公爵
фельдма́ршал（俄国十月革命前的）元帅

изоля́ция 隔离
идиоти́зм 白痴
подпору́чик（旧俄陆军）少尉
предводи́тельство 领导
ассигна́ция（俄 1769—1843 年间的）纸币
ло́мка 折断

Вопро́сы и зада́ния

1. Кто из ру́сских царе́й пе́рвым при́нял ти́тул импера́тора?
2. Как измени́лась вну́тренняя и вне́шняя поли́тика Росси́и в ца́рствование Петра́ I?
3. Под каки́м прозва́нием Пётр I оста́лся в исто́рии? Как вы ду́маете, почему́?
4. Что вы зна́ете об основа́нии пе́рвого ру́сского университе́та (см. СПРА́ВКУ)? Какова́ в э́том роль М.В. Ломоно́сова? Какой день стал пра́здником росси́йского студе́нчества?
5. Расскажи́те о вкла́де, кото́рый внесла́ Екатери́на II в разви́тие Росси́и.
6. Каки́е собы́тия произошли́ в Росси́и во вре́мя правле́ния Екатери́ны Вели́кой?

СПРА́ВКА

Моско́вский университе́т был осно́ван в 1755-ом году́. Учрежде́ние университе́та в Москве́ ста́ло возмо́жным благодаря́ де́ятельности выдаю́щегося учёного-энциклопеди́ста, пе́рвого ру́сского акаде́мика — Михаи́ла Васи́льевича Ломоно́сова (1711-1765). В 1940-о́м году́, в дни празднова́ния 185-ле́тнего юбиле́я, университе́ту бы́ло присво́ено и́мя

М.В. Ломоно́сова. Граф (伯爵) И. Шува́лов, фавори́т (宠臣) императри́цы Елизаве́ты Петро́вны, покрови́тельствовал разви́тию ру́сской нау́ки и культу́ры, помога́л мно́гим начина́ниям М.В. Ломоно́сова. По́сле ознакомле́ния с предста́вленным И.И. Шува́ловым и М.В. Ломоно́совым прое́ктом но́вого уче́бного заведе́ния Елизаве́та Петро́вна подписа́ла Ука́з об основа́нии Моско́вского университе́та. Э́то произошло́ 12-ого (25-ого по но́вому сти́лю) января́ 1755-ого го́да (в день Свято́й Татья́ны по правосла́вному церко́вному календарю́). С тех пор 25-ое января́ — Татья́нин день — стал пра́здником росси́йского студе́нчества. В соотве́тствии с пла́ном М.В. Ломоно́сова, в Моско́вском университе́те бы́ли образо́ваны 3 факульте́та: филосо́фский, юриди́ческий и медици́нский. Своё обуче́ние все студе́нты начина́ли на филосо́фском факульте́те. Образова́ние мо́жно бы́ло продо́лжить, специализи́руясь на юриди́ческом, медици́нском и́ли на том же филосо́фском факульте́те. В отли́чие от университе́тов Евро́пы, в Моско́вском не́ было богосло́вского (神学的) факульте́та (в Росси́и была́ специа́льная систе́ма подгото́вки служи́телей правосла́вной це́ркви). Профессора́ чита́ли ле́кции не то́лько на общепри́знанном тогда́ языке́ нау́ки — латы́ни, но и на ру́сском языке́.

Росси́я в 1 полови́не 19 ве́ка

Алекса́ндр I По́сле уби́йства Па́вла I на ру́сский престо́л вступи́л его́ ста́рший сын Алекса́ндр I. Вступа́я на престо́л, Алекса́ндр ду́мал о са́мых широ́ких госуда́рственных рефо́рмах. Пре́жде всего́, на́до бы́ло реорганизова́ть администрати́вную и фина́нсовую систе́му и привести́ в поря́док де́йствующие зако́ны, но привести́ в поря́док госуда́рственные фина́нсы ему́ не удало́сь.

Вне́шняя поли́тика Алекса́ндра привела́ к но́вому расшире́нию террито́рии Росси́и. Успе́шные во́йны с Пе́рсией, Ту́рцией и Шве́цией доба́вили Росси́и часть Кавка́за, Бессара́бию и Финля́ндию.

В ию́не 1812-ого го́да Наполео́н перешёл ру́сскую грани́цу. Так начала́сь Оте́чественная война́. Сле́дуя сове́там окружа́ющих, царь назна́чил главнокома́ндующим ру́сской а́рмии М.И. Куту́зова. Куту́зов приказа́л отступа́ть, что подгото́вило усло́вия для перело́ма в войне́ и оконча́тельного разгро́ма францу́зской а́рмии. Что́бы сохрани́ть и попо́лнить ру́сскую а́рмию, Куту́зов оста́вил Москву́, иску́сным фла́нговым ма́ршем отвёл свои́ войска́ и за́нял пози́ции у Тару́тина, закры́в таки́м о́бразом Наполео́ну пути́ к бога́тым продово́льствием ю́жным райо́нам Росси́и. Го́лод во францу́зских войска́х и жесто́кие моро́зы спосо́бствовали оконча́тельному пораже́нию а́рмии Наполео́на. Побе́да ру́сских была́ по́лной. В 1813-ом году́ ру́сская а́рмия освободи́ла Герма́нию от францу́зской оккупа́ции и вошла́ в Пари́ж. Собы́тия Оте́чественной войны́ 1812-ого го́да опи́саны в рома́не ру́сского кла́ссика Л.Н. Толсто́го «Война́ и мир», в стихотворе́нии поэ́та М.Ю.

19世纪上半叶的俄罗斯

亚历山大一世 保罗一世被谋杀后,他的长子亚历山大一世继位。登基后,亚历山大计划进行最广泛的国家改革,首先是改组行政和财政体制,然后落实一系列现行的法律,然而他却无法使国家的财政有序化。

亚历山大的对外政策使俄罗斯领土进一步扩张。作为对波斯、土耳其和瑞典战争胜利的结果,高加索部分地区、比萨拉比亚和芬兰被并入俄罗斯。

1812年6月,拿破仑进攻俄罗斯,俄国开始了卫国战争。根据大臣们的建议,沙皇任命库图佐夫统帅俄罗斯军队。库图佐夫命令撤退,为战争的转折和最后粉碎法军创造了条件。为了保存实力和补充军队,库图佐夫主动放弃了莫斯科,以卓越的侧翼行军将自己的军队从正面引开,在塔鲁季诺村一带构筑防线,从而切断了拿破仑通往俄罗斯南部产粮区的道路。法军饥寒交迫,最终导致了拿破仑的失败,俄罗斯人大获全胜。1813年,俄军解放了法国占领下的德国并挺进巴黎。1812年的卫国战争事件在俄罗斯经典作家列夫·托尔斯泰的小说《战争与和平》、诗人米·尤·莱蒙托夫的诗篇《博罗金诺战役》①中均有描述。

1825 年 11 月 19 日，亚历山大一世在塔甘罗格城逝世。根据另一种没有被史学家公开否认的传说，葬礼上埋葬的并非亚历山大本人，而是另一个人。沙皇本人则隐居西伯利亚，并在那里以"费奥多尔·古兹米奇长老"的身份度过了余生。

尼古拉一世 亚历山大一世并无子嗣，按律应由他的胞弟康斯坦丁继位。当时康斯坦丁在华沙定居，娶了一位波兰女子为妻。还在亚历山大生前，康斯坦丁就已经明确拒绝了王位，因此他最近的胞弟尼古拉应继位。这一关于继承人的变动并没有正式宣布。所以亚历山大一世死后出现了一段暂短的皇位虚悬期。一伙近卫军军官密谋利用这一时期举行起义，他们蒙蔽卫戍部队士兵，对他们说尼古拉想非法篡取皇位。

向尼古拉一世效忠仪式定于 1825 年 12 月 14 日。这一天，一部分军队拒绝宣誓。士兵们蜂拥来到广场上，高呼康斯坦丁万岁。炮兵向起义者发射了两发教练弹，但仍无济于事。于是，炮兵开始用散弹射击，造成起义者的伤亡。傍晚，起义被镇压下去，近百人被捕并送交审判，近 40 人被法庭判处死刑。然而真正被处以死刑的只有 5 位起义首领，其他人（约 40 人）尼古拉一世以流放取代了死刑。这些人史称"十二月党人"。

尼古拉一世同波斯和土耳其最初的战争进展顺利，以俄罗斯获胜而告终。俄罗斯获得了一些领土，并在土耳其获得了很大的影响。

俄罗斯势力的加强引起了西欧列强的不安，法国和英国均对俄罗斯宣战。1854 年，英、法、土联军在克里米亚登陆并包围了塞瓦斯托波尔。塞瓦斯托波尔保卫战持续了 11 个月，俄罗斯军队及其军官们表现出巨大的英雄主义。然而，克里米亚战争（1853—1856）最终以俄罗斯的失败而告终。

Лермонтова «Бородино́».

Алекса́ндр I у́мер 19-ого ноября́ 1825-ого го́да в го́роде Таганро́ге. Существу́ет леге́нда, не опрове́ргнутая исто́риками, что вме́сто Алекса́ндра был похоро́нен друго́й челове́к, а сам импера́тор бу́дто бы та́йно ушёл в Сиби́рь и дожива́л там свои́ дни под и́менем «ста́рца» Фёдора Кузьмича́.

Никола́й I У Алекса́ндра I не́ было дете́й. По зако́ну насле́дником явля́лся его́ брат Константи́н, кото́рый жил в Варша́ве и был жена́т на по́льке. Одна́ко Константи́н ещё при жи́зни Алекса́ндра отказа́лся от престо́ла, так что царём до́лжен был стать его́ сле́дующий брат Никола́й. Официа́льно об э́той переме́не не́ было объя́влено. Поэ́тому по́сле сме́рти Алекса́ндра I наступи́л коро́ткий пери́од междуца́рствия. Офице́ры-загово́рщики реши́ли воспо́льзоваться э́тим вре́менем для устро́йства восста́ния. Они́ обману́ли солда́т гарнизо́на, говоря́ им, что Никола́й хо́чет незако́нно заня́ть престо́л.

Прися́га Никола́ю была́ назна́чена на 14-ое декабря́ 1825-ого го́да. Не́которые ча́сти отказа́лись от прися́ги, вы́шли на пло́щадь и крича́ли: «Ура́ Константи́ну!» Тогда́ артилле́рия дала́ по восста́вшим два за́лпа холосты́ми заря́дами. Так как э́то не помогло́, артилле́рия откры́ла ого́нь карте́чью. Среди́ восста́вших бы́ли поте́ри. К ве́черу восста́ние бы́ло пода́влено. Около 100 челове́к бы́ло аресто́вано и о́тдано под суд. Суд приговори́л о́коло 40 челове́к к сме́ртной ка́зни. Одна́ко казни́ли то́лько пятеры́х предводи́телей восста́вших. Остальны́м Никола́й I замени́л сме́ртную казнь ссы́лкой. Со́слано бы́ло 40 челове́к. В исто́рию они́ вошли́ как «декабри́сты».

Пе́рвые во́йны Никола́я I с Пе́рсией и Ту́рцией бы́ли успе́шны, ко́нчились побе́дой Росси́и. Росси́я получи́ла не́которые террито́рии и огро́мное влия́ние в Ту́рции.

Тако́е усиле́ние Росси́и вы́звало беспоко́йство западноевропе́йских держа́в. Фра́нция и А́нглия объяви́ли войну́ Росси́и. В 1854-ом году́ а́нгло-фра́нко-туре́цкие а́рмии вы́садились в Крыму́ и осади́ли Севасто́поль. Одиннадцатиме́сячная оса́да Севасто́поля была́ полна́ герои́зма ру́сских войск и их военача́льников, но Росси́я потерпе́ла пораже́ние в Кры́мской войне́ (1853-1856).

Во вну́тренней поли́тике ца́рствование Никола́я I бы́ло вре́менем стро́гой дисципли́ны и борьбы́ с либера́льными

---

① 1812 年 8 月 26 日，俄法两军在莫斯科以西 125 公里的博罗金诺村附近展开大会战。这是所有拿破仑战争中最为血腥的单日战斗，参战士兵超过 25 万人。双方均伤亡惨重，最后是俄军撤退，法军获胜。这场战役因俄军拥有完备的工事和占据有利的地形成功消耗了法军有生力量，从而成为 1812 年卫国战争的转折点。

идеями. Царствование Николая I совпало с небывалым расцветом русской культуры, особенно литературы и музыки. При Николае I жили и творили классики русской литературы А.С. Пушкин, Н.В. Гоголь, М.Ю. Лермонтов и др. Тогда же положил начало классической русской музыке М.И. Глинка, имя которого стоит в ряду композиторов мирового значения.

Николай I умер ещё до окончания Крымской войны, оставив тяжёлое наследство своему сыну Александру II.

Россия во 2 половине 19 века

Став императором, **Александр II** сразу же занялся перестройкой всей общественно-политической и административной системы в России. Однако эти реформы учитывали интересы помещиков, а не крестьян, поэтому сохранились пережитки крепостничества: крупное дворянское землевладение, земельная неустроенность крестьян, выкупные платежи, община. Тем не менее Александр II вошёл в русскую историю как проводник широкомасштабных реформ. Манифест об освобождении крестьян был подписан 19-ого февраля 1861-ого года. За свою крестьянскую реформу Александр II был назван «Царём-освободителем».

Молодёжь всех классов получила право учиться в университетах. Университеты получили широкие права самоуправления. Были созданы высшие женские курсы. Было открыто много новых средних школ.

Внешняя политика Александра II привела к приобретению новых территорий на Дальнем Востоке, в Средней Азии и на Кавказе. «Освободителем» Александр II оказался и во внешней политике: русско-турецкая война 1877-ого – 1878-ого годов велась за освобождение балканских славян от турецкого ига.

1-ого марта 1881-ого года Александр II ехал в карете по одной из улиц Петербурга. Бомбой, брошенной террористом, был ранен человек из его охраны. Император приказал остановить карету, вышел из неё, подошёл к раненому и нагнулся к нему. Второй бомбой император был тяжело ранен и вскоре скончался.

Александр III После трагической гибели императора Александра II на престол вступил его сын Александр III. Убийство отца революционерами наложило глубокий отпечаток на всё его царствование. Он не пошёл по пути либеральных реформ, начатых его отцом, и вся внутренняя политика его была консервативной. Через два месяца после вступления на престол Александр III подписал Манифест, в котором подтвердил незыблемость самодержавия.

Больших успехов при Александре III достигла

策。亚历山大三世在继位两个月后即签署了申明专制制度至高无上的宣言。

亚历山大三世统治时期最大的成就是实行国家工业化。国内的铁路建设促进了整个社会的进步。始于亚历山大二世时期开始的大西伯利亚铁路建设具有重大的意义，这一铁路成为俄罗斯巩固远东和通向太平洋的必要条件。为了继续贯彻这些措施，亚历山大三世致力于和平建设。在他统治的13年期间，俄罗斯没有参加过一次战争。亚历山大三世在用暴力强力稳定国内统治的同时，竭力通过和平的途径解决国际间的冲突，与英、法友善相处，并因此获得"和平缔造者"的称号。

индустриализация страны. Общему прогрессу в стране содействовало железнодорожное строительство. Особое значение имела постройка Великого Сибирского пути, начатая при Александре II. Эта железная дорога явилась необходимым условием для укрепления Дальнего Востока и для выхода к Тихому океану. Для осуществления всех своих мер Александр III стремился к миру. За 13 лет правления Александра III Россия не участвовала ни в одной войне. Резкое насильственное «успокоение» страны дополнялось у Александра III стремлением к мирному урегулированию международных конфликтов, сближению с Великобританией и Францией, за что он получил прозвание «Миротворец».

Новые слова и словосочетания

оккупация 包围
гарнизон 卫戍部队
картечь 霰弹
выкупной платёж 赎金
община 村社

манифест 宣言
насильственный 暴力的
урегулирование 妥当安排
миротворец 调解人

Вопросы

1. Почему война с Наполеоном вошла в историю как Отечественная? Какие выдающиеся произведения русской литературы посвящены Отечественной войне 1812-ого года?
2. Кто такие декабристы? Какой была судьба декабристов?
3. Какие войны вела Россия в первой половине 19-ого века?
4. Какое значимое событие произошло в царствование Александра II? Какой эпитет (прозвание) он получил в связи с этим?
5. Под каким прозванием остался в русской истории Александр III? Почему?

19世纪末至20世纪初的俄罗斯

尼古拉二世的统治 1894年，亚历山大三世驾崩，享年49岁。其26岁的儿子尼古拉二世登基。19世纪末至20世纪初是俄罗斯经济快速增长的时期。一些政党开始出现，其中既有改良党（俄立宪民主党等），也有革命党（社会民主党、布尔什维克）。

日俄战争和1905年革命 为了开发西伯利亚，俄罗斯必

Россия в конце 19 века – начале 20 века

Царствование Николая II Александр III умер в 1894-ом году в возрасте 49 лет. На престол вступил его двадцатишестилетний сын Николай II. Конец 19-ого-начало 20-ого веков — период быстрого экономического роста в России. Появились политические партии, как реформаторские (кадеты и др.), так и революционные (эсеры, большевики).

Русско-японская война и революция 1905-ого года Для освоения Сибири России был необходим выход к Тихому океану. Так как порт Владивосток замерзает зимо́й, ба́за вое́нно-морско́го фло́та была́ организо́вана в Порт-Арту́ре Кита́я. В нача́ле 20-ого ве́ка Росси́я начала́ укрепля́ться в Маньчжу́рии и в Коре́е. Э́то вы́звало беспоко́йство в япо́нских прави́тельственных круга́х. В ночь на 27-ое января́ 1904-ого го́да Япо́ния без объявле́ния войны́ атакова́ла ру́сскую эска́дру в Порт-Арту́ре. Два больши́х сраже́ния зако́нчились побе́дой япо́нцев. Пораже́ния на фро́нте оживи́ли в Росси́и революцио́нное движе́ние. В пе́рвых чи́слах января́ 1905-ого го́да в Петербу́рге начали́сь забасто́вки рабо́чих. В воскресе́нье 9-ого января́ произошло́ траги́ческое столкнове́ние ме́жду рабо́чими-демонстра́нтами и войска́ми, в результа́те кото́рого оказа́лось мно́го уби́тых и ра́неных. Э́тот день оста́лся в исто́рии как «Крова́вое воскресе́нье». По́сле э́того по всей стране́ пошли́ забасто́вки и антиправи́тельственные демонстра́ции. Так начала́сь револю́ция 1905-ого го́да. Революцио́нные па́ртии тре́бовали ликвида́ции мона́рхии.

16-ого а́вгуста 1905-ого го́да Япо́ния и Росси́я заключи́ли ми́рный догово́р. По э́тому догово́ру Росси́я потеря́ла Ю́жную Маньчжу́рию, Кванту́нский полуо́стров с Порт-Арту́ром и ю́жную полови́ну о́строва Сахали́н.

Февра́льская Револю́ция и Вре́менное прави́тельство
В феврале́ 1917-ого го́да, на тре́тьем году́ Пе́рвой мирово́й войны́, в Петрогра́де произошли́ рабо́чие беспоря́дки из-за дорогови́зны и перебо́ев в доста́вке хле́ба. В э́то вре́мя в Петрогра́де находи́лось до 200000 солда́т резе́рвных часте́й, кото́рых постепе́нно отправля́ли на фронт. Э́ти солда́ты совсе́м не хоте́ли е́хать на фронт. Они́ поддержа́ли восста́ние рабо́чих и в результа́те царь и его́ прави́тельство бы́ли све́ргнуты и аресто́ваны. Их замени́ло так называ́емое Вре́менное Прави́тельство, соста́вленное из депута́тов Госуда́рственной Ду́мы. 1 (14)-ого сентября́ 1917-ого го́да по декре́ту главы́ Вре́менного прави́тельства Алекса́ндра Ке́ренского Росси́йская импе́рия была́ преобразо́вана в Росси́йскую Респу́блику.

Октя́брьская револю́ция По́сле Февра́льской револю́ции 1917-ого го́да но́вое революцио́нное Вре́менное прави́тельство не смогло́ восстанови́ть поря́док в стране́, что в совоку́пности с продолжа́ющейся мирово́й войно́й привело́ к нараста́нию полити́ческого ха́оса, в результа́те кото́рого власть в Росси́и захвати́ла па́ртия большевико́в (РСДРП〈б〉) под руково́дством Влади́мира Ле́нина, в сою́зе с ле́выми эсе́рами и анархи́стами (Октя́брьская револю́ция 1917-ого го́да). В хо́де Октя́брьской револю́ции 25-ого

须获得通往太平洋的出海口。考虑到符拉迪沃斯托克港冬天要上冻，俄国将军港安排在中国旅顺。在20世纪初，俄罗斯开始扩大它在中国东北和朝鲜的势力，这引起了日本高层的不安。1904年1月26日深夜，日本未经宣战袭击旅顺口的俄国舰队。两次大战均以日方胜利告终。前线的失利助长了国内革命运动。1905年1月初，彼得堡的工人开始罢工。1月9日星期天，示威工人同军队的悲剧性冲突暴发了，示威者死伤众多。这一天史称"流血星期日"。在这之后全国范围开始了罢工和反政府的示威游行，从此揭开了1905年革命的序幕。革命党人要求废除君主专制。

1905年8月16日，日俄签订和约。根据这一条约，俄罗斯失去了对南满、辽东半岛连同旅顺口和萨哈林岛南部的控制权。

二月革命和临时政府 1917年2月，第一次世界大战进入第三个年头。由于物价上涨和食品供应匮乏，彼得格勒发生了工人骚动。当时彼得格勒尚有20万后备军，这些军队被源源不断地派往前线。士兵们根本不愿去前方打仗，转而支持起义的工人。沙皇政府被推翻，皇室人员遭到逮捕。取代他们的是由国家杜马代表组成的所谓的临时政府。1917年9月1（14）日，根据临时政府总理亚历山大·克伦斯基起草的法令，俄罗斯帝国成为俄罗斯共和国。

十月革命 1917年二月革命后，新的革命临时政府没有能够恢复国内的秩序。加上时处世界大战之际，政局更加混乱，结果是布尔什维克党人（俄国社会民主工党〈布〉）在列宁领导下联合左翼社会民主党人和无政府主义者夺取了政权

（1917年十月革命）。在1917年10月25日（公历11月7日）的十月革命进程中，经全俄苏维埃第二次代表大会集体决议宣布，在俄罗斯共和国的领土上成立了俄罗斯苏维埃共和国。

工农兵代表苏维埃被宣布为政府最高权力机构。人民委员行使执政权力。苏维埃政府最早的改革主要包括停止战争（《和平法令》）、废除私有制并使资本家和地主的私有财产公有化（《土地法令》）。

октября (7-ого ноября) 1917-ого года на территории Российской Республики Постановлением II-ого Всероссийского Съезда Советов была провозглашена Российская Советская Республика.

Верховным органом власти были провозглашены Советы рабочих, солдатских и крестьянских депутатов. Исполнительную власть осуществляли народные комиссары. Первые реформы советского правительства заключались, главным образом, в прекращении войны (Декрет о мире), ликвидации частной собственности и обобществлении собственности, принадлежащей капиталистам и помещикам (Декрет о земле).

 Новые слова

кадет 俄立宪民主党
эсер 社会民主党人
эскадра 分舰队
дороговизна 价格昂贵
резервный 后备的

декрет 法令
анархист 无政府主义者
постановление 集体的决议
комиссар 委员
обобществление 社会化

 Вопросы

1. Какие события произошли в России в начале 20-ого века?
2. Какими были первые реформы советского правительства?

《布列斯特—立陶夫斯克条约》布尔什维克夺取政权后，立即向全世界宣布俄罗斯退出战争。12月初，德国人建议苏维埃政府签订停战协定并进行和平谈判。这次谈判的第一阶段始于12月18日，在布列斯特—立陶夫斯克市进行。奥德代表团向苏维埃代表团提出了极其苛刻的条件，俄罗斯必须把波兰在俄罗斯的所有部分、立陶宛、拉脱维亚、爱沙尼亚、白俄罗斯和乌克兰割让给德国，除此之外还要支付巨额赔款。

1918年2月17日，德国人开始进攻。他们占领了整个白俄罗斯、拉脱维亚和爱沙尼亚。同时德国和奥地利开始向乌克兰调兵。2月19日，苏维埃政府通过无线电宣布同意德

Брестский мир Захватив власть, большевики сразу же объявили всему миру, что Россия выходит из войны. В начале декабря немцы предложили Советам заключить перемирие и начать переговоры о мире. Первая фаза этих переговоров началась 18-ого декабря в городе Брест-Литовске. Австро-Германская делегация предъявила советской делегации очень жёсткие требования. Россия должна была отдать Германии всю русскую часть Польши, Литву, Латвию, Эстонию, Белоруссию и Украину и, кроме того, заплатить огромную денежную контрибуцию.

17-ого февраля 1918-ого года немцы начали наступать. Они заняли всю Белоруссию, Латвию и Эстонию. В то же время немецкие и австрийские войска начали двигаться на Украину. 19-ого февраля Советское правительство сообщило по радио о своём согласии на требования немцев. Через несколько дней Брестский мирный договор был подписан. Это было в марте 1918-

ого года, а в ноябре немцы проиграли войну на Западе и в Германии началась революция. Император Вильгельм бежал с семьёй в Голландию. Германия стала республикой. Советское правительство объявило Брестский договор недействительным.

В январе 1918-ого года Третий Всероссийский Съезд Советов оформил создание Российской Советской Федеративной Социалистической Республики (РСФСР). В марте 1918-ого года советское правительство переехало из Петрограда в Москву, и с этого времени Москва стала столицей советского государства.

Военный коммунизм — внутренняя политика Советского правительства 1918-ого года - начала 1921-ого года. Это была вынужденная политика, обусловленная крайней разрухой в городах и деревнях, а также необходимостью мобилизовать все ресурсы для победы в гражданской войне. В результате разрухи, наступившей после гражданской войны, фабрики и заводы почти перестали работать, деньги сразу потеряли всякую ценность, прекратился подвоз всякого продовольствия в города. Чтобы кормить армию и население городов, большевики начали вывозить продовольствие из сёл и деревень. Они насильно отбирали у крестьян все продукты, которые находили. За изъятые продукты крестьянам оставляли квитанции и деньги, терявшие из-за инфляции свою стоимость. Установленные твёрдые цены на продукты были в 40 раз ниже рыночных. Деревня отчаянно сопротивлялась, поэтому были созданы особые продовольственные отряды.

Политика «военного коммунизма» привела к уничтожению товарно-денежных отношений. Ограничивалась продажа продовольствия и промышленных товаров. Политика «военного коммунизма» не только не вывела Россию из экономической разрухи, но и усугубила её. Нарушение рыночных отношений вызвало развал финансов, сокращение производства в промышленности и сельском хозяйстве. Население городов голодало.

Гражданская война в 1917-ом – 1922-ом годах После Октябрьской революции в стране сложилась напряжённая социально-политическая ситуация. Свержение временного правительства и разгон Учредительного собрания, экономические и социально-политические мероприятия Советского правительства восстановили против него дворян, буржуазию, состоятельную интеллигенцию, духовенство, офицерство, казаков и зажиточных крестьян.

国的要求。几天后，《布列斯特条约》签订。这时正值1918年3月。同年11月份，德国人在西欧战败，德国国内开始了革命。威廉皇帝举家逃往荷兰。德国开始共和制。苏维埃政府宣布废止《布列斯特条约》。

1918年1月，全俄罗斯苏维埃第三次代表大会决定成立俄罗斯苏维埃联邦社会主义共和国。3月，苏维埃政府从彼得格勒迁至莫斯科，从此莫斯科成为苏维埃国家的首都。

战时共产主义是苏维埃政府在1918至1921年初实行的一项国内政策。这是一项在城市和农村遭到严重破坏的情况下迫不得已制定的政策——必须动用所有的资源以保证国内战争的胜利。由于国内战争带来的破坏，工厂几乎全部停产，货币飞快贬值，向城市运输各种食品的工作也停顿下来。为了保证军队和城市居民的生活，布尔什维克开始从农村外运输粮食。他们强行从农民那里征缴所有能找到的食品。对于那些没收的食品，留给农民的是一些收据和贬得一文不值的钱币。硬性收购规定的食品价格极低，仅为市场价的1/40。农民进行了反抗，为此政府成立了专门的征粮队。

"战时共产主义"政策破坏了商品和货币的关系，阻碍了粮食和工业品的销售。"战时共产主义"政策不仅没有将俄罗斯从经济困境中摆脱出来，反而使其雪上加霜。市场关系遭到破坏，引起财政崩溃，工业品和农产品锐减，城市居民处于忍饥受饿的状态。

1917年至1922年的国内战争 十月革命后，国内社会政治局势日趋紧张。临时政府被推翻、立宪会议瓦解，苏维埃政府推行各种经济和社会政治措施，所有这些促成了一个由贵族、资产阶级、富裕知识分子、神职人员和军官阶层、哥萨克、富农和中农组成的反对势力。

俄罗斯国内战争的特点是

国内的政治斗争和外国武装干涉紧密纠结在一起。德国及其协约国的成员国鼓动怂恿反布尔什维克的武装力量，为其提供武器弹药、财政援助和政治支持，以达到肢解俄罗斯、瓜分俄罗斯领土、扩大势力范围、实现其扩张的目的。

1918年形成了几个主要反布尔什维克运动的中心。国内战局的复杂化影响到了皇室成员的命运。1918年春天，尼古拉二世及其家眷从托博尔斯克被转移到叶卡捷琳堡，乌拉尔州苏维埃于1918年7月16日枪杀了沙皇及其全家。当时，被处死的还有沙皇的胞弟米哈伊尔等共18位皇室成员，他们的遗骸被抛弃在坍塌的矿井里。

1918年末至1919年初，海军上将高尔察克在西伯利亚夺取政权。在库班和北高加索，邓尼金把顿河方面军和志愿军联合到俄罗斯南部的武装力量中。在北方，在协约国的帮助下，米勒将军组建了自己的军队。英国占领了巴库和新罗西斯克，法国占领了敖德萨和塞瓦斯托波尔。

1918年11月，高尔察克开始进攻乌拉尔地区，试图与米勒将军的部队会合，以形成对莫斯科的共同打击。东线战场再次成为主战场。12月25日，高尔察克军队占领了彼尔姆。但在12月31日，他们的进攻被红军击退。东部前线暂时稳定下来。

1919年，反政府力量制定了共同进攻苏维埃政权的计划：从东部（高尔察克）、南部（邓尼金）、西部（尤邓尼奇）同时进攻。然而联合进攻未得得逞。

1919年3月，高尔察克展开了从乌拉尔向伏尔加河方向的新一轮进攻。4月，加梅涅夫和伏龙芝的红军部队击退了这一轮的进攻，并于夏季将他们赶到了西伯利亚。红军借助于强大的反高尔察克政府的农民起义和游击队的行动，在西伯利亚建立起苏维埃政权。1920年2月，根据伊尔库茨克州委会的

Своеобразие гражданской войны́ в Росси́и заключа́лось в те́сном переплете́нии внутриполити́ческой борьбы́ с иностра́нной интерве́нцией. Как Герма́ния, так и сою́зники по Анта́нте подстрека́ли антибольшеви́стские си́лы, снабжа́ли их ору́жием, боеприпа́сами, ока́зывали фина́нсовую и полити́ческую подде́ржку, чтобы пресле́довать со́бственные экспансиони́стские за́мыслы, напра́вленные на расчлене́ние Росси́и, получе́ние за счёт неё но́вых террито́рий и сфер влия́ния.

В 1918-ом году́ сформирова́лись основны́е це́нтры антибольшеви́стского движе́ния. Осложне́ние вое́нно-полити́ческой обстано́вки в стране́ повлия́ло на судьбу́ импера́торской фами́лии. Весно́й 1918-ого го́да Никола́й II с жено́й и детьми́ был переведён из Тобо́льска в Екатеринбу́рг. Ура́льский областно́й Сове́т 16-ого июля́ 1918-ого го́да расстреля́л царя́ и его́ семью́. В те же дни был уби́т брат царя́ Михаи́л и ещё 18 чле́нов импера́торской фами́лии, оста́нки сбро́шены в ша́хту обвали́вшегося рудника́.

В конце́ 1918-ого – нача́ле 1919-ого го́да власть в Сиби́ри захвати́л адмира́л А.В. Колча́к. На Куба́ни и Се́верном Кавка́зе А.И. Дени́кин объедини́л Донску́ю и Доброво́льческую а́рмии в Вооружённые си́лы ю́га Росси́и. На се́вере при по́мощи Анта́нты формирова́л свою́ а́рмию генера́л Е.К. Ми́ллер. Англича́не за́няли Баку́, вы́садились в Новоросси́йске, францу́зы — в Оде́ссе и Севасто́поле.

В ноябре́ 1918-ого го́да А.В. Колча́к на́чал наступле́ние в Приура́лье с це́лью соедине́ния с отря́дами генера́ла Е.К. Ми́ллера и организа́ции совме́стного уда́ра на Москву́. Сно́ва Восто́чный фронт стал гла́вным. 25-ого декабря́ войска́ А.В. Колчака́ взя́ли Пермь, но уже́ 31-ого декабря́ их наступле́ние бы́ло остано́влено Кра́сной А́рмией. На восто́ке фронт вре́менно стабилизи́ровался.

В 1919-ом году́ был со́здан план одновре́менного уда́ра на сове́тскую власть: с восто́ка (А.В. Колча́к), ю́га (А.И. Дени́кин) и за́пада (Н.Н. Юде́нич). Одна́ко осуществи́ть комбини́рованное выступле́ние не удало́сь.

В ма́рте 1919-ого го́да А.А. Колча́к на́чал но́вое наступле́ние от Ура́ла по направле́нию к Во́лге. В апре́ле войска́ Кра́сной А́рмии С.С. Ка́менева и М.В. Фру́нзе останови́ли его́, а ле́том вы́теснили в Сиби́рь. Мо́щное крестья́нское восста́ние и партиза́нское движе́ние про́тив прави́тельства А.В. Колчака́ помогли́ Кра́сной А́рмии установи́ть сове́тскую власть в Сиби́ри. В феврале́ 1920-ого го́да по пригово́ру Ирку́тского ревкома А.В. Колчак был расстрелян.

В мае 1919-ого года, когда Красная Армия одерживала решающие победы на востоке, Н.Н. Юденич двинулся на Петроград. В июне он был остановлен и его войска отброшены в Эстонию. Второе наступление Н.Н. Юденича на Петроград в октябре 1919-ого года также закончилось поражением. Его войска были разоружены и интернированы эстонским правительством.

В июле 1919-ого года А.И. Деникин захватил Украину и начал наступление на Москву. В сентябре его войска заняли Курск, Орёл и Воронеж. В декабре 1919-ого года – начале 1920-ого года войска А.И. Деникина потерпели поражение. Советская власть была восстановлена на юге России, Украине и Северном Кавказе. Остатки Добровольческой армии укрылись на Крымском полуострове, командование которыми А.И. Деникин передал генералу П.Н. Врангелю.

С апреля 1920-ого года антисоветскую борьбу возглавил генерал П.Н. Врангель. Он сформировал в Крыму «Русскую армию», которая в июне начала наступление на Донбасс. Для отпора ей был образован Южный фронт под командованием М.В. Фрунзе. В конце октября войска П.Н. Врангеля были разбиты. Большевики победили в гражданской войне и разгромили иностранную интервенцию.

Гражданская война привела к дальнейшему ухудшению экономической ситуации в стране, к полной хозяйственной разрухе. Материальный ущерб составил более 50 млрд руб. Промышленное производство сократилось в 7 раз. Была полностью парализована транспортная система. В боях, от голода, болезней и террора погибло 8 млн человек, 2 млн человек были вынуждены эмигрировать. Среди них были многие представители интеллектуальной элиты.

判决，高尔察克被执行枪决。

1919年5月，正值红军在东部取得决定性胜利之际，尤邓尼奇开始进军彼得格勒。6月，尤邓尼奇部队受阻，随后他的军队被赶到爱沙尼亚。1919年10月，尤邓尼奇第二次向彼得格勒的进攻同样以失败告终。他的军队被爱沙尼亚政府解除了武装并遭到扣留。

1919年7月，邓尼金占领乌克兰，并开始进攻莫斯科。9月，他的军队占领了库尔斯克、奥廖尔、沃罗涅什。1919年12月至1920年初，邓尼金的部队溃败。苏维埃政权在俄罗斯南部、乌克兰和北高加索得以确立。志愿军的残余隐藏到克里米亚半岛，邓尼金把军队指挥权移交给了弗兰格尔。

1920年4月起，弗兰格尔开始主导反苏维埃的军事行动。他在克里米亚组建了"俄罗斯军"并于6月开始了对顿巴斯的进攻。苏维埃政府组建了伏龙芝领导的南方战线以抗击"俄罗斯军"。10月末，弗兰格尔军队败北。布尔什维克最终赢得了国内战争，并且击溃了外国武装干涉。

内战使得国内的经济状况进一步恶化。农业完全崩溃。物质损失高达到500亿卢布。工业生产削减了6/7。运输系统全面瘫痪。在战争中死于饥饿、疾病和恐怖手段的人达800万，200万人被迫移居国外，其中有很多是才华出众的知识界精英。

Новые слова

контрибуция （战败国的）赔款
мобилизовать 动用，动员
изъять 没收
инфляция 通货膨胀
усугубить 加重
разгон 解散
Антанта 协约国
подстрекать 挑唆

экспансионистский 扩张主义的
останки （复）遗骸
обвалиться 坍塌
рудник 矿井
стабилизироваться 得到稳定
комбинировать 联合起来
интернировать 扣留
террор 恐怖手段

Вопросы и задания

1. Какое требование предъявила Австро-Германская делегация как условие подписания Брестского мира? Почему Советское правительство согласилось с ним?
2. Почему впоследствии Брестский мир был объявлен недействительным?
3. Когда была создана РСФСР? Что изменилось в России в связи с этим?
4. Почему, по вашему мнению, столицей государства снова стала Москва?
5. Что такое военный коммунизм? С какой целью он был введён? Каковы были последствия его введения в России?
6. Каковы причины Гражданской войны 1918-ого – 1920-ого годов?
7. Приведите основные факты антибольшевистского движения в России.
8. Как Гражданская война повлияла на экономическое состояние России, на её промышленность, транспорт, население?

苏维埃社会主义共和国联盟的成立

20 世纪 20 年代初，在原俄罗斯帝国的领土上并存着几个独立的国家型政权。这是一些建立在地域—民族特征基础上的国家，如俄罗斯苏维埃联邦社会主义共和国、乌克兰苏维埃社会主义共和国、白俄罗斯苏维埃社会主义共和国、阿塞拜疆苏维埃社会主义共和国、亚美尼亚苏维埃社会主义共和国、格鲁吉亚苏维埃社会主义共和国、布哈拉苏维埃人民共和国、花拉子模苏维埃人民共和国、远东共和国。国内战争期间，为了更有效地反击反苏维埃的武装力量，俄罗斯苏维埃联邦社会主义共和国、乌克兰和白俄罗斯签约缔结军事政治联盟（1919 年 6 月）。随着国内战争的结束，各共和国之间依然保持着政治合作，经济合作得到进一步加强。

1922 年 12 月，在各共和国内召开了苏维埃代表大会，大会成员赞同列宁关于成立苏维埃社会主义共和国联盟的提议。1922 年 12 月 30 日，第一届全苏苏维埃代表大会确立了关于成立苏维埃社会主义共和国联盟的宣言和条约。

新经济政策　1921 年夏，在伏尔加河和乌拉尔山之间的大片区域内发生了可怕的饥荒。根据列宁的一再要求，俄共开始实行新经济政策。

私人贸易和小型个体工业

Образование СССР

К началу 20-ых годов на территории бывшей Российской империи существовало несколько независимых государственных образований. Это созданные на основе национально-территориального признака РСФСР, Украинская, Белорусская, Азербайджанская, Армянская и Грузинская Советские Социалистические Республики, а также Бухарская и Хорезмская Народные Советские Республики, Дальневосточная Республика. В годы гражданской войны для более эффективного отпора антисоветским силам между РСФСР, Украиной и Белоруссией был заключён военно-политический союз (июнь 1919-ого года). С окончанием гражданской войны во взаимоотношениях республик сохранилось политическое и углубилось экономическое сотрудничество.

В декабре 1922-ого года во всех республиках состоялись съезды Советов, участники которых одобрили предложение В.И. Ленина о создании Союза Советских Социалистических Республик. Первый Всесоюзный съезд Советов 30-ого декабря 1922-ого года утвердил Декларацию и Договор об образовании СССР.

Новая экономическая политика (НЭП) Летом 1921-ого года в огромной области между Волгой и Уральскими горами начался страшный голод. По настоянию Ленина партия ввела так называемую Новую Экономическую Политику — НЭП.

Снова были разрешены частная торговля и мелкие промышленные предприятия с небольшим числом рабочих. Для крестьян было восстановлено право собственности на землю и право пользоваться всеми продуктами своего труда. Государству они должны были платить только небольшо́й нало́г хле́бом, а все изли́шки могли́ продава́ть по ры́ночной цене́.

Расчёты Ле́нина вполне́ оправда́лись. Страна́ начала́ дово́льно бы́стро оправля́ться. За 7 лет, к 1929-ому году́, эконо́мика страны́ дости́гла у́ровня 1914-ого го́да, после́днего предвое́нного го́да ца́рского вре́мени. Введе́ние НЭПа бы́ло после́дним кру́пным мероприя́тием Ле́нина. 21-ого января́ 1924-ого го́да Ле́нин у́мер. Генера́льным секретарём ЦК РКП(б) стал И.В. Ста́лин.

Пе́рвая пятиле́тка: коллективиза́ция и индустриализа́ция страны́ В 1928-о́м году́ большевики́ реши́ли поко́нчить с НЭП-ом, поко́нчить с ча́стной со́бственностью в се́льском хозя́йстве и преврати́ть его́ в со́бственность госуда́рства. Для э́того решено́ бы́ло объедини́ть всех крестья́н в больши́е коллекти́вные хозя́йства — колхо́зы, подчинённые госуда́рственной вла́сти. В конце́ 1928-о́го го́да Кремль объяви́л 1929-ый год пе́рвым го́дом Пятиле́тки коллективиза́ции и индустриализа́ции страны́. Большевики́ за 1928-о́й год почти́ поко́нчили с ча́стной торго́влей и ме́лкими предприя́тиями в города́х. Ча́стная торго́вля была́ заменена́ госуда́рственной и́ли кооперати́вной. Прекраща́лось кредитова́ние и уси́ливалось нало́говое обложе́ние ча́стных хозя́йств, отменя́лись зако́ны об аре́нде земли́ и на́йме рабо́чей си́лы.

Ло́мка сложи́вшихся в дере́вне форм хозя́йствования вы́звала серьёзные тру́дности в разви́тии агра́рного се́ктора. Среднегодово́е произво́дство зерна́ в 1933-ем – 1937-о́м года́х сни́зилось до у́ровня 1909-ого – 1913-ого годо́в, на 40-50% уме́ньшилось поголо́вье скота́.

Одновре́менно с коллективиза́цией дере́вни большевики́ на́чали стро́ить мно́го фа́брик, заво́дов, электроста́нций, развива́ть тра́нспорт и добы́чу не́фти, угля́ и други́х ископа́емых. Согла́сно пла́ну, 80% всех средств должно́ бы́ло идти́ на тяжёлую промы́шленность и машинострое́ние и то́лько 20% — на разви́тие лёгкой и пищево́й промы́шленности.

К середи́не 30-ых годо́в уси́лилась бюрократиза́ция управле́ния эконо́микой. Углуби́лись деформа́ции в разви́тии наро́дного хозя́йства: лёгкая промы́шленность всё бо́лее отстава́ла от тяжёлой инду́стрии. Серьёзные тру́дности испы́тывали се́льское хозя́йство, железнодоро́жный и речно́й тра́нспорт. Поэ́тому план индустриализа́ции пришло́сь сокраща́ть.

В конце́ 1932-о́го го́да Кремль объяви́л, что 1-ая пятиле́тка вы́полнена за 4 го́да. Факти́чески же основно́й план индустриализа́ции был вы́полнен ме́ньше чем на 25%.

企业经营重新得到了允许，国家为农民确立了土地私有权并规定他们有权处置自己所有的劳动产品。他们只需向国家交纳少量的粮食用以抵税，而所有剩余的粮食可以按照市场价出售。

列宁的意图获得了彻底的实现，国家开始迅速恢复。至1929年，只用了7年的时间，苏联国内经济就达到了沙皇时期战前最后一年1914年的水平。新经济政策的推行是列宁的最后一项重大举措。1924年1月21日，列宁逝世。斯大林出任俄共（布）中央委员会总书记。

第一个五年计划：国内集体化和工业化 1928年，布尔什维克决定结束新经济政策，结束农业经济中的私有制，并把农业经济变成国有制，为此决定把所有的农民联合到一个大的集体制经济体中——服从于国家政权的集体农庄。1928年末，克里姆林宫宣布1929年为国家集体化、工业化五年计划的第一年。布尔什维克于1928年在各个城市几乎完全取缔了私有贸易和小型私有企业。私有贸易被国家或者合作社贸易所取代。国家停止了对私有经济的贷款并提高了对其征税额度，允许租用土地和雇佣劳力的法规被取消。

农村的经济形式遭到破坏，导致农业部门发展举步维艰。1933年至1937年期间，粮食年均产量降至1909年至1913年的水平，牲畜存栏量减少40%至50%。

农村实行集体化的同时，布尔什维克开始兴建大量的轻工业和重工业工厂、发电站，发展交通，增加石油、煤矿和其他矿产的开采量。根据五年计划的规定，80%的资金应该用于重工业和机械制造业，只有20%的资金用于发展轻工业和食品工业。

30年代中期，经济管理中的官僚作风进一步加剧，国民经济发展被严重扭曲：轻工业越来越落后于重工业。农业经济、铁路、河运均面临严重的困难。因此，工业化的计划被迫搁浅。

1932年末，克里姆林宫宣布第一个五年计划在4年内完成，但事实上工业化的基本任务只完成了不足25%。尽管如此，1933年被宣布为第二个五年计划起始年。

第二个五年计划内主要的经济任务是在所有领域的最新技术的基础上，完成国民经济的调整。在第二个五年计划内苏联装配了4500个大型工业企业。乌拉尔机械制造厂、车里亚宾斯克拖拉机厂、新图拉冶金制造厂等大型企业，几十个矿井和水电站正式投产。在莫斯科铺设了第一条地铁，各加盟共和国的工业得到了迅速发展，乌克兰兴建了一系列机械制造企业，乌兹别克斯坦兴建了一批金属制品加工厂。

第二个五年计划再次仅用了4年零3个月就宣布提前完成。在某些工业领域确实取得了可观的成就。炼钢业增长了2倍，电力生产业增加了1.5倍，出现了强大的工业中心和新的工业领域，涉及化工、机床制造、拖拉机制造和航空制造。与此同时，轻工业发展却没有得到应有的重视。

1933-ий год был объявлен годом 2-ой пятилетки.

Вторая пятилетка Главная экономическая задача второго пятилетнего плана заключалась в завершении реконструкции народного хозяйства на основе новейшей техники для всех отраслей. За годы второй пятилетки были сооружены 4,5 тыс. крупных промышленных предприятий. Вошли в строй Уральский машиностроительный и Челябинский тракторный, Ново-Тульский металлургический и другие заводы, десятки шахт и электростанций. В Москве была проложена первая линия метрополитена. Ускоренными темпами развивалась индустрия союзных республик. На Украине были возведены предприятия машиностроения, в Узбекистане — заводы по обработке металла.

Завершение выполнения второго пятилетнего плана было объявлено досрочным — снова за 4 года и 3 месяца. В некоторых отраслях промышленности действительно были достигнуты очень высокие результаты. В 3 раза выросла выплавка стали, в 2,5 раза — производства электроэнергии. Возникли мощные индустриальные центры и новые отрасли промышленности: химическая, станко-, тракторои авиастроительная. Вместе с тем развитию лёгкой промышленности не уделялось должного внимания.

Новые слова

декларация 宣言
налог 税
кредитование 借贷
обложение 课（税）
аренда 租赁

наём 租用
поголовье 牲畜存栏量
деформация 变形
выплавка 熔炼

Вопросы и задания

1. Когда был официально образован СССР?
2. Что такое НЭП? Когда и почему ввели НЭП?
3. Как изменилась экономика и жизнь в России в связи с НЭПом?
4. Что такое коллективизация? Когда она происходила в России?
5. Что такое индустриализация? Когда и как она происходила в России?
6. Было ли развитие народного хозяйства России в 30-ые годы планомерным и гармоничным? Приведите факты.
7. Охарактеризуйте кратко вторую пятилетку. Укажите достижения и упущения в развитии народного хозяйства СССР в этот период.

Вели́кая Оте́чественная война́ (1941-1945)

В 1941-ом году́ Втора́я мирова́я война́ вступи́ла в но́вую фа́зу. К э́тому вре́мени фаши́стская Герма́ния и её сою́зники захвати́ли факти́чески всю Евро́пу. В 1940-ом году́ фаши́стское руково́дство разрабо́тало план «Барбаро́сса», цель кото́рого состоя́ла в молниено́сном разгро́ме сове́тских Вооружённых сил и оккупа́ции Европе́йской ча́сти Сове́тского Сою́за.

Осуществле́ние пла́на «Барбаро́сса» начало́сь на рассве́те 22-ого ию́ня 1941-ого го́да широ́кими бомбардиро́вками с во́здуха крупне́йших промы́шленных и стратеги́ческих це́нтров, а та́кже наступле́нием сухопу́тных войск Герма́нии и её сою́зников по всей европе́йской грани́це СССР. За не́сколько пе́рвых дней войны́ неме́цкие войска́ продви́нулись на деся́тки и со́тни киломе́тров. На центра́льном направле́нии в нача́ле ию́ля 1941-ого го́да была́ захва́чена вся Белору́ссия, и неме́цкие войска́ вы́шли на подсту́пы к Смоле́нску. На се́веро-за́падном — занята́ Приба́лтика, 9-ого сентября́ блоки́рован Ленингра́д. На ю́ге ги́тлеровские войска́ оккупи́ровали Молда́вию и Украи́ну. Таки́м о́бразом, к о́сени 1941-ого го́да был осуществлён ги́тлеровский план захва́та огро́мной террито́рии Европе́йской ча́сти СССР.

Стреми́тельное наступле́ние герма́нских войск на сове́тском фро́нте и их успе́хи в ле́тней кампа́нии объясня́лись мно́гими фа́кторами объекти́вного и субъекти́вного хара́ктера. Герма́ния име́ла значи́тельные экономи́ческие и вое́нно-стратеги́ческие преиму́щества. Сове́тский Сою́з, несмотря́ на прилага́емые в го́ды тре́тьей пятиле́тки уси́лия, не заверши́л свою́ подгото́вку к войне́. В результа́те в пе́рвые дни войны́ была́ уничто́жена пря́мо на аэродро́мах значи́тельная часть сове́тской авиа́ции. Кру́пные соедине́ния Кра́сной А́рмии попа́ли в окруже́ние, бы́ли уничто́жены и́ли захва́чены в плен.

В конце́ ию́ня – пе́рвой полови́не ию́ля 1941-ого го́да разверну́лись кру́пные оборони́тельные пригра́ничные сраже́ния. С 16-ого ию́ля по 15-ое а́вгуста на центра́льном направле́нии продолжа́лась оборо́на Смоле́нска. На се́веро-за́падном направле́нии провали́лся неме́цкий план захва́та Ленингра́да. На ю́ге до сентября́ 1941-ого го́да вела́сь оборо́на Ки́ева, до октября́ — Оде́ссы. Упо́рное сопротивле́ние Кра́сной А́рмии ле́том – о́сенью 1941-ого го́да сорва́ло ги́тлеровский план молниено́сной войны́. Вме́сте с тем захва́т фаши́стским кома́ндованием к о́сени 1941-ого го́да огро́мной террито́рии СССР с её важне́йшими промы́шленными це́нтрами и зерновы́ми райо́нами явля́лся

伟大的卫国战争（1941—1945）

1941年，第二次世界大战进入了一个新的阶段。这时，法西斯德国及其协约国事实上已经占领了整个欧洲。1940年，法西斯高层制定了"巴巴罗沙"计划，企图以闪电战方式粉碎苏维埃武装力量和占领苏联的欧洲部分。

"巴巴罗沙"计划于1941年6月22日凌晨以大面积空袭大型工业、战略中心的方式开始实施，同时，德国陆军及其盟国对苏联所有欧洲边境展开进攻。在战争最初几天，德国军队挺进了几十乃至几百公里。1941年7月初，在主战线上整个白俄罗斯被占领，德军挺进到通往斯摩棱斯克的要冲，苏联西北波罗的海沿岸均失守。9月9日，列宁格勒被困。在南方，希特勒军队占领了摩尔达维亚和乌克兰。就此，1941年秋天前，希特勒实现了占领苏联欧洲部分大片领土的计划。

德军在苏联前线的快速进攻以及他们在夏季战役中所取得的战绩是由多种主客观因素造成的。德国拥有相当强大的经济和战争战略优势。苏联尽管在第三个五年计划内下了很大的力气，但是并没有做好战争的准备。这导致战争初期，相当一部分苏联飞机就在机场被毁。大批红军兵团陷入包围、被歼或者被俘。

1941年6月末至1941年7月上半月，苏联进行了大规模的边境保卫战。从7月16日到8月15日，苏军在主战线上继续进行斯摩棱斯克保卫战。在西北战线上，德国人占领列宁格勒的计划落空。1941年9月之前，南方进行了基辅保卫战，10月之前，进行了敖德萨保卫战。红军在1941年夏天到秋天进行的顽强抵抗粉碎了希特勒闪电战的计划。与此同时，法西斯集团军于1941年秋天之前占领了苏联大片重要的工业中心和产粮区，苏维埃政府损失惨重。

莫斯科保卫战 1941年9月末至10月初，德国开始了"台风"行动，企图占领莫斯科。10月19日，莫斯科开始实行军事管制。红军战士浴血奋战，击退了侵略者的入侵，希特勒进攻莫斯科的10月阶段结束。11月7日，在红场上举行了传统的莫斯科警备队的阅兵式。首次参加阅兵式的还有其他方面的军事部队，包括一些将直接从阅兵场上奔赴前线的民兵。这些举措极大地提高了民众的爱国主义热情，坚定了他们对胜利的信心。12月5至6日，红军开始反攻，迫使敌人从莫斯科后撤100—250公里，解放了加里宁、小雅罗斯拉韦茨、卡卢加等城市和居民点。希特勒闪电计划彻底破产。

斯大林格勒①保卫战 1942年11月19日，西南和顿河方面军展开攻势。一昼夜后，斯大林格勒方面军也开始行动。1942年11月23日，斯大林格勒城外的德国集团军被包围。12月末，该集团军被消灭，苏军打到了科捷利尼克沃地区，开始进攻罗斯托夫。1943年2月2日，保卢斯元帅的残余部队投降。斯大林格勒保卫战之后，红军全线展开大规模的反攻：1943年1月，列宁格勒围困被突破；2月，北高加索得到解放；2月至3月，红军在中央战线（莫斯科战线）上也向前挺进了130—160公里。

战争结束 1944年，红军展开了一系列大规模的战役：1月份彻底解除了持续900天的列宁格勒围困，解放了苏联西北部领土。夏天，红军展开了伟大的卫国战争期间最大的军事行动之一，彻底解放了白俄罗斯。这一胜利打开了通往波兰、波罗的海沿岸和东普鲁士的通道。1944年8月中旬，苏军在西线打到德国边境。1945

Битва под Москвой В конце сентября – начале октября 1941-ого года началась немецкая операция «Тайфун», нацеленная на взятие Москвы. 19-ого октября в столице было введено осадное положение. В кровопролитных боях Красная Армия сумела остановить противника — закончился октябрьский этап гитлеровского наступления на Москву. 7-ого ноября на Красной площади состоялся традиционный парад частей Московского гарнизона. Впервые в нём участвовали и другие воинские части, в том числе ополченцы, уходившие прямо с парада на фронт. Эти мероприятия способствовали патриотическому подъёму народа, укреплению его веры в победу. 5-ого – 6-ого декабря началось контрнаступление Красной Армии, в результате которого враг был отброшен от Москвы на 100-250 км. Были освобождены Калинин, Малоярославец, Калуга, другие города и населённые пункты. Гитлеровский план молниеносной войны окончательно провалился.

Сталинградская битва 19-ого ноября 1942-ого года началось наступление Юго-Западного и Донского фронтов. Через сутки выступил Сталинградский фронт. 23-его ноября 1942-ого года была окружена немецкая группировка под Сталинградом. К концу декабря, разгромив эту группировку, советские войска вышли в район Котельниково и начали наступление на Ростов. 2-ого февраля 1943-его года остатки армии Паулюса капитулировали. Победа в Сталинградской битве привела к широкому наступлению Красной Армии на всех фронтах: в январе 1943-его года была прорвана блокада Ленинграда; в феврале — освобождён Северный Кавказ; в феврале – марте — на центральном (Московском) направлении линия фронта отодвинулась на 130-160 км.

Завершение войны В 1944-ом году Красная Армия осуществила ряд крупных операций. В январе была окончательно снята блокада Ленинграда, продолжавшаяся 900 дней. Северо-западная часть территории СССР была освобождена. Летом 1944-ого года Красная Армия провела одну из крупнейших операций Великой Отечественной войны. Белоруссия была полностью освобождена. Эта победа открыла путь для продвижения в Польшу, Прибалтику и Восточную Пруссию. В середине августа 1944-ого года советские войска на западном направлении вышли на границу с Германией. В апреле 1945-ого года советские

---

① 1925年前城市名为察里津，1925—1961年间改称斯大林格勒，1961年起更名为伏尔加格勒。

войска́ на́чали Берли́нскую опера́цию. Войска́ 1-ого (кома́ндующий — ма́ршал Г.К. Жу́ков), 2-ого (кома́ндующий — ма́ршал К.К. Рокоссо́вский) Белору́сского и 1-ого Украи́нского (кома́ндующий — ма́ршал И.С. Ко́нев) фронто́в уничто́жили Берли́нскую группиро́вку проти́вника, взя́ли в плен о́коло 500 ты́сяч челове́к, огро́мное коли́чество вое́нной те́хники и ору́жия. Фаши́стское руково́дство бы́ло по́лностью деморализо́вано. Ги́тлер поко́нчил жизнь самоуби́йством. У́тром 1-ого ма́я бы́ло заверше́но взя́тие Берли́на и над рейхста́гом (герма́нский парла́мент) водружено́ кра́сное зна́мя — си́мвол Побе́ды сове́тского наро́да.

По́здним ве́чером 8-ого ма́я 1945-ого го́да со́зданное но́вое прави́тельство Герма́нии подписа́ло Акт о безогово́рочной капитуля́ции, в Москве́ уже́ наступи́ло 9-ое ма́я. Поэ́тому 9-ое ма́я ста́ло Днём Побе́ды сове́тского наро́да в Вели́кой Оте́чественной войне́.

1945 年 4 月,苏军展开了柏林战役。第一方面军（由朱可夫元帅指挥）、白俄罗斯第二方面军（由罗科索夫斯基元帅指挥）和乌克兰第一方面军（由科涅夫元帅指挥）消灭了敌方的柏林集团军,俘虏约 50 万人,缴获了大量军事装备和武器。法西斯高层完全丧失了斗志,希特勒自杀身亡。5 月 1 日早晨,柏林被攻克,国会大厦（德国议会）上方飘扬起红旗（苏联人民胜利的象征）。

1945 年 5 月 8 日深夜,德国新政府签订了无条件投降协议书,当时莫斯科已经是 5 月 9 日,因此,5 月 9 日从此成为苏联人民夺取伟大的卫国战争胜利的纪念日。

Но́вые слова́

фа́за 阶段
молниено́сный 闪电式的
разгро́м 歼灭
стратеги́ческий 战略的
подсту́п 要冲
блоки́ровать 封锁
кампа́ния 战役
провали́ться 失败

оса́дный 戒严的
капитули́ровать 投降
блока́да 围困
ма́ршал 元帅
рейхста́г 国会大厦
водрузи́ть 插上
безогово́рочный 无条件的

Вопро́сы и зада́ния

1. В чём заключа́лась цель пла́на «Барбаро́сса»?
2. Расскажи́те о нача́ле и пе́рвых ме́сяцах (с конца́ ию́ня по сентя́брь) Вели́кой Оте́чественной войны́. Чем объясня́ются успе́хи фаши́стской а́рмии и неуда́чи Кра́сной А́рмии?
3. Расскажи́те о би́тве под Москво́й. Каково́ её значе́ние?
4. Что вы зна́ете о Сталингра́дской би́тве? Каково́ её значе́ние для дальне́йшего хо́да войны́?
5. Расскажи́те о взя́тии Берли́на Кра́сной А́рмией.

Вне́шняя поли́тика СССР в го́ды войны́

Тегера́нская конфере́нция В конце́ 1943-его го́да состоя́лась пе́рвая встре́ча трёх руководи́телей веду́щих держа́в антиги́тлеровской коали́ции (И.В. Ста́лин, У.

战争年代苏联的对外政策

德黑兰会议 1943 年末举行了反法西斯同盟主要国家的三位首脑（斯大林、丘吉尔、罗斯福）的第一次会议——德黑兰会议。在这次会议上，美国和英国承诺不迟于1944年5月在法国北部开辟第二战场。苏联同意在远东地区向美国提供帮助，同意在欧洲军事行动结束三个月之后对日本宣战。

雅尔塔会议 第二次世界大战结束前举行了雅尔塔会议（1945年2月）。大会讨论了战后欧洲安排问题。苏联在会上重申了对日开战的承诺，为此同盟国同意将千岛群岛和萨哈林岛南部并归苏联。会议还通过了成立联合国的决定。苏联在联合国获得3个席位（俄罗斯苏维埃联邦社会主义共和国、乌克兰和白俄罗斯）。

波茨坦会议（又称柏林会议）于1945年7月17日至8月2日举行。其任务是解决战后全球性的布局问题。苏联代表团由斯大林率领，美国代表团由杜鲁门（美国新总统）率领，英国代表团最初是由丘吉尔率领，后来则是由他的首相继任人艾德礼率领。与会者制定了一系列原则，旨在在德国实现非军国主义化和民主化、肃清纳粹主义。这项计划包括摧毁德国军事工业，取缔德国民族社会主义党和纳粹宣传机构，惩办战犯。会议就德国战争赔款一事达成协议，并讨论了其他有关的领土、政治问题。

苏联参加对日战争 鉴于在德黑兰和雅尔塔会议上达成的协议，苏联于1945年8月8日对日宣战。苏军出兵萨哈林岛、千岛群岛、中国的东北、朝鲜。1945年9月2日，日本代表在无条件投降书上签字。日本投降协议的签订标志着第二次世界大战的结束。

纽伦堡审判 德国投降后在纽伦堡举行了对第三帝国头目的审判。审判由战胜国专门成立的国际军事法庭主持。受

Чéрчилль, Ф. Рýзвельт) — Тегерáнская конферéнция. На э́той конферéнции США и Великобритáния дáли обещáние откры́ть Второ́й фронт в Се́верной Фрáнции не поздне́е мáя 1944-ого го́да. СССР согласи́лся оказáть по́мощь США на Дáльнем Восто́ке и объяви́ть войнý Япо́нии не поздне́е чем чéрез 3 мéсяца после окончáния вое́нных дéйствий в Евро́пе.

Ялтинская конфере́нция На заверша́ющем эта́пе второ́й мирово́й войны́ состоя́лась Ялтинская конфере́нция (февра́ль 1945-ого го́да). На ней реша́лись вопро́сы послевое́нного устро́йства Евро́пы. Сове́тский Сою́з на конфере́нции подтверди́л обеща́ние вступи́ть в войну́ с Япо́нией, за что получи́л согла́сие сою́зников на присоедине́ние к нему́ Кури́льских острово́в и Южного Сахали́на. Бы́ло при́нято реше́ние о созда́нии Организа́ции Объединённых На́ций (ООН). Сове́тский Сою́з получи́л в ней три ме́ста — для РСФСР, Украи́ны и Белору́ссии.

Потсда́мская (Берли́нская) конфере́нция состоя́лась 17-ого ию́ля – 2-ого а́вгуста 1945-ого го́да. Её зада́чей бы́ло реше́ние глоба́льных пробле́м послевое́нного урегули́рования. Сове́тскую делега́цию возглавля́л И.В. Ста́лин, америка́нскую — Г. Тру́мэн (но́вый президе́нт США), англи́йскую — снача́ла У. Че́рчилль, пото́м его́ прее́мник на посту́ премье́р-мини́стра К. Э́ттли. Уча́стники конфере́нции разрабо́тали при́нципы, наце́ленные на осуществле́ние демилитариза́ции, демократиза́ции и денацифика́ции Герма́нии — план искорене́ния герма́нского милитари́зма и наци́зма. Он включа́л ликвида́цию герма́нской вое́нной промы́шленности, запреще́ние герма́нской национа́л-социалисти́ческой па́ртии и наци́стской пропага́нды, наказа́ние вое́нных-престу́пников. Бы́ло дости́гнуто соглаше́ние о репара́циях с Герма́нии. Конфере́нция рассмотре́ла ряд территориа́льно-полити́ческих вопро́сов.

Уча́стие СССР в войне́ про́тив Япо́нии В си́лу дости́гнутых договорённостей на Тегера́нской и Ялтинской конфере́нциях, СССР 8-ого а́вгуста 1945-ого го́да объяви́л войну́ Япо́нии. Сове́тские войска́ за́няли Сахали́н, Кури́льские острова́, Се́веро-Восто́чный Кита́й и Коре́ю. 2-ого сентября́ 1945-ого го́да представи́тели Япо́нии подписа́ли Акт о безогово́рочной капитуля́ции. Подписа́ние Япо́нией Акта о капитуля́ции означа́ло коне́ц второ́й мирово́й войны́.

Ню́рнбергский проце́сс После капитуля́ции Герма́нии в Ню́рнберге состоя́лся суд над руководи́телями ре́йха. Он осуществля́лся специа́льно со́зданным Междунаро́дным военным трибуналом стран-победительниц. Суду были преданы политические и военные руководители фашистской Германии — Геринг, Гесс, Риббентроп, Кейтель и др. Главные виновники были приговорены к смертной казни, остальные — к пожизненному заключению. Трибунал признал преступными организациями СС, гестапо, СД и руководящий состав нацистской партии. Нюрнбергский процесс — первый в мировой истории суд, признавший агрессию тягчайшим уголовным преступлением, наказавший как уголовных преступников государственных деятелей, виновных в подготовке, развязывании и ведении агрессивных войн.

Послевоенное восстановление и развитие СССР (1945-1952)

С окончанием Великой Отечественной войны советский народ получил возможность приступить к мирному созидательному труду. Предстояло возродить сотни разрушенных городов и посёлков, восстановить железные дороги и промышленные предприятия, поднять материальный уровень жизни людей. Стратегическую задачу развития общества партийно-государственное руководство страны видело в построении социалистического общества.

审的法西斯德国政治军事头目有戈林、赫斯、里宾特洛甫、凯特尔等。多名主犯被判死刑，其余的被判终身监禁。军事法庭认定党卫军①、盖世太保②、帝国中央保安总局和纳粹头目成员有罪。纽伦堡审判在世界历史上首次认定侵略战争为最严重的刑事犯罪，把那些犯有准备、策动和进行侵略战争罪行的国家领导人当作刑事犯并处以刑罚。

战后苏联的恢复与发展（1945—1952）

随着卫国战争的结束，苏联人民开始了和平的建设性劳动。面临的首要任务是恢复数以百计的被毁的城镇，恢复铁路运输和工业企业，提高人民的物质生活水平。苏联党和国家领导人把建设社会主义社会视为社会发展的一项战略任务。

Новые слова

коалиция 同盟
демилитаризация 非军事化
денацификация 去纳粹化
искоренение 根除

репарация 战争赔款
трибунал 法庭
агрессия 侵略

Вопросы и задания

1. Какие решения были приняты на Тегеранской конференции?
2. Что такое ООН? Где и когда было принято решение о создании ООН? Что вы знаете об ООН?
3. Каково значение Потсдамской конференции в послевоенном урегулировании международного положения?
4. Расскажите об участии СССР в войне с Японией.
5. Расскажите, как был организован и проведён Нюрнбергский процесс. Каково его историческое значение?

---

① 英文简称 SS。原是纳粹党专为希特勒设立的个人护卫队，后隶属于冲锋队，同时负责对纳粹党内部与冲锋队的监控，实质上是纳粹德国的公安部门。队徽 SS 象征闪电（北欧神话中的太阳），代表胜利。
② 盖世太保是德语"国家秘密警察"（Geheime Staats Polizei）的缩写 Gestapo 的音译。

1953 至 1964 年的苏联

1953 年 3 月，斯大林逝世，赫鲁晓夫就任苏共中央委员会总书记。1953 至 1964 年史称"赫鲁晓夫解冻时代"。这期间开始了国内外政治上的自由化进程。赫鲁晓夫在经济、政治领域中进行了变革。社会经历了一个精神复苏过程。然而自上而下实行的改革没有遵照循序渐进的原则，充满了矛盾。许多党和国家的机构对改革不理解，甚至抵触。多项改革自产生之日起就注定要失败。日益下行的经济状况引起了人们对改革政策及其倡议人赫鲁晓夫的不满。1964 年 10 月，赫鲁晓夫被解除所有职务并被强迫退休。

1965 至 1984 年苏联的国内政策

赫鲁晓夫被解职后，勃列日涅夫就任苏共中央第一书记（1966 年起任总书记）。60 年代后半期到 80 年代中期是社会生活所有领域中负面现象与日俱增的时代。这些负面现象表现为经济停滞不前、居民对抗心理加剧、苏联在国际舞台上的威信日益下降。

改革前夕的社会 经济没有效率、社会政治生活扭曲、居民对社会的冷漠引起了国家领导人深深的忧患意识。他们采取了一系列措施，旨在克服经济和政治方面出现的负面现象。但是，恢复经济的实质性步伐并没有迈开。

安德罗波夫是第一批力图使国家摆脱停滞状态的领导人之一。1982 年 11 月（勃列日涅夫逝世后）安德罗波夫当选为党中央委员会总书记。他认为克服经济困难的出路首先在于完善对国民经济体系的领导。他认为可以扩大工业和与农业相关企业的自主权。然而，这些措施并没有带来明显的结果。

安德罗波夫逝世（1984 年 2 月）后，切尔年科当选为苏共中央总书记。在其任职的 13 个月期间，他没有在国内推行

СССР в 1953-1964 годáх

В мáрте 1953-его гóда скончáлся И.В. Стáлин. Секретариáт ЦК пáртии возглáвил Н.С. Хрущёв. 1953-ий – 1964-ый гóды вошли в истóрию как врéмя «хрущёвской оттепели». В э́тот периóд начались процéссы либерализáции во внýтренней и внéшней политике. Велись преобразовáния в экономи́ческой и политической сфéрах. Шло духóвное возрождéние óбщества. Однáко рефóрмы, проводимые свéрху, были непоследовательны и противоречивы. Они встречáли непонимáние и сопротивлéние партийно-госудáрственного аппарáта. Мнóгие из э́тих рефóрм были обречены на неудáчу. Ухудшéние экономической ситуáции вы́звало недовóльство политикой рефóрм и её инициáтором — Н.С. Хрущёвым. В октябрé 1964-ого гóда Н.С. Хрущёв был освобождён от всех занимáемых постóв и отпрáвлен в отстáвку.

Внýтренняя политика СССР в 1965-1984 годáх

После смещéния Н.С. Хрущёва пéрвым секретарём ЦК КПСС (с 1966-óго гóда — Генерáльным секретарём) стал Л.И. Брéжнев. Вторáя половина 60-ых — середина 80-ых годóв были периóдом нарастáния негативных явлéний во всех сфéрах жи́зни óбщества. Они проявлялись в стагнáции эконóмики, рóсте оппозициóнных настроéний населéния, падéнии авторитéта СССР на междунарóдной арéне.

Óбщество накануне «перестрóйки» Неэффективность экономики, деформáция общéственно-политической жи́зни, социáльная апáтия населéния вызывáли глубóкую озабóченность в руковóдстве страны́. Принимáлись мéры с цéлью преодолéния негативных явлéний в эконóмике и политике. Но реáльных шагóв по оздоровлéнию эконóмики не осуществлялось.

Одни́м из пéрвых, кто попытáлся вы́вести странý из состояния стагнáции, был Ю.В. Андрóпов. В ноябрé 1982-ого гóда (пóсле кончи́ны Л.И. Брéжнева) он стал Генерáльным секретарём ЦК пáртии. Пути́ преодолéния экономических трýдностей Ю.В. Андрóпов ви́дел, прéжде всего, в совершéнствовании руковóдства эконóмикой — систéмы управлéния и плани́рования, хозяйственного механи́зма. Предполагáлось расши́рить самостоятельность промы́шленных и сельскохозяйственных предприятий. Однáко мéры по наведéнию порядка не привели́ к ощутимым результáтам.

После смéрти Ю.В. Андрóпова (феврáль 1984-ого гóда) пост Генерáльного секретаря́ ЦК КПСС в течéние 13 мéсяцев занимáл К.У. Чернéнко. Он не стреми́лся к проведéнию в стране́ каки́х-либо рефо́рм. Важне́йшими направле́ниями свое́й де́ятельности он счита́л разви́тие эконо́мики, соверше́нствование плани́рования и укрепле́ние обороноспосо́бности. Успе́шное реше́ние э́тих зада́ч но́вый ли́дер свя́зывал с улучше́нием организа́ции произво́дства и ме́тодов управле́ния, укрепле́нием поря́дка и дисципли́ны. Одна́ко чёткой и эффекти́вной програ́ммы вы́хода страны́ из кри́зисного состоя́ния разрабо́тано не́ было. На́чатый в обще́ственно-полити́ческой жи́зни проце́сс переме́н оказа́лся необрати́мым.

После́дние го́ды существова́ния СССР (1985-1991)

В ма́рте 1985-ого го́да Генера́льным секретарём ЦК КПСС стал М.С. Горбачёв. В середи́не 80-ых годо́в по инициати́ве парти́йно-госуда́рственных руководи́телей начало́сь обновле́ние экономи́ческих осно́в, полити́ческого устро́йства и духо́вной жи́зни о́бщества. Коренны́е измене́ния усло́вий разви́тия произво́дства и ме́тодов руково́дства эконо́микой, преобразова́ния в обще́ственно-полити́ческой сфе́ре вы́шли за преде́лы, намеча́вшиеся «перестро́йкой». Они́ привели́ к распа́ду существова́вшей на протяже́нии семи́ с ли́шним десятиле́тий сове́тской систе́мы.

Распа́д СССР

В середи́не 80-ых годо́в в соста́в СССР входи́ли 15 сою́зных респу́блик: Армя́нская, Азербайджа́нская, Белору́сская, Грузи́нская, Каза́хская, Кирги́зская, Латви́йская, Лито́вская, Молда́вская, РСФСР, Таджи́кская, Туркме́нская, Узбе́кская, Украи́нская и Эсто́нская.

Неспосо́бность центра́льных власте́й спра́виться с экономи́ческими тру́дностями вызыва́ла расту́щее недово́льство в респу́бликах. С конца́ 80-ых годо́в в респу́бликах Приба́лтики уси́лилось движе́ние за вы́ход из соста́ва СССР. В ноябре́ 1988-о́го го́да Деклара́цию о госуда́рственном суверените́те утверди́л Верхо́вный Сове́т Эсто́нской ССР. Иденти́чные докуме́нты бы́ли при́няты Литво́й, Ла́твией, Азербайджа́нской ССР (в 1989-ом году́) и Молда́вской ССР (в 1990-ом году́). Вслед за объявле́ниями о суверените́те состоя́лись избра́ния президе́нтов бы́вших сою́зных респу́блик.

12-ого ию́ня 1990-ого го́да Съезд наро́дных депута́тов РСФСР при́нял Деклара́цию о госуда́рственном суверените́те Росси́и. В ней законода́тельно закрепля́лся приорите́т республика́нских зако́нов над сою́зными. Ро́вно год спустя́, 12-ого ию́ня 1991-ого го́да, Ельцин был и́збран пе́рвым

任何改革。切尔年科认为发展经济、完善规划、增强国防能力是其活动的最主要方向。这位新的领导人把顺利解决这些问题同改善生产机构和管理方法联系在一起，同强化秩序和加强纪律联系在一起。但是，他并没有制定出一个明确、有效的纲领使国家走出危机状态。发轫于社会政治生活中的蜕变已不可逆转。

苏联的最后几年（1985—1991）

1985 年 3 月，戈尔巴乔夫当选为苏共中央总书记。80 年代中期，在党和国家领导人的鼓励下，经济基础、政治建设和社会精神生活开始出现复苏。在发展生产条件、改革经济管理方法和社会政治领域实施的一系列根本性变革方面突破了"改革"原拟定的界限。这些变革最终导致延续了 70 多年的苏维埃体制的解体。

苏联的最终瓦解

80 年代中期，苏联由 15 个加盟共和国组成：亚美尼亚共和国、阿塞拜疆共和国、白俄罗斯共和国、格鲁吉亚共和国、哈萨克斯坦共和国、吉尔吉斯斯坦共和国、拉脱维亚共和国、立陶宛共和国、摩尔达维亚共和国、俄罗斯苏维埃联邦社会主义共和国、塔吉克斯坦共和国、土库曼斯坦共和国、乌兹别克斯坦共和国、乌克兰共和国、爱沙尼亚共和国。

由于中央政府不善于应对经济上的困境，各加盟共和国的不满情绪日益增长。从 80 年代末起，波罗的海沿岸各加盟共和国旨在脱离苏联的运动此起彼伏。1988 年 11 月，爱沙尼亚苏维埃社会主义共和国最高苏维埃通过了关于国家主权的宣言。立陶宛、拉脱维亚、阿塞拜疆苏维埃社会主义共和国（1989 年）和摩尔达维亚苏维埃社会主义共和国（1990 年）随后相继核准了内容相同的文件。随着国家主权的宣布，原苏联各加盟共和国举行了总统选举。

1990 年 6 月 12 日，俄罗斯苏维埃联邦社会主义共和国人民代表大会通过了关于俄罗斯国家主权的宣言①。宣言以法律的形式确立了共和国的法律优先于联盟法律的条文。一年后的这一天，即1991年6月12日，叶利钦以45552041票获57.3%的选票当选为俄罗斯联邦第一任总统。7月10日叶利钦宣誓效忠俄罗斯和俄罗斯宪法，开始行使俄联邦总统职权。

8月18日夜晚，苏联总统戈尔巴乔夫被解职，继而宣布了国内6个月的紧急状态。苏联国家紧急状态委员会宣告成立。其成员是：副总统亚纳耶夫、总理巴甫洛夫和其他权力机构的代表。国家紧急状态委员会宣布其任务是克服经济、政治危机，消除国际和国内的对抗和无政府状态。

莫斯科成为8月事件的中心，军队进驻城中。广大居民没有支持国家紧急状态委员会。俄罗斯总统叶利钦号召公民支持依法产生的权力机构。他认为国家紧急状态委员会的行为是一场反宪法的政变。

8月22日，国家紧急状态委员会成员被捕。叶利钦下发的一项命令终止了苏共中央的活动。从8月23日起，苏共中央作为国家执政机构不复存在。

8月19日至8月22日所发生的事件加快了苏联解体进程。8月末，乌克兰宣布独立，随后其他共和国也纷纷独立。

9月6日，苏联最高苏维埃违反了苏联《关于解决加盟共和国退出苏联有关问题的程序法》，承认波罗的海三国（拉脱维亚、立陶宛和爱沙尼亚）退出苏维埃社会主义共和国联盟。

12月7日在白俄罗斯别洛维日树林叶利钦同刚刚当选的乌克兰总统列昂尼德·克拉夫丘克以及白俄罗斯共和国最高苏维埃主席斯坦尼斯拉夫·舒什科维奇举行会晤。12月8日，三国首领签署了"别洛维日协议"，宣告成立"独联体"（独立国家联合体），并在前言中宣称，"作为国家法意义上的

президентом РСФСР, получив 45552041 голос избирателей, что составило 57,30 процента от числа принявших участие в голосовании. 10-ого июля Борис Ельцин принёс присягу на верность народу России и российской Конституции и вступил в должность президента РСФСР.

В ночь на 19-ое августа президент СССР М.С. Горбачёв был отстранён от власти. В стране вводилось чрезвычайное положение сроком на 6 месяцев. Было объявлено о создании ГКЧП — Государственного комитета по чрезвычайному положению в СССР. В его состав вошли вице-президент Г.И. Янаев, премьер-министр В.С. Павлов и другие представители властных структур. ГКЧП объявил своей задачей преодоление экономического и политического кризиса, межнациональной и гражданской конфронтации и анархии.

Центром августовских событий стала Москва. В город были введены войска. Широкие слои населения не оказали поддержки членам ГКЧП. Президент России Б.Н. Ельцин призвал граждан поддержать законно избранную власть. Действия ГКЧП были расценены им как антиконституционный переворот.

22-ого августа члены ГКЧП были арестованы. Одним из указов Б.Н. Ельцина прекращалась деятельность КПСС. 23-его августа был положен конец её существованию как правящей государственной структуры.

События 19-ого – 22-ого августа приблизили распад Советского Союза. В конце августа заявили о создании самостоятельных государств Украина, а затем и другие республики.

6-ого сентября Государственный Совет СССР, в нарушение Закона СССР «О порядке решения вопросов, связанных с выходом союзной республики из СССР», признал выход трёх прибалтийских республик (Латвии, Литвы и Эстонии) из Союза ССР.

7-ого декабря Ельцин встретился в Беловежской пуще (Белоруссия) с только что избранным президентом Украины Леонидом Кравчуком и председателем Верховного Совета Республики Беларусь Станиславом Шушкевичем. 8-ого декабря главы трёх государств подписали так называемое Беловежское соглашение о создании СНГ (Содружество Независимых Государств), в преамбуле которого заявлялось, что «Союз ССР как субъект международного права и геополитическая реальность прекращает своё существование». СНГ — международная

---

① 1994年6月12日，俄罗斯将每年的6月12日这一天定为国家法定节日——俄罗斯独立日。2002年更名为"俄罗斯日"。

организа́ция, при́званная регули́ровать отноше́ния сотру́дничества ме́жду госуда́рствами, ра́нее входи́вшими в соста́в СССР.

Центра́льная власть во главе́ с Горбачёвым к э́тому вре́мени была́ парализо́вана и уже́ ничего́ не могла́ противопоста́вить де́йствиям руководи́телей респу́блик. 12-ого декабря́ Верхо́вный Сове́т РСФСР при́нял реше́ние о деноса́ции сою́зного догово́ра 1922-ого го́да и об отзы́ве росси́йских депута́тов из Верхо́вного Сове́та СССР. Это реше́ние парализова́ло рабо́ту одно́й из пала́т Верхо́вного Сове́та СССР — Сове́та Сою́за, лиши́в его́ кво́рума.

24-ого декабря́ Бори́с Е́льцин проинформи́ровал генера́льного секретаря́ ООН о том, что РСФСР продолжа́ет чле́нство СССР во всех о́рганах ООН (в том числе́ в Сове́те Безопа́сности ООН). Таки́м о́бразом, Росси́я счита́ется первонача́льным чле́ном ООН (с 24-ого октября́ 1945-ого го́да) наряду́ с Украи́ной (УССР) и Белору́ссией (БССР). 25-ого декабря́, с отста́вкой президе́нта СССР Михаи́ла Горбачёва, Бори́с Е́льцин получи́л всю полноту́ президе́нтской вла́сти в Росси́и. Ему́ бы́ли пе́реданы резиде́нция в Кремле́ и так называ́емый я́дерный чемода́нчик.

Росси́я накану́не но́вого тысячеле́тия

К концу́ 90-ых годо́в произошли́ радика́льные переме́ны в эконо́мике и социа́льной структу́ре росси́йского о́бщества. Сложи́вшаяся социа́льно-экономи́ческая систе́ма была́ недоста́точно эффекти́вной. Отсу́тствовала юриди́ческая защи́та прав со́бственности и оте́чественных производи́телей. Не был разрабо́тан план социа́льной защи́ты населе́ния. Олигархи́ческие администрати́вно-экономи́ческие группиро́вки ста́ли основны́ми субъе́ктами обще́ственного проце́сса. Не уменьша́лись разме́ры вне́шнего до́лга; ежего́дные платежи́ по нему́ превыша́ли полови́ну федера́льного бюдже́та. Глуби́нные и противоречи́вые проце́ссы в социа́льно-экономи́ческой сфе́ре при депресси́вном состоя́нии произво́дства и недоста́точной компете́нтности руково́дства привели́ в а́вгусте 1998-ого го́да к фина́нсовому кри́зису. Во мно́гих райо́нах страны́ ста́ли привы́чными заде́ржки за́работной пла́ты и вы́платы пе́нсий. В полити́ческой жи́зни всё бо́лее отчётливо проявля́лся кри́зис вла́сти. Па́дал авторите́т президе́нта Б.Н. Е́льцина, снижа́лась его́ роль в жи́зни госуда́рства. В середи́не 1999-ого го́да вновь обостри́лась обстано́вка в Чечне́.

31-ого декабря́ 1999-ого го́да о своём досро́чном ухо́де в отста́вку объяви́л пе́рвый Президе́нт РФ Б.Н. Е́льцин.

主体和地缘政治中的实体的苏维埃社会主义共和国联盟将寿终正寝"。作为国际组织的独联体，其使命为协调原加入苏联的各国家之间的合作关系。

此时，以戈尔巴乔夫为首的中央政权已经瓦解，对原各加盟共和国首领的举动束手无策。12月12日，俄罗斯苏维埃联邦社会主义共和国最高苏维埃通过决议废除1922年的加盟决议，召回在苏联最高苏维埃中的俄罗斯代表。该决议通过撤出议程规定的法定人数彻底倾覆了苏联最高苏维埃联盟院的职能。

12月24日，鲍里斯·叶利钦通知联合国秘书长，由俄罗斯苏维埃联邦社会主义共和国取代苏联在联合国各机构（包括在安理会）的资格。至此，俄罗斯、乌克兰、白俄罗斯被确认为联合国创始成员国（自1945年10月24日以来）。12月25日，随着戈尔巴乔夫退休，叶利钦获得了全俄罗斯境内的总统权力。克里姆林宫的总统官邸和所谓的核匣子均转入叶利钦手中。

新千年前夕的俄罗斯

90年代末，俄罗斯社会经济和社会结构经历了一系列极端的改革。形成的社会经济体系缺乏足够的效率，缺乏对私有制和国内生产者权利的法律保护，没有制定出居民的社会保障计划。寡头官商集团成为推动社会进程的主导力量。外债持续增加，每年外债的还款额超出了联邦预算的一半。在社会经济领域中，生产萧条和缺乏有效管理的状态日益加深，矛盾重重，最终导致了1998年8月的金融危机。国内很多地区开始经常拖欠工资和退休金的发放。政治生活中越来越明显地表现出权力危机。叶利钦总统的威信日益下降，他在国家生活中的作用每况愈下。1999年中期，车臣再度爆发紧张局势。

1999年12月31日，俄罗斯第一任总统叶利钦宣布提前退位。他指定政府总理普京临时行使总统权力。2000 年 3 月 26 日通过选举，普京当选为俄罗斯联邦总统。

1999 至 2000 年世纪之交时期的国家领导人之更迭成为继苏联之后俄罗斯生活中的决定性事件，标志着俄罗斯社会政治和经济发展的独特分水岭。新上任的国家领导人依靠俄罗斯所经历的历史经验，致力于社会团结，巩固社会稳定和振兴经济，着力于提高俄罗斯在国际舞台的作用。

从 2000 年起，俄罗斯国内开始实施强化中央集权、削弱地区权力（加强中央垂直管理）的政治方针。为此在 2000 年至 2003 年期间推行了联邦委员会改革，成立国家委员会，设立联邦大区；在 2004 至 2008 年期间，相继扩大了俄联邦主体，改革了选举制度，成立了众议院。

Временно исполняющим президентские обязанности он назначил В.В. Путина, главу правительства. На выборах 26-ого марта 2000-ого года В.В. Путин был избран Президентом РФ.

Смена руководства страны на рубеже 1999-ого – 2000-ого годов завершила определённый этап в жизни постсоветской России, стала своеобразным рубежом в её общественно-политическом и экономическом развитии. Новые государственные лидеры, опираясь на предшествующий исторический опыт России, направили свои усилия на консолидацию общества, укрепление его стабильности и подъём экономики, повышение роли России на международной арене.

С 2000-ого года в стране проводился политический курс на укрепление центральной и ослабление региональных властей (укрепление вертикали власти). Для этого в 2000-ом – 2003-ем годах была проведена реформа Совета Федерации, создание Госсовета, создание Федеральных округов; в 2004-ом – 2008-ом годах — укрупнение субъектов РФ, реформа избирательного законодательства, создание Общественной палаты.

Новые слова

оттепель 解冻
стагнация 停滞
апатия 淡漠
идентичный 完全相同的
отстранить 解职

конфронтация 对峙
депрессивный 萧条状态的
компетентность 权威性
консолидация 团结
вертикаль 垂直线

Вопросы и задания

1. Объясните прямое и переносное значение слова «оттепель». Какой период истории СССР назван «хрущёвской оттепелью»? Объясните, почему.
2. Охарактеризуйте внутреннюю и внешнюю политику СССР в 1965-ом – 1984-ом годах.
3. Расскажите о положении в СССР в начале 80-ых годов.
4. Что вы знаете о М.С. Горбачёве?
5. Как вы понимаете значение общественно-политического термина «перестройка»?
6. Каковы причины распада СССР?
7. Что такое ГКЧП? Расскажите о событиях 19-ого – 22-ого августа 1991-ого года в Москве.
8. Когда на международной политической арене появилась Российская Федерация? Что стало её первоочередными задачами?

9. Кра́тко охарактеризу́йте ситуа́цию в Росси́и в конце́ 20-ого ве́ка. Что привело́ к фина́нсовому кри́зису 1998-ого го́да?
10. Кто явля́лся пе́рвым Президе́нтом РФ? Когда́ и как произошла́ сме́на руково́дства страны́?
11. На что напра́вили свои́ уси́лия но́вые госуда́рственные ли́деры РФ?

Росси́йская Федера́ция в 2000-2019 года́х

Президе́нтство В.В. Пу́тина В ма́рте 2000-ого го́да Пу́тин вы́играл вы́боры и стал вторы́м президе́нтом Росси́и. В э́то вре́мя в эконо́мике РФ отмеча́ется рост ВВП, промы́шленного и сельскохозя́йственного произво́дства, строи́тельства, реа́льных дохо́дов населе́ния, а та́кже сниже́ние инфля́ции. Увеличе́ние иностра́нных инвести́ций с 11 млрд до́лларов в 2000-ом году́ до 53 млрд до́лларов в 2005-ом году́ и рост мировы́х цен на това́ры росси́йского э́кспорта значи́тельно спосо́бствовали улучше́нию состоя́ния росси́йской эконо́мики.

Де́ньги, полу́ченные за счёт высо́ких цен на энергоноси́тели, прави́тельство испо́льзует для вы́платы вне́шнего до́лга и созда́ния стабилизацио́нного фо́нда. Снижа́ется уде́льный объём социа́льных расхо́дов в структу́ре госуда́рственного бюдже́та. В сентябре́ 2005-ого го́да начина́ется реализа́ция не́скольких Национа́льных прое́ктов для разреше́ния са́мых ва́жных социа́льных пробле́м: в сфе́ре здравоохране́ния, образова́ния, жили́щной поли́тики и се́льского хозя́йства. В 2006-ом году́ на э́ти програ́ммы выделя́ется 161 млрд рубле́й, в 2007-ом году́ — 206 млрд.

Приорите́тные национа́льные прое́кты — програ́мма по ро́сту «челове́ческого капита́ла» в Росси́и, объя́вленная президе́нтом В. Пу́тиным и реализу́ющаяся с 2006-ого го́да. Э́ти прое́кты ста́ли ста́ртовой площа́дкой для предвы́борной го́нки Дми́трия Медве́дева.

Програ́мма приорите́тных национа́льных прое́ктов была́ сформули́рована президе́нтом Росси́и Влади́миром Пу́тиным 5-ого сентября́ 2005-ого го́да в обраще́нии к прави́тельству, парла́менту и руководи́телям регио́нов. Ключевы́ми слова́ми его́ ре́чи мо́жно счита́ть сле́дующие: «Концентра́ция бюдже́тных и администрати́вных ресу́рсов на повыше́нии ка́чества жи́зни гра́ждан Росси́и — э́то необходи́мое и логи́чное разви́тие на́шего с ва́ми экономи́ческого ку́рса, кото́рый мы проводи́ли в тече́ние

2000 至 2019 年的俄罗斯联邦

普京总统在位期间 2000 年 3 月，普京在竞选中获胜，当选为俄联邦第二任总统。当年，俄联邦经济中国内生产总值①、工农业生产指标、房屋建设和居民的实际收入均有所增长，通胀指数下降。外国投资由 2000 年的 110 亿美元增加到 2005 年的 530 亿美元，出口商品的国际价格持续增长，这些都有助于俄罗斯经济状况的改善。

政府把高价出售能源得到的收入用于支付外债和建立财经维稳基金。国家预算中社会性支出的比重进一步降低。2005 年 9 月，在医疗卫生、教育、住房政策和农业等方面旨在解决存在的重大社会问题的几项国家规划开始实施。2006 年国家为此拨款 1610 亿卢布，2007 年拨款为 2060 亿卢布。

国家优先发展规划是一项由普京在总统任期内宣布的俄罗斯"投资利民"增长规划，自 2006 年起实施。这些规划成为德米特里·梅德韦杰夫竞选的起始平台。

2005 年 9 月 5 日，总统普京在对政府、议会和各地区领导的讲话中归纳了国家优先发展规划大纲。普京讲话的关键内容可以归纳为"集中全部预算资金和行政资源，用以提高俄罗斯国民生活质量，在过去五年中所实施的经济方针必然要合乎逻辑地继续，并且将来仍将继续下去……这一方针要

---

① 英语为 Gross Domestic Product，简称 GDP。国内生产总值是指在一定时期内（一个季度或一年）、一个国家或地区的经济中所生产出的全部产品和劳务的价值，常被认为是衡量国家经济状况的最佳指标。

求投资利民，也就意味着对俄罗斯未来进行投资"。

俄罗斯总统所提出的"投资利民"的优先方向为医疗卫生、教育、住房、农业。

2005年11月27日，第一副总理德米特里·梅德韦杰夫宣称：这份提纲在未来还将涵盖科学和文化两个方面。

2006年，一些政治家和大众传媒又将改善人口状况的各项措施称作"新的国家规划"。

国民医疗卫生规划旨在改善基层医疗卫生救助、接种疫苗和新生儿体检流程，提高某些领域医生的报酬，为医务人员提供职业进修机会。

国民教育规划规定成立多所联邦直属大学（比如，为成立南方联邦大学和西伯利亚联邦大学各拨款30亿卢布），成立两所商学院（其中包括圣彼得堡高级商务管理学院），为各级优秀教师及优秀中小学生、大学生、研究生拨发补助和奖金，实施现役军人继续教育的措施，改善中小学的通勤。为此每年拨款10亿卢布用于奖励中小学优秀教师，23亿卢布用于购买教学设备，10亿卢布用于添置3500辆校车，15亿卢布用于18000所中小学网络建设。2006年的预算中，总共拨款310亿卢布用于"教育"计划。

国民住房规划旨在改善俄罗斯居民的居住条件。为此需要扩大住房建设，住房贷款要更接近可承受水平：至2007年，抵押贷款的总量提高了三分之一。2007年抵押贷款利率从15％降至11％，2008至2009年期间降至8％。

国家农工综合体发展规划 国家农业方面优先发展规划旨在：1. 优先发展畜牧业；2. 消除该领域的人口危机；3. 建立具有竞争力的现代化农副产品

предыдущих пяти лет и будем проводить дальше... Это курс на инвестиции в человека, а значит — в будущее России".

В качестве приоритетных направлений «инвестиций в человека» глава государства выделил: здравоохранение, образование, жильё, сельское хозяйство.

Первый вице-премьер Дмитрий Медведев 27-ого ноября 2005-ого года заявил, что этот список в будущем может быть дополнен наукой и культурой.

В 2006-ом году ряд политиков и СМИ называли меры по улучшению демографической ситуации «новым национальным проектом».

Национальный проект «Здоровье» Цели Национального проекта в сфере здравоохранения — улучшение первичной медико-санитарной помощи, вакцинации и обследования новорождённых, повышение зарплаты некоторым категориям врачей, профессиональная переподготовка медиков.

Национальный проект «Образование» Национальный проект в сфере образования предусматривает создание федеральных университетов (например, на создание Южного и Сибирского университетов выделено по 3 млрд руб.), двух бизнес-школ (в том числе Высшая школа менеджмента в Санкт-Петербурге), выделение грантов, премии лучшим учителям и преподавателям вузов, а также талантливым ученикам, студентам и аспирантам, меры по дополнительному образованию военнослужащих, улучшение школьного транспорта. Например, на поощрение лучших учителей — 1 млрд руб. в год, на закупки учебного оборудования — 2,3 млрд руб. 3500 школьных автобусов — 1 млрд руб. на подключение 18000 школ к Интернету — 1,5 млрд руб. Всего из бюджета 2006-ого года на проект «Образование» выделено 31 млрд руб.

Национальный проект «Жильё» Главная цель национального проекта «Жильё» — улучшить жилищные условия российского населения. Для этого увеличивается строительство жилья; доступнее становятся кредиты на покупку жилья: к 2007-ому году объём ипотечных кредитов увеличился более чем на треть, снижаются ставки по ипотечным кредитам с 15% до 11% в 2007-ом году и до 8% в 2008-ом – 2009-ом годах.

Национальный проект «Развитие АПК» Цели Национального проекта в сфере сельского хозяйства: 1) приоритетное развитие животноводства; 2) преодоление демографического кризиса в данной отрасли; 3) создание совреме́нного конкурентоспосо́бного сельхозпроизво́дства; 4) разви́тие ма́лых форм агроби́знеса.

В декабре́ 2007-ого го́да Влади́мир Пу́тин объяви́л о том, что на президе́нтских вы́борах весно́й 2008-ого го́да поддержит кандидату́ру Дми́трия Медве́дева.

Президе́нтство Д.А. Медве́дева 10-ого декабря́ 2007-ого го́да Д.А. Медве́дев был вы́двинут кандида́том в Президе́нты Росси́йской Федера́ции от па́ртии «Еди́ная Росси́я». Кандидату́ру Медве́дева в э́тот же день поддержа́ли па́ртия «Справедли́вая Росси́я», Агра́рная па́ртия Росси́и и па́ртия «Гражда́нская си́ла». 2-ого ма́рта 2008-ого го́да прошли́ вы́боры Президе́нта Росси́и, на кото́рых, набра́в 70% голосо́в, Дми́трий Медве́дев одержа́л побе́ду.

На сле́дующий день по́сле инаугура́ции 7-ого ма́я 2008-ого го́да Медве́дев назнача́ет В.В. Пу́тина председа́телем прави́тельства Росси́и.

Президе́нтство В.В. Пу́тина 4-ого ма́рта 2012-ого го́да В.В. Пу́тин в тре́тий раз был вы́бран президе́нтом Росси́и. В ма́е 2018-ого го́да В.В. Пу́тин в четвёртый раз был вы́бран президе́нтом Росси́йской Федера́ции, пост председа́теля Прави́тельства занима́ет Д.А. Медве́дев.

生产企业；4. 发展各种小型农业。

2007 年 12 月，普京宣布：在 2008 年春天总统竞选中，他将支持候选人德米特里·梅德韦杰夫。

梅德韦杰夫总统在位期间 2007 年 12 月 10 日，德·阿·梅德韦杰夫被"统一俄罗斯党"提名为俄罗斯联邦总统候选人。这一天，支持梅德韦杰夫为候选人的还有公正俄罗斯党、俄罗斯农业党和公民力量党。2008 年 3 月 2 日，俄罗斯举行总统大选，德米特里·梅德韦杰夫获 70% 的选票而获胜。

2008 年 5 月 7 日，梅德韦杰夫就任总统，翌日他指定普京为俄罗斯政府总理。

普京总统在位期间 2012 年 3 月 4 日普京第三次当选为俄罗斯总统。2018 年 5 月普京第四次当选为俄罗斯总统，政府总理为梅德韦杰夫。

Но́вые слова́

ВВП 国内生产总值
инвести́ция 投资
энергоноси́тель 载能体
объём 比容
бюдже́т 预算
го́нка 竞赛
сформули́ровать 确切地表达出来
концентра́ция 集中
здравоохране́ние 保健
демографи́ческий 人口学的
перви́чный 基层的
вакцина́ция 接种

обсле́дование 诊察
переподгото́вка 进修
поощре́ние 奖励
подключе́ние 加入
ипоте́чный 抵押的
ста́вка 税率
животново́дство 畜牧业
конкурентоспосо́бный 有竞争力的
сельхозпроизво́дство 农副产品
агроби́знес 农业
инаугура́ция （总统）就职

Вопро́сы и зада́ния

1. Рассмотри́те фо́то инаугура́ции В.В. Пу́тина и Д.А. Медве́дева. Каки́е си́мволы Росси́йской Федера́ции прису́тствуют на э́тих фо́то? Как вы ду́маете, почему́?

Инаугурация В.В. Путина на пост президента России, 2018 год

Инаугурация Д.А. Медведева на пост президента РФ, 2008 год

2. Расскажи́те о проце́ссах и достиже́ниях в эконо́мике Росси́и в пери́од президе́нтства В.В. Пу́тина.
3. Как вы понима́ете выраже́ние «укрепле́ние вертика́ли вла́сти»? Для чего́ прово́дится укре́пление вертика́ли вла́сти? Каки́е ме́ры при́няты в Росси́и для э́того?
4. Как вы понима́ете слова́ В.В. Пу́тина о приорите́тных национа́льных прое́ктах «Это курс на инвести́ции в челове́ка»?
5. Рассмотри́те эмбле́мы национа́льных прое́ктов РФ. По да́нным те́кста и эмбле́мам расскажи́те о ка́ждом прое́кте.

6. Объясните значение слов государство, государственный, государственность.
7. Расскажите об этапах российской государственности, используя данные ниже.

   Образец: *Древнерусское государство, или Киевская Русь, существовало с восемьсот шестьдесят второго по тысяча двести сорок второй год.*
   - Древнерусское государство (Киевская Русь) (862-1242)
   - Великое княжество Владимирское (1157-1389)
   - Княжество Московское (1246-1389)
   - Великое княжество Московское (1389-1547)
   - Царство Русское (16 января 1547 – 22 января 1721)
   - Российская империя (22 января 1721 – 1 сентября 1917)
   - Российская республика (1 сентября – 25 октября <7 ноября> 1917)
   - Российская Советская Федеративная Социалистическая Республика (образована 25 октября <7 ноября>) 1917, с 1922 по 1991 в составе СССР)
   - Союз Советских Социалистических Республик (30 декабря 1922 – 26 декабря 1991)
   - Российская Федерация (переименование РСФСР с 25 декабря 1991– настоящее время)

8. По данным списка расскажите о столицах Руси и России.

   Образец: *С восемьсот шестьдесят второго по восемьсот восемьдесят второй год столицей Руси был Новгород.*
   - 862-882 — Новгород
   - 882-1243 — Киев
   - 1243-1389 — Владимир
   - 1389-1612 — Москва
   - 1612 — Ярославль
   - 1612-1712 — Москва
   - 21 мая 1712-1728 — Санкт-Петербург
   - 1728-1732 — Москва
   - 1732-1918 — Санкт-Петербург
   - с 12-ого марта 1918-ого года по настоящее время — Москва

9. За 5 лет существования РСФСР (1917-1922) и 70 лет существования СССР (1922-1991) было всего 8 руководителей партии и государства (считая Маленкова, который возглавлял только правительство) в истории России. Какие события происходили во время правления каждого из следующих вождей?
   - Ульянов (Ленин) Владимир Ильич (8 ноября 1917 г. — 21 января 1924 г.)
   - Джугашвили (Сталин) Иосиф Виссарионович (21 января 1924 г. — 5 марта 1953 г.)
   - Маленков Георгий Максимилианович (5 марта 1953 г. — 8 февраля 1955 г.)
   - Хрущёв Никита Сергеевич (27 марта 1958 г. — 15 октября 1964 г.)
   - Брежнев Леонид Ильич (8 апреля 1966 г. — 10 ноября 1982 г.)
   - Андропов Юрий Владимирович (12 ноября 1982 г. — 9 февраля 1984 г.)
   - Черненко Константин Устинович (13 февраля 1984 г. — 10 марта 1985 г.)
   - Горбачёв Михаил Сергеевич (11 марта 1985 г. – 25 декабря 1991 г.)

ЭКОНОМИКА
（经济）

据 2018 年的数据，俄罗斯国内生产总值（GDP）世界排名位列 11，人均 GDP 世界位列 64。俄罗斯的经济份额占世界经济的 1.76%。

经济结构

2018 年，俄罗斯各行业按其在增加值份额中的占比分别是：

农业、林业、狩猎业及水产业：3.5%；

采掘业：12.9%；

制造业：14%；

电能、天然气和水资源的生产与配送：4%；

建筑业：6%；

贸易及机动车修配：14%；

宾馆和餐饮：1%；

运输及仓储：7%；

金融及保险业：4%；

教育：3%；

医疗卫生及社会服务：3%；

信息通讯业：2%；

房地产业：9%；

产业及科技研发：4%；

行政服务业：2%；

国防及社会安全：3%；

其他行业：7.6%。

采掘业

俄罗斯开采有多种矿物原料：石油和天然气（西西伯利亚为俄罗斯主要产地）、煤炭、

Экономика России занимает 11-ое место среди стран мира по объёму ВВП. По ВВП на душу населения Россия на 2018-ый год занимает 64-ое место. По данным за 2018-ый год доля экономики России в мировой экономике — 1,76%.

Структура экономики

Отраслевая структура валовой добавленной стоимости в России (по данным за 2018-ый год):

• Сельское и лесное хозяйство, охота, рыболовство и рыбоводство — 3,5 %

• Добыча полезных ископаемых — 12,9 %

• Обрабатывающая промышленность — 14 %

• Производство и распределение электроэнергии, газа и воды — 4 %

• Строительство — 6 %

• Торговля и ремонт автотранспортных средств — 14 %

• Гостиницы и рестораны — 1 %

• Транспортировка и хранение — 7 %

• Финансовая и страховая деятельность — 4 %

• Образование — 3 %

• Здравоохранение и предоставление социальных услуг — 3 %

• Информация и связь — 2 %

• Операция с недвижимым имуществом — 9 %

• Деятельность профессиональная и научно-техническая — 4 %

• Административная деятельность и сопутствующие услуги — 2 %

• Военная безопасность, социальное обеспечение — 3 %

• Прочие отрасли — 7,6 %

Добывающая промышленность

Добываются многие виды минерального сырья: нефть и природный газ (Западная Сибирь — главная база страны), уголь, железная руда (Курская магнитная аномалия, месторождения Урала, Западной Сибири и др.), апатиты, калийные соли, фосфориты, алмазы и др.

Нефтяная промышленность Россия входит в тройку стран — лидеров по добыче нефти. Добыча нефти и газового конденсата в России в 2017-ом году составляла 546,742 млн тонн. А в 2018-ом объём той же добычи увеличился на 1,6% — 555,873 млн т. Добыча нефти в России в 2019-ом году достигла нового максимума за весь постсоветский период — 560,2 млн тонн. Это немного уступает абсолютному рекорду, установленному советской нефтяной промышленностью в 1987-ом году — 569,5 млн тонн.

	2012	2013	2014	2015	2016
Саудовская Аравия	549,8	538,4	543,4	567,8	585,7
Россия	526,2	531,1	534,1	540,7	554,3
США	393,2	446,9	522,7	565,1	543,0

Добыча нефти странами-лидерами, в млн тонн

Газовая промышленность Россия занимает первое место в мире по разведанным запасам природного газа, а по добыче — второе место. В 2017-ом году добыча газа в России составила 690,5 млрд куб. м. В 2018-ом году добыли рекордные 733 миллиарда кубических метров голубого топлива, и в 2019-ом году — 738 млрд кубометров.

	2012	2013	2014	2015	2016
США	680,5	685,4	733,1	766,2	749,2
Россия	592,3	604,7	581,7	575,1	579,4

Добыча природного газа в России и США, в млрд м³

Уран В Якутии находится Эльконское урановое месторождение — самое богатое из разведанных месторождений в России (на него приходится более половины разведанных запасов урана в стране — около 344 тыс. тонн) и считающееся одним из крупнейших в мире.

Алмазы Российская компания АЛРОСА («Алмазы России-Саха») является крупнейшей в мире по разведке, добыче и реализации алмазов.

Медь Удоканское месторождение является крупнейшим в стране и третьим в мире по запасам меди. Крупные запасы меди имеются в Норильске.

Серебро Дукатское месторождение является одним из

铁矿石（库尔斯克地磁异常区、乌拉尔和西西伯利亚矿区等）、磷灰石、钾盐、磷灰岩、金刚石等。

石油 俄罗斯石油开采量位居世界前三。2017年俄罗斯石油及石油凝析油的开采量为5亿4674万吨。2018年增长了1.6%，达5亿5587万吨。2019年俄罗斯石油开采量达到了苏联解体后最大值——5亿6020万吨，仅稍逊于苏联石油业1987年的5亿6950万吨最高开采量。

	2012	2013	2014	2015	2016
沙特阿拉伯	5.498	5.384	5.434	5.678	5.857
俄罗斯	5.262	5.311	5.341	5.407	5.543
美国	3.932	4.469	5.227	5.651	5.43

石油开采前三位国家　单位：亿吨

天然气 根据天然气勘探储量，俄罗斯占世界首位，采掘量为世界第二位。2017年俄罗斯燃气开采量为6905亿立方米。2018年达到了破纪录的7330亿立方米，2019年则为7380亿立方米。

	2012	2013	2014	2015	2016
美国	6805	6854	7331	7662	7492
俄罗斯	5923	6047	5817	5751	5794

天然气开采前两位国家　单位：亿立方米

铀 雅库特的埃利孔卡铀矿是俄罗斯已探明的最富饶的铀矿（储量占全国已探明的铀储量的50%以上，约为34.4万吨），被认为是世界上最大的铀矿之一。

金刚石 俄罗斯埃罗莎公司是世界上最大的金刚石勘探、采掘和销售公司。

铜 乌多坎铜矿是俄罗斯储量最大、世界储量第三的铜矿，诺里尔斯克铜矿储量同样巨大。

银 杜卡特[1]银矿是世界储量最丰富的银矿之一。

---

[1] 威尼斯铸造的金币。12—13世纪时在威尼斯共和国开始使用，在中世纪欧洲很受欢迎。后来在俄罗斯及其他国家也出现了银币杜卡特，是一战前欧洲通用的货币。

制造业

制造业在当代俄罗斯工业生产份额中占70%。

石油加工 俄罗斯现有30家大型炼油企业，石油加工产能总计为2.616亿吨，另外还有80家小型炼油企业，石油加工产能总计为1130万吨。

黑色金属加工的产值在俄罗斯工业生产总量中约占10%。黑色金属行业企业和机构有1500余家，其中70%为市级大型企业，从业人数超过66万。俄罗斯80%以上的黑色金属工业生产集中在9家大型企业：欧亚集团、北方钢铁公司、新利佩茨克冶金联合体、马格尼托戈尔斯克冶金联合企业、乌拉尔矿冶投资公司、梅切尔矿冶公司、管材冶金公司、冶金联合公司、车里亚宾斯克轧管厂集团公司。

有色金属 俄罗斯最大型的有色金属生产基地位于乌拉尔和西伯利亚地区。这首先是由于原料采矿地的地理位置和有色金属矿加工具有相当的难度。有色金属矿石平均含量浮动于1%-12%之间。能够承接此类加工的有色金属企业有：世界最大的铝和氧化铝生产商俄罗斯铝业、世界最大的镍和钯生产商诺里尔斯克镍业公司、世界最大的钛金属生产商俄罗斯钛冶炼集团、独联体唯一的锡和锡合金生产商新西伯利亚锡业集团公司、盖伊合金有色金属加工厂、上佩什马乌拉尔矿冶控股公司、梁赞焊料合金厂、卡缅斯克乌拉尔有色金属加工厂、卡缅斯克乌拉尔冶金厂、基洛夫有色金属加工厂、科利丘吉诺有色金属加工厂、圣彼得堡"红色维堡人"、莫斯科有色金属加工厂、卡累利阿纳德沃伊铝厂、诺夫哥罗德冶金厂、新罗西斯克有色金属厂、斯图皮诺市冶金公司、弗

крупнéйших в ми́ре по запа́сам серебра́.

Обраба́тывающая промы́шленность

До́ля обраба́тывающих произво́дств в росси́йском промы́шленном произво́дстве сего́дня составля́ет о́коло 70%.

Нефтеперераба́тывающая промы́шленность В Росси́и де́йствуют 30 кру́пных нефтеперераба́тывающих предприя́тий с о́бщей мо́щностью по перерабо́тке не́фти 261,6 млн тонн, а та́кже 80 ми́ни-НПЗ (нефтеперераба́тывающий заво́д) с о́бщей мо́щностью перерабо́тки 11,3 млн тонн.

Чёрная металлурги́я До́ля чёрной металлурги́и в объёме промы́шленного произво́дства Росси́и составля́ет о́коло 10%. В соста́в чёрной металлурги́и вхо́дит бо́лее 1,5 тыс. предприя́тий и организа́ций, 70% из них — градообразу́ющие, число́ за́нятых — бо́лее 660 тыс. челове́к. Бо́лее 80% объёма промы́шленного произво́дства чёрной металлурги́и Росси́и прихо́дится на 9 кру́пных компа́ний: ЕвразХо́лдинг, Северста́ль, Новолипецкий металлурги́ческий комбина́т, Магнитого́рский металлурги́ческий комбина́т, УК Металлоинве́ст, Ме́чел, Тру́бная металлурги́ческая компа́ния, Объединённая металлурги́ческая компа́ния, Гру́ппа Челя́бинский трубопрока́тный заво́д.

Цветна́я металлурги́я Крупне́йшие це́нтры цветно́й металлурги́и в Росси́и в основно́м нахо́дятся на Ура́ле и в Сиби́ри. В пе́рвую о́чередь э́то свя́зано с ме́стом добы́чи сырья́ и с тру́дностями при их обрабо́тки. В сре́днем, содержа́ние це́нных цветны́х мета́ллов в поро́де соде́ржится от со́тых до́лей и до 12%. Росси́йские производи́тели цветны́х мета́ллов: Росси́йский алюми́ний — крупне́йший в ми́ре производи́тель алюми́ния и глинозёма, Нори́льский ни́кель — крупне́йший в ми́ре производи́тель ни́келя и палла́дия, ВСМПО-Ави́сма — крупне́йший в ми́ре производи́тель тита́на, Новосиби́рский оловя́нный комбина́т — еди́нственный в СНГ производи́тель о́лова и его́ спла́вов, Га́йский ЗОЦМ «Спла́в» (Гай), Ура́льская го́рно-металлурги́ческая компа́ния (Ве́рхняя Пы́шма), Заво́д припо́ев и спла́вов (Ряза́нь), Ка́менск-Ура́льский заво́д обрабо́тки цветны́х мета́ллов (Ка́менск-Ура́льский), Ка́менск-Ура́льский металлурги́ческий заво́д (Ка́менск-Ура́льский), Ки́ровский ЗОЦМ (Ки́ров), Кольчу́гинский ЗОЦМ (Кольчу́гино), «Кра́сный Вы́боржец» (Санкт-Петербу́рг), Моско́вский ЗОЦМ, Надво́ицкий алюми́ниевый заво́д (Каре́лия), Но́вгородский металлурги́ческий заво́д (Вели́кий Но́вгород), Новоросси́йский заво́д цветны́х металлов, Ступинская металлургическая компания (Ступино), «Электроцинк» (Владикавказ), Уральская горно-металлургическая компания (Ревда), Рязцветмет (Рязань), Туимский завод цветных металлов (Хакасия).

Судостроение Судостроительная промышленность России традиционно является одной из наиболее технологически развитых отраслей экономики. Российские верфи имеют опыт строительства судов практически любого класса, типа и тоннажа. Научный потенциал научно-исследовательских и проектных институтов, лабораторий отраслевого и академического направления позволяет не только выполнять уникальные заказы по проектированию судов, но и разрабатывать новые концептуальные направления в судостроении.

В России существует более 1000 предприятий, занятых в судостроении, судоремонте, производстве двигательного, гидроакустического, навигационного, вспомогательного, палубного и других видов оборудования. По другим оценкам, в России насчитывается около 4000 предприятий и организаций, которые обеспечивают производство продукции и услуг в области создания техники для изучения континентального шельфа, а также хозяйственной и военной деятельности на внутренних морях и в международных водах.

Автомобильная промышленность Крупнейшие российские предприятия автомобильной промышленности: АвтоВАЗ, КАМАЗ, Группа ГАЗ, Соллерс, ЗИЛ, Брянский Автомобильный Завод (БАЗ). Эти предприятия выпускают автомобили под марками известных производителей, среди которых Volkswagen, Skoda, BMW, Ford, Renault, Toyota, Chevrolet, Peugeot-Citroen-Mitsubishi, Nissan, Opel, Kia, Volvo и некоторые другие.

Авиакосмическая промышленность Крупнейшие авиастроительные предприятия России входят в Объединённую авиастроительную корпорацию (ОАК). Российские производители авиационной промышленности сотрудничают со всеми ведущими мировыми производителями, среди которых корпорации Боинг, Airbus, Snecma, бразильской Embraer, ряд итальянских концернов, с китайскими производителями, с рядом украинских заводов.

В структуру Роскосмоса входит 66 предприятий. Крупнейшие предприятия космической промышленности: ОАО «РКК Энергия им. С.П. Королёва», ГКНПЦ им. М.В. Хруничева, ЦСКБ-Прогресс, Научно-производственная корпорация «Системы прецизионного приборостроения»,

拉季高加索电镀锌厂、列夫达乌拉尔采矿冶金公司、梁赞有色金属厂、哈卡斯图伊姆有色金属厂。

造船业一直是俄罗斯经济中技术最发达的领域之一。俄罗斯的造船企业在制造各种等级、型号和不同吨位的船舶方面有着丰富的经验。研究设计院、行业研究实验室的科研队伍实力雄厚，不仅能够按照船舶的独特殊设计完成订单，还能够在造船领域不断推陈出新。

俄罗斯有1000多家企业从事船舶制造，船舶维修、轮船发动机、声呐、航海、配套服务，甲板及其他设备制造。根据另外一些评估，俄罗斯约有4000家企业和机构为研究大陆架以及在内海和国际海域开展经济与军事活动而进行产品研发并提供服务。

汽车工业 俄罗斯大型的汽车制造厂有伏尔加汽车公司、卡玛斯汽车有限公司、高尔基汽车集团、索勒尔斯汽车公司、利哈乔夫汽车制造厂、布良斯克汽车制造厂。这些汽车厂为各著名公司的品牌代工，包括大众、斯柯达、宝马、福特、雷诺、丰田、雪佛兰、标致—雪铁龙—三菱、尼桑、欧宝、起亚、沃尔沃等。

航空工业 俄罗斯最大的几家飞机制造企业合并为俄罗斯联合飞机制造集团公司。俄罗斯航空工业的生产制造商与世界上所有大型飞机生产制造商均有合作，其中包括波音公司、空中客车公司、法国斯奈克玛公司、巴西航空工业公司、意大利康采恩、中国飞机制造厂商和乌克兰的数家工厂。

俄罗斯联邦航天局现有航空企业66家。大型的航空工业企业有：科罗廖夫能量火箭太空股份有限公司、赫鲁尼切夫国家航天科学生产中心、中央专业设计局国家宇宙火箭科研奋进生产中心、精密仪器系统科研暨生产公司、机械制造工艺科学生产联合体、格卢什科动力机械科研生产联合体股份有限公司、马克耶夫国家火箭中心股份公司、拉沃契金科研生产联合公司。

按照航天活动的规模（发射宇宙飞船和航天器的数量）计算，最近几年里俄罗斯始终处于世界前列。

农业机械制造业 俄罗斯农机制造的代表性企业有罗斯托夫农机制造厂，这是世界农业机械制造领军企业之一。该企业的份额占据俄罗斯农机市场的65%，占世界农机市场的17%。另外还有车里亚宾斯克拖拉机厂、切博克萨雷成套设备厂等。

铁路机械制造业 俄罗斯的铁路机械制造商有运输机械集团公司（由13家大型企业组成）、乌拉尔车辆厂、莫尔多瓦车辆制造公司、加里宁格勒车辆制造厂、托尔若克车辆制造厂等。俄罗斯机车制造企业积极与外国公司建立合作，共同生产和研发铁路设备，合作方包括阿尔斯通、西门子、星火工程技术、日本车辆制造株式会社、美国铁路车辆工业公司和安捷达铁路集团[①]等。

微电子制造业 2010年2月，俄罗斯工贸部副部长尤里·鲍里索夫宣布，得益于俄罗斯政府微电子领域战略的实施，俄罗斯厂家的生产工艺与西方的差距缩小为5年（2007年之前这一差距为20至25年）。俄罗斯安格斯特列姆企业集团是东欧最大的集成电路生产商之一。俄罗斯正在兴建类似于美国硅谷的斯科尔科沃统一研发创新中心，该中心将云集众多的高科技公司。该创新城位于莫斯科郊外的斯科尔科沃市。

纳米技术生产 2007年成

НПО машиностроения, ОАО «НПО Энергомаш имени академика В.П. Глушко», ОАО «Государственный ракетный центр имени академика В.П. Макеева» (ОАО «ГРЦ Макеева»), Научно-производственное объединение им. С.А. Лавочкина.

По интенсивности космической деятельности (по количеству запущенных космических кораблей и количеству запущенных космических аппаратов) Россия занимает лидирующие позиции на протяжении последних нескольких лет.

Сельскохозяйственное машиностроение Российские предприятия сельскохозяйственного машиностроения: Ростсельмаш — один из лидеров мирового сельскохозяйственного машиностроения, на его долю приходится 65% российского рынка сельскохозяйственной техники и 17% мирового рынка этой техники; Челябинский тракторный завод; Чебоксарский агрегатный завод.

Железнодорожное машиностроение Российские предприятия железнодорожного машиностроения: Трансмашхолдинг (в составе 13-ти крупных предприятий), Уралвагонзавод, Вагоностроительная компания Мордовии, Калининградский вагоностроительный завод, Торжокский вагоностроительный завод. Ряд российских вагоностроительных предприятий ведут активное сотрудничество в совместном производстве и разработке оборудования для железнодорожной отрасли с рядом зарубежных компаний, среди которых Alstom, Siemens, Starfire Engineering & Technologies, Nippon Sharyo Ltd, American Railcar Industries и Amsted Rail.

Микроэлектроника В феврале 2010-ого года замминистра промышленности и торговли России Юрий Борисов заявил, что реализация стратегии правительства России в области микроэлектроники сократила технологическое отставание российских производителей от западных до 5 лет (до 2007-ого года это отставание оценивалось в 20-25 лет). Российская группа предприятий «Ангстрем» является одним из крупнейших производителей интегральных схем в Восточной Европе. Создают единый Инновационный центр «Сколково» для исследований и разработок, аналог «Кремниевой (силиконовой) долины» в США, характерной чертой которого является большая плотность высокотехнологичных компаний. Инновационный центр, или Иноград, находится в подмосковном городе Сколково.

[①] 隶属安捷达工业集团，是一家世界领先的铁路系统制造和供应商。

Нанотехнологи́ческие произво́дства В 2007-о́м году́ была́ создана́ Росси́йская корпора́ция нанотехноло́гий, це́лью кото́рой явля́ется реализа́ция госуда́рственной поли́тики в сфе́ре нанотехноло́гий, разви́тие инновацио́нной инфраструкту́ры в сфе́ре нанотехноло́гий, реализа́ции прое́ктов созда́ния перспекти́вных нанотехноло́гий и наноиндустри́и. 4-ого ма́я 2008-о́го го́да прави́тельством Росси́и была́ приня́та Програ́мма разви́тия наноиндустри́и в Росси́йской Федера́ции до 2015-ого го́да. 26-о́го апре́ля 2010-ого го́да в Ры́бинске откры́лся заво́д по произво́дству моноли́тного твёрдоспла́вного инструме́нта с многосло́йным наноструктури́рованным покры́тием. Это пе́рвое нанотехноло́гическое произво́дство в Росси́и. «Росси́йская корпора́ция нанотехноло́гий» потра́тила на финанси́рование э́того прое́кта о́коло 500 млн рубле́й. «Роснáно» в Ры́бинском прое́кте сыгра́ла о́чень ва́жную роль в цепо́чке ме́жду нау́чной организа́цией, финанси́рующим о́рганом и коне́чным произво́дством. Специали́сты за бюдже́тные де́ньги со́здали интеллектуа́льную со́бственность, а зате́м с по́мощью «Роснáно» коммерциализова́ли её и лега́льно прода́ли производи́телям лице́нзию на её испо́льзование. Таки́м о́бразом, благодаря́ госкорпора́ции э́та техноло́гия была́ превращена́ в комме́рческий проду́кт.

Пищева́я промы́шленность Пищева́я промы́шленность Росси́и включа́ет в себя́ о́коло 30 разли́чных о́траслей и подо́траслей. Основны́ми явля́ются: пищевкусова́я, мясо-моло́чная, мукомо́льно-крупяна́я и ры́бная о́трасли. В структу́ру пищево́й промы́шленности та́кже вхо́дят предприя́тия таба́чной о́трасли. Росси́йская пищева́я промы́шленность в основно́м ориенти́рована на вну́тренний ры́нок. Наибо́лее ва́жными в росси́йском э́кспорте пищевы́х проду́ктов явля́ются три това́рные гру́ппы: ры́ба и моллю́ски, жиры́ и масла́, а та́кже отхо́ды пищево́й промы́шленности и корма́ для живо́тных. На до́лю э́тих трёх групп прихо́дится 55% всего́ росси́йского э́кспорта.

Лёгкая промы́шленность Предприя́тия лёгкой промы́шленности располо́жены практи́чески во всех субъе́ктах Росси́йской Федера́ции. Среди́ росси́йских регио́нов осо́бенно выделя́ется Ива́новская о́бласть, в кото́рой лёгкая промы́шленность явля́ется основно́й о́траслью промы́шленности.

Оборо́нно-промы́шленный ко́мплекс

Оборо́нное произво́дство явля́ется осно́вой вое́нной

立的俄罗斯纳米技术公司，旨在落实国家纳米工艺领域的政策，发展纳米工艺领域的创新型基础建设，落实创建具有广阔前景的纳米技术工艺和纳米工业规划项目。2008年5月4日，俄罗斯政府通过了《俄联邦至2015年纳米工业发展规划》。2010年4月26日，一家可以进行多层纳米涂层的硬质合金工具厂在雷宾斯克投产。这是俄罗斯第一家可以进行纳米技术生产的企业。俄罗斯纳米工艺公司为这一项目注资约5亿卢布。在雷宾斯克项目中，俄罗斯纳米工艺公司在科研机构、注资机构和终端生产之间的各个环节中起着重要的作用。专家们靠预算拨款申请到了知识产权，随后通过俄罗斯纳米工艺公司实现了知识产权商业化并合法向生产企业出售了知识产权使用许可证。这样，得益于这家国家公司，该项技术转化成商品。

食品工业 俄罗斯食品工业有近30个细分行业，其中主要有食品制造业、肉乳业、粮食业和水产业业。食品工业结构中还包括烟草行业。俄罗斯食品工业主要针对国内市场。俄罗斯最主要的出口食品有三类：鱼类和软体动物、动物油脂和植物油、食品工业和动物饲料的下脚料。这三类食品构成俄罗斯食品出口总量的55%。

轻工业 俄罗斯轻工业企业零星分布在各个联邦主体。在俄罗斯各区域中，尤为突出的是伊凡诺沃州，轻工业是该地区工业的主要部门。

国防工业

俄罗斯国防工业是国家军事经济的基础。该行业从业人员有 250 万人至 300 万人。俄罗斯国防工业常年有来自国内外的订单。在不远的将来，俄罗斯国防工业占比有望达到 GDP 的 2.7 至 2.8%。

俄罗斯武器出口在国际市场上历来占有很高的份额，排名第二，仅次于美国。根据 2017 年的数据显示，武器和军事技术市场美国占 33% 的份额，俄罗斯占 23% 的份额。向俄罗斯订购武器量前五位国家是：阿尔及利亚（28%）、印度（17%）、中国（11%）、埃及（9%）、伊拉克（6%）。约 50% 为航空产品，25% 为防空设备。据塔斯社 2020 年 4 月 9 日的报道，普京在军事技术合作委员会视频会议上确认俄罗斯 2019 年共出口了 150 亿美元的军事设备。

电力工业

俄罗斯最大的电力生产商是俄罗斯统一电力系统有限公司，由 7 个地区联合电力网组成。其中 6 个联合电力网实现了并网运行：中央区、伏尔加河中游区、乌拉尔区、西北区、南方区、西伯利亚区联合电力系统。俄罗斯的发电量世界排名第四。

水力发电 俄罗斯境内有 14 座发电量在 1000 兆瓦以上的大型水电站：萨彦舒申斯克水电站、克拉斯诺亚尔斯克水电站、布拉茨克水电站、乌斯季伊利姆斯克水电站、博古恰内水电站、伏尔加水电站、日古利水电站、布列亚水电站、萨拉托夫水电站、切博克萨雷水电站、结雅水电站、下卡马水电站、沃特金斯克水电站、奇尔克伊水电站。此外，俄罗斯还有 100 多座小型水电站。

核能发电 在国际核电站

экономики в России. В России в ней занято около 2,5-3 мил чел. Российский оборонно-промышленный комплекс (ОПК) загружён заказами на многие годы, как в рамках реализации гособоронзаказа, так и выполнения экспортных контрактов. В ближайшем будущем российские затраты на оборону страны в пределах 2,7-2,8% ВВП.

Позиции России на мировом рынке вооружений традиционно сильны. По экспорту оружия Россия занимает второе место в мире после США. Рынок вооружений и военной техники выглядит в 2017-ом году следующим образом — 33% приходятся на США, 23% — на Россию. Пятёрка главных заказчиков России выглядит следующим образом: Алжир (28%), Индия (17%), Китай (11%), Египет (9%), Ирак (6%). При этом примерно половина поставляемой продукции приходится на авиацию, ещё четверть на различные средства ПВО. По информации ТАСС 9-ого апреля 2020-ого года, Владимир Путин сообщил на заседании комиссии по военно-техническому сотрудничеству, прошедшем в режиме видеоконференции, Россия поставила за рубеж в 2019-ом году военную технику на $15 млрд.

Электроэнергетика

Крупнейшим энергопроизводителем является ЕЭС России, в состав которого входят семь Объединённых энергосистем (ОЭС). Параллельно вели деятельность шесть независимых ОЭС: Центра, Средней Волги, Урала, Северо-Запада, Юга и Сибири. Россия находится на 4-ом месте по количеству произведённой электроэнергии.

Гидроэнергетика В России имеется 14 гидравлических электростанций свыше 1000 МВт. Кроме того, Россия имеет более сотни гидроэлектростанций меньшей мощности.

№	Название ГЭС	Установленная мощность, МВт	Река	Регион
1	Саяно-Шушенская ГЭС	6400	Енисей	Хакасия
2	Красноярская ГЭС	6000	Енисей	Красноярский край
3	Братская ГЭС	4500	Ангара	Иркутская область
4	Усть-Илимская ГЭС	3840	Ангара	Иркутская область
5	Богучанская ГЭС	2997	Ангара	Красноярский край

№	Название ГЭС	Устано́вленная мо́щность, МВт	Река́	Регио́н
6	Во́лжская ГЭС	2671	Во́лга	Волгогра́дская о́бласть
7	Жигулёвская ГЭС	2467	Во́лга	Сама́рская о́бласть
8	Буре́йская ГЭС	2010	Буре́я	Аму́рская о́бласть
9	Сара́товская ГЭС	1404	Во́лга	Сара́товская о́бласть
10	Чебокса́рская ГЭС	1374	Во́лга	Чува́ши
11	Зе́йская ГЭС	1330	Зе́я	Аму́рская о́бласть
12	Нижнека́мская ГЭС	1205	Ка́ма	Татарста́н
13	Во́ткинская ГЭС	1035	Ка́ма	Пе́рмский край
14	Чирке́йская ГЭС	1000	Сула́к	Дагеста́н

Гидроэлектростанции свыше 1000 МВт

А́томная энерге́тика «Атомстройэ́кспорт», основны́м акционе́ром кото́рого явля́ется госуда́рственная корпора́ция «Роса́том», сохраня́ет за собо́й 20% мирово́го ры́нка строи́тельства АЭС. Сейча́с «Роса́тому» принадлежи́т 40% мирово́го ры́нка услу́г по обогаще́нию ура́на и 17% ры́нка по поста́вке я́дерного то́плива для АЭС. Росси́я име́ет кру́пные ко́мплексные контра́кты в о́бласти а́томной энерге́тики с Индией, Бангладе́ш, Арме́нией, Венесу́элой, Кита́ем, Вьетна́мом, Ира́ном, Ту́рцией и с ря́дом стран Центра́льной Евро́пы.

Ветроэнерге́тика Богате́йшие в ми́ре запа́сы сухопу́тных ветроэнергети́ческих ресу́рсов при нали́чии больши́х территориа́льных возмо́жностей для оптима́льного размеще́ния ВЭС позволя́ют рассма́тривать росси́йскую ветроэнерге́тику как одну́ из наибо́лее эффекти́вных и перспекти́вных о́траслей электроэнерге́тики Росси́и. Техни́ческий потенциа́л ветрово́й эне́ргии Росси́и оце́нивается свы́ше 50000 млрд кВт ч / год. Экономи́ческий потенциа́л составля́ет приме́рно 260 млрд кВт ч / год, то есть о́коло 30% произво́дства электроэне́ргии все́ми электроста́нциями Росси́и.

Геотерма́льная энерге́тика Все росси́йские геотерма́льные электроста́нции располо́жены на Камча́тке и Кури́лах, сумма́рный электропотенциа́л парово́дных терм одно́й Камча́тки оце́нивается в 1 ГВт рабо́чей электри́ческой мо́щности.

Се́льское, лесно́е и ры́бное хозя́йство

Се́льское хозя́йство По пло́щади па́хотных земе́ль

建设市场中，俄罗斯国家核能建设出口公司占有20%的份额，该公司的主要股东是俄罗斯国家核能公司。今天，俄罗斯核能公司在国际浓缩铀市场份额中占比40%，在供应核电站用核燃料领域份额占比17%。俄罗斯已与多个国家签订了一揽子核能综合协议，这些国家有印度、孟加拉国、亚美尼亚、委内瑞拉、中国、越南、伊朗、土耳其和多个中欧国家。

风力发电 俄罗斯拥有世界上最丰富的陆地风能资源储备，在辽阔的领土上可以尽情选择风力电站的最佳位置。因此可以说，俄罗斯风力发电是国家最有效、最具前景的能源领域之一。据估计，俄罗斯技术层面可开发风电潜力超过每年50万亿度。有经济效益利用价值的潜力约为每年2600亿度，相当于俄罗斯所有电站发电量的30%。

地热发电 俄罗斯地热发电站集中在堪察加半岛和千岛群岛，仅堪察加半岛蒸汽热的总发电能力就估计有100万千瓦。

农林渔业

农业 俄罗斯耕地面积世界第三，仅次于美国和印度。

农业生产的主要领域是种植业和畜牧业，各占农业生产总量的 56% 和 44%。俄罗斯是农产品出口大国，小麦出口量世界第一。

2010 年 3 月，金砖四国巴西、俄罗斯、印度、中国的农业部部长签署了合作声明，将进行四个领域多方面的合作，尤其是创建金砖四国的农业信息基地，以促进四国间农产品的相互流通。

林业 俄罗斯拥有世界 25% 的森林资源，有 45% 的领土为森林所覆盖，据此森林资源估算为 830 亿立方米。俄罗斯林产品加工的缺陷是单位产品附加值不高。

俄林业部门约有 2 万个企业，近 100 万从业人员。木材采运遍及 66 个联邦主体，其中主要有阿尔汉格尔斯克州、沃洛格达州、基洛夫州、科米共和国、卡累里阿共和国、彼尔姆边疆区、斯维尔德洛夫州、科斯特罗马州、伊尔库茨克州、哈巴罗夫斯克边疆区和克拉斯诺亚尔斯克边疆区。目前，林业生产主要针对国际市场。

畜牧业 俄罗斯的肉用—乳用畜牧业和肉用—皮革畜牧业十分发达。畜牧业主要产品是肉类（世界排名第四）、牛乳、蛋类、羊毛、蜂蜜。

作物种植 俄罗斯拥有全世界 10% 的耕地。俄罗斯境内超过 4/5 的耕地集中在伏尔加河流域中部地区、北高加索、乌拉尔以及西西伯利亚。主要农作物有谷类（世界第四）、糖用甜菜（世界第一）、葵花籽（世界第二）、马铃薯（世界第三）、亚麻和蔬菜。

渔业综合经济 俄罗斯渔业分布在以下 8 个区域：西部区、亚速海与黑海区、伏尔加河—里海区、北部区、贝加尔湖区、远东区、西西伯利亚区、东西伯利亚区。水产品资源最

Россия занимает третье место в мире после США и Индии. Ведущей отраслью является растениеводство, на которое приходится 56% объёма сельхозпроизводства, доля животноводства — 44%. Россия является крупным экспортёром сельхозпродукции. По экспорту пшеницы Россия занимает 1-ое место среди стран мира.

В марте 2010-ого года главы аграрных министерств Бразилии, России, Индии и Китая (БРИК) подписали декларацию о сотрудничестве, которая подразумевает реализацию четырёх направлений многостороннего сотрудничества: в частности, увеличение взаимного сельхозтоварооборота между странами, с созданием сельскохозяйственной информационной базы стран БРИК.

Лесопромышленный комплекс Россия обладает примерно 25% мировых лесных ресурсов. Лесами покрыто 45% территории России, при этом лесосырьевые ресурсы оцениваются в 83 млрд м³. Для лесного комплекса России характерна низкая добавленная стоимость на единицу произведённой продукции.

В лесной промышленности ведут деятельность порядка 20 тыс. предприятий. В отрасли занято около 1 миллиона человек. Лесозаготовка ведётся на территории 66 субъектов, среди которых выделяются Архангельская, Вологодская, Кировская области, Республика Коми, Республика Карелия, Пермский край, Свердловская, Костромская области, Иркутская область, Хабаровский и Красноярский края. Лесопромышленный комплекс в настоящее время в большой степени ориентирован на внешний рынок.

Животноводство В России развито мясо-молочное и мясо-шёрстное животноводство. Основные виды продукции животноводства, производящиеся в России: мясо (4-ое место в мире), молоко, яйца, шерсть, мёд.

Растениеводство В России находится 10% всех пахотных земель мира. Свыше 4/5 пашни в России приходится на Центральное Поволжье, Северный Кавказ, Урал и Западную Сибирь. Основные сельскохозяйственные культуры: зерновые (4-ое место в мире), сахарная свёкла (1-ое место в мире), подсолнечник (2-ое место в мире), картофель (3-ье место в мире), лён, овощи.

Рыбохозяйственный комплекс Основных регионов подобной специализации в России имеется восемь: Западный, Азово-Черноморский, Волжско-Каспийский, Северный, Байкальский, Дальневосточный, Западно-

Сибирский, Восточно-Сибирский. Больше всего водных биологических ресурсов в России добывается на Дальнем Востоке. Предприятия именно этого региона считаются основой рыбной промышленности страны. На долю Дальнего Востока приходится порядка 60% всей поставляемой на рынок продукции этой разновидности. Предприятия Западного бассейна опережают этот регион в основном только по производству консервов. На их долю приходится выпуск около 57% такой продукции. Предприятия Северного бассейна лидируют в производстве кормовой рыбы и костной муки, поставляемых в звероводческие хозяйства.

Транспорт

Железнодорожный транспорт Протяжённость железнодорожных путей составляет 85,6 тыс. км. Из них 43,8 тыс. км электрифицированных. Также имеется около 35 тыс. км не общедоступных железнодорожных путей (на территориях предприятий и в местах разработки полезных ископаемых). Россия занимает 2-ое после Китая место в мире по протяжённости электрифицированных железных дорог и 3-ье место в мире по общей протяжённости железных дорог (после США и Китая). Управление железными дорогами осуществляет Федеральное агентство железнодорожного транспорта России. Хозяйственные функции на подавляющем большинстве железных дорог принадлежат ОАО «Российские железные дороги», которое является одной из крупнейших транспортных компаний в мире. Важнейшая железнодорожная артерия — Транссибирская магистраль. Планируется реализация совместного проекта России, Украины, Словакии и Австрии по строительству железной дороги от украинской границы по территории Словакии до Вены. Осуществление этого проекта позволит ускорить развитие транспортных связей между Евросоюзом, странами СНГ и Китаем.

Автомобильный транспорт Автомобильных дорог в России 1507, 75 тыс. км (по данным на 1-ое января 2018-ого года). По протяжённости автомобильных дорог Россия занимает 5-ое место в мире. Плотность автодорожной сети составляет 44,2 км на 1000 км². Важнейшая автомобильная трасса — широтная цепь автодорог Беларусь — Урал — Байкал — Амур — Уссури.

Воздушный транспорт В государственном реестре гражданских аэродромов и вертодромов Российской Федерации зарегистрировано 241 аэродром, 6 вертодромов

丰富的是远东区。该区域内的企业被视为是俄罗斯渔业的主要企业。远东区渔业产值占全俄渔业产值的60%。西部区企业主要生产罐头制品，占全俄罐头制品产量的57%。北部区主要产鱼饲料和骨粉，供给特种动物饲养部门。

交通运输

铁路 俄罗斯铁路总长度为8.56万公里，其中4.38万公里为电气化铁路。另外还有约3.5万公里的非公有制铁路（分布在企业内部和矿区）。俄罗斯电气数字化铁路长度居世界第二（位居中国之后）。铁路总长度位居美国和中国之后，为世界第三。铁路部门的管理由俄联邦铁路交通署负责。绝大多数铁路的经营权属于俄罗斯铁路股份有限公司，该公司为世界最大的运输公司之一。最重要的铁路干线为跨西伯利亚大铁路。一项由俄罗斯、乌克兰、斯洛伐克和奥地利共同参与建设的铁路计划正在酝酿中，该铁路由乌克兰边境出发，穿过斯洛伐克，到达维也纳。这个计划的实施，将加快欧盟、独联体国家以及中国之间的交通联系的发展。

汽运 俄罗斯的汽车公路长度为150.775万公里（截至2018.1.1）。俄罗斯的汽车公路长度居世界第五位。汽车公路网的密度为44.2公里/千平方公里。 最重要的公路干线为一条自西向东的陆运车道：白俄罗斯—乌拉尔—贝加尔—阿穆尔—乌苏里。

航空 至2020年3月20日，俄罗斯境内国家登记在册的客运机场241个，直升机机场6个。

最大的机场 莫斯科有伏努科沃机场、多莫杰多沃机场、谢列梅捷沃机场、阿斯塔菲耶沃机场、切卡罗沃机场、贝科沃机场、茹科夫斯基机场，圣彼得堡有普尔科沃机场，叶卡捷琳堡有科利佐沃机场，新西伯利亚有托尔马切沃机场，加里宁格勒有哈拉博罗沃机场，克拉斯诺达尔有帕什科夫机场，索契有阿德列尔机场，萨马拉有库卢莫奇机场，克拉斯诺亚尔斯克有叶梅利亚诺夫机场。

  河运 内河航道长度为101578.4公里（2019年）。主要水路有白海—波罗的海运河、莫斯科运河、伏尔加—顿河运河、伏尔加—波罗的海水道等。

  海运 跨大西洋的海上货运航线瓜亚基尔（厄瓜多尔）—巴拿马运河—鹿特丹—不来梅港—圣彼得堡已通航。这是第一条横跨大洋连接俄罗斯与拉丁美洲的货运航道。俄罗斯的大型海港有新罗西斯克港、普里莫尔斯克港、圣彼得堡港、摩尔曼斯克港、东方港、图阿普谢港、维索茨克港、纳霍德卡港、德卡斯特莱港、符拉迪沃斯托克港。

  管道运输 俄罗斯远程运输管道长度为 25 万多公里。俄罗斯拥有庞大的油气输送网。它不仅保证国内经济的需求，而且将油气输送至西欧、土耳其、东南亚地区。俄罗斯国有企业"石油管运股份有限公司"拥有世界上最庞大的远程石油运输管道系统，俄罗斯 90% 以上的石油输送通过该管道系统。俄罗斯燃气工业公司同样是一家大型油气管道输送企业。

  已投入使用的主要石油管道有：友谊石油管道（年产量6.65 亿吨，为俄罗斯最大的出口运输干线）、阿尔梅季耶夫斯克—下诺夫哥罗德—梁赞—莫斯科管道、下诺夫哥罗德—雅罗斯拉夫尔—基里什管道、萨马拉—里西长斯克—克列门楚克—赫尔松管道、斯涅基廖夫卡—敖德萨管道、乌斯季—巴雷克—库尔干—乌法—阿尔梅季耶夫斯克管道、尼什涅瓦尔托夫斯克—库尔干—古比雪夫管道、图伊马齐—鄂姆斯克—新西伯利亚管道、图伊马齐—乌法管道、苏尔古特—波罗茨克管道、克拉斯诺亚尔斯克—安加尔斯克管道、苏尔古特—鄂姆斯克—巴夫罗达尔—齐姆肯特—恰尔朱管道、波罗的海管道系统（年运量7.4 亿吨）、波罗的海二期管道系统（年运量 3 亿吨）、东方石油管道（年

（по состоянию на 20. 03. 2020).

  Крупнейшие аэропорты России Москва: Внуково, Домодедово, Шереметьево, Остафьево, Чкаловский, Быково, Жуковский; Санкт-Петербург: Пулково; Екатеринбург: Кольцово; Новосибирск: Толмачёво; Калининград: Храброво; Краснодар: Пашковский; Сочи: Адлер; Самара: Курумоч; Красноярск: Емельяново.

  Речной транспорт Длина внутренних водных судоходных путей — 101578,4 км. (2019 г.) Главные каналы и водные пути — это Беломорско-Балтийский канал, Канал имени Москвы, Волго-Донской канал, Волго-Балтийский водный путь и др.

  Морской транспорт Открыта линия трансатлантических морских грузоперевозок по маршруту Гуаякиль (Эквадор) — Панамский канал — Роттердам — Бремерхафен — Санкт-Петербург. Это первый прямой трансокеанский маршрут грузовых перевозок между Россией и Латинской Америкой. Крупнейшие морские порты России: Новороссийск, Приморск, Санкт-Петербург, Мурманск, Восточный, Туапсе, Высоцк, Находка, Де-Кастри, Владивосток.

  Трубопроводный транспорт Протяжённость магистральных трубопроводов в России составляет более 250 тыс. км. Действует крупная сеть нефте- и газопроводов, снабжающих экономику России, а также ведущих в Западную Европу, Турцию, Юго-Восточную Азию. Российская государственная компания «Транснефть» владеет крупнейшей в мире системой магистральных нефтепроводов, по которой прокачивается более 90% российской нефти. Крупным оператором трубопроводного транспорта также является государственная компания «Газпром».

  Основные действующие нефтепроводы: нефтепровод «Дружба» (рабочая мощность 66,5 млн тонн в год) — крупнейшая экспортная магистраль России, Альметьевск — Нижний Новгород — Рязань — Москва, Нижний Новгород — Ярославль — Кириши, Самара — Лисичанск — Кременчуг — Херсон, Снегирёвка — Одесса, Усть-Балык — Курган — Уфа — Альметьевск, Нижневартовск — Курган — Куйбышев, Туймазы — Омск — Новосибирск, Туймазы — Уфа, Сургут — Полоцк, Красноярск — Ангарск, Сургут — Омск — Павлодар — Чимкент — Чарджоу, Балтийская трубопроводная система (рабочая мощность 74 млн тонн в год), Балтийская трубопроводная система-2 (рабочая мощность 30 млн тонн в год), Восточный нефтепровод (рабочая мо́щность 58 млн тонн в год), Каспи́йский трубопрово́дный консо́рциум (рабочая мо́щность 28,2 млн тонн в год), Баку́ — Новоросси́йск, Узе́нь — Атыра́у — Сама́ра.

Кру́пные газопрово́ды: Сара́тов — Москва́, Ставро́поль — Москва́, Кольцево́й газопрово́д Моско́вской о́бласти, Краснода́рский край — Росто́в-на-Дону́ — Се́рпухов — Санкт-Петербу́рг, Сре́дняя А́зия — Ура́л, Медве́жье — Нады́м — Тюме́нь — Уфа́ — Торжо́к, Ни́жняя Тура́ — Пермь — Го́рький — Центр, Оренбу́рг — За́падная грани́ца СССР, Ямбу́рг — За́падная грани́ца СССР, Уренго́й — Сургу́т — Тобо́льск — Тюме́нь — Челя́бинск, Уренго́й — Пома́ры — У́жгород — крупне́йшая в ми́ре систе́ма газопрово́дов, Минск — Ви́льнюс — Ка́унас — Калинингра́д, Яма́л — Евро́па, Голубо́й пото́к, Джу́бга — Ла́заревское — Со́чи, Сахали́н — Хаба́ровск — Владивосто́к, Се́верный пото́к, Бова́ненково — Ухта́.

Телекоммуника́ции

Компа́ния «Связьинве́ст» явля́ется крупне́йшей телекоммуникацио́нной компа́нией в Росси́и и одно́й из крупне́йших в ми́ре. В Росси́и де́йствует о́коло 2,5 ты́сяч больши́х и ма́лых опера́торов стациона́рной и моби́льной свя́зи. Компа́нии моби́льной свя́зи, число́ регио́нов обслу́живания кото́рых превыша́ет 80, явля́ются: «Моби́льные ТелеСисте́мы» (Ма́рка МТС) — крупне́йший по числу́ абоне́нтов опера́тор моби́льной свя́зи в стра́нах Восто́чной Евро́пы и СНГ, вхо́дит в деся́тку крупне́йших в ми́ре; «Вы́мпел-Коммуника́ции» (Ма́рка БиЛа́йн); «МегаФо́н» (Ма́рка МегаФо́н); «Т2 Мо́байл» (Ма́рка Те́ле2); «Ска́ртел» (Ма́рка Yóta) и «Ростелеко́м» (интерне́т-прова́йдер и компа́ния, предоставля́ющая услу́ги дома́шней проводно́й свя́зи, ка́бельного телеви́дения).

Внешнеэкономи́ческие де́ятельности

Торго́вля вноси́ла и вно́сит наибо́льший вклад в ВВП В росси́и. По валово́й доба́вленной сто́имости в 2019-ом году́ торго́вля находи́лась на пе́рвом ме́сте наравне́ с обраба́тывающей промы́шленностью в эконо́мике. Отрасль предста́влена огро́мным коли́чеством предприя́тий и организа́ций, превыша́ющих треть от всех предприя́тий и организа́ций страны́.

В 2019-ом году́ товарооборо́т Росси́и соста́вил 663,2 млрд долл. США, уменьши́вшись по сравне́нию с 2018-ым го́дом ($688,2 млрд) на 3,6%.

Экспорт Росси́и в 2019-ом году́ соста́вил 420,4 млрд

运量5.8亿吨）、里海管道财团油管线（年运量2.82亿吨）、巴库—新罗西斯克管道、乌岑—阿特劳—萨马拉管道。

主要天然气管道有：萨拉托夫—莫斯科管道、斯塔夫罗波尔—莫斯科管道、莫斯科州环线管道、克拉斯诺达尔边疆区—顿河畔罗斯托夫—谢尔普赫夫—圣彼得堡管道、中亚—乌拉尔管道、梅德维热耶—纳德姆—秋明—乌法—托尔若克管道、下图拉—彼尔姆—高尔基—中央管道、奥伦堡—苏联西部边境管道、扬堡—苏联西部边境管道、乌连戈伊—苏尔古特—托博尔斯克—秋明—车里亚宾斯克管道、乌连戈伊—波马雷—乌日戈罗德管道（世界最大的天然气管道系统）、明斯克—维尔纽斯—考纳斯—加里宁格勒管道、亚马尔—欧洲管道、蓝流管道、朱布加—拉扎列夫斯科耶—索契管道、萨哈林—哈巴罗夫斯克—符拉迪沃斯托克管道、北流管道、博瓦年科沃—乌赫塔管道。

远程通讯

俄罗斯通讯投资公司是国内最大的电讯公司，也是世界上最大的电讯公司之一。俄罗斯有约2500家大小移动通讯公司。其中，服务范围覆盖80个以上地区的移动通讯公司有：移动电讯系统股份公司（经营品牌MTS），这是东欧国家和独联体用户最多的移动通讯运营商，世界排名前十；维佩尔通讯公司（经营品牌Beeline）；亿兆电讯公司（经营品牌MegaFon）；T2移动公司（经营品牌Tele2 Russia）；斯卡特尔公司（经营品牌Yota）和俄罗斯电讯公司（网络供应商，提供家用宽带和有线电视服务）。

对外经贸

贸易在俄罗斯对GDP贡献最大。根据2019年的增加值，贸易与加工业并列在经济中排首位。该行业囊括了俄罗斯三分之一以上的企业和组织。

2019年俄罗斯商品总流通额为6632亿美元，相比2018年（6882亿）减少了3.6%。

2019年商品出口总额为4204亿美元，比2018年（4498

亿）减少了 6.5%。

2019 年俄罗斯商品进口总额为 2428 亿美元，比 2017 年（2384 亿）增加 1.86%。

2018 年贸易从业人员名义税前平均月薪为 43724 卢布，2019 年为 47468 卢布。

主要出口产品：原油、石油制品、天然气、矿石和铁精矿、石煤、电能、氮肥、钾肥、矿物混合肥、原木、黑色金属、铸铁、铜、镍原料、铝原料、武器、小轿车、卡车、鲜鱼和冷冻鱼、小麦和（小麦与黑麦的）混合麦。

主要进口产品：机械设备及交通设备、冰箱冰柜及冷冻设备、计算机及其组件、手机通讯网络及无线通讯网络电话器材、小轿车、卡车、鲜肉和冷冻肉、鲜禽肉和冷冻禽肉、鲜鱼和冷冻鱼、黄油和其他乳脂、（鲜或干的）柑橘类水果、咖啡、牧草、葵花籽油、红花籽油和棉籽油及其馏化制品、肉制品或者肉罐头制品、粗糖、白糖、含酒精或无酒精饮料、矿石、铝精矿、药品、针纺织品服装、皮鞋、黑色金属、黑色金属管材。

主要贸易伙伴：中国①、德国、荷兰、白俄罗斯、意大利、美国、土耳其、朝鲜、日本。

外资引进 外国对俄罗斯直接投资结构中，大部分为金融业投资（尽管近几年对该领域的投资已大幅下降）。对零售业和批发贸易方面的投资依然向好。外国投资者继续对能源燃料资源和矿产资源开采业进行投资。

2016 年，按引进投资额排名，前 15 个国家和地区分别是美国、英国、中国、（中国）香港、荷兰、新加坡、巴西、澳大利亚、印度、俄罗斯、加拿大、比利时、意大利、法国、

долл. США, уменьшившись по сравнению с 2018-ым годом ($449,8 млрд) на 6,5%.

Импорт России в 2019-ом году составил 242,8 млрд долл. США, увеличившись на 1,86% по сравнению с 2017-ым годом ($238,4 млрд).

Средняя номинальная начисленная заработная плата работников по полному кругу организаций по видам экономической деятельности составляет 43724 рубля в 2018-ом году и 47468 рублей в 2019-ом году.

Экспорт важнейших товаров: нефть сырая, нефтепродукты, газ природный, руды и концентраты железные, уголь каменный, электроэнергия, удобрения минеральные азотные, удобрения минеральные калийные, удобрения минеральные смешанные, лесоматериалы необработанные, чёрные металлы, чугун передельный, медь, никель необработанный, алюминий необработанный, вооружения, автомобили легковые, автомобили грузовые, рыба свежая и мороженая, пшеница и меслин.

Импорт важнейших товаров: машины, оборудование и транспортные средства, комбинированные холодильники-морозильники, вычислительные машины и их блоки, телефонные аппараты для сотовых сетей связи или других беспроводных сетей связи, автомобили легковые, автомобили грузовые, мясо свежее и мороженое, мясо птицы свежее и мороженое, рыба свежая и мороженая, масло сливочное и прочие молочные жиры, цитрусовые плоды, свежие или сушёные, кофе, злаки, масло подсолнечное, сафлоровое или хлопковое и их фракции, готовые или консервированные продукты из мяса, сахар-сырец, сахар белый, алкогольные и безалкогольные напитки, руды и концентраты алюминиевые, лекарственные средства, одежда трикотажная и текстильная, обувь кожаная, чёрные металлы, трубы из чёрных металлов.

Основные торговые партнёры России: Китай, Германия, Нирделанды, Белоруссия, Италия, США, Турция, КНДР, Япония.

Иностранные инвестиции в России В структуре ПИИ (прямые иностранные инвестиции), поступивших в Россию, большой объём составляет финансовая деятельность, хотя в последние годы эти вложения упали. По-прежнему неплохо инвестируют в розничную и оптовую торговлю. Зарубежные инвесторы вкладывают средства в добычу топливно-энергетических и минерально-сырьевых ресурсов.

---

① 自 2017 年起，中国成为俄罗斯最大的贸易伙伴。

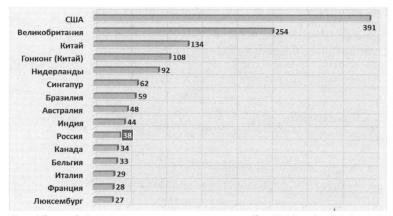

Топ-15 по объёму иностранных инвестиций в 2016 г. (млрд долл.)

По данным ЦБ, чистый приток иностранных инвестиций в РФ по итогам 2017-ого года сократился на 14,3% — с 32,5 до 27,9 млрд долларов США. По итогам 2018-ого года приток прямых иностранных инвестиций (ПИИ) в РФ снизился более чем в 3 раза по сравнению с 2017-ым годом — до $8,8 млрд против $27,9 млрд годом ранее.

Китай проявляет интерес к вложениям в обрабатывающую промышленность России и её инфраструктуру, горную и энергетическую промышленность, в сельское, рыбное и лесное хозяйство.

Внешний долг По абсолютным цифрам российский внешний государственный долг на 1-ое января 2019-ого года составил $454 млрд. По относительным показателям, российский внешний госдолг составляет лишь 3% от объёма ВВП страны, что является одним из самых низких показателей в мире.

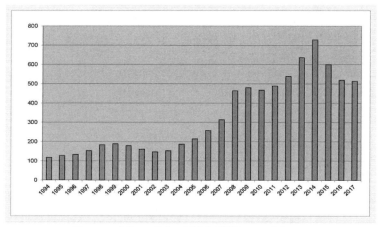

Внешний долг РФ в 1994-2017, млрд долл.

卢森堡。

据央行数据，2017 年俄罗斯外国直接投资对比 2016 年的 325 亿美元降低了 14.3%，为 279 亿美元。2018 年外国直接投资总计为 88 亿美元，尚不到 2017 年 279 亿的 1/3。

中国对俄罗斯投资的兴趣集中于加工业、基础设施建设、采矿业、能源业、农业、渔业及林业。

外债 至 2019 年 1 月 1 日，俄罗斯国家外债总计 4540 亿美元。根据相对指数，俄罗斯国家外债只占 GDP 的 3% 而成为世界上此项指数最低国家之一。

银行

俄罗斯的大型银行有：储

蓄银行、外贸银行、燃气工业银行、俄罗斯农业银行、阿尔法银行。 | **Ба́нки**

Крупне́йшие росси́йские ба́нки: Сберба́нк, ВТБ, Газпромба́нк, Россельхозба́нк, Альфа-банк.

 Но́вые слова́ и словосочета́ния

ППС 购买力平价
фосфори́т 磷灰岩
трубопрока́тный 轧管的
палла́дий 钯
сплав 合金
припо́й 焊料
алюми́ниевый 铝的
верфь 造船厂
тонна́ж 吨位
гидроакусти́ческий 水声学的
прецизио́нный 精密的
агрега́тный 成套设备的
интегра́льная схе́ма 集成电路
инновацио́нный 创新的

кре́мниевый 硅的
нанотехнологи́ческий 纳米技术的
моллю́ск 软体动物
корм 饲料
ЕЭС 统一电力系统
МВт（мегава́тт）兆瓦（特）
акционе́р 股东
геотерма́льный 地热的
арте́рия 干线
рее́стр 登记簿
консо́рциум 财团
концентра́т 精矿
трикота́жный 针织品的

 Вопро́сы и зада́ния

1. Да́йте кра́ткую характери́стику структу́ры росси́йской эконо́мики.
2. Расскажи́те об одно́й из о́траслей росси́йской промы́шленности.
3. Каки́е ви́ды тра́нспорта ра́звиты в Росси́и?
4. Что тако́е инвести́ции? Да́йте определе́ние инвести́ции (в слу́чае необходи́мости испо́льзуйте слова́рь).
5. В каки́е о́трасли Росси́и напра́влены инвести́ции? Как вы ду́маете, почему́ и́менно в э́ти о́трасли?
6. Назови́те стра́ны, кото́рые явля́ются крупне́йшими инве́сторами для Росси́и.
7. Что тако́е «вне́шний долг»? Что вы зна́ете о вне́шнем до́лге Росси́и?

ЭКОНОМИЧЕСКАЯ ГЕОГРАФИЯ
（经济地理）

Органами статистики Российской Федерации используется деление территории на 12 экономических районов (ЭР): Центральный, Центрально-Чернозёмный, Восточно-Сибирский, Дальневосточный, Северный, Северо-Кавказский, Северо-Западный, Поволжский, Уральский, Волго-Вятский, Западно-Сибирский, Калининградский.

Центральный экономический район

ЦЭР занимает центральную часть Восточно-Европейской равнины. По составу административно-территориальных единиц он относится к самому большому в стране и состоит из 13 федеральных субъектов: Брянская область, Владимирская область, Ивановская область, Калужская область, Костромская область, Москва, Московская область, Орловская область, Рязанская область, Смоленская область, Тверская область, Тульская область, Ярославская область. Население — 32,129 млн чел. (2018), что составляет около 20% населения РФ (1-ое место среди экономических районов). Площадь 486 тыс. кв. км, что составляет лишь 2,8% территории Российской Федерации.

По объёму валового внутреннего продукта, стоимости основных промышленно-производственных фондов, численности промышленно-производственного персонала, научно-техническому потенциалу ЦЭР значительно превосходит другие крупные экономические районы страны. На долю района приходится 20,9% валового регионального продукта страны, 16,8% производства промышленной и 15,7% сельскохозяйственной продукции страны.

Машиностроительный комплекс представлен станкостроением, приборостроением, энергетическим и транспортным машиностроением. Значительные масштабы имеет производство роботов и станков-автоматов, электронных систем управления и вычислительной техники,

俄联邦统计部门将全国领土分为12个经济大区：中央经济区、中部黑土经济区、东西伯利亚经济区、远东经济区、北方经济区、北高加索经济区、西北经济区、伏尔加河沿岸经济区、乌拉尔经济区、伏尔加—维亚特卡经济区、西西伯利亚经济区、加里宁格勒经济区。

中央经济区

中央经济区位于东欧平原中部。按行政区域单位的构成，它是全俄最大的一个经济区，包括布良斯克州、弗拉基米尔州、伊凡诺沃州、卡卢加州、科斯特罗马州、莫斯科市、莫斯科州、奥廖尔州、梁赞州、斯摩棱斯克州、特维尔州、图拉州和雅罗斯拉夫尔州13个联邦主体。人口3212.9万（2018），约占俄联邦人口总数的20%（所有经济区中排名第一）。面积48.6万平方公里，仅占俄联邦领土面积的2.8%。

按GDP的规模、基本工业生产总额、工业生产人数、科技潜力，中央经济区均超过俄联邦其他各大经济区。本区产品占全俄总量的20.9%，工业产品占16.8%，农产品占15.7%。

机械制造综合体主要有机床制造业、仪表制造业、能源制造业和交通机械制造业。机器人、自控机床、计算机技术电子系统、仪器和通讯设备生产规模庞大。

交通机械制造业主要是小汽车、蒸汽机车、车厢和船只生产。

中央经济区的仪表、自动化设施、控制系统在全俄占主导地位。

化工工业一直是该区专业化生产最主要的领域。主要生产磷肥、氮肥。碳酸盐、硫酸生产发达。雅罗斯拉夫尔和叶夫列莫夫拥有多家合成橡胶厂。特维尔、克林、谢尔普霍夫、梁赞生产化纤。该区域摄影化学用品、油漆、染料、制药、化妆品生产相当发达。

纺织工业是该区一个最老的工业领域。伊凡诺沃、奥列霍沃—祖耶沃、特维尔、雅罗斯拉夫尔、莫斯科、诺金斯克、科斯特罗马等城市均拥有棉纺织加工企业。本区也生产亚麻、羊毛、丝织制品。

区内还拥有实力雄厚的印刷工业（莫斯科、特维尔、雅罗斯拉夫尔、弗拉基米尔、契诃夫）。

当地产的燃料有褐煤、泥煤。褐煤开采主要在图拉州和梁赞州。

电力能源生产方面，中央经济区在全俄占第一位。大型热电站生产全俄大部分的电力能源。部分热电站（切列彼季热电站、晓基诺电站、梁赞热电站）用莫斯科煤田的煤和泥煤发电。科斯特罗马电站、科纳科沃电站和莫斯科热电主干线使用天然气和重油发电。伏尔加上游有伊凡科沃电站、乌格里奇电站和雷宾斯克电站。

在乳制品、肉制品、马铃薯、蔬菜、亚麻和糖用甜菜生产以及食品工业产品方面，中央经济区的农工联合体是全俄最大的农工联合体之一。

中央经济区尽管不具备丰富的燃料和原料的储备，但拥有得天独厚的经济、地理位置，地处水路和陆路的交叉要津。这些水路和陆路促进了贸易和

приборов и средств связи.

Транспортное машиностроение представлено производством автомобилей, тепловозов, вагонов и речных судов.

Центральному району принадлежит ведущее место в стране по производству приборов, средств автоматизации, систем управления.

Химическая промышленность по-прежнему является важнейшей отраслью специализации района. Она представлена производством фосфатных удобрений, азотных удобрений. Развито производство соды, серной кислоты. В Ярославле и Ефремове размещены заводы по производству синтетического каучука. Химические волокна выпускают в Твери, Клину, Серпухове, Рязани. Широко развито производство фотохимических товаров, лаков, красителей, лекарственных препаратов, парфюмерии.

Текстильная промышленность — старейшая отрасль промышленности. Предприятия хлопчатобумажной промышленности размещены в городах Иваново, Орехово-Зуево, Тверь, Ярославль, Москва, Ногинск, Кострома и др. Производятся в районе также льняные, шерстяные и шёлковые ткани.

Для Центрального района характерно наличие очень мощной полиграфической промышленности (Москва, Тверь, Ярославль, Владимир, Чехов).

Местным топливом является бурый уголь и торф. Добыча бурого угля ведётся преимущественно в Тульской и Рязанской областях.

Центральный экономический район занимает 1-ое место в РФ по производству электроэнергии. Большую её часть вырабатывают крупные тепловые станции. Некоторые из них работают на подмосковных углях или торфе (Черепетская, Щёкинская, Рязанская). Костромская, Конаковская ГРЭС и московские ТЭЦ работают на газе и мазуте. На Верхней Волге действуют Иваньковская, Угличская и Рыбинская ГЭС.

Агропромышленный комплекс Центрального района — один из крупнейших в РФ по производству молока, мяса, картофеля, овощей, льна и сахарной свёклы, а также продукции пищевой промышленности.

Центральный экономический район имеет довольно выгодное экономико-географическое положение, хотя и не обладает значительными запасами топлива и сырья. Он расположен на пересечении водных и сухопутных дорог, которые всегда способствовали развитию торговли и других видов экономических связей.

Центрально-Чернозёмный экономический район

Ц-ЧЭР включает 5 регионов: Белгородская область, Воронежская область, Курская область, Липецкая область, Тамбовская область. Площадь: 167,7 тыс. км², численность населения: 7183 тыс. чел., плотность населения: 43 чел/км², уровень урбанизации: 62% населения проживает в городах.

Центрально-Чернозёмный экономический район занимает центральное положение в чернозёмной полосе Русской равнины и граничит с ведущим промышленным районом страны — Центральным, а также с Поволжским и Северо-Кавказским районами и Украиной.

Имея 1% территории России и 5,3% населения, район производит 49,3% товарной железной руды, 17,2% чугуна, 18,8% стали, 19,4% готового проката чёрных металлов, 2,2% кузнечно-прессовых машин, 12,4% цемента, 20% телевизоров, холодильников, 25,2% растительного масла и 35,4% сахарного песка.

Специализация района связана с собственными ресурсами железных руд (1-ое место в стране). Расположенная в районе Курская магнитная аномалия — крупнейший железорудный бассейн в мире (руда содержит до 60% железа). С освоением железорудных богатств КМА связано развитие в общерусском и международном масштабе полного пирометаллургического цикла — от добычи и обогащения железной руды до разнообразного металлоёмкого машиностроения. Помимо старого металлургического завода и Новолипецкого металлургического завода в Липецке, в районе г. Старого Оскола ещё построен был электрометаллургический комбинат. Горнорудные предприятия, сконцентрированные в районе городов Старый Оскол и Железногорск, дают в возрастающем количестве наиболее дешёвую и высококачественную в стране железную руду и концентрат металлургическим заводам европейской части России и на экспорт.

С развитием чёрной металлургии района связано усиление специализации на металлоёмком машиностроении. Кроме того, получило развитие производство тракторов, сельскохозяйственных машин, технологического оборудования для пищевой промышленности, металлорежущих станков, подшипников, приборов, средств автоматизации, радиоизделий.

其他形式经济联系的发展。

中部黑土经济区

该区包括别尔哥罗德州、沃洛涅什州、库尔斯克州、利佩茨克州、坦波夫州5个联邦主体。面积16.77万平方公里，人口718.3万，人口密度为43人/平方公里，62%的居民在城市居住。

中部黑土经济区位于俄罗斯平原黑土带中部，与俄罗斯主要经济区中央经济区、伏尔加河沿岸经济区和北高加索经济区及乌克兰相邻。

本区虽然面积只占全俄面积的1%，人口占5.3%，却生产俄罗斯49.3%的铁矿产品、17.2%的生铁、18.8%的钢、19.4%的黑色金属轧材、2.2%的锻压机器、12.4%的水泥、20%的电视机和冰箱、25.2%的植物油和35.4%的砂糖。

本区的专业化生产领域与其铁矿资源（全俄排名第一）密切相关。本区的库尔斯克地磁异常区是世界最大的铁矿区（铁矿中含有60%的铁）。与该区丰富的铁矿石开采紧密相关的是具有全俄乃至世界意义的完整的高温冶金工业链的开发——承接从铁矿石的开采、提炼到各种金属密集型机械制造业。在利佩茨克，除了原有的一家冶金工厂和新利佩茨克冶金工厂，在老奥斯科尔区还兴建了电解金属冶炼联合体。采矿企业集中在老奥斯科尔市和热列兹诺戈尔斯克市，以逐年递增的数量向俄罗斯欧洲部分的冶金工厂提供全俄最廉价、最优质的铁矿石和精矿并出口世界。

随着黑色冶金工业区的发展，金属密集型机械制造业更加专业化。除此之外，拖拉机及其他农用机械、食品工业设备、金属切割机床、轴承、仪表、自动化设备、无线电制造业也获得了长足的发展。

化工工业和石化工业，尤其是沃罗涅什的合成橡胶生产在国民经济中具有重要的意义。汽车外胎、橡胶技术制品和制鞋业（沃罗涅什、库尔斯克）、化纤、塑料制品（希格雷、库尔斯克、别尔哥罗德）行业发达。这里还生产有磷肥、氮肥（乌瓦罗沃、利佩茨克）、油漆与合成颜料（科托夫斯克、坦波夫）。在舍别基诺有最大的合成酸和酒精工厂。

轻工业生产毛织品和针织外衣，库尔斯克、老奥斯科尔拥有最大的麻绳麻袋产业。

本区内天然气管道干线纵横交错，有斯塔夫罗波尔—沃罗涅什—莫斯科管线、舍别林卡—库尔斯克—莫斯科管线、中亚—乌克兰管线，从这些管线中引出许多分支管线服务于本区各主要的工业中心。

本区是俄联邦中央经济区和北方经济区的食品基地：从这里每天运出大量的粮食、白糖、芳香精油作物、植物油、肉类、牛乳、蔬菜。农业是本区农工联合体的主要从事领域。1680万公顷的土地中有89%属于农业企业所有。农用地中，82%为耕地、3.9%为草场、12.8%为牧场。土地资源上乘：80%是黑土质。本区还生产全俄10%的粮食和马铃薯、20%的葵花籽（全俄排名第三）和50%的糖用甜菜（全俄排名第一）。除了库尔斯克州，其他各州普遍种植的农作物是冬小麦，库尔斯克州主要种植冬黑麦。另外，本区还种植黍、荞麦、玉米。

畜牧业中包含乳用—肉用畜牧业和养猪业。按肉制品的人均产量，本区荣居全俄首位（约55公斤）。乳制品产量占第二位，仅次于沃尔加—维亚特卡经济区。该区还拥有磨粉、乳用罐头、饲料、制糖和糖浆淀粉企业及动植物油加工厂。

Важное народно-хозяйственное значение имеет химическая и нефтехимическая промышленность, особенно производство синтетических каучуков в Воронеже. Развито производство автопокрышек, резинотехнических изделий и обуви (Воронеж, Курск), химических волокон и нитей, пластмассовых изделий (Щигры, Курск, Белгород). Выпускаются фосфатные и азотные удобрения (Уварово, Липецк), лакокраски и синтетические красители (Котовск, Тамбов). В г. Шебекино расположен крупнейший завод синтетических кислот и спиртов.

В лёгкой промышленности выделяется производство шерстяных тканей и верхнего трикотажа, крупнейшие предприятия пенько-джутовой промышленности — в Курске, Старом Осколе.

Территорию района пересекают магистральные газопроводы «Ставрополь – Воронеж – Москва», «Шебелинка – Курск – Москва», «Средняя Азия – Украина», от которых имеются многочисленные отводы к основным промышленным центрам района.

Регион является продовольственной базой Центра и Севера Российской Федерации: он вывозит в значительных количествах зерно, сахар, эфиромасличные культуры, растительное масло, мясо, молоко, овощи. Главным звеном в АПК является сельское хозяйство. Из 16,8 млн га земельного фонда 89% принадлежит сельскохозяйственным предприятиям, в структуре сельхозугодий 82% занимает пашня, 3,9% сенокосы, 12,8% — пастбища. Земельные ресурсы выделяются и своим качеством: 80% составляют почвы чернозёмного типа. В районе производится 10% зерна и картофеля, 20% подсолнечника (3-ье место по стране), 50% сахарной свёклы (1-ое место по стране). Из зерновых культур во всех областях, кроме Курской, преобладает озимая пшеница, а в Курской области — озимая рожь. В районе также возделываются просо, гречиха, кукуруза.

В животноводстве преобладает молочно-мясное скотоводство и свиноводство. По производству мяса на душу населения район занимает 1-ое место в стране (около 55 кг), по производству молока — на 2-ом месте после Волго-Вятского. Имеются мукомольные, молочно-консервные, комбикормовые, сахарные и крахмало-паточные предприятия, заводы по производству растительного и животного масла.

Восто́чно-Сиби́рский экономи́ческий райо́н

ВСЭР состои́т из 6 федера́льных субъе́ктов: Респу́блика Буря́тия, Респу́блика Тыва́, Респу́блика Хака́сия, Забайка́льский край, Красноя́рский край, Ирку́тская о́бласть. Населе́ние — 8197 тыс. чел. Пло́щадь 4123 тыс. кв. км.

Райо́н располо́жен в Азиа́тской ча́сти Росси́и, грани́чит с МНР и Кита́ем и простира́ется до берего́в Се́верного Ледови́того океа́на. О́коло 1/4 террито́рии нахо́дится се́вернее Поля́рного кру́га. Приро́дные бога́тства райо́на велики́ и разнообра́зны. Он занима́ет 1-ое ме́сто в Росси́и по обеспе́ченности гидроэнергети́ческими ресу́рсами (31% общероссийских запа́сов). Геологи́ческие запа́сы у́гля Ка́нско-Ачи́нского, Тунгу́сского, Ирку́тского и други́х бассе́йнов оце́ниваются в 3,5 триллио́на т (свы́ше 2/5 о́бщих запа́сов Росси́и). Важне́йшие минера́льные ресу́рсы (кро́ме у́гля): зо́лото, ни́кель, ко́бальт, медь, полимета́ллы, о́лово, вольфра́м, молибде́н, ре́дкие мета́ллы, желе́зные ру́ды, слюда́, асбе́ст, графи́т, флюори́т, тальк, магнези́т, соль. Мно́го минера́льных исто́чников и терма́льных вод, осо́бенно в Забайка́лье. Лесны́е ресу́рсы (гла́вным о́бразом сосна́, ли́ственница, кедро́вая сосна́) составля́ют 28 млрд м³ (75% общероссийских запа́сов). Райо́н бога́т пушны́м зве́рем (со́боль, бе́лка, песе́ц и др.) и ры́бой.

Гла́вные о́трасли промы́шленности: энергети́ческая, хими́ческая, нефтеперераба́тывающая, цветна́я металлурги́я (в том числе́ алюми́ниевая), деревообраба́тывающая, целлюло́зно-бума́жная, машинострои́тельная, горнодобыва́ющая.

Гла́вную до́лю вы́работки электроэне́ргии даёт Ирку́тская энергосисте́ма, объединя́ющая Бра́тскую и Ирку́тскую ГЭС и ряд кру́пных теплови́х электроста́нций. Добы́ча у́гля составля́ет о́коло 50 млн т в год, гла́вным о́бразом в Красноя́рском кра́е и Ирку́тской о́бласти; 3/4 у́гля добыва́ется откры́тым спо́собом. Основны́е предприя́тия хими́ческой промы́шленности сосредото́чены в Красноя́рске, Анга́рске, Усо́лье-Сиби́рском; произво́дятся пластма́ссы, азо́тные удобре́ния, каусти́ческая со́да и др. Мо́щным це́нтром цветно́й металлурги́и явля́ется Нори́льский горнометаллурги́ческий комбина́т. Чёрная металлурги́я предста́влена переде́льными заво́дами в Петро́вск-Забайка́льском и Красноя́рске.

Машинострое́ние специализи́руется гла́вным о́бразом на произво́дстве го́рного, металлурги́ческого, хими́ческого, подъёмно-тра́нспортного обору́дования, металлоре́жущих станко́в, радиоприёмников и

东西伯利亚经济区

该区包括布里亚特共和国、图瓦共和国、哈卡斯共和国、外贝加尔边疆区、克拉斯诺亚尔斯克边疆区、伊尔库茨克州6个联邦主体。人口为819.7万。面积为412.3万平方公里。

本区位于俄罗斯亚洲部分，与蒙古和中国接壤，毗邻北冰洋，约有1/4的领土位于北极圈内。本区自然资源极其丰富多样。水电资源储量全俄第一（占全俄储量的31%）。坎斯克—阿钦斯克、通古斯、伊尔库茨克及其他煤田的地质储量为3.5万亿吨（占俄罗斯总储量2/5以上）。最重要的矿物资源（除煤以外）有：黄金、镍、钴、铜、多金属、锡、钨、钼、稀有金属、铁矿、铁矿、云母、石棉、石墨、萤石、滑石粉、菱镁矿、盐。尤其是在外贝加尔边疆区，矿泉水、地热水丰富。森林资源（主要是红松、落叶松、雪松）总计280亿立方米（占全俄总量的35%）。本区皮毛兽（貂、松鼠、北极狐等）和鱼类资源极其丰富。

本区主要工业领域有：能源、化工、石油加工、有色金属（包括铝）、木材加工、制浆造纸、机械、采矿。

连接布拉茨克、伊尔库茨克及其他一系列热电站的伊尔库茨克电力系统提供主要的电能。采煤量为5000万吨/年，主要产地在克拉斯诺亚尔斯克边疆区和伊尔库茨克州；3/4的煤矿是通过露天方式开采。化工工业主要集中在克拉斯诺亚尔斯克、安加尔斯克、西伯利亚乌索利耶，生产塑料、氮肥、烧碱等。诺里尔斯克采矿冶金联合工厂是一家实力雄厚的有色金属冶炼中心。黑色金属制造主要来自外贝加尔彼得罗夫斯克和克拉斯诺亚尔斯克的多家冶炼厂。

机械制造专业化生产领域主要有采矿、冶金、化工、起重运输设备、金属切削机床、无线电收音机和电视制造业（伊尔库茨克、克拉斯诺亚尔斯克、赤塔)、造船和修船业(克拉斯诺亚尔斯克、乌兰乌德、利斯特维扬卡)、谷物联合收割机生产(克拉斯诺亚尔斯克)。食品工业中领先的有:肉制品工业、乳制品罐头生产、鱼制品工业、茶叶加工分装业,轻工业中领先的有:纺织业(克拉斯诺亚尔斯克、坎斯克、乌兰乌德、赤塔)、制衣业、针织业、皮革制鞋业。建材方面有水泥厂(克拉斯诺亚尔斯克、安加尔斯克、卡缅斯克)、玻璃厂(乌兰乌德、图伦)、陶瓷制品厂等。

东西伯利亚经济区森林采伐量占全俄第二位(仅次于西北经济区)。克拉斯诺亚尔斯克、布拉茨克、贝加尔斯克、布里亚特共和国的制浆造纸工业发达。

本区南部农业发达。农业耕地(鹿场不计在内)占本区面积的 5.2%。可耕地面积为 900 万公顷,草场 300 万公顷,牧场 1020 万公顷。近 2/3 的播种用地(500 万公顷)种植小麦、燕麦和荞麦等粮食作物。主要农业区在克拉斯诺亚尔斯克边疆区北部的南部、伊尔库茨克州和赤塔州。

畜牧业方面,该区有乳用—肉用牲畜饲养业、养猪业和肉用—皮革畜牧业。图瓦共和国南部和外贝加尔南部养殖骆驼和牦牛。在各畜牧业区域内,养马业有着重要的意义。在克拉斯诺亚尔斯克边疆区、外贝加尔及伊尔库茨克州的高山原始森林区有养鹿业,同样还有狩猎产业。

东西伯利亚南部有西伯利亚大铁路,其西部(到贝加尔湖)段已经电气化。从图伊马济到安加尔斯克铺设有石油管线。叶尼塞河、安加拉河、勒拿河和贝加尔湖的河运极为发达。汽运在该区也具有重大的意义。空运同样相当发达,伊尔库茨克设有国际机场。

远东经济区

该区包括萨哈(雅库特)共和国、犹太自治州、堪察加边疆区、楚科奇自治区、滨海边疆区、哈巴罗夫斯克边疆区、阿穆尔州、马加丹州、萨哈林州 9 个联邦主体。远东经济区

телевизоров (Иркутск, Красноярск, Чита), судостроении и судоремонте (Красноярск, Улан-Удэ, Листвянка), производстве зерновых комбайнов (Красноярск). Из отраслей пищевой промышленности развиты следующие: мясная, производство молочных консервов, рыбная, чаепрессовочная; из отраслей лёгкой промышленности — текстильная (Красноярск, Канск, Улан-Удэ, Чита), швейная, трикотажная, кожевенно-обувная. Промышленность стройматериалов представлена заводами: цементными (Красноярск, Ангарск, Каменск), стекольными (Улан-Удэ, Тулун), керамических изделий и др.

ВСЭР занимает второе место (уступая только Северо-Западу) по объёму лесозаготовок. Целлюлозно-бумажная промышленность развивается в Красноярске, Братске, Байкальске, в Бурятской Республике.

Земледелие развито главным образом в южной части района. Сельскохозяйственные угодья (без оленьих пастбищ) занимают 5,2% территории района. Площадь пашни 9 млн га, сенокосов 3 млн га, пастбищ 10,2 млн га. Почти 2/3 посевной площади (5 млн га) занято зерновыми культурами: сеют пшеницу, овёс и ячмень. Главные зерновые районы — на юге Красноярского края в Иркутской и Читинской областях.

В животноводстве преобладает молочно-мясное направление и свиноводство, мясо-шёрстное направление. На юге Тувинской Республики и на юге Забайкалья разводят верблюдов и яков. Во всех животноводческих районах важную роль играет коневодство, на севере Красноярского края и в горнотаёжных районах Забайкалья и Иркутской области — оленеводство, а также охотничий промысел.

По южной части Восточной Сибири проходит Сибирская магистраль, западная её часть (до Байкала) электрифицирована. Проложен нефтепровод от Туймазы до Ангарска. Речной транспорт наиболее развит по Енисею, Ангаре, Лене и озеру Байкал. Большое значение имеет автомобильный транспорт. Широко развит воздушный транспорт, международный аэропорт — Иркутск.

Дальневосточный экономический район

ДЭР состоит из 9 субъектов федерации: Республика Саха (Якутия), Еврейская автономная область, Камчатский край, Чукотский автономный округ, Приморский край, Хабаровский край, Амурская область, Магаданская область, Сахалинская область. Территория Дальневосточного экономического района полностью соответствует территории

Дальневосто́чного федера́льного о́круга. Населе́ние 6 млн 165 тыс. чел. Пло́щадь Да́льнего Восто́ка Росси́и 6 млн 215,9 тыс. км², 36% пло́щади всей страны́.

ДЭР занима́ет са́мую восто́чную часть РФ. Омыва́ется моря́ми: Ла́птевых, Восто́чно-Сиби́рским, Чуко́тским, Бе́ринговым, Охо́тским, Япо́нским. На ю́ге прохо́дит госуда́рственная грани́ца с Кита́ем и КНДР. Бо́лее 3/4 террито́рии райо́на име́ет го́рный релье́ф.

Большо́е значе́ние име́ют минера́льно-сырьевы́е ресу́рсы райо́на: зо́лото, алма́зы, о́лово, цинк, свине́ц, вольфра́м, флюори́т, ртуть, слюда́, у́голь, нефть, приро́дный газ.

Покры́тая ле́сом пло́щадь составля́ет свы́ше 40% террито́рии райо́на (250,3 млн га), запа́сы древеси́ны — 22,6 млрд м³ (почти́ 30% росси́йских запа́сов). Во́дно-энергети́ческие ресу́рсы — 29,4% потенциа́льных гидроэнергоресу́рсов РФ. Запа́сы у́гля концентри́руются в основно́м на малоосво́енной террито́рии райо́на. Межрайо́нное значе́ние мо́жет име́ть Ю́жно-Яку́тский бассе́йн у́глей, приго́дных для коксова́ния.

Гла́вные о́трасли промы́шленности: горнодобыва́ющая, лесна́я, ры́бная. Добы́ча алма́зов развита́ в бассе́йне Вилю́я, зо́лота — в бассе́йне верхо́вьев Колымы́, в бассе́йне Алда́на и Индиги́рки, в бассе́йне рек Зе́я и Селемджа́ (Аму́рская обл.), р. Амгу́нь (Хаба́ровский край). Добы́ча о́лова развива́ется в райо́не Комсомо́льска-на-Аму́ре, в Магада́нской обл., в се́верно-восто́чных райо́нах респу́блики Саха́, в Примо́рском кра́е и в Евре́йской автоно́мной обл.; свинцо́во-ци́нковые месторожде́ния эксплуати́руются в Примо́рском кра́е, ртуть добыва́ют на се́вере Чуко́тского национа́льного о́круга, слюду́ — в респу́блике Саха́.

Лесозаготови́тельная промы́шленность размеща́ется гла́вным о́бразом в центра́льной ча́сти Хаба́ровского кра́я, в за́падных райо́нах Примо́рского кра́я, в се́верно-за́падной ча́сти Аму́рской обл., а та́кже в центра́льных райо́нах Сахали́нской обл. и на ю́ге респу́блики Саха́. Хими́ческая перерабо́тка древеси́ны сосредо́точена в ни́жнем тече́нии р. Аму́р и в Сахали́нской обл. Судоремо́нтные предприя́тия — во Владивосто́ке, Нахо́дке, Сове́тской Га́вани и др.; машинострои́тельные предприя́тия — в Хаба́ровске, Владивосто́ке, Благове́щенске, а отде́льные предприя́тия, гла́вным о́бразом ремо́нтные, в респу́блике Саха́, Петропа́вловске-Камча́тском, Ю́жно-Сахали́нске, райо́не Магада́на.

面积与远东联邦区的面积相当。人口616.5万。俄罗斯远东的面积为621.59万平方公里，占全国总面积的36%。

远东经济区位于俄罗斯东部，濒临拉普捷夫海、东西伯利亚海、楚科奇海、白令海、鄂霍次克海、日本海。南面同中国和朝鲜民主主义人民共和国接壤。本区3/4的领土具有山区地貌特征。

本区具有重大意义的矿产资源有：黄金、金刚石、锡、锌、铅、钨、萤石、汞、云母、煤、石油、天然气。

森林覆盖面积占本区面积40%以上（2.503亿公顷），木材储量226亿立方米（约为全俄总量的30%）。水动力资源为全俄水力资源储能的29.4%。煤的储量主要集中在本区尚未完全开发的地区。南雅库特煤田焦煤蕴藏丰富，在区域内具有重要的意义。

本区主要专业化生产领域有采矿业、林业、渔业。维柳伊矿区金刚石开采业发达，在科雷马河上游地带、阿尔丹河以及因迪吉尔卡河流域、结雅河以及谢列姆贾河流域（阿穆尔州）、阿穆贡河（哈巴罗夫斯克州）均产有黄金。阿穆尔河畔共青城区、马加丹州、萨哈共和国东北地区、滨海边疆区和犹太自治州开采有大量的锡，楚科奇自治区北部开采汞，萨哈国共和国开采云母。

木器制造业主要分布在哈巴罗夫斯克边疆区中部地区、滨海边疆区西部、阿穆尔州西北部，同样还包括萨哈林州中部地区和萨哈共和国南部。木材化工加工业集中在阿穆尔河下游地区和萨哈林州。修船业分布在符拉迪沃斯托克、纳霍德卡、苏维埃港等地。机械制造业分布在哈巴罗夫斯克、符拉迪沃斯托克、布拉戈维申斯克。个别企业（主要是维修业），则分布在萨哈共和国、堪察加彼得巴甫洛夫斯克、南萨哈林斯克、马加丹地区。

煤炭工业主要企业分布在阿穆尔州、哈巴罗夫斯克边疆区、滨海边疆区、萨哈林州、萨哈共和国、马加丹州。萨哈林岛拥有石油和天然气开采产业，滨海边疆区和哈巴罗夫斯克边疆区拥有水泥生产产业。阿穆尔河畔共青城有一家冶金加工厂。

农业主要满足区域内的需求（生产肉乳制品、蔬菜、马铃薯）。几乎所有的播种区域都分布在远东经济区的南部。这一地带畜牧业发达。养鹿业、养兽业和养蜂业在全俄具有重要的意义。

本区南部区间和区内货运主要以铁路为主，北部和近距离运输则以汽运为主。海运对于区间货物运输、为北部地区提供商品以及对本区的进出口运输尤为重要。（除西伯利亚大铁路外）沃洛恰耶夫卡—阿穆河畔共青城—苏维埃港铁路、乌戈尔纳亚—纳霍德卡铁路在国民经济中具有重要意义。

北方经济区

该区为俄罗斯欧洲部分最大的经济区，拥有北冰洋的巴伦支海和白海以南的俄罗斯欧洲部分辽阔的地域，面积为146.63万平方公里，包括卡累利阿共和国、科米共和国、阿尔汉格尔斯克州、沃洛格达州、摩尔曼斯克州、涅涅茨自治区。人口454.9万。

北方经济区的专业化领域有林业、木材加工、制浆造纸、黑色和有色金属业、燃料业、电力能源业、渔业和机械制造业。

本区强大的生产和技术实力使之成为工业发达区域之一。经济区的主导领域是工业，这里生产的工业产品占俄罗斯全部工业产品的4%以上。本区生产全俄70%的磷酸盐原料、30%以上的纸张、22%以上的硬纸板、24%的木质纤维板、22%的成材、15.5%的胶合板。本区捕鱼量和采煤量分别为全俄的17%

Основны́е предприя́тия у́гольной промы́шленности располо́жены в Аму́рской обл., Хаба́ровском кра́е, Примо́рском кра́е, Сахали́нской обл., в респу́блике Саха́, в Магада́нской обл. Добы́ча не́фти и приро́дного га́за — на о. Сахали́н, произво́дство цеме́нта — в Примо́рье и в Хаба́ровском кра́е. Переде́льный металлурги́ческий заво́д — в Комсомо́льске-на-Аму́ре.

Се́льское хозя́йство обслу́живает гла́вным о́бразом внутрирайо́нные ну́жды (произво́дство мя́со-моло́чных проду́ктов, овоще́й, карто́феля). Почти́ все посе́вы располо́жены на ю́ге ДЭР. Развива́ется животново́дство. Общеросси́йское значе́ние име́ют оленево́дство, зверово́дство и пчелово́дство.

В межрайо́нном и внутрирайо́нном грузооборо́те ю́жной ча́сти пе́рвое ме́сто занима́ет железнодоро́жный, а на се́вере и в ме́стных перево́зках — автотра́нспорт. Ва́жную роль в межрайо́нных перево́зках, осо́бенно в снабже́нии Се́вера, а та́кже в э́кспортно-и́мпортных перево́зках игра́ет морско́й тра́нспорт. Наибо́лее ва́жное значе́ние для наро́дного хозя́йства (кро́ме Сиби́рской магистра́ли) име́ют желе́зные доро́ги Волоча́евка — Комсомо́льск-на-Аму́ре — Сове́тская Га́вань и Уго́льная — Нахо́дка.

Се́верный экономи́ческий райо́н

Се́верный экономи́ческий райо́н — э́то крупне́йший по террито́рии райо́н европе́йской Росси́и. Он охва́тывает обши́рное простра́нство европе́йской ча́сти страны́ пло́щадью 1466,3 тыс. кв. км, выходя́щее к Ба́ренцеву и Бе́лому моря́м Се́верного Ледови́того океа́на. В его́ соста́в вхо́дят Респу́блика Каре́лия, Респу́блика Ко́ми, Арха́нгельская о́бласть, Волого́дская о́бласть, Му́рманская о́бласть, Не́нецкий АО. В нём прожива́ет 4 млн 549 тыс. чел.

Отрасля́ми ры́ночной специализа́ции Се́верного экономи́ческого райо́на явля́ются: лесна́я, деревообраба́тывающая и целлюло́зно-бума́жная, чёрная и цветна́я металлурги́я, то́пливная промы́шленность, электроэнерге́тика, ры́бная промы́шленность и машиностро́ение.

Произво́дственный и техни́ческий потенциа́л райо́на позволя́ет отнести́ его́ к числу́ индустриа́льно-ра́звитых регио́нов. Веду́щая о́трасль хозя́йственного райо́на — промы́шленность, кото́рая произво́дит бо́лее 4% всей промы́шленной проду́кции Росси́и. Райо́н произво́дит 70% фосфа́тного сырья́, бо́лее 30% бума́ги, бо́лее 22% карто́на, 24% древе́сно-волокни́стых плит, 22% делово́й древеси́ны, 15,5% фане́ры страны́. Здесь добыва́ются

17% рыбы и 10% угля. Экономический район — крупный производитель железной руды, чугуна, стали, азотных и фосфатных удобрений, рыбы, а также значительной части оборудования для целлюлозно-бумажной и лесной промышленности.

Важной особенностью Северного района является формирование на его территории Тимано-Печорского территориально-производственного комплекса — крупной топливно-энергетической базы европейской части страны. Основная доля топливных ресурсов наряду с запасами соли и руд лёгких маталлов концетрируется на Тимано-Печорской территории на северо-востоке района. Запасы нефти и газа особенно велики на побережье и на шельфе Баренцева моря. На северо-востоке созданы нефтяные, газовые промыслы. Газ по газопроводу «Сияние Севера» подают в Санкт-Петербург, Череповец и в центральные районы.

В сельском хозяйстве представлены молочное скотоводство, оленеводство.

Северо-Кавказский экономический район

С-КЭР состоит из 12 федеральных субъектов: Республика Адыгея, Республика Дагестан, Республика Ингушетия, Кабардино-Балкарская Республика, Карачаево-Черкесская Республика, Краснодарский край, республика Крым, Ростовская область, Республика Северная Осетия-Алания, Ставропольский край, Чеченская Республика, Севастополь. Площадь 381,6 тыс. км². Занимая всего 2% площади страны, на которой проживает 22,451 млн чел.

Сельское хозяйство специализируется на выращивании зерновых и масляных культур, а также на животноводстве (крупный рогатый скот, свиньи, овцы). Северный Кавказ расположен между тремя морями (Чёрным, Азовским, Каспийским), Главным Кавказским хребтом, Кумо-Манычской впадиной и южной оконечностью Русской равнины. Ведущими отраслями рыночной специализации являются: газовая, нефтяная, каменноугольная, цветная металлургия, разнообразное машиностроение, цементная и пищевая промышленность. ЭР имеет значительный удельный вес в России по производству зерна, сахарной свёклы, семян подсолнечника, овощей, плодов, винограда и продуктов животноводства. Курортный рекреационный комплекс имеет общероссийское значение. Северный Кавказ занимает важное место в экономике России. Его удельный вес в промышленности — 8%, в сельском

和 10%。本区是铁矿石、生铁、钢、氮肥和磷肥、渔业的重要生产地区，同样还生产大量的制浆造纸和林业设备。

北方经济区的一个重要特点是在本区形成了季曼—伯潮拉地区生产综合体，即俄罗斯欧洲部分的一个大型燃料能源基地。主要燃料资源以及盐、轻金属矿集中在本区东北部的季曼—伯朝拉地区。巴伦支海沿岸及其大陆架石油和天然气储量尤为丰富。在东北部兴建有采油场和采气场。天然气沿"北极光"输气管道被输往圣彼得堡、切列波韦茨及中部各地区。

该区农业方面有乳用畜牧业、养鹿业。

北高加索经济区

该区包括阿迪格共和国、达吉斯坦共和国、印古什共和国、卡巴尔达—巴尔卡尔共和国、卡拉恰伊—切尔克斯共和国、克拉斯诺达尔边疆区、克里米亚共和国、罗斯托夫州、北奥塞梯—阿兰共和国、斯塔夫罗波尔边疆区、车臣共和国、塞瓦斯托波尔 12 个联邦主体。北高加索经济区面积 38.16 平方公里，占全国总面积的 2%，居住有人口 2245.1 万。

农业专业化除粮油作物的种植外，还包括有畜牧业（牛、猪、绵羊）。北高加索经济区位于三海（黑海、亚速海、里海）、大高加索山脉、库马—马内奇低地和俄罗斯平原南端之间。已形成的专业化市场主要领域有：天然气、石油、石煤、有色金属、各种机械制造、水泥和食品工业。本区的谷物、糖用甜菜、葵花籽、蔬菜、果实、葡萄和畜牧业食品在俄罗斯占有相当大的比重。这里有全俄著名的疗养中心。北高加索在俄罗斯经济中占有重要的地位。其工业比重为 8%，农业比重为

16%.

北高加索地区是石油和天然气的大型供应基地、农业机械和农业食品生产基地。北高加索区域原料和燃料能源资源多样化：天然气储量丰富。煤的储量近 440 亿吨。煤矿主要集中在罗斯托夫州、顿巴斯的东部。北高加索有丰富的有色金属和稀有金属资源（铅、锌、银、钨、钼）。北高加索的水电资源超过 500 亿千瓦/时。电力能源成为北高加索的经济基础。化工综合体的发展主要依靠当地的原料，生产磷肥和氮肥、油漆和颜料、合成洗涤用品、塑料和人造纤维等各种产品。

西北经济区

该区包括列宁格勒州、诺夫哥罗德州、普斯科夫州、圣彼得堡 4 个联邦主体。人口 840.9 万，面积为 19.52 万平方公里。

西北经济区包括了俄罗斯欧洲部分西北区域。俄罗斯平原西北地域是一个多湖地区，共约有 7000 个大小湖泊坐落在该区域。跨度较短的涅瓦河（74 公里）发源于拉多加湖，最终流入芬兰湾，是俄罗斯境内水量最为丰富的河流之一。

本区西部有拉多加湖、奥涅加湖、白湖、伊尔门湖等，密布交错的河流（涅瓦河、斯维里河、沃尔霍夫河等）把各大湖泊连接在一起。沿这些水路可以通往俄罗斯欧洲部分的中部地区，同时也可以通往西欧国家。

西北经济区对于俄罗斯外贸具有重要的意义。该经济区具有发达的港口设施，在波罗的海进出口物流中发挥着不可替代的作用。

本区大部分地域位于森林地带，最北部为冻土带。

хозя́йстве — 16%.

Северокавка́зский регио́н явля́ется кру́пным поставщико́м не́фти и га́за, производи́телем сельскохозя́йственных маши́н и проду́ктов се́льского хозя́йства. Северокавка́зский регио́н отлича́ется бога́тством и разнообра́зием сырьевы́х и то́пливно-энергети́ческих ресу́рсов. Значи́тельны запа́сы приро́дного га́за. Общие геологи́ческие запа́сы у́глей составля́ют о́коло 44 млрд т. Сосредото́чены они́ в основно́м в Росто́вской о́бласти, в восто́чной ча́сти Донба́сса. Се́верный Кавка́з располага́ет значи́тельными ресу́рсами руд цветны́х и ре́дких мета́ллов (свинца́, ци́нка, серебра́, вольфра́ма, молибде́на). Гидроэнергети́ческие ресу́рсы Се́верного Кавка́за превыша́ют 50 млрд кВт/ч. Осно́вой эконо́мики Се́верного Кавка́за явля́ется электроэнерге́тика. Хими́ческий ко́мплекс развива́ется преиму́щественно на ме́стном сырье́ и произво́дит разнообра́зные ви́ды проду́кции — фо́сфорные и азо́тные удобре́ния, ла́ки и кра́ски, синтети́ческие мо́ющие сре́дства, пластма́ссы и иску́сственное волокно́.

Се́веро-За́падный экономи́ческий райо́н

С-ЗЭР состои́т из 4 субъе́ктов Росси́йской Федера́ции: Ленингра́дская о́бласть, Новгоро́дская о́бласть, Пско́вская о́бласть, Санкт-Петербу́рг. Населе́ние — 8 млн 409 тыс. челове́к, пло́щадь 195,2 тыс. км².

Се́веро-За́падный экономи́ческий райо́н занима́ет за́падно-се́верную часть Европе́йской террито́рии РФ. Се́веро-За́пад Ру́сской равни́ны — о́зерный край: здесь о́коло 7 тыс. озёр. Сравни́тельно коро́ткая река́ Нева́ (74 км), вытека́ющая из Ла́дожского о́зера и впада́ющая в Фи́нский зали́в, одна́ из са́мых многово́дных в Росси́и.

В за́падной ча́сти райо́на располо́жены кру́пные озёра — Ла́дожское, Оне́жское, Бе́лое, Ильмень и др., соединённые ме́жду собо́й ре́ками (Нева́, Свирь, Во́лхов и др.). Э́ти во́дные пути́ свя́зывают центра́льные райо́ны европе́йской ча́сти РФ не то́лько ме́жду собо́й, но и со стра́нами За́падной Евро́пы.

Се́веро-За́падный райо́н име́ет огро́мное значе́ние во вне́шней торго́вле Росси́и. Он располага́ет разви́тым портовы́м хозя́йством, осуществля́я экспо́ртно-и́мпортные фу́нкции Росси́и на Балти́йском мо́ре.

Бо́льшая часть террито́рии располага́ется в лесно́й зо́не, кра́йний се́вер — в ту́ндровой зо́не.

Из разнообра́зных ресу́рсов райо́на общеросси́йское значе́ние име́ют лесны́е (1/10 общеросси́йских запа́сов древеси́ны и 60% запа́сов лесо́в европе́йской ча́сти РФ), месторожде́ния апати́товых руд и фосфори́тов, ка́менного у́гля, не́фти и приро́дного га́за, ни́келево-ме́дных и желе́зных руд, слюды́.

Основны́е о́трасли: судостро́ение (а́томные ледоко́лы, пассажи́рские теплохо́ды, та́нкеры, рефрижера́торы, лесово́зы, рыболо́вные и речны́е суда́), энергети́ческое и электротехни́ческое машинострое́ние (почти́ 1/2 паровы́х и гидравли́ческих турби́н и генера́торов, от 10 до 20% разли́чных ти́пов электродви́гателей), приборострое́ние (свы́ше 10% от общеросси́йского произво́дства), станкострое́ние, тракторострое́ние, вагонострое́ние, произво́дство разнообра́зного технологи́ческого обору́дования, цветна́я металлу́ргия, хими́ческая промы́шленность, не́которые о́трасли лёгкой промы́шленности, ры́бная промы́шленность, моло́чное животново́дство и льново́дство. Но́вой о́траслью специализа́ции С-ЗЭР стано́вится нефтегазодобыва́ющая промы́шленность. Та́кже здесь загота́вливается 35% древеси́ны и произво́дится бо́лее 50% бума́ги и 45% целлюло́зы (до́ля по отноше́нию к стране́ в це́лом).

По хими́ческой промы́шленности С-ЗЭР занима́ет 2-о́е ме́сто (по́сле Центра́льного райо́на). Петербу́ргские предприя́тия специализи́рованы на произво́дстве рези́ны и изде́лий из неё, пласти́ческих масс, синтети́ческих материа́лов, ла́ков и кра́сок, фармацевти́ческих изде́лий. Це́нтры произво́дства минера́льных удобре́ний: Санкт-Петербу́рг, Но́вгород, Во́лхов и др.

Цветна́я металлу́ргия предста́влена предприя́тиями, производя́щими алюми́ниевое сырьё, алюми́ниевыми заво́дами, добы́чей ме́дно-ни́келевых руд, произво́дством концентра́тов и вы́плавкой ни́келя и др.

В се́льском хозя́йстве выделя́ется льново́дство, моло́чное скотово́дство.

Пово́лжский экономи́ческий райо́н

Пово́лжский экономи́ческий райо́н состои́т из 8 федера́льных субъе́ктов: Респу́блика Татарста́н, Астраха́нская о́бласть, Волгогра́дская о́бласть, Пе́нзенская о́бласть, Сама́рская о́бласть, Сара́товская о́бласть, Улья́новская о́бласть, Респу́блика Калмы́кия. Пло́щадь 536,4 тыс. км², населе́ние 15 млн 943 тыс. челове́к.

Основны́е о́трасли специализа́ции: добы́ча не́фти и га́за, нефтяна́я и нефтехими́ческая промы́шленность, машинострое́ние (осо́бенно автострое́ние).

本区自然资源中，森林资源（含全俄1/10的木材储量和俄罗斯欧洲部分林木资源的60%）、磷灰岩矿和磷、石煤、石油和天然气、镍铜、铁矿、云母矿区在全俄具有重要的意义。

该区专业化生产领域有造船业（原子破冰船、客船、油轮、冷藏船、运材船、捕鱼船以及河运船）、能源和动力机械制造业（几乎是全俄蒸汽涡轮机、液压涡轮和发电机的1/2、10%至20%各种类型的电动发电机）、仪表制造（占全俄10%以上）、机床制造业、拖拉机制造业、车厢制造业、各种制造设备的生产、有色金属业、化工工业、轻工业、渔业、乳用畜牧业和亚麻业。石油天然气开采业成为西北经济区专业化的一个新领域。这里同样还采伐全俄35%的木材，生产全俄50%以上的纸张和45%的纸浆。

本区化工工业在全俄占第二位（仅次于中央经济区）。圣彼得堡的专业化企业主要从事橡胶及橡胶制品生产、塑料、合成材料、油漆与颜料生产、制药。矿肥主要产地有圣彼得堡、诺夫哥罗德、沃尔霍夫等。

该区有色金属企业包括铝原料生产厂、多家铝厂、铜镍矿开采企业、镍精选和提炼生产等企业。

该区农业方面突出的有亚麻业、乳用畜牧业。

伏尔加经济区

该区包括鞑靼斯坦共和国、阿斯特拉罕州、伏尔加格勒州、奔萨州、萨马拉州、萨拉托夫州、乌里扬诺夫斯克州、卡尔梅克共和国8个联邦主体。面积为53.64万平方公里，人口1594.3万。

本区主要专业化生产领域有石油和天然气开采、石油和石化工业、机械制造业（尤其是汽车制造）。

本区是俄罗斯航空航天设备的主要产地之一。喀山、萨马拉、萨拉托夫制造飞机，其中喀山是直升机制造业中心。化工采矿业开采硫黄（萨马拉州）和盐（巴斯昆恰克湖）。石油加工业主要加工当地及西西伯利亚的石油。本区出产的工业产品种类繁多：橡胶和聚乙烯、化肥和电影照相胶片、橡胶制品和日常化工用品。区内拥有不同种类的燃料动力综合体开发企业，其主要环节是石油开采。

伏尔加经济区的农工综合体在俄罗斯具有重大的意义。这里出产全俄近 20% 的谷物、1/3 的西红柿、3/4 的西瓜。肉类、面粉、稻谷、食盐的生产居全国之首。伏尔加河沿岸经济区拥有全俄 1/5 的农用地和 1/4 的牧场。农业生产规模稳居各经济区第二位，仅次于北高加索经济区。本区食品工业，尤其是磨粉碾米工业主要集中在铁路运输枢纽区域，在全俄具有重要意义。

乌拉尔经济区

该区位于欧亚交界处，它包括巴什科尔托斯坦共和国、乌德穆尔特共和国、库尔干州、奥伦堡州、彼尔姆边疆区、斯维尔德洛夫斯克州、车里亚宾斯克州 7 个联邦主体。人口 1884.1 万。面积 82.4 万平方公里。

乌拉尔经济区包括中乌拉尔、北乌拉尔的一部分和南乌拉尔，同样还有靠近东欧平原和西西伯利亚平原的部分。本区内伏尔加河、鄂毕河和乌拉尔河的支流纵横交错。

该区专业化生产的主要领域有：黑色金属和有色金属、重工业机械制造、化工、机械制造业（电力能源机械、交通机械、农业机械）、林业、化工业、石化和矿物化工工业以及石油天然气开采和加工业。

乌拉尔经济区各种矿藏极其丰富。黑色金属和有色金属

Поволжский экономический район — один из основных районов России по производству аэрокосмической техники. Самолёты производят в Казани, Самаре, Саратове. Центр вертолётостроения — Казань. Горно-химическая промышленность ведёт добычу серы (Самарская область) и солей (Баскунчак). Производится переработка местной и западносибирской нефти. Перечень выпускаемых продуктов очень велик: каучук и полиэтилен, удобрения и кинофотоплёнка, резиновые изделия и бытовая химия. Разнообразен топливно-энергетический комплекс этого района. Его ведущее звено — добыча нефти.

Агропромышленный комплекс Поволжского экономического района имеет общероссийское значение. Здесь выращивается почти 20% зерна, 1/3 помидоров, 3/4 арбузов. Район занимает 1-ое место в стране по производству мяса, муки, крупы, поваренной соли. На долю района приходится 1/5 часть сельскохозяйственных угодий и 1/4 пастбищ России. По масштабам сельскохозяйственного производства он прочно занимает 2-ое место (после Северного Кавказа). Общегосударственное значение имеет и пищевая промышленность, особенно мукомольно-крупяная. Она сосредоточена в крупных транспортных узлах.

Уральский экономический район

Уральский экономический район расположен на стыке двух частей света — Европы и Азии. Он состоит из 7 федеральных субъектов: Республика Башкортостан, Удмуртская Республика, Курганская область, Оренбургская область, Пермский край, Свердловская область, Челябинская область. Население —18 млн 841 тыс. чел. Площадь — 824 тыс. км^2.

Уральский экономический район расположен на Среднем, частично на Северном и Южном Урале, а также на прилегающих частях Восточно-Европейской и Западно-Сибирской равнин. Территорию района пересекают реки, принадлежащие бассейну Волги, Оби и Урала.

Основные отрасли специализации: чёрная и цветная металлургия, машиностроение (энергетическое, транспортное, сельскохозяйственное), лесная, химическая, нефтехимическая и горнохимическая промышленность, а также добыча и переработка нефти и газа.

Уральский экономический район исключительно богат разнообразными полезными ископаемыми. Общероссийское значение имеют чёрная и цветная металлургия, тяжёлое машиностроение, химия, добыча минера́льного сырья́ и га́за, загото́вка и перерабо́тка древеси́ны. В Ура́льском экономи́ческом райо́не ведётся добы́ча у́гля, не́фти, га́за и то́рфа. Це́нтры нефтеперерабо́тки: Уфа́, Пермь, Краснока́мск и Орск. Оренбу́рг — це́нтр добы́чи га́за и газоперерабо́тки. Электроэнергети́ческая систе́ма Ура́льского экономи́ческого райо́на охва́тывает все его́ промы́шленные узлы́.

По вы́пуску проду́кции машинострое́ния и металлообрабо́тки Ура́льский экономи́ческий райо́н — оди́н из веду́щих райо́нов страны́. Выделя́ются заво́ды тяжёлого машинострое́ния, хими́ческого машинострое́ния. Широко́ предста́влено тра́нспортное машинострое́ние (произво́дство грузовы́х ваго́нов, автомоби́лей, мотоци́клов, тяжёлых тра́кторов, тра́кторных прице́пов, авто́бусов). Ра́звита станкоинструмента́льная промы́шленность (в Челя́бинске, Оренбу́рге, Алапа́евске и др.). Выпуска́ются разнообра́зные сельскохозя́йственные маши́ны (Курга́н и др.), электроприбо́ры, холоди́льники (16% общеросси́йского произво́дства).

Ва́жная о́трасль хими́ческой промы́шленности — основна́я хи́мия: произво́дство со́ды, минера́льных удобре́ний (кали́йных, азо́тных и фо́сфорных), се́рной кислоты́ и се́ры, хло́ра и хлоропроизво́дных, ра́зных соле́й и др. Ра́звита коксохими́ческая и лесохими́ческая промы́шленность, име́ется лакокра́сочное произво́дство. Со́здано значи́тельное произво́дство пластма́сс и смол (Екатеринбу́рг, Ни́жний Таги́л, Губа́ха и др.), спирто́в (Орск, Губа́ха), создаётся произво́дство синтети́ческого каучу́ка (Чайко́вский) и др. Развива́ется нефтехими́ческая промы́шленность (Пермь, Екатеринбу́рг, Оренбу́рг, Салава́т), произво́дство иску́сственных воло́кон и ни́тей. Ура́льский экономи́ческий райо́н — важне́йший райо́н добы́чи и части́чной перерабо́тки асбе́ста, та́лька, магнези́та. Райо́н облада́ет ра́звитым произво́дством стройматериа́лов.

Се́льское хозя́йство — ва́жная о́трасль эконо́мики Ура́льского экономи́ческого райо́на, специализи́рующаяся на выра́щивании гла́вным о́бразом яровой пшени́цы, мя́со-моло́чном животново́дстве.

Во́лго-Вя́тский экономи́ческий райо́н

Во́лго-Вя́тский экономи́ческий райо́н состои́т из 5 федера́льных субъе́ктов: Респу́блика Ма́рий Эл, Респу́блика Мордо́вия, Чува́шская Респу́блика, Ки́ровская о́бласть, Нижегоро́дская о́бласть. Чи́сленность населе́ния — 7 млн

矿物原料和天然气开采、木材采伐和加工在全俄具有重要的意义。乌拉尔经济区开采煤、石油、天然气和泥煤。主要石油加工中心有乌法、彼尔姆、克拉斯诺卡姆斯克和奥尔斯克。奥伦堡为天然气开采和加工中心。乌拉尔经济区的电力系统涵盖本区所有工业枢纽。

按机器制造业规模和金属加工产品的数量，乌拉尔经济区是全俄主要经济区之一。重工业机械制造、化工设备制造极为著名，交通运输设备制造业发达(生产货车车厢、小汽车、摩托车、重型拖拉机、拖拉机拖车、公交车)。车里亚宾斯克、奥伦堡、阿拉帕耶夫斯克等地的机床工具业同样十分发达，生产有各种农机（库尔干等地)、电气仪表、冰箱（占全俄产量的16%）。

该区化工工业的主要领域是基础化工原料的生产，包括纯碱、矿物肥料（钾肥、氮肥、磷肥）、硫酸及硫黄、氯及氯衍生制品、各种盐等。焦炭化工和林业化工产业发达，拥有油漆颜料生产基地。本区生产大量的塑料、焦油（叶卡捷琳堡、下塔基尔、古巴哈等地)、酒精（奥尔斯克、古巴哈)、合成橡胶（柴可夫斯基市）等。这里石化工业发达（彼尔姆、叶卡捷琳堡、奥伦堡、萨拉瓦特），生产各种人造纤维。本区是石棉、滑石粉、菱镁矿最主要的开采地，同时也从事矿石的加工。本区还拥有发达的建材产业。

农业是本区经济重要的领域，区域专业化生产主要侧重春小麦种植、肉用和乳用畜牧业。

伏尔加—维亚特卡经济区

该区包括马里埃尔共和国、莫尔多瓦共和国、楚瓦什共和国、基洛夫州、下哥罗德州5个联邦主体。人口723.6万。面积26.48万平方公里。大部分居民为俄罗斯人，除此之外，还有马里人、埃尔齐亚人、莫克沙人、楚瓦什人、鞑靼人、乌德穆尔特人。

伏尔加—维亚特卡经济区位于东欧平原的东半部，在森林带和森林草原带的接合处。伏尔加河把本区分成两个不均匀的部分，左岸地区（伏尔加河东岸广阔区域）大，右岸地区小。主要资源有森林（占全俄储量的1.8%）和磷灰岩（维亚特卡—卡马矿产地有全俄$A+B+C_1$[①]类磷灰岩总储量的18.8%）。能源资源有泥煤（占全俄已探明的总储量的1%）和水电（全俄潜藏资源的0.4%）。区内有两个大型石膏矿（占全俄储量的9.2%）。

这里是俄罗斯老工业中心的一部分，是俄罗斯加工工业主要基地之一——尤其是机械制造和金属加工业（占工业比重的37%）。本区已形成国内最大的汽车工业综合体，其份额占全俄货运汽车产量的45%、小轿车的1/5、大客车的1/4、汽车标准零件的85%以上。汽车制造的领头羊企业是高尔基汽车制造厂。除此之外，本区在全俄国民经济中占有突出位置的还有其他各类的机械制造业（船舶、马达、柴油发动机、天然气压缩机、切割机床、发电机设备和仪表、电缆、电灯及照明用具、无线电仪表及仪器设备等）和化工工业（汽车外轮胎、磷灰石粉、基础化工、综合材料），同时还输出原木，

236 тыс. чел. Площадь — 264,8 тыс. км². Большинство населения составляют русские, кроме того, здесь проживают марийцы, эрзяне, мокшане, чуваши, татары, удмурты.

Волго-Вятский экономический район расположен в восточной половине Восточно-Европейской равнины, на стыке лесной и лесостепной зон. Волга делит территорию на две неравные части: большую левобережную — Заволжье, и меньшую — Правобережье. Основные природные богатства — лес (1,8% общероссийских запасов) и фосфориты (Вятско-Камское месторождение — 18,8% общероссийских запасов по категориям $A+B+C_1$). Топливно-энергетические ресурсы представлены торфом (1,0% общероссийских разведанных запасов) и гидроэнергией (0,4% общероссийских потенциальных ресурсов). Имеются крупные залежи гипса (9,2% общероссийских запасов).

Это часть старопромышленного Центра страны, одна из основных баз обрабатывающей промышленности, в особенности машиностроения и металлообработки (их удельный вес в промышленности составляет 37%). В районе сложился крупнейший в стране комплекс автомобильной промышленности, на долю которого приходится 45% общероссийского выпуска грузовых автомобилей, 1/5 легковых, около 1/4 автобусов, свыше 85% автонормалей. Головное предприятие автостроения — Горьковский автозавод. Кроме того, район выделяется в народном хозяйстве страны другими видами машиностроения (производство судов, моторов, дизелей, газомотокомпрессоров, металлорежущих станков, электротехнического оборудования и приборов, кабеля, электроламп и светотехнических средств, радиоприборов и аппаратуры и др.), химической промышленностью (автомобильные шины, фосфоритная мука, основная химия, синтетические материалы), а также вывозкой древесины, производством бумаги, картона, пиломатериалов. В-ВЭР

---

① A、B、C_1 为俄罗斯矿藏的不同储量标准。以石油天然气为例：A 表示已开发油气田（藏、区块）储量，油田开发程度按开发方案已钻完生产井网，其储量可信度为95%。对应于美国石油工程协会储量分级中的 P_1（proven）或中国石油天然气资源/储量分类国标（GB/T19492—2004）中的（I类）已开发探明储量。B 表示刚投入开发油气田（区块）储量，油田开发程度已按工业性试生产结果制定了开发初步方案，已钻完生产井网，其储量可信度为90%。对应于美国石油工程协会储量分级中的 P_1（proven）或中国储量分类国标中的（II类）未开发探明储量。C_1 表示勘探阶段（作为油气田开发方案工业性试生产方案依据的）完全或部分探明油气田（区块）储量，油田开发程度已按工业性试生产结果制定了开发初步方案，已钻完生产井网，其储量可信度为80%。对应于美国石油工程协会储量分级中的 P_1 和 P_2（70%Proved+30%Probable）或中国储量分类国标中的（II类）基本探明储量。接下来的分类为 C_2、C_3 或 D_0、D_1、D_2，分别对应于西方及美国的概算储量（P_2, Probable）、可能储量（P_3, Possible）、探测储量（P_3, Speculative）或中国储量分类国标的控制（概算）储量、预测圈闭储量、推测资源量。

— район старинных промыслов, возникших на базе переработки металла и древесины. Особенно развиты художественные и декоративные промыслы (хохломская роспись, дымковская игрушка, павловские металлоизделия и др.).

Сельское хозяйство специализируется на производстве продовольственного и фуражного зерна, картофеля, технических культур — льна-долгунца (в Заволжье), конопли (на Правобережье), хмеля (в Чувашии), молочно-мясном животноводстве; развивается пригородное хозяйство вблизи крупных промышленных центров. Сельскохозяйственные угодья составляют 10,8 млн га (41% территории района), в том числе пашня 7,8 млн га, сенокосы и пастбища 2,8 млн га. Посевные площади занимают 6,5 млн га, из них 59% под зерновыми, 30,3% — кормовыми культурами. Сеют рожь (один из самых высоких удельных весов в посевах по сравнению с другими районами РФ), пшеницу, гречиху, зернобобовые, из технических — лён, коноплю, сахарную свёклу, хмель, махорку. По берегам Волги и Оки развито товарное садоводство.

Железнодорожный и речной транспорт благодаря положению района на важнейших транзитных путях страны является одной из отраслей общероссийской специализации. Транспортная сеть района радиальная с центром в Нижнем Новгороде. Судоходство по Волге, Оке, Вятке, Ветлуге. Развивается трубопроводный транспорт (нефте- и газопроводы из Поволжья).

Западно-Сибирский экономический район

З-СЭР состоит из 9 федеральных субъектов. Это Кемеровская область, Новосибирская область, Омская область, Томская область, Тюменская область, Ханты-Мансийский автономный округ, Ямало-Ненецкий автономный округ, Республика Алтай, Алтайский край. Население — 14 млн 783 тыс. чел., площадь — 2 млн 427,2 тыс. кв. км. 3-ий по площади район страны и самый густонаселённый в восточной экономической зоне. Города-миллионеры — Новосибирск, Омск.

По запасам нефти и природного газа Западная Сибирь занимает первое место в стране. В настоящее время Западная Сибирь даёт свыше 70% общероссийской добычи нефти, 91% природного газа. Площадь нефтегазоносных земель составляет здесь около 2 млн км². По среднему течению Оби концентрируются нефтяные месторождения, а на Крайнем Севере — газовые. Запасы бурого угля

生产纸张、硬纸板、锯材等。伏尔加—维亚特卡经济区有基于金属和木材加工形成的手工艺品生产，历史悠久。尤其发达的有艺术品和装饰用小手工业生产（霍赫洛姆彩画、德姆科沃玩具、巴甫洛夫斯克金属制品等）。

这里的农业专业化生产有食用谷物和饲料谷物、马铃薯，经济作物有亚麻纤维（伏尔加河东岸广阔区域）、大麻（右岸地区）、葎草（楚瓦什）、乳用及肉用畜牧业；大型工业中心附近的城郊农业非常发达。农用地为1080万公顷（占本区面积的41%），其中耕地为780万公顷，草场和牧场为280万公顷。播种面积为650万公顷，其中59%的土地播种谷物，30.3%的土地播种饲料作物。播种的麦类有黑麦（与俄联邦其他经济区相比，属占比最高的农作物之一）、小麦、荞麦，并种有粮用豆类作物。经济作物中有亚麻、大麻、糖用甜菜、酒、黄花烟草。在沃尔加河和奥卡河沿岸有很多果园。

由于本区地处俄罗斯最重要的交通要道，铁路与河运成为一个全俄专业化运营领域。本区的运输网自下诺夫哥罗德向外辐射。伏尔加河、奥卡河、维亚特卡河、韦特卢加河上有船运。区内管道运输（从伏尔加地区外运石油和天然气）发达。

西西伯利亚经济区

该区包括克麦罗沃州、新西伯利亚州、鄂姆斯克州、托木斯克州、秋明州、汉特—曼西自治区、亚马尔—涅涅茨自治区、阿尔泰共和国、阿尔泰边疆区9个联邦主体。人口1478.3万，面积为242.72万平方公里，是俄罗斯面积第三大经济区，也是东部经济区人口最稠密的地方。百万人口以上的城市有新西伯利亚和鄂姆斯克。

西西伯利亚经济区石油和天然气储量居全俄首位。目前，俄罗斯70%以上的石油、91%的天然气都产自西西伯利亚。石油、天然气储藏面积约为200

万平方公里。鄂毕河中游是石油的集中蕴藏地，最北部则是天然气的主要蕴藏地。褐煤蕴藏地集中在平原的东南部。库兹涅茨克矿区有全俄30%的工业用煤储量。

全国最大的冶金中心新库兹涅茨克坐落在托姆河两岸。这里与库兹涅茨克钢铁公司并排坐落着新建的西西伯利亚厂。有色金属工业中心有炼锌的别洛沃、炼锡及合金的新西伯利亚。库兹巴斯金属机械制造企业生产采矿和冶炼设备。新西伯利亚有着发达的机床、仪表、动力机械制造业。鲁布佐夫斯克、巴尔瑙尔和新西伯利亚具有发达的农业机械制造业。鄂姆斯克、新西伯利亚和托姆斯克拥有大型军工厂。

在库兹巴斯原有的炼焦业基地上发展起新的化工产业（氮肥、合成染料、塑料）。目前，这一产业还开始利用天然气做原料。西西伯利亚地区木材采伐量约占全俄的20%。全俄近20%的谷物产于该区，这里还是俄罗斯主要的养鹿区。沼泽低地内的森林草原带和森林带的乳用畜牧业历史悠久。在森林草原带和草原带较干燥地区种植有春小麦，这里还拥有发达的肉用及乳用畜牧业和养羊业。

加里宁格勒经济区

该区仅包括加里宁格勒州。面积1.51万平方公里，人口99.5万。加里宁格勒位于欧洲中部，是俄罗斯位置最靠西、面积最小的一个州。当地资源有石油、食盐、泥煤等，有世界唯一的琥珀采矿场。该区主要特色产业为水产加工业、机器制造业、制浆造纸业。

сосредоточены на юго-востоке равнины. В Кузнецкой горной области находится 30% промышленных запасов угля страны.

Крупнейший центр металлургии Новокузнецк расположен на обеих берегах реки Томи. Здесь рядом с Кузнецким комбинатом вырос Западносибирский завод. Центры цветной металлургии: Белово, которое выплавляет цинк, и Новосибирск, который даёт олово и сплавы. В Кузбассе металлоёмкое машиностроение выпускает горное и металлургическое оборудование. Станкостроение, приборостроение и энергетическое машиностроение развито в Новосибирске, сельскохозяйственное — в Рубцовске, Барнауле и Новосибирске. Крупные оборонные заводы находятся в Омске, Новосибирске, Томске.

На базе коксования угля в Кузбассе создана химическая промышленность (азотные удобрения, синтетические красители, пластмассы). В настоящее время она использует и природный газ. Западная Сибирь даёт около 20% заготовляемой в стране древесины. На долю района приходится около 20% производства зерна в стране, основное поголовье оленей. В степной и лесостепной зонах в заболоченных низинах исторически сложилось молочное животноводство. На более сухих участках лесостепи и степи выращивается яровая пшеница, развиты мясо-молочное животноводство и овцеводство.

Калининградский экономический район

Калининградский экономический район включает в себя только Калининградскую область. Площадь — 15,1 тыс. кв. км. Население — 995 тыс. чел. Это самая западная и самая маленькая по площади область Российской Федерации, расположена в Центральной Европе. В недрах района содержатся нефть, поваренная соль, торф; здесь расположен единственный в мире карьер по добыче янтаря. Главные отрасли специализации района — рыбная промышленность, машиностроение, целлюлозно-бумажная промышленность.

Новые слова

потенциал 潜力
приборостроение 仪表制造业
фосфатный 磷酸盐的
азотный 氮的
сода 纯碱

серный 硫（黄）的
каучук 橡胶
полиграфический 印刷业的
торф 泥煤
мазут 重油

прокáт 轧材
кузнéчно-прéссовый 锻压的
горнорýдный 采矿的
подшѝпник 轴承
автопокрышка 汽车外胎
эфиромáсличный 含香精油的
сельхозугóдье 农用地
комбикóрмовый 配合饲料的
крахмáло-пáточный 糖浆淀粉的
триллиóн 万亿
вольфрáм 钨
молибдéн 钼
слюдá 云母
асбéст 石棉
графѝт 石墨
флюорѝт 萤石
сóболь 貂
целлюлóзно-бумáжный 制浆造纸的
каустѝческая сóда 氢化钠
древесѝна 木材
картóн 硬纸板
плитá 平板
фанéра 胶合板
кВт/ч 千瓦/时
тáнкер 油轮

рефрижерáтор 冷藏船
лесовóз 运木材的船
гидравлѝческий 水利的
турбѝна 涡轮（机）
фармацевтѝческий 制药学的
полиэтилéн 聚乙烯
прицéп 拖车
хлор 氯
смолá 焦油
тальк 滑石粉
магнезѝт 菱镁矿
зáлежь 矿层
гипс 石膏
автонормáль 汽车标准零件
дѝзель 柴油发动机
газомотокомпрéссор 燃气动力压缩机
шѝна（外）轮胎
пиломатериáл 锯材
фурáжный 饲料的
долгунéц 纤维（用）亚麻
конопля́ 大麻
хмель 葎草
махóрка 黄花烟草
карьéр 采石场

Впросы и задания

1. Какóе колѝчество экономѝческих райóнов выделя́ется на территóрии Россѝйской Федерáции?
2. В какóм экономѝческом райóне Россѝи наибóльшая чѝсленность населéния?
3. Какóй экономѝческий райóн богáт ресýрсами желéзных руд (1-ое мéсто в странé)?
4. Какóй экономѝческий райóн занимáет 1-ое мéсто в Россѝи по обеспéченности гидроэнергетѝческими ресýрсами?
5. В какóм экономѝческом райóне наибóльшая плóщадь?
6. Какóй экономѝческий райóн крупнéйший по территóрии райóн европéйской Россѝи?
7. В какóм экономѝческом райóне курóртный рекреациóнный кóмплекс имéет общероссѝйское значéние?
8. Какóй экономѝческий райóн занимáет всю сéверную часть Европéйской территóрии РФ?
9. Какóй экономѝческий райóн одѝн из основны́х райóнов Россѝи по произвóдству аэрокосмѝческой тéхники?

10. Какой экономический район расположен на стыке двух частей света — Европы и Азии?
11. В каком экономическом районе сложился крупнейший в стране комплекс автомобильной промышленности?
12. Какой экономический район занимает первое место в стране по запасам нефти и природного газа?
13. Где расположен единственный в мире карьер по добыче янтаря?
14. Сделайте сообщение об одном из экономических районов России.

6 СИСТЕМА НАЛОГОВ И СБОРОВ
（税制）

С 1-ого января 2015-ого года у налогоплательщиков появилась обязанность сообщить в налоговую о своём имуществе.

Система налогов и сборов в РФ состоит из 15 налогов и сборов и 4 специальных налоговых режимов.

В систему налогов и сборов в РФ в настоящее время не включаются таможенные пошлины и сборы, платежи за пользование лесным фондом, платежи за негативное воздействие на окружающую среду, регулируемые специальными федеральными законами.

Налоговый кодекс РФ разделяет налоги и сборы на три вида в зависимости от их территориального уровня:

1) федеральные налоги и сборы;
2) региональные налоги и сборы;
3) местные налоги и сборы.

Федеральные налоги и сборы

Федеральные налоги и сборы — налоги и сборы, устанавливаемые Налоговым кодексом Российской Федерации и обязательные к уплате на всей территории Российской Федерации.

Налог на добавленную стоимость Если до 2019-ого года максимальная ставка НДС в Российской Федерации составляла 18%, то с 1-ого января 2019-ого года ставка НДС уже составляет 20%. Налоговая ставка НДС 10% установлена при реализации: продовольственных товаров; товаров для детей; периодических печатных изданий; книжной продукции, связанной с образованием, наукой и культурой; медицинских товаров. Налоговая ставка НДС 0% установлена при экспорте и реализации товаров (работ, услуг: по международной перевозке товаров, в области космической деятельности, драгоценных металлов, построенных судов, а также ряда транспортных услуг). Установлен также ряд товаров, работ и услуг, операции

俄罗斯自2015年1月1日起，纳税人必须向税务机关申报个人财产。

俄联邦税法体系包括15个税种和4个特别税制。

俄联邦税费征缴体系目前不包括海关征缴税、林业资源开采税、环境保护费，上述税费由联邦专门法律规定。

俄联邦税法根据税费管辖层次分为三大类：

1. 联邦税
2. 联邦主体税
3. 地方税

联邦税

联邦税是由俄罗斯联邦税典所规定的、在俄罗斯全境内必须缴纳的税费。

增值税 如果说2019年之前俄罗斯联邦的最高增值税率是18%，则自2019年1月1日起增值税税率已经变为20%。10%的增值税适用于销售粮食产品、儿童用品、期刊、教育、科研和文化用印刷品、医用品。出口商品（国际联运服务、宇航领域、贵金属出口、船舶承建以及规定的其他类别的运输服务）实行零税率。还有一些商品、业务和服务（特别是领有牌照的教育服务）同样享有免税政策。

　　特别消费税　某些商品的特别消费税达到其价格的一半或者2/3。法律规定了10种征收特别消费税的商品，这些商品可以归类为：酒精制品、烟草制品、汽车、燃料和润滑油。

　　个人所得税（工资及房屋出租所得）通用税率为13%。个体经营者个人所得税分为6%或15%。博彩个人所得税根据具体博彩类别为13%或35%。如果因彩票所得，则按13%缴税。如果是工商广告有关的抽奖等活动所得，则纳税税率为35%。

　　单独看一下个人出售房产情况。众所周知，在2015年底前出售个人持有3年以上的房产免缴所得税。从2016年1月1日起，这一免缴所得税房产持有期有所变化，最低持有期改为了5年。新规定只适用于2016年1月1日后购买的房产。自2020年起，免税售房持有期再次变为3年，即购房3年后出手无需缴税。

　　如果是继承，则情况完全不同。继承所得，无论是现金形式，还是财产形式，均无需缴税，哪怕继承双方不存在任何亲属关系。对于继承，继承双方实际是否有亲属关系均无关紧要。

　　至于以赠予方式的继承，则会受到一定的限制。受赠人如果不是赠予人的近亲，则需要交纳13%的所得税。只有近亲属——父母、第二代子女、配偶、兄弟姐妹、第三代子女、祖父母和外祖父母可以免缴所得税。

　　统一社会税　对年收入低于28万卢布的雇员来说，通常

по реализа́ции кото́рых не подлежа́т налогообложе́нию (в ча́стности, лицензи́рованные образова́тельные услу́ги).

　　Акци́зы　Разме́р акци́за по мно́гим това́рам достига́ет полови́ны, а иногда́ 2/3 их цены́. Законода́тель выделя́ет 10 ви́дов подакци́зных това́ров, кото́рые мо́жно сгруппи́ровать так: спиртосодержа́щая проду́кция, таба́чные изде́лия, автомоби́ли, горю́че-сма́зочные материа́лы.

　　Нало́г на дохо́ды физи́ческих лиц　Основна́я нало́говая ста́вка — 13% (с зарпла́ты и́ли со сда́чи кварти́ры в аре́нду). Мо́гут быть и нало́ги в разме́ре 6% и́ли 15% у индивидуа́льного предпринима́теля с дохо́дов. А нало́г с вы́игрыша составля́ет 13 и́ли 35%, в зави́симости от ти́па вы́игрыша. Так, е́сли вы уча́ствуете в лотере́е, то су́мма при́за попадёт под ста́вку 13%. Если вы уча́ствуете в ро́зыгрыше и́ли игре́, свя́занными с рекла́мой това́ров, рабо́т, услу́г — то тут уже́ ста́вка соста́вит 35%.

　　Интере́сно отде́льно отме́тить осо́бенности нало́га по отноше́нию прода́жи домо́в ча́стными ли́цами. Как изве́стно, до конца́ 2015-ого го́да при прода́же любо́го иму́щества, кото́рое находи́лось в со́бственности бо́лее трёх лет, физи́ческое лицо́ освобожда́ется от упла́ты подохо́дного нало́га. С 1-ого января́ 2016-ого го́да изменя́ется срок, по истече́нии кото́рого граждани́н мо́жет не плати́ть нало́г. Этот срок, так называ́емый минима́льный срок владе́ния, соста́вит 5 лет. Но́вые пра́вила де́йствуют лишь на те объе́кты иму́щества, кото́рые ку́плены по́сле 1-ого января́ 2016-ого го́да. С 2020-ого го́да минима́льный срок владе́ния жильём для прода́жи без нало́га и деклара́ции опя́ть составля́ет три го́да. Это зна́чит, что прода́ть кварти́ру без нало́гов мо́жно бу́дет че́рез три го́да по́сле поку́пки.

　　Друго́е де́ло — э́то нало́г на насле́дование. Не подлежа́т налогообложе́нию дохо́ды в де́нежной и натура́льной фо́рмах, получа́емые от физи́ческих лиц в поря́дке насле́дования, да́же е́сли о́бе стороны́ не явля́ются ро́дственниками, то есть при насле́довании не име́ет значе́ния ни сте́пень ро́дства, ни объе́кт насле́дования.

　　Если же говори́ть о насле́довании в ка́честве даре́ния, то здесь существу́ют ограниче́ния, так, одаря́емый, не явля́ющийся бли́зким ро́дственником дари́телю, обя́зан оплати́ть нало́г на дохо́д по ста́вке 13%. От нало́га на даре́ние освобожда́ются лишь бли́зкие ро́дственники — роди́тели, де́ти, супру́ги, бра́тья, сёстры, вну́ки, ба́бушки и де́душки.

　　Еди́ный социа́льный нало́г　Обы́чный разме́р ста́вки — для наёмного рабо́тника, име́ющего годово́й дохо́д ме́нее 280 тыс. руб. — составля́ет 26%. С 1-ого января́ 2010-ого го́да — ЕСН отменён, вме́сто его́ де́йствуют теперь страховые взносы. Совокупный объём страховых взносов сохраняется на уровне ставки ЕСН — 26%, из которых 20% направляется в Пенсионный фонд РФ (на обязательное пенсионное страхование). С 2011-ого года размер совокупных взносов возрос до 34%, из которых 26% составили отчисления по обязательному пенсионному страхованию. Эта система позволяет существенно увеличить уровень пенсий в стране.

Налог на прибыль организации Базовая ставка составляет 20%.

Налог на добычу полезных ископаемых

Ставка налога	Применяется при добыче
0%	полезных ископаемых в части нормативных потерь полезных ископаемых; попутного газа; подземных вод, содержащих полезные ископаемые; полезных ископаемых при разработке некондиционных или ранее списанных запасов полезных ископаемых; полезных ископаемых, остающихся во вскрышных, вмещающих породах, в отвалах или в отходах перерабатывающих производств; минеральных вод, используемых в лечебных и курортных целях; подземных вод, используемых в сельскохозяйственных целях; нефти на участках недр, расположенных полностью или частично в границах Республики Саха (Якутия), Иркутской области, Красноярского края, до достижения накопленного объёма добычи нефти 25 млн тонн на участке недр, при определённых условиях; нефти на участках недр, расположенных севернее Северного полярного круга полностью или частично в границах внутренних морских вод и территориального моря, на континентальном шельфе РФ, до достижения накопленного объёма добычи нефти 35 млн тонн, при определённых условиях; нефти на участках недр, расположенных полностью или частично в Азовском и Каспийском морях, до достижения накопленного объёма добычи нефти 10 млн тонн на участке недр, при определённых условиях; нефти на участках недр, расположенных полностью или частично на территории Ненецкого автономного округа, полуострове Ямал в Ямало-Ненецком автономном округе, до достижения накопленного объёма добычи нефти 15 млн тонн на участке недр, при определённых условиях.
3,8%	калийных солей
4,0%	торфа, угля каменного, угля бурого, антрацита и горючих сланцев, апатит-нефелиновых, апатитовых и фосфоритовых руд

的税率为26%。从2010年1月1日起，此税种被废除，取而代之的是四种保险缴费。各类保险费金额承接统一社会税的水平——26%，其中20%归俄联邦养老基金（强制性养老保险）。自2011年起，各类保费总金额提高到34%，其中26%作为强制性养老保险。这一制度实质上可以提高俄罗斯养老金水平。

企业所得税　基础税率为20 %。

矿藏开采税

税率	适用于开采对象为
0%	矿藏开采中正常损耗矿藏部分；伴生气；含矿物质的地下水；所开发的不合标准或先前已被核销的矿藏；存留在覆盖层、加工生产所余废料堆中的矿藏；药用及康乐用途的矿泉水；农用地下水；在一定的条件下，完全或部分位于萨哈（雅库特）共和国、伊尔库茨克州、克拉斯诺亚尔斯克边疆区累积储量不高于2500万吨的地下石油；在一定条件下，位于大陆架之上全部或部分内海水域和北极圈内海域地下开采累积储量在3500万吨以内的石油；在一定条件下，对全部或部分位于亚速海和里海地下开采累积储量在1000万吨以内的石油；在一定条件下，全部或部分位于涅涅茨自治区、亚马尔—涅涅茨自治区的亚马尔半岛地下开采累积储量在1500万吨以内的石油。
3.8%	钾盐
4%	泥煤、石煤、褐煤、无烟煤、页岩、磷灰石、霞石矿、磷灰石和磷灰岩矿。

(续表)

税率	适用于开采对象为	Ставка налога	Применяется при добыче
4.8%	符合标准的有色金属矿	4,8%	кондиционных руд чёрных металлов
5.5%	放射性金属原料、化工原料非金属矿产、非金属原料、纯天然氯化钠盐、地下工业水和温泉水、霞石、铝土矿。	5,5%	сырья радиоактивных металлов, горно-химического неметаллического сырья, неметаллического сырья, соли природной и чистого хлористого натрия, подземных промышленных и термальных вод, нефелинов, бокситов
6%	开采的非原料矿、(含)沥青类、精矿和其他含金半成品、其他未分类的矿物。	6,0%	горнорудного неметаллического сырья, битуминозных пород; концентратов и других полупродуктов, содержащих золото; иных полезных ископаемых, не включённых в другие группировки
6.5%	精矿和其他含贵金属（黄金除外）的半产品，可成为复合矿石有用组件（除黄金）的贵金属，符合标准的压力光学原料产品、高纯石英原料及镶嵌宝石原料。	6,5%	концентратов и других полупродуктов, содержащих драгоценные металлы (кроме золота); драгоценных металлов, являющихся полезными компонентами комплексной руды (кроме золота); кондиционного продукта пьезооптического сырья, особо чистого кварцевого сырья и камнесамоцветного сырья
7.5%	矿泉水	7,5%	минеральных вод
8%	符合标准的非铁金属（除霞石和铝土矿）；贵金属；除贵金属以外的多元复合矿石、矿石和矿物成分；天然钻石和其他宝石及半宝石。	8,0%	кондиционных руд цветных металлов (за исключением нефелинов и бокситов); редких металлов; многокомпонентных комплексных руд, а также полезных компонентов руды, кроме драгоценных металлов; природных алмазов и других драгоценных и полудрагоценных камней
2016年1月1日至2016年12月31日为857卢布，2017年1月1日起为919卢布。	每开采1吨无水、无盐且稳定的石油，税率乘以代表世界石油价格的动态系数，再乘以代表某一特定地区消耗程度的系数①。矿产品应缴税款的计算步骤为税基乘以规定的特定原材料矿产品税率。以石油开采为例。2017年税率为每吨原油919卢布。系数的得出依据下列的公式，是一个非常复杂的过程：НДПИ（нефть）= НБ×(С×Кц-Дм)，其中НБ——税基；С——税率；Кц——每桶原油国际价格计算指数；	857 рублей (с 1 января по 31 декабря 2016 года), 919 рублей (с 1 января 2017 года)	за 1 тонну добытой нефти обезвоженной, обессоленной и стабилизированной. При этом налоговая ставка умножается на коэффициент, характеризующий динамику мировых цен на нефть, и на коэффициент, характеризующий степень выработанности конкретного участка недр. Суммарное значение налога высчитывается путём перемножения налоговой базы со ставкой, которая закреплена за соответствующим видом сырья. Расчёт НДПИ на нефть — пример основывается на ставке, действующей в 2017-ом году. Она равна 919 руб. за каждую тонну сырья. Вычисление коэффициентов — самая сложная часть работы. Они определяются по формулам: НДПИ (нефть)=НБ×(С×Кц-Дм), где: НБ — налоговая база; С — ставка; Кц — коэффициент для учёта мировых цен за баррель;

① $\frac{Urals-PC}{261}*419*EC$ 公式说明：{[（乌拉尔油价—俄罗斯政府规定让利价）× 美元与卢布汇率]/216}×419×（已开发资源/已探明资源）。

(продолжение)

Ставка налога	Применяется при добыче
	Дм — показатель, корректирующий формулу в зависимости от особенности технологии добычи сырья. Дм=Кндпи×Кц×(1−Кв×Кз×Кд×Кдв×Ккан). Каждый из коэффициентов рассчитывается по нормативам ст. 342 НК РФ. Значения некоторых из них можно получить через форму запроса, направленную в Роснедр.
16,5%	Углеводородное сырьё
17,5%	газового конденсата из всех видов месторождений углеводородного сырья
42 рублей	за 1 тонну газового конденсата
35 рублей	за 1000 кубических метров газа при добыче газа горючего природного из всех видов месторождений углеводородного сырья.

Таблица налоговых ставок по налогу на добычу полезных ископаемых

Водный налог Ставка водного налога для водоснабжения населения с 01.01.2020 — составляет 141 рубль за 1000 куб. м водных ресурсов.

Региональные налоги

Региональные налоги устанавливаются НК РФ и законами субъектов РФ о налогах, вводятся в действие в соответствии с НК РФ и законами субъектов РФ и обязательны к уплате на территориях данных субъектов РФ.

Налог на имущество Налоговая ставка устанавливается законами субъектов РФ, но не может превышать 2,2%.

Налоговая ставка устанавливается в размере 0,1% для жилых домов и жилых помещений, недостроенных жилых домов, гаражей и машино-мест;

до 2% для административно-деловых и торговых центров, а также нежилых помещений, которые используются для размещения офисов, торговых объектов, объектов общественного питания и бытового обслуживания, а также объектов, кадастровая стоимость которых превышает 300 млн рублей;

до 0,5 % — для прочих объектов налогообложения.

Пример расчёта: кадастровая стоимость квартиры — 5 млн рублей, площадь 70 кв. м, кадастровая стоимость 1 кв. м равна 71428,57 рубля. Налоговый вычет при расчёте налога на квартиру составляет 20 кв. м, то есть за 20 кв. м налог не платится. Остаются 50 кв. м. Умножаем на стоимость и на

按规定征税扣除面积 20 平方米，即这 20 平方米免征物业税。余下的 50 平方米乘以税率 0.1 等于 3571，即每年需缴物业税 3571 卢布。

博彩税 税率由俄罗斯各联邦主体的法律确定并按月征收：每一张赌桌税额为 25000 至 125000 卢布，每一台博彩机税额为 1500 至 7500 卢布，每一收银员的收款台或收受赌注台税额为 25000 至 125000 卢布。

交通工具税 税率可能会因各联邦主体的法律而增加（或减少），但不得超过10倍（或低于1/10）。

地方税

地方税由俄联邦税典和全权代表地方市政税务部门的法律法规机构颁发的征税条例规定，在相关的地区具有必缴特点。地方税依据俄联邦税典和全权代表地方房产税务部门的法律法规机构颁发的征税条例实施。

土地税 税率由市代表机关的标准法令（莫斯科和圣彼得堡联邦直辖市的法律）确定，不得超出地块不动产征税调查资料价值的 0.3% 至 1.5%。

根据法律，土地税缴纳应由具有土地产权的单位实施。这些单位必须具备产权登记证明，即可以无限期地使用有关地块。租赁用地不缴纳土地税。为了正确计算土地税，必须知道有关地块的登记地价和地方行政部门确认的联邦主体征税税率。

无论土地或获准使用的地块用途如何，单位缴纳的土地税不应高于以下标准：

农用地以及农业生产地区

ставку налога 0,1% — получаем 3571. Это сумма налога за год.

Нало́г на иго́рный би́знес Нало́говые ста́вки устана́вливаются зако́нами субъе́ктов РФ в преде́лах, устано́вленных Нало́говым ко́дексом РФ и взима́ются ежеме́сячно: за оди́н игрово́й стол — от 25000 до 125000 рубле́й; за оди́н игрово́й автома́т — от 1500 до 7500 рубле́й; за одну́ ка́ссу тотализа́тора и́ли одну́ ка́ссу букме́керской конто́ры — от 25000 до 125000 рубле́й.

Тра́нспортный нало́г Ста́вки мо́гут быть увели́чены (уме́ньшены) зако́нами субъе́ктов РФ, но не бо́лее чем в 10 раз.

Ме́стные нало́ги

Ме́стными нало́гами явля́ются нало́ги, кото́рые устано́влены НК РФ и норм́ативными правовы́ми а́ктами представи́тельных о́рганов муниципа́льных образова́ний о нало́гах. Они́ обяза́тельны к упла́те на террито́риях соотве́тствующих муниципа́льных образова́ний. Ме́стные нало́ги вво́дятся в де́йствие в соотве́тствии с НК РФ и нормати́вными пра́вовыми а́ктами представи́тельных о́рганов муниципа́льных образова́ний.

Земе́льный нало́г Нало́говые ста́вки устана́вливаются нормати́вными правовы́ми а́ктами представи́тельных о́рганов муниципа́льных образова́ний (зако́нами городо́в федера́льного значе́ния Москвы́ и Санкт-Петербу́рга) и не мо́гут превыша́ть: 0,3-1,5 проце́нта от када́стровой сто́имости в отноше́нии земе́льных уча́стков.

Согла́сно законода́тельству, земе́льный нало́г до́лжен упла́чиваться организа́циями, име́ющими в со́бственности земе́льные уча́стки. Таки́ми предприя́тиями должны́ быть офо́рмлены права́ со́бственности, то есть права́ бессро́чного по́льзования землёй. С уча́стков земли́, кото́рые аренду́ются, нало́г не пла́тится. Для пра́вильного расчёта нало́га на зе́млю, необходи́мо знать када́стровую сто́имость земе́льного уча́стка и нало́говую ста́вку, закреплённую на региона́льном у́ровне ме́стными о́рганами вла́сти.

В зави́симости от катего́рии земе́ль и́ли разрешённого испо́льзования уча́стка, ста́вка земе́льного нало́га для организа́ции не мо́жет быть вы́ше:

— 0.3% для земе́льных уча́стков, кото́рые отно́сятся к зе́млям сельскохозя́йственного назначе́ния и́ли к зе́млям в соста́ве зон сельскохозя́йственного испо́льзования в населённых пу́нктах, кото́рые испо́льзуются в сельскохозя́йственном произво́дстве, за́няты жили́щным фо́ндом и объе́ктами инжене́рной инфраструкту́ры жили́щно-коммуна́льного ко́мплекса, приобретённых и́ли предоста́вленных для жили́щного строи́тельства;

— 1.5% для остальны́х земе́льных уча́стков.

Нало́г на иму́щество физи́ческих лиц Нало́говая ста́вка устана́вливается зако́нами субъе́ктов РФ, но не мо́жет превыша́ть 2,2%.

Специа́льные нало́говые режи́мы

Специа́льные нало́говые режи́мы представля́ют собо́й осо́бый, устано́вленный Нало́говым ко́дексом поря́док определе́ния элеме́нтов нало́гов, а та́кже освобожде́ние от упла́ты нало́гов и сбо́ров при определённых усло́виях. Эти нало́говые режи́мы напра́влены на созда́ние бо́лее благоприя́тных экономи́ческих и фина́нсовых усло́вий де́ятельности организа́ций, индивидуа́льных предпринима́телей, относя́щихся к сфе́ре ма́лого предпринима́тельства, сельскохозя́йственных товаропроизводи́телей и уча́стников выполне́ния соглаше́ний о разде́ле проду́кции.

Специа́льные нало́говые систе́мы (упрощённые систе́мы налогообложе́ния) даю́т возмо́жность юриди́ческим ли́цам и индивидуа́льным предпринима́телям доброво́льно перейти́ на упла́ту еди́ного нало́га.

Для юриди́ческих лиц упла́та еди́ного нало́га заменя́ет упла́ту нало́га на при́быль, НДС и нало́га на иму́щество организа́ций.

Для индивидуа́льных предпринима́телей упла́та еди́ного нало́га заменя́ет упла́ту нало́га на дохо́ды физи́ческих лиц (в ча́сти дохо́дов, полу́ченных от предпринима́тельской де́ятельности), НДС и нало́га на иму́щество физи́ческих лиц (в отноше́нии иму́щества, испо́льзуемого для предпринима́тельской де́ятельности).

Объе́ктом налогообложе́ния и нало́говой ба́зой при примене́нии упрощённой систе́мы налогообложе́ния мо́жет быть оди́н из двух показа́телей:

Дохо́ды (применя́ется ста́вка 6%);

Дохо́ды, уме́ньшенные на величину́ расхо́дов (применя́ется ста́вка 15%). В слу́чае, е́сли су́мма нало́га полу́чится ме́ньше 1%, то в бюдже́т на́до бу́дет уплати́ть су́мму так называ́емого минима́льного нало́га, т.е. по при́нципу дохо́ды ×1%.

Упрощённые систе́мы включа́ют в себя́:

1) Систе́ма налогообложе́ния для сельскохозя́йственных товаропроизводи́телей (еди́ный сельскохозя́йственный

居民点住房、基础设施以及配套设施建设用地土地税税率不高于0.3%；

其他类型的土地征税税率为1.5%。

个人财产税 税率由俄罗斯各联邦主体的法律确定，但不得超过2.2%。

其他特别税制

特别税制是由税典规定的特定征税程序，包括特定条件下的免征税费。特别税制的宗旨是为企业、从事小企业经营的个体经营者、农产品生产企业和采取产品分成形式的合伙经营者创造较有利的经济和财政条件。

在特别税制（简易税制）条件下，企业法人和个体经营者可以根据自愿转为缴纳统一税。

对于企业，缴纳统一税可替代缴纳企业所得税、增值税和财产税。

对于个体经营者，缴纳统一税可替代缴纳个人所得税（包括个体经营所得税）、个人财产税（只针对用于相关经营的财产）和增值税。

简易税制征税对象和税基为以下两者之一：

1. 营业收入（税率为6%）；

2. 税前收入（税率为15%）。如扣除费用后纳税额低于营业收入的1%，则按所谓最低缴税额原则即营业额×1%纳税。

简易税包括：

1. 农企税（统一农业税）

2. 简易税

3. 对个别活动估算收入之统一税

4. 产品分成协议税

欧亚经济联盟（关税同盟）

2009 年 11 月 28 日，俄罗斯、白俄罗斯和哈萨克斯坦三国总统梅德韦杰夫、卢卡申科、纳扎尔巴耶夫在明斯克就自 2010 年 1 月 1 日起在这三个国家境内建立统一的关税区域签订了协议。2014 年 5 月 29 日三国总统普京、卢卡申科和纳扎尔巴耶夫在阿斯塔纳签署了《欧亚经济联盟条约》，条约自 2015 年 1 月 1 日起在俄罗斯生效。

2017 年 4 月 11 日《欧亚经济联盟海关法典条约》在莫斯科签订。新的《海关法典》包括 9 篇 61 章 465 条。与原来的《关税同盟法典》不同，新的《海关法典》不再区分总则部分和分则部分。

目前欧亚经济联盟成员国有亚美尼亚、白俄罗斯、哈萨克斯坦、吉尔吉斯斯坦和俄罗斯。

联盟的一个重要工作是统一调配统一经济区域内跨境征收的关税分配比例。其中，俄罗斯占比总额的 85.33%，哈萨克斯坦为 7.11%，白俄罗斯为 4.55%，吉尔吉斯斯坦为 1.9%，亚美尼亚为 1.11%。

налог — ЕСХН)

2) Упрощённая система налогообложения

3) Система налогообложения в виде единого налога на вменённый доход для отдельных видов деятельности

4) Система налогообложения при выполнении соглашений о разделе продукции

Евразийский экономический союз (Таможенный союз)

28-ого ноября 2009-ого года президенты России, Белоруссии и Казахстана Д.А. Медведев, А.Г. Лукашенко и Н.А. Назарбаев в Минске подписали договор о создании на территории этих государств с 1-ого января 2010-ого года единого таможенного пространства. Договор о Евразийском экономическом союзе подписан в городе Астане 29-ого мая 2014-ого года. Подписи под документом поставили президенты В. Путин, А. Лукашенко и Н. Назарбаев. Вступил в силу для РФ с 1-ого января 2015-ого года.

Договор о таможенном кодексе подписан ЕАЭС в городе Москве 11-ого апреля 2017-ого года. Новый Таможенный кодекс ЕАЭС включает 61 главу с 465 статьями, которые объединены в 9 разделов. В отличие от кодекса Таможенного союза он не делится на общую и специальную части.

Участниками Таможенного союза в настоящее время являются члены ЕАЭС: Республика Армения; Республика Беларусь; Республика Казахстан; Кыргызская Республика; Российская Федерация.

Важным аспектом деятельности Союза стала система централизованного распределения таможенных пошлин уплачиваемых при пересечении границ Единого экономического пространства. На долю России приходится 85,33% от общей суммы; Казахстан получает — 7,11%; Беларусь — 4,55%; Кыргызстан — 1,9%; Армения — 1,11%.

Новые слова и словосочетания

пошлина 关税
налог на добавленную стоимость 增值税
лицензировать 发放许可证
налогообложение 课税
акциз 消费税
нефелиновый 霞石的
хлористый натрий 氯化钠
битуминозный （含）沥青的
порода 类

подакцизный 应纳税的
горюче-смазочный 可燃—润滑的
сланец 页岩
налог на доходы физических лиц 个人所得税
конденсат 凝析气
кадастровый 征税调查资料的
вменённый доход 估算收入

Вопросы и задания

1. Какие федеральные налоги и сборы взимаются в России?
2. С помощью словаря дайте определение понятий «налог» и «акциз». Чем они отличаются?
3. Перечислите федеральные российские налоги.
4. Перечислите региональные российские налоги.
5. Перечислите местные российские налоги.
6. По каким процентам налог на зарплату взимается в России в 2020-ом году?

Налог/Взнос	Процентная ставка
НДФЛ	13% для резидентов, 30% для лиц, не являющихся резидентами.
Страховые взносы:	
В пенсионный фонд России	22%
В фонд социального страхования	2,9%
В федеральный фонд обязательного медицинского страхования	5,1%
На травматизм	От 0,2 до 8,5% в зависимости от вида деятельности

Налоги с зарплаты в процентах в 2020 году

7. С какими странами Россия заключила Таможенный союз? Какие выгоды он даёт?

7

ВНЕШНЯЯ ПОЛИТИКА

（对外政策）

俄罗斯对外政策的改变取决于国家内部和外部条件的变化。所谓的内部条件变化，主要与由于苏联的解体而在其旧址上成立起15个独立主权国家有关。

另外，由于俄罗斯当时所实施的经济和政治改革进程遭遇了来自经济秩序方面的严重困难，导致其无法像之前一样关注国家的对外政策。

再者，由于15个独立主权国家的成立，俄罗斯国内也产生了一系列民族摩擦、纠纷乃至于武装冲突。车臣事件就是最好的证明。这也要求将政治关注和政策措施予以转向。

俄罗斯20世纪90年代后期至21世纪初期对外政策的最大难题是国家政权脆弱，外国合作者对俄罗斯国内政治稳定持怀疑态度。俄罗斯巨额的外债和经济不稳定决定了国际社会的这一态度。截至2000年1月1日，俄罗斯外债的总额大致相当于国内GDP总值的60%。外国贷款人怀疑俄罗斯无法按期还债。2000年至2006年间，解决债务问题成为俄罗斯对外政策的主要方针。国家在这段时间里成功地偿清了所欠债务，其中有些还属于提前偿还。

90年代，俄罗斯尽一切努力争取西方国家的好感和支持。时任总统的叶利钦曾经不止一次地说过，西方会援助他执掌下的俄罗斯。俄罗斯当时制定的方针是要同西方建立起盟友的关系。俄罗斯政界在期待，在俄罗斯已由之前的对抗开始向西方靠拢时，后者会自动改

Изменéние внéшней полúтики Россúи обуслóвлено изменéнием как внýтренних, так и внéшних услóвий страны́. Что касáется внýтренних услóвий, то они́ свя́заны прéжде всего́ с тем, что распáлся СССР, и на его́ развáлинах образовáлось 15 незави́симых госудáрств.

Во-вторы́х, в связи́ с проводи́мым процéссом реформáции экономи́ческой и полити́ческой жи́зни странá пережива́ла значи́тельные трýдности экономи́ческого поря́дка, что не позволя́ло ей уделя́ть столь большóе внимáние внéшней поли́тике, как э́то бы́ло прéжде.

Потóм, в результáте образовáния 15 незави́симых госудáрств в Росси́и возни́кли межнационáльные трéния, конфли́кты и дáже воéнные столкновéния, о чем свидéтельствовали собы́тия в Чечнé, что тáкже трéбовало переключéния внимáния в поли́тике и полити́ческой дéятельности.

Глáвными внешнеполити́ческими проблéмами Росси́и на рубежé 1990-ых и 2000-ых годóв бы́ли слáбость госудáрственной влáсти и неувéренность зарубéжных партнёров во внутриполити́ческой стаби́льности в странé. Отношéние международного соóбщества к Росси́и определя́л в пéрвую óчередь её огрóмный внéшний долг и неустóйчивое экономи́ческое положéние. На 1-ое января́ 2000-ого го́да госудáрственный внéшний долг Росси́и составля́л примéрно 60% ВВП страны́. Инострáнные кредитóры сомневáлись, что Росси́и удáстся своеврéменно вы́платить долги́. На протяжéнии 2000-ого – 2006-óго годóв и́менно решéние долговóй проблéмы бы́ло глáвным направлéнием внéшней поли́тики Росси́и. За э́ти го́ды госудáрству удавáлось погашáть долги́ дáже рáньше устанóвленных срóков.

В течéние 90-ых годóв Росси́я сдéлала всё, что́бы завоевáть симпáтию и поддéржку Зáпадного ми́ра. Тогдáшний президéнт Ельцин постоя́нно повторя́л, что

110 ｜ 俄罗斯概况（第2版）

Запад окажет помощь России при правлении Ельцина. Россия взяла курс на установление союзнических отношений с Западным миром. Политики в России ожидали, что радикальный поворот от конфронтации к сближению с западными странами автоматически изменит их отношение к России, мобилизует политическую поддержку и экономическую помощь. Но, к сожалению, долгожданная помощь так и не пришла.

Переломным моментом в отношениях России и Запада стал Балканский кризис 1999-ого года, когда НАТО вопреки решению ООН и протестам России развернуло военную операцию против Сербии. Россия выступила резко против бомбёжек самолётами НАТО сербских городов. Балканский кризис сильнее сблизил Россию и Китай. Две страны взяли курс на стратегическое партнёрство, заявили о необходимости строить многополярный мир.

В 2000-ом году президентом Российской Федерации был избран В.В. Путин. Начало президентства Путина ознаменовано принятием новой Концепции внешней политики Российской Федерации, которая направленна на возвращение России статуса великой державы.

Знаковым фактором во внешней политике России стало выступление президента Путина на Конференции по безопасности в Мюнхене в феврале 2007-ого года. Вот некоторые его черты:

1) Резкая критика внешней — силовой — политики США, ввергающей мир в следующий один за другим конфликты.

2) На европейском направлении Россия, прежде всего, резко выступила против замораживания ДОВСЕ подавляющим большинством его участников.

3) В рамках СНГ Россия изменила структуру цен на энергоносители в сторону рыночных показателей по сравнению с прежними льготными и не только в отношении Украины и Грузии, а также в отношении дружественных ей Белоруссии и Армении. Кроме того, на уровне научного сообщества России были даны оценки так называемым цветным революциям в Грузии и Украине (2003-2005) как имеющим антироссийскую направленность. В 2008-ом году Россия признала независимость Южной Осетии и Абхазии после агрессии Грузии в отношении Южной Осетии;

4) На Ближнем Востоке Россия вступила в официальные отношения с организацией ХАМАС, представляющей власть в палестинской автономии и при этом рассмотренной

变其对俄罗斯的态度，提供政治上的支持和经济上的援助。然而，遗憾的是，这一援助最终也没能出现。

1999年的巴尔干危机成为俄罗斯与西方关系的转折点。北约不顾联合国决议和俄罗斯的抗议，对塞尔维亚展开大规模的军事行动。俄罗斯强烈反对北约飞机对塞尔维亚城市的轰炸。巴尔干危机大大促进了俄罗斯和中国之间的往来。两国开始建立了战略合作关系，宣布必须建立一个多极的世界。

2000年，普京成为俄罗斯联邦总统。普京当选为总统意味着俄联邦开始了对外政策的新思路，其宗旨是要恢复俄罗斯伟大强国的地位。

普京2007年2月在慕尼黑安全会议上的讲演成为俄罗斯对外政策的重大里程碑。其主要内容如下：

1. 尖锐地批评美国的强权对外政策，指出这一政策使世界发生了一次又一次的冲突。

2. 有关欧洲方面，俄罗斯坚决反对多数成员国冻结《欧洲常规武装力量条约》。

3. 在独联体内部，不仅是对乌克兰和格鲁吉亚，在对友好的白俄罗斯和亚美尼亚方面，俄罗斯能源出口也一改之前的优惠价格，发生了根据市场要素出现的变化。此外，在理论研究界，俄罗斯也将格鲁吉亚和乌克兰（2003—2005）发生的颜色革命定义为具有反俄罗斯倾向。2008年，在格鲁吉亚入侵南奥塞梯后，俄罗斯承认了南奥塞梯和阿布哈兹的独立。

4. 在中东，俄罗斯与在巴勒斯坦自治地区执政的哈马斯组织建立了正式关系，后者曾被西方定义为恐怖组织。在中亚，俄罗斯同伊拉克在和平利用能源技术领域继续合作。

另一方面，到了2014年与西方关系破裂之后，已经没有人认为俄罗斯还能指望美国和欧洲与其相向而行。随着分歧和敌对逐年扩大，俄罗斯越来越不相信可以建立公允诚信的世界秩序一说。俄罗斯政府认为，旧的秩序已经开始为区域性的体系所取代。这其中有由美国为主导的各个组织，如跨太平洋伙伴关系协定、跨大西洋贸易与投资伙伴关系协定，它们旨在强化传统意义上的美国盟约组织；还有由中国主导的"一带一路"倡议等。西方所进行的制裁彻底湮灭了冷战结束后所有人奉行的"一个世界完整不可分"的理念。俄罗斯政府开始重视区域性合作和各区域组织，如金砖五国组织、上合组织、亚欧经济联盟、集体安全条约组织等。至于世界性的组织，俄罗斯则仍然认为联合国安理会和"20国集团"具有积极的作用。

乌克兰危机是近四分之一世纪以来西方国家奉行的强化自身安全、损害他国安全、扩大其所控制的地缘政治区域政策的恶果。这一政策表现为北约组织步步扩大，违背了其在高层做出的关于建立欧洲大西洋平等统一安全体系的承诺。

正如其在乌克兰和叙利亚的行动所表明的，俄罗斯对外政策的优先方面是要封闭北约组织在东欧的扩张，要在后苏联国家之中树立起自己强国的地位。

在克里米亚并入俄罗斯后，西方国家开始对俄罗斯实施日渐严厉的制裁。根据是否参与了反俄制裁，是否与俄罗斯共同处于一些国际组织（金砖五国组织、上合组织、欧亚经济联盟）中，是否与俄罗斯有互免签证关系，根据联合国2017年12月19日关于克里米亚投票表决情况以及其他一些参数，有研究者们划出了以下各国家（或地区）类别：

俄罗斯毗邻的最密切友：白俄罗斯、哈萨克斯坦、吉尔吉斯斯坦、亚美尼亚；

潜在的密切盟友：乌兹别克斯坦、塔吉克斯坦；

一如既往地支持俄罗斯的国家：塞尔维亚、叙利亚、委内瑞拉、玻利维亚、尼加拉瓜、古巴；

事实上的盟友：中国、蒙古、朝鲜、越南、印度、伊朗、南非、巴西、阿根廷、厄瓜多尔；

中立友好国家：阿塞拜疆、

западным сообществом как террористическая организация. В Центра́льной А́зии Росси́я подде́рживает отноше́ния с Ира́ном в о́бласти я́дерных техноло́гий, испо́льзуемых в ми́рных це́лях.

Одна́ко по́сле 2014-ого го́да, когда́ произошёл разры́в с За́падом, ма́ло кто в Росси́и рассчи́тывает на то, что США и Евро́па пойду́т навстре́чу Москве́. С ка́ждым го́дом конфронта́ция и отчужде́ние стано́вятся всё глу́бже — и росси́йская сторона́ всё бо́лее скепти́чески отно́сится к само́й возмо́жности созда́ния че́стного мирово́го поря́дка. По её мне́нию, на сме́ну ста́рому устро́йству прихо́дят систе́мы региона́льного масшта́ба: Транстихоокеа́нское партнёрство (ТТП) и Трансатланти́ческое торго́вое и инвестицио́нное партнёрство (ТТИП), дополня́ющие традицио́нные алья́нсы США, кита́йская инициати́ва «Оди́н по́яс, оди́н путь» и так да́лее. Са́нкции, введённые За́падом, разру́шили конце́пцию «недели́мого ми́ра», в кото́рую все вкла́дывались по́сле оконча́ния холо́дной войны́. И Москва́ начала́ уделя́ть бо́льше внима́ния региона́льным и субрегиона́льным образова́ниям: гру́ппе БРИКС, ШОС, ЕАЭС, Организа́ции Догово́ра о коллекти́вной безопа́сности и други́м структу́рам. Из общемировы́х организа́ций поле́зными по-пре́жнему счита́ются Сове́т Безопа́сности ООН и «Больша́я двадца́тка».

Украи́нский кри́зис стал сле́дствием проводи́вшейся за́падными госуда́рствами в тече́ние после́дней че́тверти ве́ка поли́тики укрепле́ния со́бственной безопа́сности в уще́рб безопа́сности други́х, расшире́ния контроли́руемого и́ми геополити́ческого простра́нства. Эта поли́тика прояви́лась в после́довательных волна́х расшире́ния НАТО, вопреки́ дава́вшимся на вы́сшем у́ровне завере́ниям и в наруше́ние торже́ственных деклара́ций о формирова́нии систе́мы ра́вной и недели́мой безопа́сности в Евро-Атла́нтике.

Гла́вные внешнеполити́ческие приорите́ты Росси́и, и э́то дока́зывают её де́йствия на Украи́не и в Си́рии, — блоки́рование дальне́йшего расшире́ния НАТО в Восто́чной Евро́пе и подтвержде́ние своего́ ста́туса вели́кой держа́вы за преде́лами постсове́тского простра́нства.

По́сле присоедине́ния Кры́ма к Росси́и за́падные стра́ны на́чали организова́ть са́нкции в отноше́нии Росси́и одни́ серьёзнее други́х. В зави́симости от уча́стия/неуча́стия в антиросси́йских са́нкциях, от уча́стия в совме́стных с Росси́ей междунаро́дных организа́циях (БРИКС, ШОС,

ЕАЭС), от нали́чия безви́зового режи́ма с Росси́ей, по ито́гам голосова́ния в ООН по Крыму́ от 19-ого декабря́ 2017-ого го́да и по други́м при́знакам иссле́дователи классифици́ровали сле́дующие гру́ппы стран.

— ближа́йшие сою́зники Росси́и: Белору́ссия, Казахста́н, Кирги́зия, Арме́ния;

— потенциа́льные бли́зкие сою́зники: Узбекиста́н, Таджикиста́н;

— стра́ны, кра́йне позити́вно относя́щиеся к Росси́и: Се́рбия, Си́рия, Венесуэ́ла, Боли́вия, Никара́гуа, Ку́ба;

— факти́ческие сою́зники: Кита́й, Монго́лия, КНДР, Вьетна́м, И́ндия, Ира́н, ЮА́Р, Брази́лия, Аргенти́на, Эквадо́р;

— нейтра́льно-дру́жественные стра́ны: Азербайджа́н, Туркмениста́н, Пакиста́н, Бангладе́ш, Еги́пет, Изра́иль, Палести́на, Лива́н, ОАЭ, Ома́н, Непа́л, Шри-Ланка́, Мальди́вы, Мья́нма, Ла́ос, Камбо́джа, Таила́нд, Мала́йзия, Филиппи́ны, Индоне́зия, Бруне́й, Восто́чный Тимо́р, Ю́жная Коре́я, Туни́с, Алжи́р, Маро́кко, Маврита́ния, Ка́бо-Ве́рде, Сенега́л, Га́мбия, Гвине́я-Биса́у, Ма́ли, Буркина́-Фасо́, Гвине́я, Сье́рра-Лео́не, Кот-д'Ивуа́р, Га́на, Бени́н, То́го, ЦАР, Сан-То́ме и Принси́пи, Экваториа́льная Гвине́я, Габо́н, Суда́н, Ю́жный Суда́н, Эритре́я, Джибу́ти, Эфио́пия, Сомали́, Ке́ния, Уга́нда, Руа́нда, Буру́нди, Танза́ния, Мозамби́к, Комо́ры, За́мбия, Зимба́бве, Мала́ви, Мадагаска́р, Маври́кий, Лесо́то, Свази́ленд, Нами́бия, Анго́ла, Македо́ния, Ме́ксика, Сальвадо́р, Яма́йка, Домини́кана, Бага́мы, Домини́ка, Сент-Лю́сия, Сент-Ви́нсент и Гренади́ны, Сент-Китс и Не́вис, Грена́да, Тринида́д и Тоба́го, Колу́мбия, Перу́, Гайа́на, Сурина́м, Парагва́й, Уругва́й, Чи́ли, Нау́ру, Фи́джи, То́нга;

— стра́ны, занима́ющие дво́йственную пози́цию: Финля́ндия, Че́хия, Слова́кия, Ве́нгрия, Бо́сния, Гре́ция, Кипр, Ватика́н, Мона́ко, Андо́рра, Сан-Мари́но, Молда́вия, Ира́к, Афганиста́н, Йе́мен, Ката́р, Ниге́р, Ниге́рия, Чад, Камеру́н, Респу́блика Ко́нго, ДРК, Ли́вия, Бахре́йн, Куве́йт, Бута́н, Па́пуа-Но́вая Гвине́я;

— сою́зники За́пада, с кото́рыми у Росси́и нет зна́чимых конфли́ктов: Бели́з, Гватема́ла, Гондура́с, Ко́ста-Ри́ка, Пана́ма, Гаи́ти, Анти́гуа и Барбу́да, Барба́дос, Либе́рия, Ботсва́на, Сейше́лы, Соломо́новы Острова́, Пала́у, Микроне́зия, Марша́лловы Острова́, Кириба́ти, Вануа́ту, Тува́лу, Само́а;

— сою́зники За́пада, с кото́рыми у Росси́и есть возни́кшие в связи́ с Сири́йским кри́зисом противоре́чия: Сау́довская Ара́вия, Иорда́ния, Ту́рция;

土库曼斯坦、巴基斯坦、孟加拉国、埃及、以色列、巴勒斯坦、黎巴嫩、阿联酋、阿曼、尼泊尔、斯里兰卡、马尔代夫、缅甸、老挝、柬埔寨、泰国、马来西亚、菲律宾、印度尼西亚、文莱、东帝汶、韩国、突尼斯、阿尔及利亚、摩洛哥、毛里塔尼亚、佛得角、塞内加尔、冈比亚、几内亚比绍、马里、布基纳法索、几内亚、塞拉利昂、科特迪瓦、加纳、贝宁、多哥、中非共和国、圣多美和普林西比、赤道几内亚、加蓬、苏丹、南苏丹、厄立特里亚、吉布提、埃塞俄比亚、索马里、肯尼亚、乌干达、卢旺达、布隆迪、坦桑尼亚、莫桑比克、科摩罗、赞比亚、津巴布韦、马拉维、马达加斯加、毛里求斯、莱索托、斯威士兰、纳米比亚、安哥拉、马其顿、墨西哥、萨尔瓦多、牙买加、多米尼加共和国、巴哈马、多米尼加、圣卢西亚、圣文森特和格林纳丁斯、圣基茨和尼维斯、格林纳达、特立尼达和多巴哥、哥伦比亚、秘鲁、圭亚那、苏里南、巴拉圭、乌拉圭、智利、瑙鲁、斐济、汤加；

立场摇摆的国家：芬兰、捷克、斯洛伐克、匈牙利、波斯尼亚、希腊、塞浦路斯、梵蒂冈、摩纳哥、安道尔、圣马力诺、摩尔多瓦、伊拉克、阿富汗、也门、卡塔尔、尼日尔、尼日利亚、乍得、喀麦隆、刚果共和国、刚果民主共和国、利比亚、巴林、科威特、不丹、巴布亚新几内亚；

同俄罗斯无重大冲突的盟友：伯利兹、危地马拉、洪都拉斯、哥斯达黎加、巴拿马、海地、安提瓜和巴布达、巴巴多斯、利比里亚、博茨瓦纳、塞舌尔、所罗门群岛、帕劳、密克罗尼西亚、马绍尔群岛、基里巴斯、瓦努阿图、图瓦卢、萨摩亚；

因叙利亚危机同俄罗斯有矛盾的盟友：沙特阿拉伯、约旦、土耳其；

对俄经济制裁不甚严厉的国家：德国、法国、意大利、奥地利、西班牙、葡萄牙、荷兰、比利时、卢森堡、克罗地亚、斯洛文尼亚、爱尔兰、挪威、丹麦、冰岛、马耳他、列支敦士登、瑞士、阿尔巴尼亚、黑山、保加利亚、日本；

紧跟美国积极参与经济制裁的国家：瑞典、波兰、罗马尼亚、爱沙尼亚、拉脱维亚、立陶宛、乌克兰、格鲁吉亚；

盎格鲁—撒克逊国家：美国、英国、加拿大、澳大利亚、新西兰。

— страны, поддержавшие антироссийские санкции на умеренных позициях: Германия, Франция, Италия, Австрия, Испания, Португалия, Нидерланды, Бельгия, Люксембург, Хорватия, Словения, Ирландия, Норвегия, Дания, Исландия, Мальта, Лихтенштейн, Швейцария, Албания, Черногория, Болгария, Япония;

— союзники США в Европе, занимающие активную антироссийскую позицию: Швеция, Польша, Румыния, Эстония, Латвия, Литва, Украина, Грузия;

— англосаксонские страны Запада: США, Великобритания, Канада, Австралия, Новая Зеландия.

Новые слова

НАТО 北大西洋公约组织
ДОВСЕ《欧洲常规武装力量条约》
санкция 制裁

БРИКС 金砖五国
ШОС 上海合作组织
ЕАЭС 欧亚经济联盟组织

Задания

1. Раскройте следующие аббревиатуры.
   СССР, ВВП, НАТО, ООН, ДОВСЕ, СНГ, США, ТТП, ТТИП, БРИКС, ШОС, ЕАЭС, КНДР, ЮАР, ОАЭ, ЦАР

2. Сделайте правильный вариант.

   1) Изменение внешней политики России обусловлено...

      а. внутренними условиями страны.

      б. внешними условиями страны.

      в. желаниями западных стран.

      г. как внутренними, так и внешними условиями страны.

   2) Концепцию внешней политики РФ в начале президентства Путина можно свести к одному предложению, это...

      а. возращение России статуса великой державы.

      б. блокирование торговли с Западом.

      в. сотрудничество с ХАМАСом.

      г. надежда на встречный шаг США для России.

3. По мнению российских исследователей ближайшие союзники России — это...

   а. Белоруссия, Казахстан и Грузия.

   б. Киргизия, Армения и Казахстан.

   в. Латвия, Литва и Эстония.

   г. англосаксонские страны.

СОЦИАЛЬНАЯ СИСТЕМА
（社会体系）

Важной сферой жизни человека является социальная сфера, основанная на отношениях между различными социальными и возрастными группами людей. К социальной сфере относятся такие социальные институты, как воспитание, семья, здравоохранение, социальное обеспечение, досуг и др. Некоторые социальные отношения описаны в «Конституции Российской Федерации», в главе «Права и свободы человека и гражданина».

Паспорт гражданина Российской Федерации получают по достижении возраста 14 лет, при этом самостоятельно осуществлять в полном объёме свои права и обязанности гражданин имеет право с 18 лет.

Долгом и обязанностью каждого гражданина Российской Федерации является защита Отечества. На военную службу в обязательном порядке призывают молодых людей в возрасте от 18 до 27 лет. Срок службы в армии в настоящее время составляет 12 месяцев.

Семья и воспитание

В наши дни российская семья обычно состоит из двух супругов (с детьми или без детей); существуют семьи, в которых вместе с супружеской парой и её детьми живёт один из родителей одного из супругов; есть семьи, состоящие из одного из родителей и детей.

Средний возраст современной невесты при регистрации первого брака 22-23 года. В дореволюционной России почти не было разводов, брачный союз заключался на всю жизнь. Церковь рассматривала развод как тягчайший грех и разрешала его только в особых случаях. В 20-ом веке процент разводов и повторных браков постепенно возрастал.

В современном обществе для воспитания детей в возрасте от 2 до 6 лет существуют детские сады. Место в детском саду предоставляется государством за небольшую

不同的社会圈子和年龄差别形成的社会环境，构成了人们重要的生活背景。属于社会环境的有这样一些制度结构，如教育、家庭、医疗卫生、社会保障、休闲等。某些社会关系被写进了《俄罗斯联邦宪法》中"个人及公民的权利和自由"一章。

俄联邦公民年满14岁时有资格获得护照，年满18岁可以完全自主行使自己的权利和义务。

俄联邦的每个公民有责任和义务保卫祖国。18至27岁的男性公民有义务服兵役，兵役期为12个月。

家庭与抚育

当今俄罗斯的家庭主要由有子女或无子女的夫妇组成；在一些家庭中，与夫妇和孩子一起生活的还有夫妻一方的老人；也有一些是单亲家庭。

俄罗斯现代女性首次婚姻登记的平均年龄是22至23岁。革命前的俄罗斯几乎没有人离婚，婚姻关系的缔结为终身制。教会视离婚是最大的罪孽，只是在极特殊的情况下才允许离婚。20世纪起，离婚率和再婚率逐渐攀升。

现代俄罗斯社会中，幼儿园培养2至6岁的儿童。幼儿园的入园名额由政府提供，个人承担少量的费用；另有一些私立幼儿园。除此之外，为促进孩子们的创造力，他们还可以报名加入"创造之家""创造宫"等机构。

教育

根据宪法，在为俄罗斯公民创办的国家或者各地政府的教育机构里，学龄前、普通初级和中级职业教育属于普及型免费义务教育。

中级教育分几个阶段。儿童入学年龄是6至7岁，小学学制为4年。5至9年级为初中阶段。9年级末，学生参加考试，取得未完全教育的中学毕业文凭。学生根据成绩和意愿或者在中学继续学习（10至11年级为高中阶段），或者转入职业中等教育院校学习。在中专、技校可以在继续学习普通中学课程大纲内容的同时获得职业技能。

中学毕业后，学生参加国家统考。数学和俄语两门是必考科目，其余各科的考试学生可以根据他们未来的学习计划有所选择。如果毕业生不想继续深造，他可以不参加可选科目的考试。如果毕业生打算在俄罗斯读大学，他必须选择所规定科目的考试，这些考试既作为毕业考，又作为高考。通过考试，毕业生获得中等教育证书。

根据俄罗斯法律规定，中学的中等教育为免费义务教育。与国家义务教育并行的还有学费昂贵的私立学校教育。

俄罗斯高等教育历来具有很高的水平。近年来在各高校中，教育分为两个阶段：学士学位教育（学制4年）和硕士学位教育（学制2年）。传统

пла́ту. Существу́ют и ча́стные де́тские сады́. Кро́ме того́, для разви́тия тво́рческих спосо́бностей де́ти име́ют возмо́жность посеща́ть разли́чные учрежде́ния, кото́рые называ́ются «Дом тво́рчества», «Дворе́ц тво́рчества».

Образова́ние

В соотве́тствии с Конститу́цией дошко́льное, основно́е о́бщее и сре́днее профессиона́льное образова́ние в госуда́рственных и́ли муниципа́льных образова́тельных учрежде́ниях для гра́ждан Росси́и явля́ется общедосту́пным и беспла́тным.

Сре́днее образова́ние де́лится на не́сколько эта́пов. Де́ти иду́т в шко́лу в 6-7лет и у́чатся в нача́льной шко́ле 4 го́да. 5-ый – 9-ый кла́ссы — сре́днее звено́. В конце́ 9-ого кла́сса ученики́ сдаю́т экза́мены и получа́ют аттеста́т о непо́лном сре́днем образова́нии. По результа́там успева́емости и в зави́симости от жела́ния де́ти и́ли продолжа́ют учи́ться в шко́ле (10-ый – 11-ый кла́ссы — ста́ршее звено́), и́ли перехо́дят в систе́му профессиона́льного сре́днего образова́ния. В ко́лледжах, те́хникумах, учи́лищах мо́жно одновре́менно продолжа́ть осва́ивать програ́мму общеобразова́тельных предме́тов сре́дней шко́лы и получи́ть профе́ссию.

По́сле оконча́ния ку́рса сре́дней шко́лы уча́щиеся сдаю́т выпускны́е экза́мены в фо́рме ЕГЭ (еди́ный госуда́рственный экза́мен). Два экза́мена — матема́тика и ру́сский язы́к — явля́ются обяза́тельными, остальны́е экза́мены ученики́ выбира́ют са́ми в зави́симости от того́, чем они́ плани́руют занима́ться да́льше. Если выпускни́к не хо́чет учи́ться да́льше, он мо́жет не выбира́ть дополни́тельные экза́мены. Если же выпускни́к плани́рует поступа́ть в како́й-либо вуз (вы́сшее уче́бное заведе́ние) Росси́и, он выбира́ет необходи́мые экза́мены, т.к. они́ явля́ются одновре́менно выпускны́ми и вступи́тельными. По́сле экза́менов выпускники́ получа́ют аттеста́т о сре́днем образова́нии.

По росси́йскому зако́ну об обяза́тельном сре́днем образова́нии обуче́ние в шко́лах прово́дится беспла́тно. В настоя́щее вре́мя наряду́ с беспла́тными госуда́рственными шко́лами появи́лись ча́стные шко́лы, где обуче́ние пла́тное и дово́льно дорого́е.

Вы́сшее образова́ние в Росси́и традицио́нно име́ет высо́кий у́ровень. В после́дние го́ды обуче́ние во всех вуза́х осуществля́ется на двухуро́вневой осно́ве: бакалавриа́т (4 го́да обуче́ния) и магистрату́ра (2 го́да обуче́ния).

Специалите́т (5 лет обуче́ния) сохрани́лся то́лько по не́которым направле́ниям. Тре́тий у́ровень образова́ния (послеву́зовское образова́ние) — э́то аспиранту́ра (норати́вный срок обуче́ния 3 го́да). Пе́рвое вы́сшее образова́ние в Росси́и мо́жно получи́ть беспла́тно по большинству́ направле́ний подгото́вки, сдав необходи́мые экза́мены на высо́кие ба́ллы, поступи́в на бюдже́тное ме́сто. Во мно́гих ву́зах введено́ комме́рческое обуче́ние на внебюдже́тных места́х. Студе́нты, обуча́ющиеся на бюдже́тной осно́ве и сдаю́щие экзаменацио́нную се́ссию без тро́ек, в тече́ние семе́стра получа́ют госуда́рственную стипе́ндию. Второ́е вы́сшее образова́ние всегда́ осуществля́ется на комме́рческой осно́ве. Существу́ет та́кже систе́ма дополни́тельного образова́ния и систе́ма переподгото́вки специали́стов.

Систе́ма здравоохране́ния

В госуда́рственных и муниципа́льных учрежде́ниях здравоохране́ния медици́нская по́мощь ока́зывается гра́жданам Росси́и беспла́тно на основа́нии по́лиса обяза́тельного медици́нского страхова́ния. Медици́нское обслу́живание населе́ния осуществля́ется в некомме́рческих и комме́рческих лече́бных учрежде́ниях: в больни́цах (райо́нных, городски́х, областны́х), специализи́рованных больни́цах (психиатри́ческих, инфекцио́нных и т.п.), в поликли́никах, диспансе́рах, санато́риях. Да́нные учрежде́ния ока́зывают амбулато́рную, стациона́рную и диагности́ческую медици́нскую по́мощь. Существу́ет та́кже ско́рая медици́нская по́мощь («ско́рая по́мощь»).

Социа́льное обеспе́чение

Конститу́ция гаранти́рует ка́ждому граждани́ну социа́льное обеспе́чение по во́зрасту, в слу́чае боле́зни, инвали́дности, поте́ри корми́льца, для воспита́ния дете́й и т.п.

В слу́чае е́сли рабо́тающий челове́к вре́менно не мо́жет труди́ться в связи́ с боле́знью, он получа́ет страхово́е посо́бие по вре́менной нетрудоспосо́бности на основа́нии больни́чного листа́ (листка́ вре́менной нетрудоспосо́бности). Кро́ме посо́бия по вре́менной нетрудоспосо́бности госуда́рство, в лице́ Фо́нда социа́льного страхова́ния Росси́йской Федера́ции, выпла́чивает гра́жданам в пери́од отсу́тствия у них за́работка и́ли для оказа́ния им дополни́тельной материа́льной по́мощи сле́дующие основны́е ви́ды социа́льных посо́бий: посо́бие по бере́менности и ро́дам, посо́бие при рожде́нии ребёнка,

的专家学位（学制5年）只有个别专业有所保留。第三阶段教育（后高校教育）为研究生班（学制3年）。俄罗斯第一阶段的高等教育只要高考分数高，获得统招学位，大部分专业是免费的。很多高校开辟了非统招的商业教育。统招生考试成绩在四分以上，可以获得国家助学金。第二阶段教育均为有偿教育。此外，还有一些继续教育和专家再培训机构。

医疗卫生

国家和各地政府所属的医疗卫生机构基于俄罗斯公民强制医疗保险为他们实施免费医疗服务。各级医院（州级、市级、区级）、专科医院（精神病院、传染病院等）、诊所、防治所、疗养院等非商业和商业的医疗机构均为居民提供医疗服务。这些医疗机构提供门诊、住院、诊断的医疗服务，同样提供紧急医疗救助（救护车）。

社会保障

宪法确保每个公民在患病、残疾、丧失供养人、养育孩子等情况下根据不同的年龄段获得相应的社会保障。

当劳动者由于疾病暂时不能工作，可凭医院诊断证明获得暂时丧失劳动能力的补助金。除此，在公民停薪期间，由俄联邦社会保险基金提供物质帮助或者向其支付以下基本社会补助金：孕期和生育补助金、产假补助金、丧葬费、失业补助金、照顾残疾孩子补助金等。

俄罗斯另有一种社会保障即养老金和伤残抚恤金，是国家向达到一定（退休）年龄、成为残疾、丧失供养人、干满任职年限以及对国家有特殊贡献的公民定期发放的生活补助。俄罗斯原退休年龄女性为55岁，男性为60岁。2018年6月14日俄罗斯总理梅德韦杰夫在政府会议上宣布延迟退休年龄的时机已成熟。两天后有关法律草案制定完毕并被提交到了国家杜马。2018年10月3日普京总统签署了第350-ФЗ号法律条文。新法律条文规定，俄罗斯女性和男性公民退休年龄近5年内分别逐步延长至60岁和65岁。该法律从2019年1月1日起生效。

俄罗斯成立了各种社会服务机构为不同类型的弱势群体（老年公民、残疾人等）提供社会服务。其中有政府机构、社会保障部门、社会团体和宗教组织以及私营机构，还有一些社会服务机构，如家庭与儿童社会援助中心、社会服务中心、残疾人医疗社会康复中心、未成年人社会康复中心、无父母照管儿童援助中心、少年儿童社会收容所、居民心理辅导援助中心、紧急心理电话援助中心、登门社会服务援助中心、夜宿房、高龄孤寡老人社会保障楼、孤残院、心理精神疾病患者寄宿楼、智障儿童寄宿楼、生理缺陷儿童寄宿楼、老年中心等。所有这些服务机构均为无自理能力的人提供物质和心理上的帮助。

пособие по уходу за ребёнком, пособие на погребение, пособие по безработице, социальные выплаты для ухода за детьми-инвалидами и т.п.

Ещё одной формой социального обеспечения в России является пенсия — регулярная и, как правило, пожизненная денежная выплата гражданам со стороны государства при достижении определённого (пенсионного) возраста, при наступлении инвалидности, в случае потери кормильца, а также за выслугу лет и особые заслуги перед государством. В России пенсионный возраст составлял 55 лет для женщин и 60 лет для мужчин. 14-ого июня 2018-ого года премьер-министр России Д. Медведев на заседании правительства заявил, что пенсионный возраст в России пора повысить. Через два дня после этого объявления законопроект пенсионной реформы уже был готов и внесён в Госдуму. 3-его октября 2018-ого Президент РФ В. Путин поставил свою подпись под законом № 350-ФЗ, предусматривающим поэтапное повышение пенсионного возраста в течение ближайших 5 лет вплоть до повышения на 5 лет — до 60 и 65 лет у женщин и мужчин соответственно. Закон вступает в силу уже с 1-ого января 2019-ого года.

Для предоставления социальных услуг различным социально уязвимым группам населения (гражданам пожилого возраста, инвалидам и т.п.) в России существуют различные социальные службы. Социальные службы могут создаваться государственными органами власти, органами социальной защиты, общественными, религиозными организациями, а также частными лицами. Существуют такие социальные службы, как центры социальной помощи семье и детям; центры социального обслуживания; центры медико-социальной реабилитации инвалидов; социально-реабилитационные центры для несовершеннолетних; центры помощи детям, оставшимся без попечения родителей; социальные приюты для детей и подростков; центры психолого-педагогической помощи населению; центры экстренной психологической помощи по телефону; центры социальной помощи на дому; дома ночного пребывания; специальные жилые дома для одиноких престарелых; дома-интернаты для престарелых и инвалидов, психоневрологические интернаты, детские дома-интернаты для умственно отсталых детей, дома-интернаты для детей с физическими недостатками; геронтологические центры и т.п. Во всех таких службах оказывается материальная и психологическая помощь людям, не способным самостоятельно заботиться о себе.

Рожда́емость и сме́ртность

Рост населе́ния в стране́ прекрати́лся с 1993-его го́да. По име́ющимся оце́нкам, к 2035-ому го́ду населе́ние Росси́и соста́вит от 137 млн до 156 млн челове́к.

Ка́ждую мину́ту в Росси́и рожда́ется 3 челове́ка, а умира́ет — 4. Общемирова́я тенде́нция противополо́жна: отноше́ние коли́чества рожде́ний к смертя́м равно́ 2,6. Осо́бенно велика́ сме́ртность росси́йских мужчи́н, сре́дняя продолжи́тельность жи́зни кото́рых 61,4 го́да, что свя́зано, в ча́стности, с высо́ким у́ровнем потребле́ния кре́пких алкого́льных напи́тков, больши́м коли́чеством несча́стных слу́чаев, уби́йств и самоуби́йств. Продолжи́тельность жи́зни же́нщин значи́тельно вы́ше — 73,9 го́да. По да́нным Росси́йской Федерати́вной госуда́рственной слу́жбы от ию́ня 2018-ого го́да число́ же́нщин на 1000 мужчи́н в Росси́и составля́ют 1156 челове́к, когда́ число́ де́вочек на 1000 ма́льчиков в во́зрасте 0-4 лет составля́ет то́лько 946.

Рожда́емость в Росси́и не достига́ет у́ровня, необходи́мого для просто́го воспроизво́дства населе́ния. Сумма́рный коэффицие́нт рожда́емости составля́ет 1,6, тогда́ как для просто́го воспроизво́дства населе́ния без приро́ста чи́сленности необходи́м сумма́рный коэффицие́нт рожда́емости 2,11-2,15. В нача́ле 20-ого ве́ка в Росси́и наблюда́лся са́мый высо́кий у́ровень рожда́емости в Евро́пе. Начина́я с 1988-ого го́да начина́ется ре́зкое сниже́ние числа́ рожде́ний, на фо́не ро́ста сме́ртности возни́кла демографи́ческая у́быль (сме́ртность бо́льше рожда́емости).

Вла́сти страны́ понима́ют, что положе́ние дел весьма́ серьёзное, и принима́ют ме́ры. Так, в 2007-ом году́ была́ при́нята Госпрогра́мма, при́званная спасти́ Росси́ю от вымира́ния. Всем матеря́м, роди́вшим (усынови́вшим) второ́го ребёнка в перио́д с 1-ого января́ 2007-ого го́да по 31-ое декабря́ 2016-ого го́да, полага́ется от госуда́рства 250 ты́сяч рубле́й «матери́нского капита́ла», кото́рые мо́жно потра́тить на образова́ние, улучше́ние жили́щных усло́вий. То́лько на 2008-о́й год бюдже́том для стимули́рования рожда́емости заплани́ровано 131,8 миллиа́рда рубле́й. Ины́ми слова́ми, госуда́рство рассчи́тывает, что в Росси́и роди́тся о́коло полумиллио́на «вторы́х» младе́нцев. В а́вгусте 2009-ого го́да в Росси́и впервы́е за после́дние 15 лет зафикси́рован есте́ственный приро́ст населе́ния, кото́рый соста́вил 1 тыс. челове́к.

В ноябре́ 2017-ого президе́нт Росси́и Влади́мир

出生率与死亡率

自 1993 年起，俄罗斯国内人口几乎停止增长。根据预测，至 2035 年，俄罗斯人口总数将浮动于 1.37 亿至 1.56 亿之间。

俄罗斯每 1 分钟有 3 名新生儿出生，而死亡人数为 4 人。全球趋势正相反：新生儿与死亡人数之比为 2.6 比 1。俄罗斯男性公民的死亡率尤其高，平均寿命为 61.4 岁。造成这一情况的原因首先是大量饮用烈酒、大量不幸事件、他杀和自杀。女性公民的寿命要长很多，是 73.9 岁。根据 2018 年 6 月俄罗斯国家统计署的数据，俄罗斯 2018 年男女比例为 100:115.6，而在 0 至 4 岁的婴儿中这一比例则为 100:94.6。

俄罗斯的生育率不能达到人口简单再生产所必须的水平。总和生育率仅为 1.6，而要维持人口零增长下的简单再生产，总和生育率至少要达到 2.1。20 世纪初，俄罗斯曾经是欧洲生育率最高的国家。从 1988 年起，生育率开始急剧下降，在死亡率增长的背景下出现了人口减少（死亡率高于生育率）。

俄罗斯政府意识到人口状况极为严峻并采取了相应的措施。2007 年通过了一项旨在拯救俄罗斯的国家计划。从 2007 年 1 月 1 日至 2016 年 12 月 31 日，所有生育（收养）第二个孩子的母亲可以得到由国家发放的 25 万卢布的"母亲资金"[①]，这笔资金可以用于教育、改善住房条件。仅 2008 年，推动出生率的预算计划即为 1318 亿卢布。换言之，国家预计俄罗斯将有近 50 万的"二胎"诞生。2009 年 8 月，俄罗斯在 15 年内首次录得人口的月自然增长，总增长人口为 1000 人。

2017年11月，俄罗斯总统

---

① 这笔资金基本上是逐年递增的。

普京宣布国家人口"超量倾斜"政策。12月，总统签署了关于第一个孩子出生后向家庭每月支付补助金的法律。因地区而异，2018年该项补助金平均额度为10523卢布，2019年为10836卢布，2020年为11143卢布。补助金的发放具有针对性，要考虑到每个家庭的具体收入情况。只有人均收入不超过最低生活标准1.5倍的家庭才有权领取补助金。

此外，2017年12月，普京总统还签署了将"母亲资金"计划延长至2021年的法律，向诞下第二和第三个孩子的俄罗斯公民发放补助金，2020年补助金数额为466617卢布。

Пу́тин объяви́л о «перезагру́зке» демографи́ческой поли́тики страны́. В декабре́ глава́ госуда́рства подписа́л зако́н о ежеме́сячных вы́платах се́мьям по́сле рожде́ния пе́рвого ребёнка. В сре́днем су́мма в 2018-ом году́ соста́вит, в зави́симости от регио́на, 10523 рубля́, в 2019-ом — 10836 рубле́й, в 2020-ом — 11143 рубля́. Вы́плата а́дресная, при начисле́нии учи́тываются дохо́ды ка́ждой семьи́. Пра́во на получе́ние де́нег предоставля́ется тем, у кого́ разме́р сре́днего дохо́да на чле́на семьи́ не превыша́ет полуторакра́тной величины́ прожи́точного ми́нимума.

Кро́ме того́, в декабре́ президе́нт подписа́л зако́н о продле́нии до конца́ 2021-ого го́да програ́ммы матери́нского капита́ла. При рожде́нии второ́го и тре́тьего ребёнка гра́жданам Росси́и полага́ется вы́плата. Её разме́р в 2020-ом году́ — 466617 рубле́й.

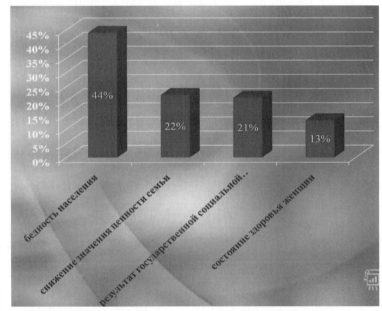

Причины неблагополучной демографической ситуации

移民状况

对外移民对苏联及俄罗斯人口状况始终有着重大的影响。仅在十月革命后，就发生过至少3次大的移民浪潮。国内战争时期，大规模逃往国外的主要是所谓的资产阶级阶层——军人、知识分子。那时人们是为了逃避恐怖和无出路的命运。后来（30年代至60年代）人们离开祖国主要是因为国内制度开始迫害持不同政见者。苏联解体后，经济不稳定，居民

Миграцио́нная ситуа́ция

Суще́ственное влия́ние на демогеографи́ческую карти́ну СССР-Росси́и всегда́ ока́зывала эмигра́ция. Лишь за послеоктя́брьский пери́од наблюда́лось, по кра́йней ме́ре, три её кру́пные во́лны. В го́ды гражда́нской войны́ ма́ссовое бе́гство за грани́цу име́ло ме́сто преиму́щественно в так называ́емой буржуа́зной среде́, в ряда́х вое́нных, интеллиге́нции: лю́ди спаса́лись от терро́ра и безысхо́дной судьбы́. В дальне́йшем (30-ые – 60-ые го́ды) лю́ди уезжа́ли в основно́м в результа́те гоне́ния на инакомы́слящих тоталита́рными режи́мами.

Наконец, новая волна эмиграции явилась следствием распада СССР, экономической нестабильности, резкого падения жизненного уровня населения. В 90-ые годы более миллиона человек покинули постсоветский регион, большинство из которых осели в Израиле, Германии и США. На рубеже 80-ых – 90-ых годов страну покидали главным образом немцы, евреи, армяне, греки, позже основной костяк эмигрантов составили русские.

После распада СССР мобильность населения в России существенно снизилась, внутренние миграции уступили место внешним. Первая волна — начало 1990-ых годов — возвращение этнических русских на историческую родину. Общее число приехавших в Россию в 1992-ом – 2000-ом годах оценивается в 8 млн человек. Затем, после начала экономического роста в стране, основную часть миграционного потока стали представлять трудовые мигранты. Большинство иностранцев, временно находящихся в России — граждане стран СНГ, преимущественно Украины, Узбекистана, Таджикистана, Киргизии, Молдавии. Среди государств, не входящих в СНГ, наибольшее количество мигрантов в Россию поставляет Китай, а также Вьетнам, Афганистан, Турция.

生活水平急剧下降，造成了新的移民浪潮。在90年代，有100多万人离开了解体后的苏联。他们中的大多数人移居以色列、德国和美国。在80年代末、90年代初离开俄罗斯的基本是国内一些德意志人、犹太人、亚美尼亚人、希腊人，而在90年代中后期主要是俄罗斯人。

苏联解体后，俄罗斯境内居民的流动性有了大幅的下降，国内人口的流动让位于国家间的人口流动。第一次大的人口流动发生于20世纪90年代初——大批祖籍是俄罗斯的人回到了故国。1992年至2000年期间，回归俄罗斯的总人数据估计为800万人。之后，在国内经济增长初期，劳动力移民成为移民俄罗斯的主力军。大部分暂住在俄罗斯的外国人为独联体居民，主要为乌克兰人、乌兹别克斯坦人、塔吉克斯坦人、吉尔吉斯斯坦人、摩尔多瓦人。来自非独联体国家到俄罗斯移民的，主要有中国人、越南人、阿富汗人和土耳其人。

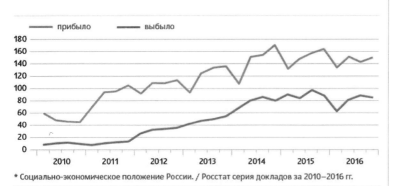

*Социально-экономическое положение России. / Росстат серия докладов за 2010–2016 гг.

Источник: РАНХиГС © РБК, 2017

Прибывшие и покинувшие Россию (тыс. человек)

Прибывшие из России, получили статус иммигранта		
Страны	1994-2003	2004-2013
США	176,2	135,7
Израиль	158,9	40,8
Канада	33,9	32,0
Австралия	6,5	10,1

Источники: Национальные статистические и миграционные службы.
М. Тольц Российская эмиграция в Израиль. Население и общество. № 71, Май 2003

Миграционный прирост		
Страны	1994-2003	2004-2013
Германия, всего	702,4	188,6
Российские граждане	193,9	93,8
Немцы	508,5	94,8
Финляндия	19,3	24,3
Скандинавские страны	17,1	23,8
Испания	-	51,9
Италия	-	36,8
Чехия	-	28,7
Австрия	-	22,6

Эмиграционный отток из России (тыс. человек)

Новые слова

развод 离婚
аттестат 中学毕业文凭
бакалавриат 学士
магистратура 硕士
инфекционный 传染病的
кормилец 供养人
пособие 补助金，援助
пенсия 养老金，伤残抚恤金

выслуга 任职年限
уязвимый 有弱点的
реабилитация 康复
попечение 照管
приют 栖身之地
интернат （为残疾人和高龄老人所设的）孤残院
геронтологический 老年学的

 Вопросы

1. Какие права имеют граждане по Конституции РФ?
2. Какие в России бывают семьи?
3. Какова система образования в современной России?
4. В каких учреждениях в России осуществляется медицинское обслуживание?
5. Какие в России существуют формы социального обеспечения граждан?
6. Какие службы предоставляют социальные услуги?
7. Каковы прогнозы изменения численности россиян?
8. Каковы причины демографических проблем в России?
9. Каковы последствия снижения рождаемости?
10. Что такое суммарный коэффициент рождаемости и чему он равен в России?
11. Какие меры приняты для улучшения демографической ситуации в России?
12. Как обстоит дело с миграционной ситуацией в России?

9 СРЕДСТВА МАССОВОЙ ИНФОРМАЦИИ

(大众传媒)

Сре́дства ма́ссовой информа́ции в Росси́и меня́лись вме́сте с социа́льно-экономи́ческой обстано́вкой. Пе́рвый реа́льный результа́т и завоева́ние перестро́йки — появле́ние незави́симой пре́ссы. Бо́лее полови́ны СМИ незави́симы, остальны́е в той и́ли ино́й сте́пени финанси́руются прави́тельством. Несмотря́ на значи́тельные тиражи́ газе́т и журна́лов, большинство́ жи́телей Росси́и получа́ют информа́цию из телепрогра́мм и Интерне́та (по да́нным опро́сов информацио́нного аге́нтства Algorithm Media, 82% предпочита́ют телеви́дение печа́тным изда́ниям, 74% хотя́т получа́ть информа́цию из Интерне́та). По информа́ции Роскомнадзо́ра о состоя́нии на 31-ое декабря́ 2019-ого го́да о́бщее коли́чество зарегистри́рованных средств ма́ссовой информа́ции составля́ет 65849, из них печа́тных — 42882, электро́нных — 21770, информацио́нных аге́нтств — 1197.

Телевизио́нное веща́ние

Наибо́лее радика́льные измене́ния в те́ле- и радиовеща́нии в Росси́и происхо́дят с нача́ла 90-ых годо́в. Легализа́ция разли́чных форм со́бственности и утвержде́ние демократи́ческих норм привели́ к реорганиза́ции госуда́рственного телерадиовеща́ния, к появле́нию пе́рвых автоно́мных форм обще́ственного веща́ния, к становле́нию комме́рческого веща́ния. В 1990-ом году́ была́ со́здана Всеросси́йская госуда́рственная телевизио́нная и радиовеща́тельная компа́ния (ВГТРК). В настоя́щее вре́мя (на 31-ое декабря́ 2019-ого го́да) по да́нным Роскомнадзо́ра о́бщее коли́чество зарегистри́рованных телекана́лов составля́ет 2722. Среди́ них са́мые популя́рные сле́дующие:

Телекана́л РТР «Росси́я» — часть ВГТРК. 1-ого января́ 2010-ого го́да Кана́л «Росси́я» переимено́ван в «Росси́я 1», а кана́лы «Спорт» и «Ве́сти» переимено́ваны в «Росси́я

俄罗斯的大众传媒随着社会经济状况的变化而日异月殊。改革的首要实际成果是出现了独立的新闻媒体。半数以上大众传媒独立运作，其余的则或多或少依赖政府拨款。尽管报纸和杂志的发行量很大，但大多数俄罗斯居民是通过电视节目和互联网获取信息（根据 Algorithm Media 信息通讯社的问卷调查资料显示，将电视、互联网与传统出版物相比，82% 的人更倾向于电视，74% 的人更希望通过互联网获取信息）。据俄联邦电信信息技术和大众传媒监管局提供的信息，截至 2019 年 12 月 31 日，俄罗斯各类媒体共注册有 65849 家，其中纸媒 42882 家，电子传媒 21770 家，各类通讯社 1197 家。

电视业

俄罗斯电视、广播业发生最根本的变化始于 90 年代初。各种形式所有制的合法化和民主法规的确立促成了国家电视业的改组，出现了第一批自主经营的公共广播台，商业性广播逐渐形成。1990 年，全俄国家电视广播公司成立了。据俄联邦电信信息技术和大众传媒监管局数据（截至 2019 年 12 月 31 日），目前有 2722 家电视频道登记在册。其中最受欢迎的有以下各频道：

"俄罗斯电视台" 隶属于全俄国家电视广播公司。2010 年 1 月 1 日，"俄罗斯电视台" 更名为 "俄罗斯电视一台"，而原体育频道和新闻频道分别更名为 "俄罗斯电视二台" 和 "俄罗斯电视 24 台"。作为原苏联中央电视台的主要承袭者，"俄罗斯电视一台"至今在收视率方面仍处于领先地位。这也表现在收看"俄罗斯电视一台"观众的年龄段方面。该频道深受 55 岁以上观众的喜爱。

"第一频道"属国家频道，于 1995 年 4 月 1 日开播，取代了苏联奥斯坦金诺电视广播公司，全称为俄罗斯公共电视频道，2002 年起更名为"第一频道"。这是一个目前最具规模和知名度的频道。"俄罗斯电视一台"因播放连续剧和电影而闻名，却也只是全俄最受欢迎电视频道之亚军，而"第一频道"则因其娱乐性节目拔得头筹。

"独立电视台"属于非国家电视公司。它于 1994 年 1 月正式开播，隶属于俄罗斯首家私营控股公司"媒体桥"的一部分。独立电视台的收视率覆盖俄罗斯和原苏联各加盟共和国大部分地区。今天，"独立电视台"在俄联邦最受欢迎的电视频道中与"第一频道"、"俄罗斯电视一台"一起位居前三。它们的成功在很大程度上是因为抓住了成熟年龄（40 岁以上）段的观众。

"REN-TV"[①] 是俄罗斯最大的国家广播公司之一。在俄罗斯有一则关于 REN-TV 广为流传的玩笑：这个电视台台长来自于外星球。这个说法的出现是基于该电视台别出心裁的节目。REN-TV 主要侧重对那些让人瞠目结舌的秘闻、神秘莫测的功力、令人毛骨悚然的阴谋、悬疑侦探等的报道。神乎其神的玄妙和怪诞诡奇的秘史为电视观众们所喜闻乐见，REN-TV 也因此在 2019 年最佳电视频道评选中位居第五位。该台定位于活跃的中年（30—45 岁）观众。

"第五台"为广受欢迎的圣彼得堡电视频道。今天的"第五台"几乎已经完全摆脱了社会政治倾向，并且大大缩减了娱乐性节目。目前该台成为电视连续剧频道，所播放的是均是该台自拍自导的电视连续剧。因深受观众们的喜爱，该台增加了境外播放。

2» и «Россия 24» соответственно. «Россия 1» как главная наследница центрального телевиденья СССР до сих пор занимает лидирующие позиции по числу просмотров. Это хорошо иллюстрирует предпочтения «возрастной» аудитории, которая смотрит «Россию 1». Более всего этот канал популярен у людей старше 55 лет.

Пе́рвый кана́л — Госуда́рственный телекана́л. Вы́шел в эфи́р 1-ого апре́ля 1995-ого го́да, замени́л сове́тскую телерадиокомпа́нию «Оста́нкино». Называ́лся ОРТ (Обще́ственное росси́йское телеви́дение), с 2002-о́го го́да переимено́ван в «Пе́рвый кана́л», сейча́с э́то са́мый масшта́бный и популя́рный кана́л. Если второ́е ме́сто рейтинга популя́рности ТВ кана́лов «Росси́я 1» лиди́рует по просмо́тру сериа́лов и кино́, то «Пе́рвый кана́л» уде́рживает па́льму пе́рвенства по развлека́тельным переда́чам.

НТВ, кана́л «Незави́симое телеви́дение» представля́ет негосуда́рственную телекомпа́нию. Нача́л рабо́ту в январе́ 1994-ого го́да, явля́ется ча́стью пе́рвого в Росси́и ча́стного хо́лдинга «Ме́диа-мост». В зо́не веща́ния НТВ — значи́тельная часть Росси́и и страны́ бы́вшего СССР. В настоя́щее вре́мя больша́я тро́йка популя́рных телевизио́нных кана́лов РФ — НТВ, «Пе́рвого кана́ла» и «Росси́и 1» де́ржатся на верши́не бо́льшей ча́стью за счёт зре́лой аудито́рии (ста́рше 40 лет).

РЕН ТВ — оди́н из крупне́йших росси́йских национа́льных телевеща́телей. В Росси́и повеству́ются шу́тки про то, что дире́ктором э́того телекана́ла явля́ется инопланетя́нин, бази́руются на специ́фике предлага́емых зри́телям програ́мм. РЕН ТВ специализи́руется в основно́м на шоки́рующих та́йнах, мисти́ческих си́лах и злове́щих за́говорах, а та́кже на сканда́лах, интри́гах и рассле́дованиях. Ми́стика и та́йны у зри́телей в почёте, и РЕН ТВ занима́ет пя́тое ме́сто в рейтинге лу́чших телекана́лов Росси́и 2019-ого го́да. Телекана́л. РЕН ТВ ориенти́руется на акти́вную аудито́рию, кото́рую составля́ют зри́тели сре́днего во́зраста (30-45).

Пя́тый кана́л — э́то популя́рный санкт-петербу́ргский телекана́л. На настоя́щий моме́нт на «Пя́том» реши́ли почти́ по́лностью отказа́ться от социа́льно-полити́ческого аспе́кта. И суще́ственно «поре́зали» коли́чество развлека́тельных програ́мм. Тепе́рь «Пя́тый» — сериа́льный кана́л, причём трансли́рует он сериа́лы со́бственного произво́дства. Сериа́лы оказа́лись насто́лько популя́рны, что «Пя́тый кана́л» запусти́л междунаро́дное веща́ние.

[①] 电视台俄文名称源于其创办人 ИРЕНА ЛЕСНЕВСКАЯ 掐头去尾后名字中间的 3 个字母 РЕН。

RT (Russia Today) — круглосу́точный росси́йский междунаро́дный многоязы́чный информацио́нный телекана́л, кото́рый был осно́ван в декабре́ 2005-ого го́да. Кана́л Russia Today име́ет информацио́нно-развлека́тельную напра́вленность и выпуска́ет в эфи́р переда́чи о собы́тиях происходя́щих в ми́ре, актуа́льные но́вости и т.д.

Телекана́л СТС (Сеть телевизио́нных ста́нций) бо́лее всего́ интере́сен подро́сткам. СТС запусти́ли оригина́льную нови́нку — шо́у «Успе́х». Это ру́сский вариа́нт The Final Four, в кото́ром музыка́льное соревнова́ние непрофессиона́льных исполни́телей сочета́ется с реали́ти-шо́у и игро́й на выжива́ние.

Телекана́л ТНТ был осно́ван в 1998-о́м году́. Его́ назва́ние созда́тели расшифро́вывали как «Твоё но́вое телеви́дение». Кана́л был ориенти́рован на широ́кий круг телезри́телей, в его́ програ́мме прису́тствовали документали́стика, мультфи́льмы, телесериа́лы. С 1-ого февраля́ 2003-его го́да кана́л по́лностью измени́л свою́ тема́тику, и стал наце́лен на «реа́лити шо́у» и разнообра́зные альтернати́вные развлека́тельные програ́ммы. ТНТ — э́то кана́л студе́нтов и «молоды́х специали́стов». Во́зраст бо́льшей ча́сти аудито́рии кана́ла нахо́дится в диапазо́не от 18 до 35 лет.

Дома́шний Целева́я аудито́рия кана́ла — же́нщины от 25 лет. И форма́т веща́ния соотве́тствующий — смесь из програ́мм о приготовле́нии пи́щи, семе́йных отноше́ниях, немно́го ремо́нта, немно́го путеше́ствий и мно́го симпати́чных живо́тных. Осо́бое ме́сто на кана́ле занима́ют одни́ из лу́чших ру́сских сериа́лов, полюби́вшиеся росси́йским зри́телям ещё со времён «Рабы́ни Иза́уры».

ТВ Центр — общеросси́йский федера́льный телекана́л. Кана́л в основно́м принадлежи́т Прави́тельству Москвы́. На кана́ле мно́го новосте́й из жи́зни росси́йской столи́цы, одна́ко благодаря́ эфи́рным о́кнам ме́стные собы́тия то́же прису́тствуют.

Дождь — э́то но́вый, живо́й, интеракти́вный росси́йский телекана́л. Бо́лее 50% эфи́рного вре́мени телекана́ла «Дождь» составля́ет прямо́й эфи́р. В эфи́ре: но́вости о том, что происхо́дит на са́мом де́ле; анали́тика живы́м челове́ческим языко́м; диску́ссии и кру́глые столы́; а́вторские програ́ммы, конце́рты; документа́льные фи́льмы на острсоциа́льные те́мы; исто́рии о лю́дях и собы́тиях, измени́вших мир и повлия́вших на нас.

Звезда́ — э́то общеросси́йский госуда́рственный обще́ственно-патриоти́ческий телекана́л. Осно́ву веща́ния телекана́ла составля́ют информацио́нные и аналити́ческие переда́чи, посвящённые исто́рии, культу́ре, нау́ке и спо́рту,

"今日俄罗斯"为俄罗斯多语种24小时不间断播报的国际信息频道，成立于2005年12月。频道主要以新闻报道和娱乐节目为主，同时播报世界各地发生的重大事件和新闻。

对"俄罗斯电视网络STS电视台"最感兴趣的是青少年观众。该台新设立了一档别具一格的节目"成功秀"。这是俄罗斯版的美国"四强"节目。该节目所展示的是非专业音乐演奏者的比赛，比赛中有真人秀与高难度游戏等环节。

"ТНТ电视台"成立于1998年。创建者将台名解释为"你的新电视台"。该台曾定位于广泛的电视观众，节目包括新闻、动画片、电视连续剧。从2003年2月1日起，该频道完全改变了其主题，开始侧重真人秀及各种娱乐性节目。ТНТ台是属于大学生和职场新人的频道。该频道观众年龄多居于18至35岁之间。

"家庭台"所针对的观众是25岁以上的女性。电视台所播放的内容也与之相应：推荐美味烹调，家庭和睦指导，简易家装维修，只言片语谈旅游，长篇大论说宠物。该台的电视连续剧尤其受到了特别的青睐，观众对该电视剧的喜爱始于之前巴西电视连续剧《女奴》的播放。

"中央电视台"为全俄联邦电视频道，归莫斯科市政府所有。该频道播放许多反映首都生活的新闻，也通过直播窗口报道各地所发生的事件。

"雨"是一个与电视观众互动性较强、内容新颖活泼的新型电视台。该台50%以上的时间用于直播。所播出的内容有时事新闻，观众点评，圆桌辩论，主持人节目，音乐会实况，反映社会尖锐题材、展现改变世界和影响当代的历史人物和事件的纪录片等。

"红星台"为全俄国立公众爱国主义教育频道。历史、文化、科学和体育方面的分析报道以及（例如武器演变等知识和竞技类节目构成了该台播放的主要内容。频道探讨俄罗斯军队中的重大问题，分析军队的发展进程及远景，剖析俄罗斯政治和文化生活中的重大问题。电视台隶属于红星媒体集团，俄联邦国防部通过俄罗斯武装力量广播电视公司控制该媒体集团。

"俄罗斯商业咨询台"成立于2003年，是一家评论型新闻报道频道，重点关注经济、政治、金融题材。电视台所有的节目均由众多从事金融评论的专业分析人员制作而成。

"俄罗斯文化频道"属国家频道，于1997年开播，隶属于全俄国家电视广播公司。该频道播放俄罗斯文化节目。"文化新闻"节目注重的不是政治时事，而是俄罗斯文化生活中的各种轶闻趣事。

无线电广播业

据俄联邦电信信息技术和大众传媒监管局提供的信息，截至2019年12月31日，俄罗斯共注册有3002家广播电台。据 Megascope 咨询调研公司的研判，截至2019年1月，俄罗斯全国有不少于1.1亿人日常收听电台广播。广受欢迎的电台有：

"欧罗巴+"是俄罗斯最大的广播电台。该自营电台成立于苏联时期，因其精湛的节目征服了几乎整个独联体。"欧罗巴+"于1990年4月30日开播，所有播放通过众多的转播装置，包括俄罗斯"亚马尔-200"和美国"Intelsat-904"通讯卫星实现。电台听众的平均年龄为18—25岁。

"交通台"多为主持人自编自导节目，内容涉及各方面题材：行车指南、音乐评论、快意旅游、追忆往昔、品牌世界等等。在这些节目中，"交通台"主持人讲述长途旅行、与汽车品牌相关的各种趣闻。

"行车台"为俄罗斯音乐广播电台。该台的受众对象是所有年龄段的开车听众。电台大多数时间是播放各种不同风

познавательные и образовательные программы (история оружия и так далее). Освещаются проблемы российской армии, её развития и перспектив, проблемы политической и культурной жизни России. Канал принадлежит медиагруппе «Звезда», которую курирует Министерство обороны Российской Федерации посредством ОАО «Телерадиокомпания Вооружённых сил Российской Федерации „Звезда"».

РБК (Рос Бизнес Консалтинг) был основан в 2003-ем году как информационно-новостной канал с обзорами на экономические, политические и финансовые темы. Все сюжеты канала создаются вместе со множеством профессиональных аналитиков, занимающихся финансовыми обзорами.

Россия-Культура — государственный телеканал, который начал работу в 1997-ом году, является частью ВГТРК «Россия». Специфика канала — программы о культуре России. В центре внимания информационной программы «Новости культуры» — не политика, а события культурной жизни России.

Радиовещание

По информации Роскомнадзора о состоянии на 31-ое декабря 2019-ого года количество зарегистрированных радиоканалов в России составляет 3002. По данным аналитического агентства Megascope по всей стране (на январь 2019) радио слушают не менее 110 млн человек. Самые популярные радиостанции в России следующие:

Европа Плюс — самая крупная радиостанция России. Основанная ещё при СССР, эта коммерческая станция завоевала чуть ли не всю территорию СНГ благодаря своим программам. Начала вещание Европа Плюс 30-ого апреля 1990-ого года. Вещание ведётся рядом передатчиков, а также спутниками «Ямал 200» и «Intelsat 904». Средний возраст аудитории радиостанции — 18-25 лет.

В эфире **Дорожного радио** выходят авторские программы на самую разную тематику: «Запаска», «Музыкальное обозрение», «Путешествие с удовольствием», «То время», «Торговые знаки» и др. В них ведущие Дорожки рассказывают о самых интересных новостях из путешествий, торговых марок и, конечно, из автомобильной сферы.

Авторадио — российская музыкальная радиостанция. Это радио рассчитано на слушателей всех возрастов. Главное, чтобы человек находился в дороге. Подавляющее большинство эфирного времени отдано самой разнообразной музыке, которая прерывается оповещениями о происходящих на дорогах событиях. Главные программы — это «У нас есть новости», «Народные новости», «Автомонитор», ток-шоу, «Живые концерты», «Автоликбез», «Звёзды рулят», «Большое путешествие», «Время спорта» и др.

Русское Радио отличается от других подобных станций трансляцией песен на русском языке. Выходят в эфире такие программы, как «Золотой граммофон», «Деньги на бочку», «Ближе к телу», «Вкусная жизнь», «Людям о людях», «Русские каникулы», Развлекательное вечернее шоу «Всё к лучшему», «Модный базар», «Дембельский Альбом», «Дневники Шёлкового Пути», «Новости на Русском», Утреннее шоу «Русские Перцы», «Стол заказов» и др.

Ретро FM Понятие «ретро» расширялось по мере того как станция перешла из века прошлого в век нынешний. Сейчас она транслирует также хиты девяностых годов. Ориентируется «Ретро FM» в основном на слушателей, которые ностальгируют по хорошим песням прошлого. В основном это люди старше 30 лет.

В эфире **Радио Шансон** выходит передача «Только для вас», «Эээх, Разгуляй — музыкальный марафон» — самая динамичная и весёлая программа в радиоэфире России, Хит-парад «Шансон года», «Будь здоров!», «Чемодан», «Дави на газ», «Культпоход» др.

Вести FM — это полностью информационная программа. Благодаря мощному материнскому холдингу ВГТРК, получают их «с пылу с жару», из первых рук.

Юмор FM — это единственная радиостанция, эфир которой на все 100% заполнен смехом и шутками.

Газеты и журналы

В 2019-ом году в Российской федерации было зарегистрировано 16089 газет и еженедельников, также зарегистрировано 23965 журналов, 672 альманаха, 1206 сборников, 939 бюллетеней, 7258 сетевых изданий и 3953 электронных периодических издания.

Нужно указать, что печатные издания — самый распространённый и эффективный вид СМИ в РФ. Статистика Российской книжной палаты отмечает быстрое уменьшение количества газет (печатныхверсий) и их суммарного тиража с 2013-ого года. Так в 2013-ом году в России выходило 11109 газет (максимальный показатель по данным Российской книжной палаты), а в 2019-ом году только 8503 газеты.

格的音乐，插播报告路况信息。主要播放的节目有"重要时讯""民间新闻""行车监控""脱口秀""音乐会实况""驾车扫盲""明星驾驶术""长途行车""体育时光"等。

"俄语台" 不同于其他广播电台，该台只播放俄语歌曲。播放的节目有"金色留声机""理财之道""健康保健""滋味人生""世人百态""俄式假期"、晚间娱乐秀"一切皆安""摩登市场""战友存照""丝路日志""俄语新闻"、晨早秀"俄式戏谑""亲友祝福"等。

"调频怀旧台" "怀旧"的概念随着该电台的播放从20世纪跨入本世纪逐渐扩大。目前电台还播放有90年代的名曲名歌。"调频怀旧台"的主要听众是那些对优秀老歌念念不忘的30岁以上的群体。

"香颂音乐台" 的节目有"只是为了您""嗨起来吧，音乐马拉松"（俄罗斯最富动感和活力的一款广播栏目)、"香颂年度歌曲排行榜""祝你健康""背包远游""开足马力""文化大观"等。

"调频新闻台" 全时段播放新闻节目。得益于母公司全俄国家电视广播公司的大力支持，新闻台总能获得"刚出炉"的第一手讯息。

"调频小品台" 是唯一一家始终充满欢声笑语、幽默诙谐的广播电台。

报刊

2019年，俄罗斯共注册有16089种报纸（含周报），注册杂志总数为23965家，不定期丛刊672期，集子1206册，简报939份，7258种网络出版物和3953种电子期刊。

应该指出的是，纸制印刷品为俄联邦利用最广、效果最佳的媒体形式。俄罗斯书籍印刷局指出，相比于2013年，俄罗斯报刊总数已大为减少。2013年俄罗斯共出版了11109种（根据俄罗斯出版署最大登记数）报纸，而2019年则只有8503种报纸。

同报纸出版量相比，期刊数量减少幅度略小。俄罗斯杂志种类最高数量出现在 2015 年，总数为 8173 种。2019 年注册登记期刊数为 7507 家，其中杂志发行为 7072 种。

苏联解体后出版业日趋自由化，几乎所有原来的出版单位都改变了自己的隶属关系，不再从属于国家。出现了大批私人报刊。报纸的内容基本上可分为三大类：社会政治类、行业类、信息娱乐类。

社会政治类报刊 在苏联时期创刊、至今仍享有盛名的报纸有：《真理报》（1912 年创刊）、《消息报》（1917 年创刊）、《劳动报》（1921 年创刊）、《共青团真理报》（1924 年创刊）。这些报纸过去都是中央直属的社会政治类报刊，现均已开始"独立"报道。

最畅销的报纸是《论据与事实报》。这是一份社会政治周报。1990 年该报曾因巨大的发行量（3350 万份）载入吉尼斯纪录。根据社会学家的统计，今天《论据与事实报》的读者总数约为 1000 多万。该报创刊于 1979 年。读者的平均年龄为 30 至 35 岁。该报通常登载政治、经济时事的评论文章、新闻跟踪，报道时事和青年消息，刊登天气预报、电视和无线电广播节目预告，并设有答读者问栏目。该报的读者来自原苏联各加盟共和国、东欧、西欧、美国、加拿大、以色列、澳大利亚等国家和地区。在俄罗斯，该报有 62 个地方性附刊（如《库尔斯克论据与事实报》《马加丹论据与事实报》等）。该报深受欢迎的主题栏目有"论据与事实报——我是年轻人"、"论据与事实报——健康"、"论据与事实报——在别墅里"、"论据与事实报——母与女"等。

《独立报》属社会政治类报刊，自 1990 年发行。该报面向广大读者，刊登有关俄联邦总统、俄联邦总统办公厅人员、俄联邦部长活动的材料，报道俄罗斯国内外时事、体育、文

По сравнению с изданием газеты в отношении журналов не наблюдалось столь резкое уменьшение. В России наибольшее количество издания 8173 журналов наблюдается в 2015-ом году. В 2019-ом году зарегистрировано всего 7507 журналов, сборников и бюллетеней, среди которых издавалось 7072 журнала.

После распада СССР с установлением свободы почти все существовавшие ранее издания изменили свой статус, перестав быть государственными, возникла масса частных газет и журналов. По содержанию газеты делятся, в основном, на три типа: общественно-политические, отраслевые, информационно-развлекательные.

Общественно-политические газеты В настоящее время по-прежнему пользуются популярностью газеты, созданные в Советском Союзе; это «Правда» (издаётся с 1912-ого года), «Известия» (с 1917-ого года), «Труд» (с 1921-ого года), «Комсомольская правда» (с 1924-ого года). Раньше они относились к центральным общеполитическим газетам, теперь все они уже стали «независимыми».

Самой популярной российской газетой являются **«Аргументы и факты»**. Это общественно-политический еженедельник. В 1990-ом году за фантастический тираж (33,5 млн экземпляров) газета была внесена в книгу рекордов Гиннеса. По оценкам социологов, сегодня читательская аудитория «АиФ» составляет не менее 10 млн человек. Газета выходит с 1979-ого года. Средний возраст читателей — 30-35 лет. Газета публикует комментарии к событиям в политике и экономике, журналистские расследования, рассказывает о событиях в горячих точках, о молодёжи, печатает прогнозы погоды, материалы о телевидении и радио, отвечает на вопросы читателей. «АиФ» читают в странах бывшего Советского Союза, в Восточной и Западной Европе, США, Канаде, Израиле, Австралии. В России газета имеет 62 региональных приложения (например, «АиФ–Курск», «АиФ-Магадан» и др.). Очень популярны тематические приложения газеты «АиФ. Я — молодой», «АиФ. Здоровье», «АиФ. На даче», «АиФ. Дочки-матери» и другие.

«Независимая газета» — общественно-политическая газета, выходит с 1990-ого года. Рассчитана на широкий круг читателей, публикует материалы о деятельности Президента Российской Федерации, Администрации президента РФ, министров РФ, о событиях в регионах России и за рубежом, материалы о спорте, культуре, печа́тает материа́лы, посвящённые пробле́мам СМИ, рекла́му, календа́рь знамена́тельных дат. Деви́з газе́ты — слова́ древнери́мского исто́рика Та́цита «Sine ira et studio», что зна́чит «Без гне́ва и пристра́стия».

«Пра́вда» — газе́та традицио́нно коммунисти́ческой ориента́ции, осно́вана в 1912-ом году́. Это печа́тный о́рган Коммунисти́ческой па́ртии Росси́йской Федера́ции. Газе́та выхо́дит 3 ра́за в неде́лю.

«Ве́домости» — ежедне́вная делова́я газе́та, издаётся с 1999-ого г. совме́стно с веду́щими мировы́ми би́знес-газе́тами *The Wall Street Journal, Financial Times*. Газе́та информи́рует чита́теля о важне́йших экономи́ческих, фина́нсовых и полити́ческих собы́тиях.

«Коммерса́нтъ» — обще́ственно-полити́ческая ежедне́вная газе́та с обши́рным делови́м разде́лом. В газе́те освеща́ются экономи́ческие и полити́ческие проце́ссы, фина́нсовые ры́нки, но́вости дня. «Коммерса́нтъ» был осно́ван в 1909-ом году́, но с 1917-ого по 1991-ый год не выходи́л. В основно́м чита́тели газе́ты — э́то лю́ди с вы́сшим образова́нием, руководи́тели, бизнесме́ны.

«Труд» — кру́пная росси́йская общенациона́льная газе́та, выхо́дит с 1921-ого го́да. Публику́ет информа́цию о социа́льной, полити́ческой, экономи́ческой, культу́рной сфе́рах жи́зни в Росси́и и стран бли́жнего и да́льнего зарубе́жья. Мно́го внима́ния газе́та уделя́ет профсою́зному движе́нию, защи́те социа́льно-экономи́ческих интере́сов и прав рабо́чих и слу́жащих. Деви́з газе́ты: «Т—тради́ции, Р—разнообра́зие, У—уваже́ние, Д—достове́рность».

Отраслевы́е газе́ты К отраслевы́м газе́там отно́сятся «Медици́нская газе́та», «Учи́тельская газе́та», «Гудо́к» (для рабо́тников железнодоро́жного тра́нспорта) и други́е. Большо́й популя́рностью по́льзуется «Литерату́рная газе́та». Кро́ме того́, существу́ют ещё «Фина́нсовая газе́та», «Торго́во-промы́шленные ве́домости», «Делово́й мир», «Век» и др.

Информацио́нно-развлека́тельные газе́ты Осо́бенностью после́дних 20 лет явля́ется возникнове́ние чи́сто развлека́тельных и чи́сто информацио́нных изда́ний. Наприме́р, журна́л «Ваш Досу́г». Да́нный журна́л представля́ет чита́телям широ́кий о́бзор культу́рных собы́тий и возмо́жностей проведе́ния досу́га в Москве́. Все материа́лы сопровожда́ются подро́бной спра́вочной информа́цией. Основно́е содержа́ние журна́ла — э́то о́тзывы на актуа́льные собы́тия культу́рной и столи́чной жи́зни,

化等方面的消息，刊载一些有关大众传媒问题的材料、广告、史上今日等。该报的口号是古罗马历史学家塔西陀的一句名言：Sine ira et studio, 意为"不怒不苦，客观公正"。

《真理报》是一份历来定位于共产主义宣传的报纸，创刊于1912年，为俄联邦共产党机关报。每周3期。

《信息报》为每日发行的商报，与在世界上起主导作用的商报*The Wall Street Journal, Financial Times*齐名。它创刊于1999年。报纸向读者提供最重要的经济、财经和政治时事。

《商贾报》（又译《生意人报》）是一份社会、政治日报，刊有大量的商业信息。该报报道政商要闻、财经时事。《商贾报》创刊于1909年，但曾于1917年至1991年停刊。读者主要为受过高等教育的人士、领导阶层和商人。

《劳动报》是一份针对全体俄罗斯人的报纸，发行量很大，创刊于1921年。这是一份刊登俄罗斯和国外社会、政治、经济、文化生活领域信息的报纸。该报关注工会运动、工人及职员的社会、经济利益和权利的维护。报纸的座右铭是："Т——崇尚传统，Р——五花八门，У——恭敬有加，Д——翔实可信"。

行业类报刊 属这类报刊的有《医学报》《教师报》《汽笛报》（针对铁路交通工作人员）等。最受欢迎的报纸为《文学报》。此外还有《财经报》《工贸信息报》《实业世界报》《时代报》等。

信息娱乐类报刊 最近20年中，引人关注的是出现了一批纯娱乐和纯信息的报刊。如《您的休闲时光》杂志，向读者广泛地介绍文化界发生的林林总总事件和莫斯科形形色色的度假场所。全部介绍均配有联系方式指南。杂志侧重于有关文化界和首都生活重大事件的报道，明星采访，电影新片

журнал «Ваш Досуг»

介绍，剧院、影院、音乐会的节目预告，莫斯科市内不同类别的俱乐部、餐厅和其他的休闲场所以及有关旅游、美容和保健的评论。

《征婚报》帮助单身男女寻找伴侣。

《体育快讯》属周报，主要报道俄罗斯及世界体育新闻。

《文化周报》创刊于1929年，1991年之前为《苏联文化报》。它面向广大读者，报道有关俄罗斯、独联体各国和国外的文化生活，刊登剧评、影评、书评、对文化活动家和影剧演员的采访录。

《交谈者》是一份带有插图的青年周报，创刊于1984年。《交谈者报》面向俄罗斯和原苏联各加盟共和国的青年读者。现在报纸成为文简图茂的小报（属大众小报），刊登明星爆料、政治丑闻、体育和音乐方面的消息。

杂志 除了苏联时期创刊的社会政治、文学杂志，诸如《新世界》（1925年创刊）、《旗帜》（1931年创刊）、《科学与生活》（1934年创刊）之外，还出现了许多新的文学杂志和人文专业类杂志，如：《信使》《新文学评论》《逻各斯》《祖国》《开端》等等。

интервью́ со звёздами, ано́нсы кинопремье́р, репертуа́ры теа́тров, кино́, конце́ртов, классифика́ция (пе́речень) моско́вских клу́бов, рестора́нов и други́х мест проведе́ния досу́га, а та́кже обзо́ры, посвящённые тури́зму, красоте́ и здоро́вью.

«Газе́та бра́чных объявле́ний» помога́ет одино́ким лю́дям найти́ друг дру́га.

Еженеде́льная газе́та **«Спорт-экспре́сс»** расска́зывает о новостя́х спорти́вной жи́зни Росси́и и ми́ра.

«Культу́ра» — еженеде́льная газе́та. Выхо́дит с 1929-ого го́да. До 1991-ого го́да называ́лась «Сове́тская культу́ра». Рассчи́тана на ма́ссового чита́теля. Публику́ет материа́лы о культу́рной жи́зни в Росси́и, стра́нах СНГ и за рубежо́м, реце́нзии на но́вые спекта́кли, кинофи́льмы, кни́ги, интервью́ с де́ятелями культу́ры, арти́стами теа́тра и кино́.

«Собесе́дник» — иллюстри́рованный молодёжный еженеде́льник, выхо́дит с 1984-ого го́да. «Собесе́дник» ориенти́рован на молодёжную аудито́рию Росси́и и стран бы́вшего СССР. В настоя́щее вре́мя газе́та ста́ла табло́идом (ма́ссовой бульва́рной газе́той), публику́ет материа́лы о звёздах, полити́ческих сканда́лах, спо́рте, му́зыке.

Журна́лы Наряду́ с обще́ственно-полити́ческими и литерату́рными журна́лами, со́зданными в СССР («Но́вый мир» <с 1925-ого го́да>, «Зна́мя» <с 1931-ого го́да>, «Нау́ка и жизнь» <с 1934-ого го́да>), появи́лось мно́го но́вых литерату́рных журна́лов и журна́лов гуманита́рного про́филя, наприме́р, «Ве́стник», «Но́вое литерату́рное обозре́ние», «Ло́гос», «Ро́дина», «Нача́ло» и други́е.

«Огонёк» — еженедельный журнал для всей семьи. Впервые журнал вышел в декабре 1899-ого года как иллюстрированное литературно-художественное приложение к газете «Биржевые ведомости», с 1902-ого года стал самостоятельным, дешёвым и очень популярным журналом. В 20-ые годы оформился стиль журнала: портрет знаменитого человека на обложке, в каждом номере — стихи и рассказ, иногда — детектив с продолжением, фоторепортажи и яркие цветные репродукции шедевров мировой культуры.

Популярный еженедельный деловой журнал **«Профиль»** выходит с 1996-ого года. Журнал публикует материалы о деятелях политики, культуры, о бизнесменах. Каждые 3 месяца печатается рейтинг российских банков. Журнал ориентирован на экономистов, бизнесменов, финансистов.

В последнее время российская пресса стала гораздо более богатой и разнообразной, довольно полно воспроизводит существующий в обществе спектр позиций и точек зрения, стремится учесть запросы различных социальных и культурных групп.

《星火》是一份面向家庭的周刊。该杂志带有插图，作为《交易所信息报》的文艺附刊于 1899 年 12 月创刊，从 1902 年起成为一份广受欢迎的独立发行、价格低廉的杂志。杂志的风格形成于 20 世纪 20 年代：封面印有著名人物的肖像，每一期都刊载诗歌和短篇故事，有时刊登侦探小说连载、摄影作品和对各种世界著名文化作品的彩色翻印。

深受欢迎的商业周刊《侧影》创刊于 1996 年。杂志刊登有关政治活动家、文化活动家和商人的信息。该刊 3 个月公布一次俄罗斯银行的排名情况。杂志面向经济学家、商人和财经人士。

近年来，俄罗斯刊物的种类日趋繁多，全面再现了当今社会的各种立场和观点，力求顾及不同社会和文化群体的需求。

Новые слова

тираж 发行量
легализация 认证，合法化
реорганизация 改组
аудитория 读者
скандал 丑闻
расшифровывать 解释为
документалистика 新闻
мультфильм 动画片
нацелить 瞄准

альманах 不定期丛刊
знаменательный 意义重大的
девиз 口号
пристрастие 倾向性
рецензия 评论
таблоид 文简图茂的小报
профиль 专业，侧面
биржевой 交易所的

Вопросы и задания

1. Как изменилась система теле- и радиовещания после распада СССР?
2. Какая премия присуждается в области телевидения? Что значит её название? Кто её присуждает?
3. Какие телевизионные программы вам больше всего нравятся? Почему?
4. Расскажите коротко о радиовещании в современной России.
5. Как изменился статус изданий российской прессы после распада СССР?

6. На какие три типа делятся российские газеты?
7. Какая еженедельная газета является самой популярной в России? О чём в ней можно прочесть? За какой рекорд она попала в «Книгу рекордов Гиннеса»?
8. Какие материалы печатаются в «Независимой газете»?
9. На кого, в основном, рассчитаны газеты «Ведомости» и «Коммерсантъ»? Докажите своё мнение.
10. Какие отраслевые газеты выходят в России? Какая из них пользуется большой популярностью?
11. Какие информационно-развлекательные газеты выходят в России? Расскажите об одной из них.
12. Назовите общественно-политические и литературные журналы, которые издаются в современной России.
13. Расскажите о старейшем российском журнале-еженедельнике.

РУССКИЙ НАРОД

（俄罗斯人）

Вне́шность и оде́жда

При́нято счита́ть, что ка́ждый наро́д име́ет характе́рную вне́шность. Мо́жет быть, и вам каза́лось, что все ру́сские голубогла́зые и́ли серогла́зые, светловоло́сые, высо́кие и кре́пкие (не исключа́я же́нщин), как те сибиряки́ и́ли казаки́, о кото́рых вы, наве́рно, чита́ли. И в пе́рвый же день в Росси́и вы мо́жете убеди́ться, что э́то представле́ние бы́ло непра́вильным. Коне́чно, на у́лице вы мо́жете повстреча́ть тако́го челове́ка, о кото́ром с уве́ренностью ска́жете «типи́чный ру́сский», но не ча́ще, чем в любо́й друго́й стране́. Росси́я — многонациона́льное госуда́рство. Во вре́мя ва́шей пе́рвой прогу́лки вы уви́дите на у́лицах люде́й, похо́жих на скандина́вов и на монго́лов, на инди́йцев и на жи́телей Средиземномо́рья. Возмо́жно, ра́ньше вам каза́лось, что и одева́ются ру́сские как-то осо́бенно. Тепе́рь вы поймёте, что э́то не так. Вы́йдите ве́чером на Тверску́ю (бы́вшую у́лицу Го́рького) и́ли на Но́вый Арба́т — э́то люби́мые места́ вече́рних прогу́лок москвиче́й. Вы не уви́дите здесь люде́й в национа́льных ру́сских руба́хах навы́пуск, в украи́нских сви́тках и́ли в восто́чных хала́тах; по у́лицам не спеша́ прогу́ливаются по-европе́йски оде́тые лю́ди, каки́х мо́жно бы́ло бы встре́тить и в Ло́ндоне, и в Пари́же на Елисе́йских поля́х, и в Варша́ве.

Сво́йства хара́ктера ру́сского наро́да

Важне́йшая характе́рная черта́ ру́сской жи́зни — противоречи́вость. Гла́вным о́бразом, влия́нием це́лого ко́мплекса фа́кторов, а и́менно: географи́ческого, приро́дно-климати́ческого, этни́ческого, истори́ческого и религио́зного. Наибо́лее ва́жные фа́кторы — э́то огро́мность равни́нных простра́нств, на кото́рых сформирова́лась ру́сская на́ция, их откры́тость. Широ́кая во́льность равни́нных простра́нств и суро́вый кли́мат формирова́ли распа́хнутость и ще́дрость ру́сской души́,

相貌与衣着

通常认为，每个民族都有其特定的外表特征。也许，您会认为所有俄罗斯人都是蓝眼睛或灰眼睛，浅色的头发，身高体壮（女性也不例外），大概就像您在书上读到过的西伯利亚人和哥萨克人一样。然而，到俄罗斯的第一天您就会发现这种想法是大错特错了。当然，您在街上可以遇到那些毫无疑义的"典型的俄罗斯人"；但是，他们的人数可能并不比在任何其他国家更多。原因在于俄罗斯是一个多民族的国家。您第一次在街上闲逛时，就会见到一些长得像斯堪的纳维亚人、蒙古人、印度人或地中海人的居民。也许，您原来以为俄罗斯人的穿着也有些特别。现在您会明白不是这么回事。希望您晚上能到特维尔大街（从前的高尔基大街）或新阿尔巴特大街走走，那里是莫斯科人夜晚喜爱溜达的地方。在这里，您未必会看到身穿俄罗斯民族衬衣、衫襟放在裤腰外面的人，也看不到身着乌克兰长袍或东方长衫的人。漫步于街头的人们穿着和西方人一样，同在伦敦、巴黎香榭丽舍大街、华沙所见到的人毫无二致。

民族性格特征

俄罗斯民族最重要的特征是自我矛盾的性格。这里，起影响作用的综合因素有地理因素、气候自然因素、种族因素和历史宗教因素。上述诸因素中，最重要的因素是广袤无垠的平原。正是这些平原造就了俄罗斯民族，形成了他们特有的开放性。广阔自由的平原和严峻的气候造就了俄罗斯人直率和慷慨的性格。由此形成的一个重要的特点就是俄罗斯人喜欢自我剖析和善于克服困难。另一方面，广袤无垠的空间（田野和茂密的森林）对俄罗斯人的心灵也起到了压抑的作用，使其甘心于听天由命。因此，在俄罗斯人身上没有形成欧洲人式的精打细算、对时间和空间紧凑的利用、文化上的急功近利和实用主义。

俄罗斯民族性格究竟具有哪些主要特点呢？首先，俄罗斯人聪明勤劳，它具有各方面的禀赋，在社会生活的不同领域中都表现出了极强的能力。俄罗斯人具有敏锐的观察力、理论思维能力和实际工作能力、天生的悟性和发明创造性。

俄罗斯人智力方面的直觉、他们对科学的擅长明显地表现在所有的自然科学、技术和人文科学各领域中，其中也包括俄罗斯哲学。有关生活的意义，人在地球上的作用，关于上帝和灵魂的思考，始终是俄罗斯人所关注的中心。

俄罗斯人的基本内在特征还包括热爱自由，不断探寻真理和正义，敢于批评官方制定的法规、制度和价值标准。

俄罗斯数千年的历史进程表现为俄罗斯民族为了自由和独立不断斗争的历程。这里曾经发生过无数次的起义和暴动，如抗击蒙古联军的入侵，1812年反对拿破仑的卫国战争，尤其是1941至1945年反对德国法西斯侵略的伟大的卫国战争。十二月党人起义（1825）、第一次国内革命（1905—1907）、1917年的二月革命和十月革命，均谱写了俄罗斯解放运动绚丽的篇章。

毫无疑问，俄罗斯民族具有顽强的意志，他们勇敢、不畏强暴。与此同时，上述的每一种精神都为俄罗斯人的一种巨大的热情——一种包罗万象的热情所容纳。俄罗斯人身上所充满的强烈的情感和过盛的精力常常导致他们偏离理智的分析和对世界本身清醒的认识。不仅如此，这有时还导致他们将自卫的本能放在第二位。这

её существенную черту — созерцательность, а также умение преодолевать трудности. С другой стороны, эти же необъятные пространства (поля, дремучие леса) подавляли эту душу, порабощали её. В результате в русском человеке не выработалась европейская расчётливость, экономия времени и пространства, интенсивность культуры и прагматизм.

Каковы́ же основны́е сво́йства хара́ктера ру́сского наро́да? Пре́жде всего́, ру́сский челове́к о́чень одарён и трудолюби́в. Он облада́ет мно́жеством тала́нтов и спосо́бностей во всех областя́х обще́ственной жи́зни. Ему́ сво́йственны наблюда́тельность, теорети́ческий и практи́ческий ум, приро́дная смека́лка, изобрета́тельность.

Интеллектуа́льная интуи́ция россия́н, их спосо́бность к нау́чному позна́нию я́рко проявля́ются во всех сфе́рах естественнонау́чной, техни́ческой и гуманита́рной мы́сли, в том числе́ в ру́сской филосо́фии. В це́нтре её внима́ния всегда́ бы́ли вопро́сы о смы́сле жи́зни, о ро́ли челове́ка на Земле́, о Бо́ге и душе́.

К числу́ основны́х, глуби́нных свойств ру́сского наро́да отно́сится та́кже любо́вь к свобо́де, постоя́нное стремле́ние к по́иску пра́вды и справедли́вости, сме́лая кри́тика официа́льных пра́вил, установле́ний и це́нностей.

Весь тысячеле́тний истори́ческий путь Росси́и отме́чен постоя́нной борьбо́й ру́сского наро́да за свою́ свобо́ду и незави́симость, бы́ли многочи́сленные восста́ния и бу́нты: про́тив тата́ро-монго́льского наше́ствия, и во вре́мя Оте́чественной войны́ 1812-ого го́да про́тив Наполео́на, и осо́бенно — в го́ды Вели́кой Оте́чественной войны́ 1941-ого –1945-ого годо́в про́тив агре́ссии герма́нского фаши́зма. Я́ркие страни́цы освободи́тельного движе́ния в Росси́и: восста́ние декабри́стов (1825-ый год), пе́рвая наро́дная револю́ция (1905-ый – 1907-ой го́ды), револю́ции в феврале́ и октябре́ 1917-ого го́да.

Среди́ черт ру́сского хара́ктера, вне вся́кого сомне́ния, — си́ла во́ли, му́жество и сме́лость. Причём ка́ждое из э́тих свойств преломля́ется в пассиона́рности, то есть всепоглоща́ющей стра́стности ру́сских. Таки́х люде́й постоя́нно переполня́ют эне́ргия и эмо́ции, отвлека́ющие их от рациона́льного ана́лиза и тре́звой оце́нки со́бственных де́йствий. Бо́лее того́, иногда́ э́то да́же отодвига́ет у них на второ́й план инсти́нкт самосохране́ния. В таки́х слу́чаях они́ де́йствуют без колеба́ний и разду́мий. Я́рки и многочи́сленны проявле́ния могу́чей си́лы во́ли, мужества и смелости русских людей в политической истории России. Широко известны также мужество, героизм и самопожертвование русских людей во время многочисленных войн за свободу и независимость своего отечества.

Характерные черты русских людей — это также доброта, гуманность и душевная мягкость. Они находят выражение в милосердии, жалостливости, стремлении всегда прийти на помощь тому, кто оказался в беде, поделившись с ним последним, что есть у самого. Русский народ даже к преступникам относится так же, как к несчастным.

Общеизвестно русское гостеприимство, щедрость, широта натуры и открытость русских людей. Для гостя в русском доме всё: и внимание, и забота, и лучшее место, и лучшее угощение. Даже сейчас, в условиях рыночных реформ, когда всё в России меняется, когда большинство людей переживает огромные материальные и морально-психологические трудности, неизменным остаётся русское гостеприимство.

Одной из основных, глубинных черт характера русского народа является также религиозность. На протяжении тысячелетия, вплоть до начала 20-ого века, Россия была православным государством. Религиозное мировоззрение наложило отпечаток на все формы как государственной, общественной, так и частной жизни людей. Оно сыграло важную роль в формировании как нации в целом, так и личности русского человека в отдельности. Доброта, жертвенность, бескорыстие, благожелательность, смирение, терпение, аскетизм, святость — все эти и многие другие черты русского народа сформировались под влиянием православия.

К сожалению, описанные нами положительные свойства русского национального характера имеют свою оборотную сторону — недостатки. К числу недостатков русских людей следует отнести неорганизованность, отсутствие строгой дисциплины, пунктуальности и рационализма. В результате русский характер не имеет строго выработанной формы и содержания. Отсюда резкая смена чувств, интересов, неумение или нежелание довести дело до логического конца, бесхозяйственность и нераспорядительность. Тесно связано с этим и такое негативное качество русского характера, как беспечность и легкомысленность.

时他们的行为具有轻率性和缺乏深思熟虑性。在俄罗斯政治史上，俄罗斯人的英勇无畏的精神和他们强大的意志多次鲜明地表现出来。俄罗斯人在为自由和祖国独立而进行的多次战争中所表现出来的勇敢无畏的英雄主义和自我牺牲精神是众所周知的。

善良、人道和柔软的心肠同样是俄罗斯人的典型特征。它们表现在俄罗斯人的慈悲、怜悯中。俄罗斯人始终力图帮助那些陷入困境的人，同他们分享其最后的一切。俄罗斯人甚至把罪犯也视为不幸的人。

众所周知，俄罗斯人好客、大方、心胸开阔、性格豪迈。在俄罗斯人家中，客人就是一切：主人对客人表现出无微不至的关怀，给客人准备了尊贵的上座和最好的招待。甚至在当今市场经济的条件下，尽管俄罗斯的一切都在发生着变化，尽管大多数俄罗斯人感受到了物质和心理道德方面所面临的巨大的压力，然而俄罗斯人的好客一如既往。

俄罗斯民族的另一个内在的基本特点是它的宗教性。在20世纪前的一千多年中，俄罗斯始终是一个信奉东正教的国家。宗教信仰在国家、社会和个人生活的各个方面都留下了它的印迹。无论是对于民族总体上的形成，还是对于个人个性的形成，宗教观都起着重大的作用。善良、富于牺牲精神、无私、和平相处、忍辱负重、自我克制、崇敬神圣——俄罗斯民族的所有诸如此类的特点都是在东正教的影响下形成的。

遗憾的是，我们上面所描写的俄罗斯性格中的长处同样具有其另一面——它的不足。俄罗斯人的不足首先是组织涣散，缺乏严格的纪律性，缺乏时间观念和理性主义。因此俄罗斯人的性格通常不具备严格的外部和内涵的表现形式。这就是为什么俄罗斯人情感和爱好急速多变，他们不善于或者不愿意按着严格的逻辑程序善始善终做好一件事，他们做事无规划，无秩序。与此相关的是俄罗斯性格中另一负面特征，即缺乏忧患意识和做事轻率。

俄罗斯人的另一个不足就是喜欢走极端。俄罗斯人经常遵循的一个原则是"要么一切，要么一无所有"。正如他们在一首流行歌曲中所唱的："要么一切，要么一无所有——我在心里默默祈求。上天啊，这是我唯一的愿望——要么一切，要么一无所有！"在社会生活的不同领域中，俄罗斯民族的这一偏执得到淋漓尽致的发挥：狂热主义、极端主义和激进主义。俄罗斯人可以在他们无畏地追求善的理念、追求正义和新的生活方式时，走入极端。在农民起义、革命和国内战争中所发生的诸多事件也同样与此相关。顺便提一句，90年代初在俄罗斯发生的历史事件也同样证实了这一点。

俄罗斯性格中的另一个负面特征就是惰性。这首先表现在他们做事漫不经心、马马虎虎、毫无责任心等方面。

与上述特点相关的是被称之为"马尼洛夫性格"的特征（取自于果戈理史诗《死魂灵》主人公的姓——马尼洛夫）。这一特征的实质在于：对周围的一切均想入非非或无所用心，毫无根据地善待一切。幻想和空谈从前存在，现在依然存在：用有限的人力去获取广袤的疆域、有关在一个国家内取得世界革命的胜利和建成社会主义的思想、要在最短的时间内赶超世界先进国家的目标、关于西伯利亚河流倒流的设想、要在2000年之前使每一家庭都拥有自己的住宅和房屋、500天建成资本主义等等。

俄罗斯性格中还具有残忍性这样的消极面。这种残忍性在日常生活中可以看到，首先表现在男性作为一家之主殴打妻子和孩子的专制中。在社会生活中也能找到许多例子，这导致社会艰难地寻求建设新的民主法治国家的途径。市场经济的改革引发了全国范围内的高犯罪率。犯罪已经成为当今某些特定社会阶层习以为常的生活方式。

俄罗斯人性格中的反面特征还包括虚无主义、嫉贤妒能、妄自尊大、自私自利、酗酒等等。在俄罗斯人的性格中，这些特点奇异地组合在一起，而最主要的是它们常常共存于各自极

Другая отрицательная черта — это склонность к крайностям. Русский часто действует по принципу «или всё, или ничего». Как поют в одной популярной песне: «Всё, повторю я, или ничего — Это тайний голос сердца моего. Я прошу у неба только одного — Всё или ничего!». Страстность русского народа в различных областях общественного бытия может доходить порой до крайней степени проявления: фанатизма, максимализма и экстремизма. До каких крайностей может дойти русский человек в своём смелом искании идеалов добра, справедливости и новых форм бытия, говорят события, связанные с крестьянскими восстаниями, революциями, гражданской войной. Впрочем, и события начала 90-ых годов в России подтверждают сказанное выше.

Отрицательная черта характера русских — это также леность. Это выражается прежде всего в небрежности, неряшливости, необязательности и т.п.

Тесно примыкает к указанной выше и такая черта, как «маниловщина» (от фамилии Манилова, героя поэмы Н.В. Гоголя «Мёртвые души»). Суть её в мечтательном и бездеятельном отношении к окружающему, беспочвенное благодушие. Мечтательность и прожектёрство существовали всегда и существуют сегодня: освоение огромных территорий при ограниченных людских ресурсах, идея победы мировой революции и построения социализма в одной стране, цель догнать и перегнать ведущие страны мира в кратчайшие сроки, повернуть сибирские реки вспять, дать каждой семье квартиру или дом к 2000-ому году, построить капитализм за 500 дней и т.д.

Есть в русской жизни такая негативная сторона, как жестокость. Она наблюдается и в бытовой жизни, прежде всего в деспотизме главы семьи в отношении жены и детей. Можно найти немало примеров и в жизни общества, мучительно ищущего пути строительства нового демократического правового государства. Рыночные реформы спровоцировали огромный рост преступности, захлестнувшей страну. Преступность сегодня стала стилем жизни в определённых социальных слоях.

К числу отрицательных свойств русского характера относятся также нигилизм, зависть, самохвальство, эгоизм, злоупотребление алкоголем и др. В характере русского человека они причудливо соединяются, а главное, существуют часто в своих крайних выражениях одновременно. Именно противоречивость этих свойств сказа́лась, наряду́ с други́ми фа́кторами, на судьбе́ ру́сского наро́да, его́ исто́рии и культу́ре. Сре́дний споко́йный эволюцио́нный строй жи́зни, ка́жется, никогда́ не реализо́вывался в Росси́и.

端的表现中。正是这种特征的矛盾性同其他因素一起，影响到俄罗斯民族的命运、历史和文化。一种中庸、平稳的社会进化制度似乎从来就不曾存在过。

Но́вые слова́ и словосочета́ния

навы́пуск 下摆宽松的俄式男衬衣
сви́тка 长袍子
Елисе́йские поля́ 香榭丽舍大街
распа́хнутость 敞开
порабоща́ть 征服
смека́лка 机灵

преломля́ться 折射
инсти́нкт 本能
беспе́чность 无忧无虑
неря́шливость 漫不经心
прожектёрство 纸上谈兵
спровоци́ровать 引发

Вопро́сы и зада́ния

1. Каки́м вы представля́ете себе́ типи́чного ру́сского? А как вы́глядит типи́чный представи́тель кита́йского наро́да? Сравни́те их.
2. Где лю́бят гуля́ть москвичи́?
3. Но́сят ли ру́сские свою́ национа́льную оде́жду в повседне́вной жи́зни? Как вы ду́маете, почему́?
4. Какова́ важне́йшая черта́ ру́сской жи́зни и ру́сского хара́ктера? Согла́сны ли вы с э́тим? Докажи́те свою́ то́чку зре́ния.
5. В чём проявля́ются противоре́чия ру́сской жи́зни?
6. Вы́пишите из те́кста че́рты ру́сского национа́льного хара́ктера, в том поря́дке, в како́м о них говори́тся в те́ксте.
7. Перепиши́те, располага́я ка́чества в поря́дке уменьше́ния ва́жности (пе́рвое — са́мое ва́жное и я́ркое, на ваш взгляд; второ́е — ме́нее ва́жное и я́ркое и т.д.) По́льзуясь спи́ском, раскро́йте поня́тие «ру́сский национа́льный хара́ктер».
8. Каки́е недоста́тки, по да́нным те́кста, есть в ру́сском национа́льном хара́ктере? Е́сли сле́довать фра́зе «недоста́тки — э́то продолже́ние досто́инств», то продолже́нием каки́х досто́инств явля́ются э́ти недоста́тки?
9. Что тако́е «мани́ловщина»? От фами́лии како́го литерату́рного геро́я образо́вано э́то сло́во?
10. Кто из геро́ев ру́сской литерату́ры име́ет типи́чный ру́сский хара́ктер? Докажи́те своё мне́ние.
11. По да́нным те́кста предста́вьте ко́ротко ру́сский национа́льный хара́ктер. Сравни́те с национа́льным хара́ктером кита́йского наро́да. Что о́бщего в да́нных хара́ктерах? В чём разли́чия?
12. Опиши́те хара́ктер реа́льного ру́сского (ва́шего дру́га, знако́мого, преподава́теля). Мо́жете ли вы назва́ть его́ типи́чным ру́сским? Почему́?

传统的民族爱好

每个民族都有其传统的爱好和利用业余时间的方式。在俄罗斯，如同其他西方国家一样，人们通常在影剧院、俱乐部度过自己的闲暇时光。俄罗斯人喜欢的体育项目是足球。当代俄罗斯，人们兴致所在的运动类型还有：保龄球、冲浪、高尔夫球、潜水等。

在俄罗斯，打发业余时间的传统方式是在别墅和菜园里劳作、休息、泡澡、钓鱼、采摘蘑菇和浆果。

夏季，人们通常是在郊外带有一小块土地的别墅中度过公休日和休假。很多人热衷于种植作物：在自己的菜园子里种上各种蔬菜，用不同的花卉来装扮自己的花园和房前小院。在俄罗斯已经形成打理菜园和花园的一整套文化：有专门的期刊和别墅（园艺）爱好者的专用历书；无线电和电视台转播专门的节目；另外，还有专业的园艺商店和大型商场中的园艺商品部。

在俄罗斯，光顾澡堂有着悠久的传统。泡澡不仅是讲究卫生的过程，更是一种健身和与亲朋好友交际的消遣方式。俄罗斯人泡澡时，通常使用白桦树、橡树、梧桐树的小树枝做成的浴帚。泡澡经常伴有浴间小酌。

大部分俄罗斯人（主要是男人）喜欢钓鱼，无论是夏天还是冬天，几乎将所有的闲暇时间都花费在岸边。垂钓是俄罗斯民族的一种休闲方式，借此可以在大自然同朋友交流，还可以为家中食品补充来源。

采摘蘑菇和浆果同样是俄罗斯人酷爱的活动，既能使人满足，又可以带来物质上的好处。采摘来的蘑菇和浆果常常会作为过冬的储备。

喜爱的话题

似乎世界上所有的男性都喜欢谈论国际形势、世界经济（尤其是当他们对所谈论的问题只是一知半解的时候）、汽车、

Традицио́нные национа́льные увлече́ния

У ра́зных наро́дов существу́ют свои́ традицио́нные фо́рмы увлече́ний, спо́собы испо́льзования свобо́дного от рабо́ты вре́мени. В Росси́и, как и в европе́йских стра́нах, лю́ди прово́дят свой досу́г в теа́тре, в кино́, в клу́бах. Люби́мым ви́дом спо́рта для россия́н явля́ется футбо́л. К подви́жным ви́дам увлече́ний в совреме́нной Росси́и отно́сятся разли́чные хо́бби, прише́дшие из други́х стран: бо́улинг, виндсёрфинг, гольф, да́йвинг и т.д.

Традицио́нными спо́собами времяпрепровожде́ния в Росси́и явля́ются рабо́та и о́тдых на да́чах и в огоро́дах, посеще́ние ба́ни, рыба́лка, сбор грибо́в и я́год.

Выходны́е дни и о́тпуск в ле́тнее вре́мя нере́дко прово́дят на да́че — загоро́дном до́ме с уча́стком земли́. Мно́гие лю́бят занима́ться се́льским хозя́йством: выра́щивать на свои́х огоро́дах о́вощи, украша́ть сады́ и палиса́дники разли́чными цвета́ми. В Росси́и существу́ет це́лая культу́ра, свя́занная с веде́нием огоро́дов и садо́в: выпуска́ются специа́льные журна́лы и календари́ да́чника /садово́да, веду́тся переда́чи на ра́дио и телеви́дении, откры́ты специализи́рованные магази́ны и отде́лы магази́нов, предназна́ченные для садово́дов.

Глубоко́ ухо́дит свои́ми корня́ми в про́шлое тради́ция посеще́ния ру́сской ба́ни. Посеще́ние ба́ни явля́ется не сто́лько гигиени́ческой процеду́рой, ско́лько спо́собом хорошо́ провести́ вре́мя с по́льзой для здоро́вья и пообща́ться с друзья́ми, ро́дственниками. В ру́сской ба́не при́нято па́риться ве́никами, пригото́вленными из берёзовых, ду́бовых, ли́повых ве́ток. Ба́ня нере́дко совмеща́ется с засто́льем.

Большо́е коли́чество россия́н увлечены́ рыба́лкой (преиму́щественно мужчи́ны) и прово́дят почти́ всё свобо́дное вре́мя (и ле́том, и зимо́й) на берега́х водоёмов. Рыба́лка явля́ется своего́ ро́да национа́льным ви́дом о́тдыха, прекра́сной возмо́жностью пообща́ться с друзья́ми на приро́де, а та́кже дополни́тельным исто́чником продово́льствия.

Ещё одни́м люби́мым увлече́нием россия́н, принося́щим как удово́льствие, так и материа́льную вы́году, явля́ется сбор грибо́в и я́год. Из со́бранных грибо́в и я́год гото́вят запа́сы на́ зиму.

Излю́бленные те́мы бесе́д

Мужчи́ны во всём ми́ре лю́бят поговори́ть о междунаро́дном положе́нии, о мирово́й эконо́мике (осо́бенно е́сли не являются специалистами в этих вопросах), об автомобилях, об охоте, рыбной ловле, альпинизме, туризме и других мужских занятиях, а также, разумеется, о спорте. Они охотно примут вас в свою компанию и выслушают ваше мнение: всегда интересно послушать человека со стороны.

Вряд ли ваш русский друг заинтересуется, если вы начнёте рассказывать ему о курсе акций или биржевой игре: всё это слишком далеко от его интересов (если он не экономист-международник, разумеется).

В беседе на спортивную тему вам, скорее всего, не удастся найти понимания, если вы заговорите о гольфе или бейсболе: эти виды спорта в России непопулярны. Но, заговорив о хоккее и футболе, вы сразу найдёте с вашим новым знакомым общий язык.

Разговор о шахматах очень «опасен»: если ваш друг увлекается этим видом спорта (а скорее всего, это так: Россия — великая шахматная держава), ваша беседа кончится за шахматной доской, и с этой минуты вы оба потеряны для общества.

Если ваш собеседник абсолютно равнодушен к спорту (бывает и такое), вы найдёте с ним общий язык, беседуя о научно-технической революции, о происхождении Вселенной, о проблемах экологии, об энергетическом кризисе, о летающих тарелках, о пришельцах из космоса, о снежном человеке, о Бермудском треугольнике, о тайне озера Лох-Несс и так далее. Список этих тем можно продолжать бесконечно: они обсуждаются на всех языках мира.

Русские женщины с большим удовольствием говорят о модах и детях: в этом они похожи на женщин во всём мире.

Есть и общие для мужчин и женщин темы — новинки литературы, события в мире театра и кино. У вас может создаться впечатление (кстати, очень близкое к истине), что русские женщины более начитанны: во всяком случае, они внимательнее читают толстые журналы, и нередко мужья обращают внимание на литературную новинку по совету и рекомендации своих жён. Зато мужчины более решительно выносят суждение об этих новинках и высоко ценят собственное мнение.

Вы уже, вероятно, заметили, что в России читают почти везде и всегда: в автобусе, в метро, в кафе (в ожидании официанта) и даже в зале кинотеатра перед началом сеанса. Возможный способ начать неформальную беседу — это спросить: «А что вы сейчас читаете?» Возможно, в ответ вы

什么书？"可能您听到的答复是某个不熟悉的书名，但却能得到是否值得一读的忠告。接着就自然而然转入谈论您所在国的文学——很多作品一定已经译成俄语，并已广为人知。随后就将谈论您以前读过的俄罗斯作家，哪怕读的只是译文。

主要的是要守时

客人究竟怎样才算守时呢？当然，不用提前去，大概哪里都是这样。另一方面，也不要力求做到特别准时：生活实践表明，客人该来的时候，女主人远没有准备齐全。餐桌摆好后会发现缺点什么，得赶快去商店购买。即使东西全了，女主人做完饭后一定还没换装，没来得及梳妆打扮。因此，您的准时到达会让您的朋友措手不及。

然而也不必让您的朋友久等，因为这最终会使他们感到不安，让他们扫兴。迟到（确切地说是耽搁）一刻钟、半小时左右完全是常事，这几乎已经成了定规。您不妨这样安排您的拜访：如果邀您傍晚5点去，您就5:15至5:20到达，别迟于5点半到。主人会在这个时间等您，您的光临会使他们高兴。

交际中的俄罗斯人的称谓

俄罗斯人名的全称、护照用名由三个部分组成：名＋父称＋姓，如"米哈伊尔·米哈伊罗维奇·伊凡诺夫"。名＋父称是俄罗斯人称呼中的一种独特的形式。

在正式的工作场合，人们用名＋父称相称，如"维克多·米哈伊罗维奇"。

在家庭关系中，名＋父称只用于对公公、婆婆、岳父、岳母，或者妻子与丈夫的远亲的称谓中。

对中学老师、高等院校及其他教育机构的老师，学生用名＋父称来称呼。总之，名＋父称用于晚辈对长辈的尊称。

"同志"和"公民"这些称谓是过去人们之间最普遍的

услы́шите како́е-то неизве́стное назва́ние, зато́ полу́чите сове́т, сто́ит э́то чита́ть и́ли не сто́ит. А зате́м бесе́да сама́ собо́й перейдёт к литерату́ре ва́шей страны́, кото́рую в Росси́и наверняка́ перево́дят и зна́ют, а пото́м и к тем ру́сским писа́телям, произведе́ния кото́рых вы чита́ли — пусть на своём родно́м языке́.

Гла́вное — прийти́ во́время

Наско́лько то́чными должны́ быть го́сти? Разуме́ется, приезжа́ть ра́ньше вре́мени не сто́ит: э́то, пожа́луй, нигде́ не при́нято. С друго́й стороны́, не на́до стреми́ться быть осо́бенно то́чным: жи́зненная пра́ктика пока́зывает, что как раз к моме́нту прихо́да госте́й у хозя́йки далеко́ не всё гото́во. Е́сли стол уже́ накры́т, то обяза́тельно чего́-то не хвата́ет, и за э́тим на́до сро́чно идти́ в магази́н. Е́сли же всего́ хвата́ет, то хозя́йка почти́ наверняка́ ещё не переоде́лась по́сле ку́хни и не успе́ла привести́ себя́ в поря́док. Поэ́тому, придя́ то́чно во́время, вы заста́нете свои́х друзе́й враспло́х.

Одна́ко не сто́ит и заставля́ть друзе́й сли́шком до́лго ждать: в конце́ концо́в они́ начну́т беспоко́иться, и э́то пло́хо отрази́тся на их настрое́нии. Опозда́ние (точне́е, заде́ржка) мину́т на пятна́дцать, на полчаса́ — явле́ние соверше́нно обы́чное, оно́ явля́ется чуть ли не но́рмой. Так и плани́руйте свой прие́зд: е́сли вас пригласи́ли на пять часо́в ве́чера, приезжа́йте о́коло 5:15-5:20, но лу́чше не поздне́е полови́ны шесто́го. К э́тому вре́мени вас бу́дут ждать, и ва́шему прихо́ду бу́дут ра́ды.

Ру́сское и́мя и о́тчество в обще́нии

У ру́сских по́лное, па́спортное и́мя в настоя́щее вре́мя име́ет вид сочета́ния из трёх компоне́нтов: и́мя + о́тчество + фами́лия. Наприме́р, «Михаи́л Миха́йлович Ивано́в». И́мя и о́тчество — э́то специфи́ческая фо́рма называ́ния челове́ка для ру́сских.

В рабо́чей обстано́вке, в официа́льной ситуа́ции лю́ди обраща́ются друг к дру́гу по и́мени и о́тчеству, наприме́р, «Ви́ктор Миха́йлович».

В семе́йных отноше́ниях и́мя и о́тчество ме́жду ро́дственниками при́няты лишь для обраще́ния к свёкру, свекро́ви, к те́стю, тёще, и для бо́лее да́льней родни́ со стороны́ жены́ и му́жа.

К шко́льным учителя́м, к преподава́телям ву́зов и други́х уче́бных заведе́ний уча́щиеся обраща́ются по и́мени и о́тчеству. Вообще́ говоря́, имена́ и о́тчества употребля́ются при уважи́тельном обраще́нии мла́дших к ста́ршим.

Обраще́ния «това́рищ» и «граждани́н» бы́ли широко́

распространены́, тепе́рь же почти́ не употребля́ются. Вме́сто них употребля́ются ра́зные обраще́ния, в том числе́ вновь воше́дшие в мо́ду устаре́вшие обраще́ния «господи́н», «госпожа́», «да́ма», «ба́рышня».

В бытовы́х ситуа́циях, в магази́нах, авто́бусах и т.п. лю́ди ча́ще всего́ обраща́ются к други́м, упомина́я полово́й при́знак. Наприме́р, «Мужчи́на, переда́йте биле́т», «Же́нщина, отойди́те в сто́рону». На́до отме́тить, что таки́е обраще́ния не вполне́ ве́жливы и культу́рны. Лу́чше их избега́ть, не употребля́ть. Вме́сто них скажи́те *бу́дьте добры́ / любе́зны, прости́те, извини́те*. Популя́рны возрастны́е обраще́ния: «де́вушка», «молодо́й челове́к», «ба́бушка», «де́душка». Их та́кже на́до употребля́ть осторо́жно: не сле́дует обраща́ться «де́вушка» к же́нщине под 40 лет, и не ка́ждой пожило́й же́нщине понра́вится, е́сли её назову́т «ба́бушка».

称呼，而现在已几乎不用，取而代之的则是五花八门的称呼。诸如"先生""女士""太太""小姐"——这些曾经过时的称呼现在又重新变得时髦起来。

在日常生活中，在商店、公交车站等地方，人们常以对方的性别特征作为称呼。如，"男士，请传一下票"，"女士，请让一让"。应该指出，这样的称呼不是很礼貌文明，最好避免使用，或者提前说："劳驾 / 请原谅 / 对不起。"但目前普遍是根据年龄称呼："姑娘""小伙子""老大娘""老大爷"。应该说使用这些称谓时要谨慎，对接近40岁的女士不应称其为"姑娘"，也不是每一位上了年纪的女士都喜欢

Но́вые слова́

виндсёрфинг 冲浪滑水
да́йвинг 潜水
палиса́дник 房前小院
альпини́зм 登山
бейсбо́л 棒球

компоне́нт 组成部分
свёкор 公公
тесть 岳父
при́знак 特点

Вопро́сы и зада́ния

1. Како́й в Росси́и люби́мый вид спо́рта?
2. Каки́е увлече́ния, прише́дшие из други́х стран, популя́рны в совреме́нной Росси́и?
3. Каки́е спо́собы проведе́ния свобо́дного вре́мени явля́ются традицио́нными для Росси́и?
4. О чём говоря́т ру́сские в малознако́мой компа́нии?
5. О чём лю́бят говори́ть ру́сские же́нщины?
6. Как ру́сские отно́сятся к чте́нию? Чем отлича́ются литерату́рные вку́сы мужчи́н и же́нщин в Росси́и?
7. Как мо́жно нача́ть неформа́льную бесе́ду с ру́сским?
8. Наско́лько то́чными должны́ быть го́сти, согла́сно те́ксту? А по ва́шему мне́нию?
9. Как при́нято приходи́ть в го́сти в Кита́е: ра́ньше сро́ка, то́чно в срок, с небольши́м опозда́нием, со значи́тельным опозда́нием? А как поступа́ете вы?
10. Каково́ по́лное па́спортное (официа́льное) и́мя ру́сских? Сравни́те с по́лным официа́льным и́менем в на́шей стране́.
11. Когда́ и к кому́ при́нято обраща́ться по и́мени-о́тчеству?
12. Каки́х обраще́ний, согла́сно этике́ту, сле́дует избега́ть? С по́мощью каки́х слов мо́жно привле́чь внима́ние незнако́мого челове́ка?

"老大娘"这个称呼的。

诺贝尔奖获得者

伊凡·彼得罗维奇·巴甫洛夫（1849—1936），生理学家、高级神经活动唯物主义学说和现代消化过程理论的创立者；在外科生理学方法的基础上，对有机体功能研究方法进行了创新。苏联科学院院士。1904年巴甫洛夫因多年从事消化系统机制研究被授予诺贝尔奖。

伊里亚·伊里奇·梅奇尼科夫（1845—1916），生物学家、病理学家、进化胚胎学奠基人之一，创立了炎症比较病理学和免疫抑菌理论。1908年（与埃尔利希共同）获诺贝尔奖。

伊凡·阿列克谢耶维奇·蒲宁（1870—1953），作家、诗人、散文作家、翻译家。在短篇小说《安东诺夫卡的苹果》（1900）中，蒲宁第一次以明晰的形式再现了他眼中的俄罗斯贵族的日常生活和内心。《乡村》《欢乐的庭院》《夜谈》《苏霍多尔》等现实主义中短篇小说使蒲宁扬名。作家在漫长的一生中到过欧洲及亚洲很多国家。这些旅行印象成了他旅行随笔（《鸟影》《犹地亚》等）和短篇故事（《兄弟》《旧金山来的先生》）的素材。蒲宁坚决拒绝接受十月革命。1920年，他流亡国外。侨居时期，他写下了《耶利哥的玫瑰》（1924）、《中暑》（1927）等10篇新作，其中也包括《米佳的爱情》（1925）。1927至1933年，蒲宁创作了自己最重要的一部作品——《阿尔谢尼耶夫的一生》。1933年"由于以真实、精湛的才能在小说艺术中创作出典型的俄罗斯性格"，蒲宁被授予诺贝尔奖。第二次世界大战后，蒲宁对苏维埃保持友好的态度，但最终未能与国内的社会政治变革和解，没有能够返回苏联。

尼古拉·尼古拉耶维奇·谢苗诺夫（1896—1986），物理学家和物理化学家。谢苗诺夫创立了混合性气体热膨胀理论，发现了发散式链式反应和链式燃烧（膨胀）现象，创立了具

Россия́не-лауреа́ты но́белевской пре́мии

Па́влов Ива́н Петро́вич (1849-1936), физио́лог, созда́тель материалисти́ческого уче́ния о вы́сшей не́рвной де́ятельности и совреме́нных представле́ний о проце́ссе пищеваре́ния; преобразова́тель ме́тодов иссле́дования фу́нкций органи́зма на осно́ве ме́тодов хирурги́ческой физиоло́гии. Акаде́мик АН СССР. В 1904-ом году́ Па́влов удосто́ен Но́белевской пре́мии за многоле́тние иссле́дования механи́змов пищеваре́ния.

Ме́чников Илья́ Ильи́ч (1845-1916), био́лог и пато́лог, оди́н из основополо́жников эволюцио́нной эмбриоло́гии, созда́тель сравни́тельной патоло́гии воспале́ния и фагоцита́рной тео́рии иммуните́та. Но́белевская пре́мия (совме́стно с Па́улем Эрлихом) (1908).

Бу́нин Ива́н Алексе́евич (1870-1953), писа́тель, поэ́т и прозаи́к, перево́дчик. В расска́зе «Анто́новские я́блоки» (1900) впервы́е в столь определённой фо́рме вы́явился взгляд Бу́нина «на быт и ду́шу ру́сских дворя́н». Наибо́льшую изве́стность Бу́нину принесли́ его́ реалисти́ческие по́вести и расска́зы «Дере́вня», «Весёлый двор», «Ночно́й разгово́р», «Суходо́л» и др. Писа́тель на протяже́нии свое́й до́лгой жи́зни объе́здил мно́го стран Евро́пы и А́зии. Впечатле́ния от э́тих пое́здок послужи́ли материа́лом для его́ путевы́х о́черков («Тень пти́цы», «В Иуде́е» и други́е) и расска́зов («Бра́тья» и «Господи́н из Сан-Франци́ско»). Октя́брьскую револю́цию Бу́нин не при́нял реши́тельно и категори́чески. В 1920-ом году́ он вы́ехал за грани́цу. В эмигра́ции напи́сано де́сять но́вых книг про́зы — «Ро́за Иерихо́на» (1924), «Со́лнечный уда́р» (1927) и др., и в том числе́ по́весть «Ми́тина любо́вь» (1925). В 1927-о́м – 1933-ем года́х Бу́нин рабо́тал над свои́м са́мым кру́пным произведе́нием «Жизнь Арсе́ньева». В 1933-ем году́ Бу́нину была́ присуждена́ Но́белевская пре́мия «за правди́вый артисти́чный тала́нт, с кото́рым он воссозда́л в худо́жественной про́зе типи́чный ру́сский хара́ктер». В послевое́нные го́ды Бу́нин доброжела́тельно относи́лся к Сове́тскому Сою́зу, но так и не смог смири́ться с обще́ственно-полити́ческими переме́нами в стране́, что и помеша́ло ему́ верну́ться в СССР.

Семёнов Никола́й Никола́евич (1896-1986), фи́зик и фи́зико-хи́мик. Семёнов со́здал тео́рию теплово́го взры́ва га́зовых сме́сей, откры́л разветвлённые цепны́е реа́кции и явле́ние цепно́го воспламене́ния (взры́ва), со́здал име́ющую осо́бое значе́ние о́бщую коли́чественную теóрию цепны́х реа́кций, установи́л дета́льный хими́ческий механи́зм мно́гих сло́жных цепны́х проце́ссов, изучи́л кинети́ческие свóйства свобóдных а́томов и радика́лов, Нóбелевская пре́мия (1956, совме́стно с Си́рилом Нóрманом Хи́ншелвудом).

Пастерна́к Бори́с Леони́дович (1890-1960), поэ́т, писа́тель. В 1925-ом – 1926-óм года́х создава́л поэ́мы (в т.ч. «Девятьсóт пя́тый год») и пóвести. Егó ромáн «Дóктор Живáго», в котóром расскáзывается о судьбé рýсского интеллигéнта, был опубликóван за рубежóм в 1957-ом годý. В 1958-ом годý Пастернáку была́ присужденá Нóбелевская прéмия, от котóрой Пастернáк под угрóзой выдворéния из СССР вы́нужден был отказáться. Диплóм о присуждéнии прéмии был вручён сы́ну Пастернáка в 1989-ом годý, и тóлько за год до э́того в Росси́и впервы́е напечáтали сам ромáн «Дóктор Живáго». Пастернáк занимáлся перевóдами произведéний У. Шекспи́ра, И.В. Гёте, грузи́нских поэ́тов.

Тамм И́горь Евге́ньевич (1895-1971), фи́зик-теорéтик. Труды́ по квáнтовой теóрии, я́дерной фи́зике (теóрия обмéнных взаимодéйствий), теóрии излучéния, фи́зике твёрдого тéла, фи́зике элемента́рных части́ц. В 1950-ом годý предложи́л (совмéстно с А.Д. Cáхаровым) применя́ть нагрéтую плáзму, помещённую в магни́тном пóле, для получéния управля́емой термоя́дерной реа́кции. Нóбелевская прéмия (1958, совмéстно с И.М. Фра́нком и П.А. Черенкóвым).

Франк Илья́ Миха́йлович (1908-1990), фи́зик, академи́к АН СССР. Основны́е труды́ по физи́ческой óптике и я́дерной фи́зике. В 1937-ом годý совмéстно с И.Е. Тáммом дал объяснéние излучéния Черенкóва-Вави́лова. За э́ту рабóту Фра́нку совмéстно с други́ми былá присужденá Нóбелевская прéмия (1958).

Черенкóв Па́вел Алексéевич (1904-1990), фи́зик, академи́к АН СССР. В 1934-ом годý при исслéдовании люминесцéнции жи́дкостей Черенкóв обнарýжил нóвый опти́ческий эффéкт, проявля́ющийся в своеобра́зном свечéнии веществá под дéйствием заря́женных части́ц сверхсветовóй скóрости. За откры́тие э́того эффéкта в 1958-óм годý Черенкóву присужденá Нóбелевская прéмия совмéстно с И.Е. Тáммом и И.М. Фрáнком.

Ланда́у Лев Дави́дович (1908-1968), фи́зик. Ему́ принадлежáт труды́ по мнóгим óтраслям фи́зики — магнети́зму, сверхтекýчести и сверхпроводи́мости; фи́зике твёрдого тéла, а́томного ядрá и элемента́рных части́ц,

有特殊意义的链式反应的普通量化理论，确定了许多复杂链式反应过程的精确的化学机制，对自由原子和原子团的动态属性进行了研究，1956年（与欣谢伍德共同）荣获诺贝尔奖。

鲍里斯·列昂尼多维奇·帕斯捷尔纳克（1890—1960），诗人、作家。1925—1926年创作史诗《1905年》及一些中篇小说。他的长篇小说《日瓦戈医生》讲述了一名俄罗斯知识分子的遭遇，该书于1957年在境外发表，于1958年获诺贝尔奖。由于获奖，帕斯捷尔纳克受到驱逐出境的威胁，只好放弃领奖。1989年，帕斯捷尔纳克的儿子获得该奖的证书。此前一年，俄罗斯才首次出版了长篇小说《日瓦戈医生》。他的译著有莎士比亚、歌德及一些格鲁吉亚诗人的作品。

伊戈尔·叶甫盖尼耶维奇·塔姆（1895—1971），理论物理学家。著有量子理论、核物理（交换作用理论）、辐射理论、固体物理学、基本粒子物理学等方面的著作。1950年（与萨哈罗夫共同）建议使用磁场内等离子燃烧法获得可控热核反应。1958年（与弗兰克和切伦科夫共同）获诺贝尔奖。

伊利亚·米哈伊罗维奇·弗兰克（1908—1990），物理学家、苏联科学院院士。撰有研究光学和核物理学的著作。1937年与塔姆共同破解了切伦科夫—瓦维洛夫辐射现象，并因此于1958年和其他科学家共同荣获诺贝尔奖。

巴威尔·阿列克谢耶维奇·切伦科夫（1904—1990），物理学家、苏联科学院院士。1934年在研究液体发光现象时发现了一种新的光学效果，表现为物质在超光速带电粒子作用下的一种特殊发光现象。由于这一发现，切伦科夫于1958年与塔姆和弗兰克共同被授予诺贝尔奖。

列夫·达维多维奇·朗道（1908—1968），物理学家。他的著作涉及物理学的诸多领域：磁力现象、超流动性和超导电性、固体物理学、原子核及基本粒子物理学、等离子体、量子电动力学、天体物理学等，这些论著使他享誉全世界。1962年被授予诺贝尔奖。

尼古拉·根纳季耶维奇·巴索夫（1922—2001），物理学家。他成功地制成了振荡器，将部分辐射能用于激活更多的分子并因此引起更活跃的辐射。1964年巴索夫与普罗霍罗夫、汤斯共同荣获诺贝尔物理奖。

米哈伊尔·亚历山大罗维奇·普罗霍罗夫（1916—2002），物理学家。1959年他同物理学家巴索夫发明了微波量子放大器——第一个量子发生器，并因此获列宁奖。1964年普罗霍罗夫与巴索夫和另一位独立发明量子发生器的美国学者查理·汤斯共同荣获诺贝尔奖。

米哈伊尔·亚历山大罗维奇·肖洛霍夫（1905—1984），作家。1925年，报纸和杂志上开始刊登肖洛霍夫的短篇故事。1926年末他开始创作长篇小说《静静的顿河》，该书第一卷于1928年初出版。1929年他开始创作长篇小说《被开垦的处女地》。卫国战争时期，肖洛霍夫是《真理报》《红星报》的一名战地记者。他的随笔《顿河之畔》《在斯摩棱斯克战线上》、短篇故事《学会仇恨》获得了广泛的声誉。在战争期间他开始发表新的长篇小说《他们为祖国而战》的部分章节。1950年发表短篇小说《一个人的遭遇》。1965年因长篇小说《静静的顿河》获诺贝尔奖。

亚历山大·伊萨耶维奇·索尔仁尼琴（1918—2008），作家。在极权主义条件下人性得以保存、在内心中对极权主义的反抗的主题贯穿着索尔仁尼琴的短篇小说《伊凡·杰尼索维奇的一天》（1962）、《玛特辽娜的家》（1963），中篇小说《第一圈》、《癌病房》（1968年发表于境外）之中。这些作品包含了索尔仁尼琴的亲身经历：参加卫国战争、被捕、劳改营（1945—1953）、流放（1953—1956）。作品《古拉格群岛》（发表于1973年；在苏联以非法出版物的形式传播）是对苏联的国家体制的"艺术性研究的试作"；小说

плазмы; квантовой электродинамике, астрофизике и др.; всё это создало ему мировую славу. Он был награждён Нобелевской премией (в 1962-ом году).

Басов Николай Геннадьевич (1922-2001), физик. Ему удалось создать генератор, направляющий часть излучаемой энергии на то, чтобы возбудить больше молекул и тем самым получить ещё большую активизацию излучения. Басов разделил в 1964-ом году Нобелевскую премию по физике с Прохоровым и Таунсом.

Прохоров Михаил Александрович (1916-2002), физик. В 1959-ом году ему и физику Николаю Басову за создание мазера — первого квантового генератора, была присуждена Ленинская премия. В 1964-ом году Прохорову, Басову и американскому учёному Чарльзу Таунсу, также независимо от советских учёных создавшему квантовый генератор, была присуждена Нобелевская премия по физике.

Шолохов Михаил Александрович (1905-1984), писатель. С 1925-ого года в газетах и журналах появляются рассказы Шолохова. В конце 1926-ого года начинает писать роман «Тихий Дон», первая книга которого публикуется в начале 1928-ого года. В 1929-ом году он начинает работу над романом «Поднятая целина». Во время Отечественной войны Шолохов был военным корреспондентом «Правды», «Красной звезды». Его очерки «На Дону», «На Смоленском направлении», рассказ «Наука ненависти» имели большую популярность. Во время войны начал публикацию глав из нового романа «Они сражались за Родину». В 1950-ые годы публикует рассказ «Судьба человека». В 1965-ом году Шолохову М.А. присуждается Нобелевская премия за роман «Тихий Дон».

Солженицын Александр Исаевич (1918-2008), писатель. Сохранение человеческой души в условиях тоталитаризма и внутреннее противостояние ему — сквозная тема рассказов «Один день Ивана Денисовича» (1962), «Матрёнин двор» (1963), повестей «В круге первом», «Раковый корпус» (1968; опубликованы за рубежом), вбирающих собственный опыт Солженицына: участие в Великой Отечественной войне, арест, лагеря (1945-53), ссылку (1953-56). «Архипелаг ГУЛАГ» (1973; в СССР распространялся нелегально), — «опыт художественного исследования» государственной системы уничтожения людей в СССР; получил международный резонанс. Нобелевская премия была присуждена в 1970-ом году. Солженицын, боясь, что после своей поездки он не сможет вернуться на родину, с благодарностью принял высокую награду, однако на церемонии награждения не присутствовал. Шведская академия отметила, что произведения Солженицына свидетельствуют о «несокрушимом достоинстве человека». Солженицына изгнали из СССР в 1974-ом году, он вернулся в Россию только в 1994-ом году.

Канторович Леонид Витальевич (1912-1986), экономист. В 1939-ом – 1940-ом году учёным был разработан метод линейного программирования. Среди самых значительных его трудов — «Математические методы организации и планирования производства» (1939), «О перемещении масс» (1942) и самая известная работа — «Экономический расчёт наилучшего использования ресурсов» (1959). В 1975-ом году «за вклад в теорию оптимального распределения ресурсов» Канторовичу была присуждена Нобелевская премия (совместно с американским экономистом Т.Ч. Купмансом).

Сахаров Андрей Дмитриевич (1921-1989), физик и общественный деятель, академик АН СССР. Труды по магнитной гидродинамике, физике плазмы, управляемому термоядерному синтезу, элементарным частицам, астрофизике, гравитации. Предложил (совместно с И.Е. Таммом) идею магнитного удержания высокотемпературной плазмы. С конца 50-ых годов активно выступал за прекращение испытаний ядерного оружия. С конца 60-ых-начала 70-ых годов — один из лидеров правозащитного движения. После протеста против ввода войск в Афганистан Сахаров в январе 1980-ого года был лишён всех государственных наград (Герой Социалистического Труда 〈1954, 1956, 1962〉, Ленинская премия 〈1956〉, Государственная премия СССР 〈1953〉) и сослан в город Горький (нынешний нижний Новгород), где продолжал правозащитную деятельность. Возвращён из ссылки в 1986-ом году. В 1989-ом году избран народным депутатом СССР. В 1988-ом году Европейским парламентом учреждена Международная премия им. Андрея Сахарова за гуманитарную деятельность в области прав человека. Нобелевская премия мира (1975).

Капица Пётр Леонидович (1894-1984), физик, один из основателей физики низких температур и физики сильных магнитных полей, академик АН СССР. 17-ого октября 1978-ого года Шведская академия наук направила из Стокгольма Петру Леонидовичу Капице телеграмму о

获得了国际公认。1970年获诺贝尔奖。由于担心出国领奖后无法回国，他对这一崇高的奖励表示了感谢，然而未出席颁奖典礼。瑞典科学院在致词中指出，索尔仁尼琴的作品表明了"人的尊严不可辱"。索尔仁尼琴于1974年被驱逐出境，1994年返回俄罗斯。

列昂尼德·维塔利耶维奇·康托罗维奇（1912—1986），经济学家。1939—1940年这位学者研究了线性规划方法。他的著作中最著名的有《生产组织规划的数学方法》（1939）、《劳动大众的迁移》（1942）和《资源最佳利用的经济核算》（1959）。1975年，"由于对资源最佳分配理论的贡献"，康托罗维奇（与美国经济学家库普曼斯共同）被授予诺贝尔奖。

安德烈·德米特里耶维奇·萨哈罗夫（1921—1989），物理学家、社会活动家、苏联科学院院士。著有磁流体动力学、等离子物理学、热核综合控制、基本粒子理论、天体物理学、重力学等方面的著作。他（与塔姆共同）提出关于磁力阻止高温等离子的思想。从50年代末起积极参加禁止核武器试验的运动。60年代末至70年代初为护法运动领导人之一。在抗议军队进入阿富汗之后，萨哈罗夫于1980年1月被剥夺了所有国家奖项（1954、1956、1962年社会主义劳动英雄称号，1956年列宁奖，1953年苏联国家奖），并被流放到当时的高尔基市（现下诺夫哥罗德）。在那里，他继续进行护法活动。1986年从流放地回来。1989年当选为苏联人大代表。1988年经欧洲议会决议设立萨哈罗夫国际奖，以奖励在人权方面的人道主义活动。1975年获诺贝尔和平奖。

彼得·列昂尼多维奇·卡皮察（1894—1984），物理学家、低温物理学和强磁场物理学创始人之一、苏联科学院院士。1978 年 10 月 17 日，瑞典科学院从斯德哥尔摩发来贺电，通知卡皮察荣获诺贝尔物理奖，表彰他在低温物理学领域中所进行的基础研究。

约瑟夫·亚历山大罗维奇·布罗茨基（1940—1996），诗人；用俄英双语进行诗歌创作。1963 年被捕，并被判 5 年流放。在流放地他继续从事创作。1965 年被提前释放。1972 年诗人被迫离开祖国去美国，在大学讲授俄罗斯文学，并继续用俄语写诗，用英语创作小说。在西方出版了 8 本俄文诗集。1987 年作为俄罗斯文学家荣获诺贝尔奖。

米哈伊尔·谢尔盖耶维奇·戈尔巴乔夫（1931— ），苏共中央委员会总书记(1985—1991)，苏维埃社会主义共和国联盟最高苏维埃主席团主席（1988—1989），苏维埃社会主义共和国联盟总统（1990—1991）。1980—1991 年为苏共中央委员会政治局委员；1989 至 1990 年为苏共中央委员会俄罗斯局主席。从 1991 年 12 月起任社会经济和政治学研究国际基金会（戈尔巴乔夫基金会）主席。1990 年获诺贝尔和平奖，表彰他在和平运动中的贡献。

若尔斯·伊凡诺维奇·阿尔费罗夫（1930—2019），20 世纪卓越的物理学家、俄罗斯科学院副院长、俄罗斯科学院圣彼得堡科学院中心主席、约菲物理技术研究所所长、俄罗斯国家杜马代表。2000 年获诺贝尔物理奖，表彰他在信息技术领域的基础工作。

维塔利·拉萨列维奇·金茨堡（1916—2009）苏联和俄罗斯物理理论学家、苏联科学院（1966—1991）和俄罗斯科学院（1991—2009）院士、物理数学学科博士（1942），因在超导体和超流体理论发展方面的贡献，2003 年他（与阿·阿布里科索夫、安·莱格特共同）获诺贝尔物理学奖。发表有 400 多篇学术论文及 10 多部关于理论物理、无线电、天文学、宇宙射线物理学的专著。

присужде́нии ему́ Но́белевской пре́мии по фи́зике за фундамента́льные иссле́дования в о́бласти фи́зики ни́зких температу́р.

Бро́дский Ио́сиф Алекса́ндрович (1940-1996), поэ́т; писа́л та́кже на англи́йском языке́. В 1963-ем году́ был аресто́ван и приговорён к пяти́ года́м ссы́лки. В ссы́лке продолжа́л писа́ть. В 1965-ом году́ был досро́чно освобождён. В 1972-о́м году́ поэ́т был вы́нужден поки́нуть ро́дину и уезжа́ет в США. Он преподава́л ру́сскую литерату́ру в университе́тах и ко́лледжах. Продолжа́л писа́ть стихи́ на ру́сском и про́зу на англи́йском. На За́паде вы́шло во́семь стихотво́рных книг на ру́сском языке́. В 1987-о́м году́ получи́л Но́белевскую пре́мию как ру́сский литера́тор.

Горбачёв Михаи́л Серге́евич (1931-), генера́льный секрета́рь Центра́льного Комите́та Коммунисти́ческой па́ртии Сове́тского Сою́за (1985-1991), председа́тель Прези́диума Верхо́вного Сове́та Сою́за Сове́тских Социалисти́ческих респу́блик (1988-1989), президе́нт Сою́за Сове́тских Социалисти́ческих респу́блик (1990-1991), председа́тель Росси́йского бюро́ ЦК КПСС в 1989-ом – 1990-ом года́х. С декабря́ 1991-ого го́да президе́нт Междунаро́дного фо́нда социа́льно-экономи́ческих и политологи́ческих иссле́дований («Горбачёв-фонд»). Но́белевская пре́мия ми́ра (1990) за веду́щую роль в ми́рном проце́ссе, кото́рый характеризу́ет ва́жную составну́ю часть жи́зни междунаро́дного соо́бщества.

Алфёров Жоре́с Ива́нович (1930-2019), выдаю́щийся фи́зик 20-ого ве́ка, ви́це-президе́нт Росси́йской Акаде́мии нау́к, председа́тель прези́диума Санкт-Петербу́ргского нау́чного це́нтра РАН, дире́ктор Фи́зико-техни́ческого институ́та им. Ио́ффе, депута́т Госуда́рственной ду́мы Росси́и, лауреа́т Но́белевской пре́мии по фи́зике 2000-ого го́да. Пре́мия присуждена́ за фундамента́льные рабо́ты в о́бласти информацио́нной те́хники.

Ги́нзбург Вита́лий Ла́заревич (1916-2009) — сове́тский и росси́йский фи́зик-теоре́тик, акаде́мик АН СССР (1966-1991) и РАН (1991-2009), до́ктор фи́зико-математи́ческих нау́к (1942), лауреа́т Но́белевской пре́мии по фи́зике (2003, вме́сте с А. Абрико́совым и Э. Ле́гтетом) — за вклад в разви́тие тео́рии сверхпроводи́мости и сверхтеку́чести. А́втор о́коло 400 нау́чных стате́й и о́коло 10 моногра́фий по теорети́ческой фи́зике, радиоастроно́мии и фи́зике косми́ческих луче́й.

Абрико́сов Алексе́й Алексе́евич (1928-2017) — сове́тский и америка́нский фи́зик, до́ктор фи́зико-математи́ческих нау́к. Основны́е рабо́ты сде́ланы в о́бласти фи́зики конденси́рованных сред. В 1991-ом году́ при́нял приглаше́ние Арго́ннской национа́льной лаборато́рии в Иллино́йсе и пересели́лся в США. В 1999-ом году́ при́нял америка́нское гражда́нство. Абрико́сов явля́ется чле́ном разли́чных нау́чных учрежде́ний, в числе́ кото́рых Национа́льная акаде́мия нау́к США, Росси́йская акаде́мия нау́к, Ло́ндонское короле́вское о́бщество и Америка́нская акаде́мия нау́к и иску́сств. В 2003-ем году́, совме́стно с В.Л. Ги́нзбургом и Э. Ле́ггетом, получи́л Но́белевскую пре́мию по фи́зике за «основополага́ющие рабо́ты по тео́рии сверхпроводнико́в и сверхтеку́чих жи́дкостей». Автор не́скольких моногра́фий и мно́гих стате́й. Иссле́дования посвящены́ сверхпроводи́мости, тео́рии твёрдого те́ла и ква́нтовой жи́дкости, астрофи́зике, статисти́ческой фи́зике, фи́зике пла́змы и ква́нтовой электро́нике.

Новосёлов Константи́н Серге́евич (1974-) роди́лся в го́роде Ни́жний Таги́л. Име́ет двойно́е, росси́йско-брита́нское гражда́нство. В 1997-о́м году́ око́нчил МФТИ по специализа́ции «наноэлектро́ника». По́сле оконча́ния институ́та два го́да рабо́тал в Черноголо́вке в Институ́те пробле́м техноло́гии микроэлектро́ники РАН, был аспира́нтом ИПТМ РАН. В 1999-ом году́ переезжа́ет в Нидерла́нды, где стано́вится аспира́нтом Андре́я Ге́йма, росси́йско-голла́ндского фи́зика, в Университе́т Не́ймегена. Вме́сте с ним в 2001-ом году́ перебира́ется в Манче́стерский университе́т. В 2004-ом году́ защища́ет диссерта́цию на сте́пень до́ктора филосо́фии. Явля́ется профе́ссором и чле́ном Короле́вского нау́чного о́бщества Манче́стерского университе́та. 5-ого октября́ 2010-ого го́да вме́сте со свои́м учи́телем Андре́ем Ге́ймом был удосто́ен Но́белевской пре́мии по фи́зике за «передовы́е о́пыты с графе́ном». Новосёлов стал са́мым молоды́м нобелевским лауреа́том по фи́зике за после́дние 40 лет. Опубликова́л бо́лее 60 нау́чных стате́й, включа́я 9 стате́й в журна́лах Nature и Science.

阿列克谢·阿列克谢耶维奇·阿布里科索夫（1928—2017），物理学家、数学物理学科博士，拥有俄罗斯和美国双重国籍。主要研究冷凝环境物理领域。1991年，他接受美国伊利诺伊州阿尔贡国家实验室的邀请并定居美国。1999年入美国国籍。阿布里科索夫是多家科研机构（美国国家科学院、俄罗斯科学院、伦敦皇家协会、美国科学与艺术学院）的成员。2003年，因在超导体和超流体理论的奠基性研究与维塔利·拉萨列维奇·金茨堡、安·莱格特共同荣获诺贝尔物理学奖。他有几部专著和多篇论文，研究领域涉及超导体、固体和量子液体理论、天体物理学、统计物理学、等离子体物理学和量子电子学。

康斯坦丁·谢尔盖耶维奇·诺沃肖洛夫（1974— ）出生于俄罗斯的下塔吉尔市，拥有俄罗斯和英国双重国籍。1997年毕业于莫斯科理工大学纳米技术专业。毕业后在切尔诺戈洛夫卡科学城俄罗斯科学院微电子工艺问题研究院工作两年，曾在该研究院读研。1999年移居荷兰，在那里师从奈梅亨大学的俄裔荷兰物理学家安德烈·盖姆读研。2001年随盖姆来到曼彻斯特大学。2004年获哲学博士学位。现为曼彻斯特大学教授和曼彻斯特大学皇家科学协会成员。2010年10月5日，与导师安德烈·盖姆共同被授予诺贝尔物理学奖，以表彰他们在石墨烯材料方面的卓越研究。诺沃肖洛夫是近40年以来最年轻的诺贝尔物理学奖获得者。共发表60多篇学术论文，其中包括在《自然》和《科学》杂志上发表的9篇论文。

Но́вые слова́

пато́лог 病理学家	разветвлённый 有分支的
эмбриоло́гия 胚胎学	воспламене́ние 燃烧
фагоцита́рный 吞噬（细胞）的	кинети́ческий 气体分子的
иммуните́т 免疫	выдворе́ние 开除
теплово́й 热能的	ква́нтовый 量子的

излучéние 辐射
плáзма 等离子体
термоядерный 热核的
óптика 光学
люминесцéнция 发光
заряженный 充了电的
сверхтекýчесть 超流动性
сверхпроводимость 超导电性
электродинáмика 电动力学
астрофизика 天体物理学
генерáтор 振荡器

молéкула 分子
целинá 荒地
тоталитаризм 极权主义
резонáнс 反响
несокрушить 不可毁灭
программировние 线性规划
гидродинáмика 流体动力学
гравитáция 重力，万有引力
конденсировать 冷凝
графéн 石墨烯

 Вопросы и задания

1. Что вы знáете о Нóбелевской прéмии? Комý и за что её присуждáют? Почемý онá считáется сáмой престижной мировóй награ́дой?
2. Выпишите из тéкста именá российских лауреáтов Нóбелевской прéмии 1) учёных; 2) писáтелей; 3) общéственных дéятелей.
3. Подготóвьте расскáз об однóм из российских лауреáтов Нóбелевской прéмии.

11 ПРАЗДНИКИ И ПАМЯТНЫЕ ДНИ
（节日和纪念日）

Официа́льные пра́здники

1-ое января́ — **Но́вый год** Безусло́вно, э́то са́мый люби́мый и широко́ отмеча́емый пра́здник. Нового́дние пра́здники начина́ют отмеча́ть с католи́ческого и лютера́нского Рождества́ (25-ого декабря́), сам Но́вый год встреча́ют в ночь с 31-ого декабря́ на 1-ое января́, 7-ого января́ отмеча́ют правосла́вное Рождество́, в ночь с 13-ого на 14-ое января́ отмеча́ют Ста́рый Но́вый год (Но́вый год по ста́рому сти́лю).

К Но́вому го́ду начина́ют гото́виться зара́нее: начина́ют ду́мать о пода́рках родны́м и друзья́м, покупа́ют проду́кты для нового́днего стола́, гото́вят пра́здничную оде́жду, отправля́ют поздрави́тельные откры́тки, приглаша́ют госте́й... В предпра́здничные дни на городски́х площадя́х, в па́рках, на у́лицах, в витри́нах магази́нов, кафе́, везде́ и всю́ду устана́вливают ёлки. При Петре́ Пе́рвом в Росси́и появи́лась тради́ция на Но́вый год украша́ть ёлку. Вечнозелёная ёлка — си́мвол ве́чно обновля́ющейся жи́зни. Ру́сские пре́дки ду́мали, что, украша́я ёлку, они́ де́лают злы́е ду́хи добре́е. Сейча́с о злых ду́хах забы́ли, но до сих пор наряжа́ют к Но́вому го́ду (обы́чно 31-ого декабря́) нового́днюю ёлку. Гла́вными геро́ями нового́днего пра́здника явля́ются Дед Моро́з и Снегу́рочка. Дед Моро́з — си́мвол Но́вого го́да, ска́зочный геро́й, седо́й стари́к, хозя́ин сне́жных поле́й и лесо́в.

Все ра́дуются Но́вому го́ду. А де́ти ра́дуются бо́льше всех, так как они́ ве́рят, что в нового́днюю ночь им принесу́т пода́рки Дед Моро́з и его́ краси́вая вну́чка Снегу́рочка, и они́ с нетерпе́нием ждут сюрпри́з.

Ве́чером 31-ого декабря́ вся семья́ собира́ется за пра́здничным столо́м, что́бы проводи́ть ста́рый год и встре́тить но́вый, ка́ждый вспомина́ет всё хоро́шее, что бы́ло в ста́ром году́. Пока́ часы́ на ба́шне Кремля́ отсчи́тывают

官方节日

1月1日——**新年** 毋庸置疑，这是一年中最受欢迎、庆祝范围最广的节日。新年庆祝自天主教和路德教的圣诞节（12月25日）开始，欢庆新年是在12月31日晚上至1月1日，1月7日为东正教的圣诞节，而13日晚至14日则是庆祝旧历新年。

在俄罗斯人们很早就已开始新年的准备工作：斟酌送给亲朋好友的礼物、购置新年盛餐的食品、购置节日服饰、寄送贺卡、邀请客人……节日前夕，在城市的广场、公园、街道、商店的橱窗和咖啡馆，所有地方都摆放着新年枞树。在彼得一世时代，俄罗斯出现了新年装饰枞树的传统。四季常青的枞树象征着永远欣欣向荣的生活。俄罗斯人的祖先认为，装扮枞树可以使恶魔变得宽仁一些。时至今日，恶魔之说已被遗忘，但在12月31日装饰新年枞树的习俗保留至今。新年节日的主人公是圣诞老人和雪姑娘。圣诞老人是新年的象征，是童话中的人物，一个长着灰白胡子的老人，统辖整个白雪皑皑的大地和森林。

所有的人都对新年的到来感到高兴。最高兴的是孩子们，因为他们相信，新年之夜圣诞老人和他美丽的孙女雪姑娘会带礼物给他们，于是他们急切地盼望出现意外的惊喜。

12月31日夜里，全家人围坐在丰盛的餐桌旁，辞旧迎新。每个人都会回忆过去一年中美好的时光。当克里姆林宫钟楼上的指针还剩下即将过去一年最后几秒的时刻,桌旁的人都站起身来,开启新年的传统饮料香槟酒。大家相互祝贺新年,彼此祝愿健康、幸福、成功,向亲朋好友赠送礼物。

晚上,广播和电视转播精彩的音乐会、节日演出、喜剧电影。

1月25日——**俄罗斯大学生节** 亦称苦难圣徒塔吉娅娜日,是国立莫斯科大学建校日,也是俄罗斯大学生节。

2月23日——**祖国捍卫者日** 1918年的这一天通过了成立苏联红军的法令。1949至1993年间,这个节日被称作"苏联陆海军节"。虽然这是一个服役军人的职业性节日,但是在俄罗斯早就成了祝贺男人们的节日。因为他们当中的很多人要么服过兵役,要么正在服兵役,要么即将去服兵役。他们是祖国的卫士。这个节日被广泛庆祝,主要就是为了祝愿男人们保持力量和战斗精神。这一天女士们会祝贺自己的丈夫、父亲、兄弟、男同事和男同学,并送上一份虽然简单、但却是对方期盼已久的礼物。

3月8日——**国际妇女节** 这一天,妇女们在家里和工作单位都会受到大家的祝贺,接受向她们赠送的鲜花。按照传统,男士们在这天要承担起全部家务活。其实早在这天前,做丈夫的就开始左思右想,男孩子们也在挖空心思。最让男孩子们伤脑筋的是,如何能更好地祝贺妈妈、奶奶、姊妹们和自己的女老师。通常他们会自己动手制作一些小礼物送给妈妈。

5月1日——**春天和劳动节** 此时树木披上新绿,人们将这一天称作春天与劳动的节日。如今这个节日变成了公休日。

5月9日——**胜利日** 1945年的这一天,伟大的卫国战争结束,法西斯德国战败。可以说,在这场战争中,每一个家庭都有亲人失去。2660万苏联人在这场恐怖的战争中丧生。如今在这个春日里人们来到纪念碑

после́дние секу́нды ста́рого го́да, все встаю́т и открыва́ют шампа́нское — традицио́нный нового́дний напи́ток. Все поздравля́ют друг дру́га с пра́здником, жела́ют здоро́вья, сча́стья, успе́хов, да́рят пода́рки родны́м, бли́зким, друзья́м.

В э́тот ве́чер по ра́дио и телеви́зору передаю́т весёлые переда́чи, конце́рты, пра́здничные шо́у, пока́зывают фи́льмы-коме́дии.

25-ое января́ — **День росси́йского студе́нчества** День свято́й му́ченицы Татья́ны — день основа́ния Моско́вского госуда́рственного университе́та и День росси́йского студе́нчества.

23-е февраля́ — **День защи́тника Оте́чества** В э́тот день в 1918-ом году́ был при́нят декре́т об образова́нии Кра́сной А́рмии. С 1949-ого до 1993-его го́да пра́здник носи́л назва́ние «День Сове́тской А́рмии и Вое́нно-Морско́го фло́та». Хотя́ э́то профессиона́льный пра́здник вое́нных, он давно́ уже́ стал днём че́ствования всех мужчи́н, потому́ что мно́гие из них служи́ли, слу́жат и́ли бу́дут служи́ть в а́рмии, то есть они́ явля́ются защи́тниками Оте́чества. Э́тот день широко́ отмеча́ется, гла́вным о́бразом, тем, что всем мужчи́нам жела́ют сохрани́ть си́лу и боево́й дух. В э́тот день же́нщины поздравля́ют свои́х муже́й, отцо́в, бра́тьев, това́рищей по рабо́те и учёбе и преподно́сят им скро́мные, зато́ всегда́ жела́нные пода́рки.

8-ое ма́рта — **Междунаро́дный же́нский день** В э́тот день же́нщин поздравля́ют и до́ма, и в учрежде́ниях, им обяза́тельно да́рят цветы́. По тради́ции в э́тот день мужчи́ны беру́т на себя́ все дома́шние забо́ты. На са́мом де́ле уже́ пе́ред пра́здником у мужчи́н осо́бенно мно́го забо́т, и у дете́й то́же. Дете́й волну́ет серьёзный вопро́с: как лу́чше поздра́вить ма́му, ба́бушку, сестру́, учи́тельницу. И обы́чно они́ гото́вят ма́мам небольши́е пода́рки, сде́ланные свои́ми рука́ми.

1-ое ма́я — **Пра́здник Весны́ и Труда́** В э́то вре́мя начина́ют зелене́ть дере́вья, поэ́тому день 1-ого ма́я назва́ли пра́здником Весны́ и Труда́. В настоя́щее вре́мя э́тот пра́здник оста́лся выходны́м.

9-ое ма́я — **День Побе́ды** В э́тот день в 1945-ом году́ зако́нчилась Вели́кая Оте́чественная война́. Была́ побеждена́ фаши́стская Герма́ния. Наве́рное, нет росси́йской семьи́, не потеря́вшей во вре́мя э́той войны́ бли́зкого челове́ка. 26 миллио́нов 600 ты́сяч сове́тских гра́ждан поги́бло в э́ти стра́шные го́ды. В настоя́щее вре́мя в э́тот весе́нний день люди идут к памятникам и обелискам, к братским могилам, к Вечному огню и Могиле Неизвестного Солдата. Они несут цветы и венки павшим воинам.

Главные участники этого праздника — ветераны войны. По традиции они выходят на улицу, надев все свои военные ордена и медали. Они встречаются с фронтовыми друзьями. Правда, ветеранов с каждым годом становится всё меньше, но они по-прежнему с разных концов страны собираются в этот день в Москве, Санкт-Петербурге, Волгограде и в других городах-героях или выходят на парад в своих городах и посёлках.

С 2012-ого года появилась новая акция под названием «Бессмертный полк». Родственники фронтовиков, как погибших, так и выживших, их дети, внуки и правнуки с их фотографиями проходят после основного парада Победы 9-ого мая в отдельной колоне, которая теперь называется «Бессмертным полком».

Суть акции заключается в увековечивании подвига солдат Великой Отечественной войны, сохранении памяти о доблести и героизме народа, а также во имя патриотического воспитания нынешнего и будущих поколений, чтобы вернуть чувство сопричастности человека и его семьи истории Родины.

Президент России В.В. Путин высоко оценил акцию «Бессмертный полк» и лично участвовал в шествии в Москве 9-ого мая 2015-ого года по случаю празднования 70-й годовщины Победы в Великой Отечественной войне, а также в 2018-ого году с портретом своего отца.

В 19 часов по всей стране наступает Минута молчания. В этот момент россияне низко склоняют голову перед светлой памятью погибших в борьбе за свободу и независимость Родины. Вечером в Москве и в других городах-героях, а также во многих крупных городах гремят залпы салюта.

和方尖碑前，来到同胞们的墓前，来到永恒之火和无名烈士墓前，向那些牺牲的将士献上鲜花和花圈。

这个节日的主角是战争中幸存的老兵们。按照传统，他们胸前佩戴着战斗勋章和胸徽，走上街头，与昔日的战友们相聚。的确，老兵的人数在逐年减少，可是在这一天他们依旧从全国各地来到莫斯科、圣彼得堡、伏尔加格勒等英雄城聚会，或者去自己故乡城镇参加阅兵式。

2012年兴起了名为"不朽军团"的新的悼念活动。战争中阵亡的官兵和尚在世的老兵的亲属、他们的二代、三代、甚至四代的子孙举着先辈的照片，跟在5月9日阅兵队的后面，组成了另一个名为"不朽军团"的独立游行队伍。

这一悼念活动的宗旨是要让参加卫国战争的战士们的丰功伟绩流芳千古，让他们的英雄主义和果敢精神与世长存，同时用爱国主义精神教育今天的一代和下一代人，使个人和家庭回归到与祖国休戚与共的情感上。

俄罗斯总统普京高度评价了"不朽军团"的活动，并带着父亲的照片亲自参加了2015年5月9日庆祝卫国战争胜利70周年的活动以及2018年的游行活动。

这一天的19点钟，举国默哀。此时，人们低头向那些为祖国自由和独立而献身的名垂千古的将士们表示哀悼。晚上，在莫斯科、其他的英雄城以及很多大城市都会燃放礼炮，炮声响彻长空。

6月12日——俄罗斯日 1990年6月12日，俄罗斯苏维埃联邦社会主义共和国第一次人民代表大会通过了《俄罗斯苏维埃联邦社会主义共和国国家主权宣言》。

8月22日——俄罗斯国旗日 1991年8月22日，莫斯科政府大楼上空首次正式升起了俄罗斯三色旗。

9月1日——知识日 传统上这一天在中小学里都要进行庆祝新学年开始的隆重的列队仪式。学校里会特别隆重地迎接一年级新生。早晨，孩子们穿戴一新，手捧花束去上学。要是这一天上学不带鲜花会被认为很没面子。

11月4日——民族统一日 该节日是为了纪念1612年11月4日发生的历史事件。俄罗斯民兵在库奇马·米宁和德米特里·波扎尔斯基的带领下，将莫斯科从波兰侵略者手中解放出来，并结束了史称"动乱时代"的国家和民族精神岌岌可危的时期。通常认为，民兵的胜利在很大程度上为俄罗斯国家的独立奠定了基础。

11月7日——和谐和解日①

11月最后一个星期天——母亲节。

12月12日——俄罗斯联邦宪法日 1993年12月12日，全民公决通过了俄罗斯联邦宪法。

12-ое июня — **День России** 12-ого июня 1990-ого года первым Съездом народных депутатов РСФСР была принята «Декларация о государственном суверенитете РСФСР».

22-ое августа — **День Государственного флага** 22-ого августа 1991-ого года над Белым домом в Москве впервые был официально поднят трёхцветный российский флаг.

1-ое сентября — **День знаний** Традиционно в этот день в школах проходят торжественные линейки, посвящённые началу учебного года. С особой торжественностью встречают в школах первоклассников. С утра нарядно одетые ребята идут в школу с огромными букетами цветов. Прийти в школу без цветов в этот день считается неприличным.

4-ое ноября — **День народного единства** Этот праздник отмечается в память событий 4-ого ноября 1612-ого года, когда народное ополчение под предводительством Кузьмы Минина и Дмитрия Пожарского освободило Москву от польских интервентов и положило конец периоду глубочайшего государственного и духовного кризиса, названного позже Смутным временем. Считается, что ратный подвиг ополчения во многом заложил основы для строительства фундамента независимого российского государства.

7-ое ноября — **День согласия и примирения**.

Последнее воскресенье ноября — **День матери**.

12-ое декабря — **День Конституции Российской Федерации** 12-ого декабря 1993-его года на референдуме была принята Конституция Российской Федерации.

Новые слова

мученица 蒙难者，苦难圣徒
обелиск 方尖碑
венок 花环，花圈
пасть 牺牲
воин 军人
ветеран 老战士

медаль 奖章
салют 礼炮
линейка 列队集合
ратный 军事的，战斗的
заложить 奠定（基础）

Вопросы и задания

1. Какие новогодние праздники отмечают в России?

---

① 11月7日曾是十月革命纪念日。1996年起，这一天被定为"和谐和解日"。

2. Какое дерево украшают в России на Новый год и почему?

3. Кто является символом Нового года в России и почему?

4. Расскажите, как празднуют Новый год в современной России.

5. Какое неофициальное значение имеет День защитника Отечества? Объясните, почему.

6. Расскажите о традициях 8-ого марта в России.

7. Как в России отмечается День Победы? Как вы думаете, почему россияне называют его «праздник со слезами на глазах»?

8. Какие праздники посвящены России как государству? (Назовите 4 праздника)

9. Какой праздник отмечается 1-ого сентября? Почему он так называется?

10. Когда в России отмечается День матери? А в Китае?

Религиозные праздники

Пасха — э́то са́мый гла́вный правосла́вный пра́здник, отмеча́ется в честь воскресе́ния распя́того на кресте́ Христа́ в пе́рвое воскресе́нье по́сле весе́ннего равноде́нствия и полнолу́ния. На Па́сху со всех сторо́н слы́шится «Христо́с Воскре́с!» и в отве́т — «Вои́стину Воскре́с!» Так ве́рующие лю́ди выража́ют свою́ ра́дость по по́воду побе́ды жи́зни над сме́ртью.

За семь неде́ль до Па́схи начина́ется Вели́кий пост. Он состои́т из сорока́ дней и после́дней неде́ли, пе́ред само́й Па́схой. Эта неде́ля отмеча́ется в па́мять о после́дних днях земно́й жи́зни, страда́ний, сме́рти и погребе́ния Христа́. Эта неде́ля для христиа́н отлича́ется осо́бенно стро́гими пра́вилами жи́зни (исключе́ние из рацио́на мясно́й и моло́чной пи́щи, а та́кже ры́бы и яи́ц, отка́з от весе́лья и развлече́ний, моли́твы). После́дний четве́рг пе́ред Па́схой — Вели́кий Четве́рг, или Чи́стый Четве́рг. С э́того дня начина́ются приготовле́ния к Па́схе. Ве́рующим на́до посети́ть храм, испове́даться и причасти́ться. В до́ме всё прибира́ют, мо́ют, чи́стят, а ещё пеку́т куличи́, кра́сят я́йца. В Чи́стый Четве́рг при́нято встать до восхо́да со́лнца и вы́купаться, вы́мыться — символи́чески очи́ститься от грехо́в и суеты́. Вели́кая Пя́тница — са́мый ско́рбный для христиа́н день в году́, день са́мого стро́гого поста́, когда́ вспомина́ют страда́ния и смерть на кресте́ Иису́са Христа́.

Пасха́льная слу́жба начина́ется в ночь с суббо́ты на воскресе́нье. Она́ отлича́ется осо́бой торже́ственностью и вели́чием. Всю Све́тлую Пасха́льную неде́лю в хра́мах звоня́т колокола́. В день Па́схи ве́рующие лю́ди стремя́тся очи́ститься духо́вно, причасти́ться. Куличи́, я́йца, па́схи

宗教节日

复活节是所有东正教节日中最重要的节日，在春分月圆后的第一个星期天庆祝，以纪念被钉在十字架上的耶稣复活。复活节这一天，到处都可以听到"耶稣复活了！"的问候语，回答则是"真的复活了！"信徒们用这种方式表达重生战胜死亡的喜悦之情。

复活节前7周开始大斋节。大斋节共40天，另加上复活节前最后一周。这一周是为了纪念耶稣尘世生活的最后几日、受难、死亡和入葬。对于基督徒而言，这一周有严格的规矩（禁食肉类、奶制品、鱼类和蛋类，禁止娱乐活动和祷告）。复活节前的最后一个星期四被称作"濯足节"或"圣周四"。从这一天起人们就开始为复活节做准备。教徒要去教堂做忏悔和领受圣餐。家里要收拾一下，所有的室内用具都要清洗、擦拭干净，还要烤制古丽奇①、染彩蛋。在"濯足日"这一天，习惯上是随着日出而起，净身、洗脸——象征着洗净罪恶和浮华。"圣周五"对于教徒来说是一年中最悲痛的日子，这是最严格的斋戒日，人们以此悼念耶稣在十字架上所经受的苦难。

从周六午夜开始的复活节祈祷仪式尤为隆重、肃穆。整个复活节圣周教堂里都钟声长

---

① 一种复活节餐桌上必备的面包，由加了奶油的发酵面饼烤制而成。古丽奇要做得高高的，呈圆形状。这是由于传说中耶稣的白色殓衣为圆形。

鸣。在复活节这一天，信徒们全身心地在忏悔、领受圣餐。古丽奇、彩蛋和奶渣糕要带到教堂里接受祝圣（神甫对着这些食物诵读祷文，往上洒圣水），之后信徒们将这些食物带回家，摆放在节日的餐桌上。鸡蛋是永恒生命的古老象征。因此，节日里人们彼此交换色彩各异的彩蛋。

приносят в церковь для освящения (священник читает над ними молитву и окропляет их святой водой), а потом верующие несут всё домой, на праздничный стол. Яйцо — древний символ вечной жизни. Поэтому во время праздника люди обмениваются красиво раскрашенными яйцами.

кулич

Масленица

谢肉节是民众最喜爱的宗教节日，在2月末至3月初大斋前的一周，属于独特的俄罗斯式的狂欢节。谢肉节是古斯拉夫多神教的节日，是送冬迎春节。谢肉节在复活节前56天开始，这个欢庆一周的节日每天都有自己的名称。

星期一叫做"迎节日"，大家在这一天迎接节日的到来。孩子们一大早就到户外堆雪山，妇女们则一早就开始烙制薄饼。金澄澄的圆薄饼象征着太阳。

星期二叫做"始欢日"，人们从这一天开始谢肉节的各种游戏。

星期三叫做"宴请日"，这一天岳母邀请自己的女婿吃薄饼。

星期四叫做"狂欢日"，这一天开始逛街、打雪仗，进行各种仪式和拳击比赛。

星期五叫做"岳母日"，岳母晚宴上女婿们用薄饼和各

Масленица является самым любимым и массовым народным праздником, связанным и с религией. Масленица представляет собой своеобразный русский карнавал. В конце февраля – начале марта, в течение недели перед Великим постом отмечается Масленица. Масленица — это древнеславянский языческий праздник, посвящённый проводам зимы и встрече весны. Начинается Масленая неделя за 56 дней до Пасхи. Каждый день этой праздничной недели имеет своё название.

Понедельник называется «встречей», потому что в этот день встречают праздник. Дети с утра выходят на улицу строить снежные горы. Женщины с утра пекут блины. Круглые жёлто-золотистые блины символизируют солнце.

Вторник называют «заигрыш», потому что в этот день начинаются масленичные игры.

Среда — «лакомка», в этот день тёщи приглашают своих зятьёв на блины.

Четверг — «разгул». В четверг начинается катанье по улицам, игры в снежки, разные обряды и кулачные бои.

Пя́тница — «тёщины вечёрки». На тёщины вечёрки зятья́ угоща́ют матере́й свои́х жён блина́ми и сла́достями.

Суббо́та — «золо́вкины посиде́лки». В суббо́ту молода́я неве́стка приглаша́ет родны́х му́жа (его́ сестёр и́ли золо́вок) к себе́ в го́сти.

Воскресе́нье называ́ется «прощёный день». В э́тот после́дний день пра́здника проща́ются с Ма́сленицей, зимо́й, и пото́м все вме́сте сжига́ют на костре́ Ма́сленицу-чу́чело — си́мвол зимы́. А пе́пел развева́ют над поля́ми — на бога́тый урожа́й. Лю́ди хотя́т, что́бы с уходя́щей зимо́й ушло́ всё ста́рое. Та́кже э́тот день до сих пор называ́ют «Прощёное воскресе́нье»: про́сят проще́нья у родны́х и знако́мых за оби́ды, проща́ют друг дру́га пе́ред наступле́нием Вели́кого поста́.

Мно́гие тради́ции и обы́чаи, свя́занные с Ма́сленицей, утра́чены, но оста́лась тради́ция печь блины́. Ма́сленичные обря́ды сочета́ют в себе́ заверше́ние пери́ода зи́мних пра́здничных ритуа́лов и откры́тие но́вого, весе́ннего пери́ода пра́здников и обря́дов, кото́рые должны́ бы́ли спосо́бствовать получе́нию бога́того урожа́я.

В на́ше вре́мя Ма́сленица — э́то выходны́е дни и наро́дные гуля́ния, весёлые конце́рты, представле́ния. И, коне́чно, в э́ти дни ка́ждая хозя́йка печёт блины́ и угоща́ет и́ми родны́х, друзе́й, знако́мых.

Рождество́ Христо́во Правосла́вная це́рковь отмеча́ет Рождество́ Христо́во по юлиа́нскому календарю́ 7-о́го января́. Рождество́ пра́зднуется три дня: 7-о́го, 8-о́го и 9-ого января́.

种甜点款待岳母。

星期六是"小姑日"。星期六年轻的媳妇邀请丈夫的亲戚（大姑子、小姑子们）到自己家做客。

星期日叫做"宽恕日"。在节日的最后一天向谢肉节告别，向冬天告别，然后大家一起点燃篝火，烧掉冬天的标志——谢肉节稻草人，而把灰烬吹散在大地上——为祈祷庄稼丰收。人们希望过往的一切都随着冬天的逝去而烟消云散。现在这一天也被称作"宽恕星期日"：请求亲朋好友原谅，在大斋节前彼此宽恕。

很多和谢肉节相关的传统和习俗已经消失，但是烙制薄饼的习俗却保留了下来。谢肉节的很多仪式自身既包含了冬日节庆仪式的结束，也包括新的、春天节日和仪式的开端。这些仪式将有助于获得庄稼的丰收。

如今谢肉节是公休日，是群众性的游园会，是欢快的音乐会和表演。当然，节日期间每个主妇都会烙制薄饼款待亲朋好友。

圣诞节是纪念耶稣诞生的节日。东正教依照儒略历在1月7日庆祝圣诞节。俄罗斯圣诞节庆祝3天：1月7、8、9日。

Но́вые слова́

па́сха 复活节
распя́ть 把……（的手脚）钉在十字架上
крест 十字架
равноде́нствие 春分
полнолу́ние 月圆
рацио́н 食谱
грех 罪孽
очи́ститься 刷洗干净
причасти́ться 领圣餐
кули́ч （过复活节用的）圆柱形面包

освяще́ние 祝圣，圣化
про́вод 送别
за́игрыш 娱乐
лако́мка 美食家
кула́чный 用拳头的
посиде́лки （复）晚间集会
неве́стка 媳妇
чу́чело 稻草人
пе́пел 灰烬

Вопросы и задания

1. Какой праздник является самым важным в Православии? Как вы думаете, почему? Расскажите о традициях этого праздника.
2. Как называется праздник провода зимы и встречи весны? Как вы думаете, почему? Чем он интересен?
3. Какое блюдо было и остаётся главным, обязательным в данный праздник? Объясните, почему.
4. Приведите названия всех дней праздничной недели Масленицы. Расскажите, почему они так называются, что делают в каждый из этих дней.
5. Когда православные христиане отмечают Рождество?

行业节日

1月12日：检察机关工作者日
1月13日：俄罗斯印刷日
2月10日：外交工作者日
3月25日：俄罗斯文化工作者日
4月12日：宇航日①
5月7日：广播日
5月25日：语文工作者日②
6月第三个星期天：医务工作者日
8月第二个星期天：建筑工作者日
9月第三个星期天：林业工作者日
9月30日：国际翻译工作者日
10月5日：教师节
10月25日：海关工作者日
11月10日：警察日
12月20日：安全机构工作者日

除了上述各种节日，还有城市纪念日，博物馆日，社会与政治活动家、作家、音乐家、诗人、画家等的诞辰纪念日都要庆祝。

其他节日

生日是最重要的家庭节日。以前习惯上过命名日，一般是某个圣人的纪念日——孩子通常就是起这个圣人的名字。1917年以后，人们基本上不再过命名日，而是庆祝孩子出生的那一天，即生日。提前过生日被视为是不吉利的。

Профессиональные праздники

12-ое января — День работника прокуратуры

13-ое января — День российской печати

10-ое февраля — День дипломатического работника

25-ое марта — День работника культуры России

12-ое апреля — День космонавтики

7-ое мая — День радио

25-ое мая — День филолога

Третье воскресенье июня — День медицинского работника

Второе воскресенье августа — День строителя

Третье воскресенье сентября — День работников леса

30-ое сентября — Международный день переводчика

5-ое октября — День учителя

25-ое октября — День таможенника

10-ое ноября — День полиции

20-ое декабря — День работника органов безопасности

Кроме этих праздников, отмечают такие праздники, как День рождения города, Международный день музеев, очередные годовщины со дня рождения общественных и политических деятелей, писателей, музыкантов, поэтов, художников и др.

Другие праздники

День рождения — самый главный семейный праздник. Раньше было принято праздновать именины — день святого, чьим именем назван ребёнок. После 1917-ого года стали в основном праздновать не именины, а день, когда ребёнок родился — день рождения. Считается дурной приметой праздновать день рождения до его наступления.

---

① 1961年4月12日，尤里·加加林成为世界上首个飞向太空的宇航员。为纪念人类历史上这一伟大壮举，苏联将4月12日命名为"宇航日"。

② 该节日紧随着5月24日纪念基里尔和梅福季兄弟二人的斯拉夫文字文化节。

День Святого Валентина (День влюблённых) — католический праздник, который 14-ого февраля отмечают многие люди по всему миру.

День смеха 1-ого апреля во всём мире отмечается День смеха. Ещё этот праздник называют Днём шуток или Днём дурака. В День смеха принято подшучивать друг над другом, устраивать весёлые розыгрыши и преподносить забавные подарки, чтобы подарить хорошее настроение своим друзьям и знакомым.

Хэллоуин — один из древнейших праздников, традиционно отмечается в ночь с 31-ого октября на 1-ое ноября в англоязычных странах. Хэллоуин был запрещён Православной церковью ещё во времена Российской империи, так как он имеет языческое происхождение. После распада СССР он стал постепенно приобретать популярность в России, в основном среди молодёжи.

Свадьба Бракосочетания в России проводятся чаще всего во Дворцах бракосочетаний. При появлении жениха и невесты звучит «Свадебный марш» Мендельсона. Специальный чиновник — регистратор с красной лентой через плечо произносит торжественную речь, поздравляя жениха и невесту со знаменательным событием в их жизни — вступлением в брак. После торжественной речи молодые подходят к столу и расписываются в книге брачных свидетельств. После этого регистратор просит их в знак верности обменяться кольцами. После церемонии кортеж легковых автомобилей, в которых находятся новобрачные, их родственники и гости, объезжает центральные улицы города. Маршрут объезда стал включать посещение мемориалов павшим воинам и возложение новобрачными цветов к Вечному огню. Теперь в схему ритуала кругового объезда города входят и новые обрядовые действия. Например, поиск и переезд свадебным кортежем семи

圣瓦伦丁日（情人节） 每年2月14日，全世界很多人都庆祝这一天主教的节日。

愚人节 现在每年的4月1日全世界几乎都过愚人节，这个节日也叫做万愚节。愚人节这一天人们相互开玩笑，搞一些逗趣弄人的事，送上诙谐搞笑的礼物，目的是给朋友和熟人带来愉悦的心情。

万圣节是一个古老的节日。传统上，讲英语的国家中是在10月31日至11月1日夜里庆祝。在俄罗斯帝国时期，东正教教会禁止庆祝万圣节，因为这个节日起源于多神教。苏联解体后，这个节日逐渐在俄罗斯流行，主要是在年轻人当中。

婚礼 俄罗斯的婚礼仪式一般在婚礼宫举行。当新郎和新娘在大厅出现时，会奏响门德尔松的《婚礼进行曲》，身披红彩带的专门官员——登记官发表庄重的祝词，祝贺新郎新娘一生中重要事件——缔结连理。致词结束后，新人们走向登记桌，在结婚证书上签字。之后，婚姻登记官要求他们交换戒指以表忠诚。仪式过后，结婚车队载着一对新人和他们的亲朋好友环游市区的主要街道，路线中包括瞻仰烈士墓，新郎新娘在永恒之火前献花。时至今日，城市环游线路中还添加了一些新的仪式活动，比如婚礼车队要找到并穿过7座桥。这一游戏建立在以前一种迷信预兆的基础上，即认为数

Замки на ограждении моста

字"7"会带给人们幸福、助人成功。近年来，新郎新娘按照惯例在桥的栏杆上锁上一把挂锁：人们相信，这样可以使婚姻牢不可破，地久天长。

如今在教堂里举办婚礼的古老习俗又回归了。这一习俗有一整套隆重、复杂的仪式，包括唱诗班的演唱和点燃蜡烛。在教堂中举办婚礼一般是在非宗教仪式婚姻登记后进行。

晚上，人们通常是在饭店或家里举办婚宴。父母在门口用面包和盐迎接新婚夫妇。婚宴丰盛、欢快。桌子摆成П字形，新郎新娘坐在正中间。晚宴上大家高喊"苦啊！"并要求新郎新娘当众接吻。清晨，当新郎或新娘的母亲切开散宴蛋糕后，婚宴结束。但是，新郎新娘可以早些离席，一般是在12点钟之前。

мостóв. Пóиск семи́ мостóв — э́то игрá, развернувшаяся вокрýг бытовáвшей в прóшлом приме́ты, что число́ «семь» прино́сит сча́стье и спосо́бствует успе́ху. В после́дние го́ды традицио́нно молодожёны ве́шают замо́к на огражде́ния моста́: согла́сно пове́рью, э́то сде́лает брак кре́пким и до́лгим.

Сейчáс возвращáется стари́нный обы́чай венчáния в це́ркви с его́ торже́ственным и сло́жным ритуáлом, с пе́нием и со свеча́ми. Венчáние прохо́дит обы́чно по́сле соверше́ния гражда́нской регистра́ции бра́ка.

Ве́чером — свáдебный ýжин, кото́рый обы́чно устра́ивается в рестора́не и́ли до́ма. Роди́тели встреча́ют молоды́х у вхо́да с хле́бом и со́лью. Сва́дебный ýжин быва́ет оби́льным и прохо́дит ве́село. Столы́, как пра́вило, ста́вятся бу́квой П. На центра́льные места́ за столо́м сажа́ют молоды́х. Во вре́мя ýжина все крича́т «Го́рько!», заставля́я молоды́х публи́чно целова́ться. Сва́дьба зака́нчивается обы́чно под ýтро по́сле того́, как мать жениха́ и́ли неве́сты разреза́ет «разго́ночный торт». Одна́ко молоды́е покида́ют пра́здник ра́ньше, где-то часа́м к 12 но́чи.

Новые слова

прокурату́ра 检察机关
тамо́женник 海关人员
имени́ны（复）命名日
подшу́чивать 开……的玩笑
заба́вный 逗乐的
Хэллоу́ин 万圣节
регистра́тор 登记官
распи́сываться 签字

корте́ж 车队
мемориа́л 纪念碑
возложе́ние 敬献
кругово́й 环形的
бытова́ть 存在，流传
венча́ние（在教堂中举行的）婚礼
оби́льный 丰盛的
разго́ночный 饯行的

Вопросы и задания

1. Назови́те не́сколько профессиона́льных росси́йских пра́здников.
2. Каки́е профессиона́льные пра́здники отмеча́ют в Кита́е?
3. Как в Росси́и пра́зднуют день рожде́ния? Сравни́те тради́ции э́того пра́здника в Росси́и и в Кита́е.
4. Почему́, по ва́шему мне́нию, День Свято́го Валенти́на стал пра́здником, популя́рным почти́ во всём ми́ре?
5. Зна́ете ли вы, как отмеча́ют День сме́ха студе́нты в ра́зных стра́нах?
6. С каки́ми мировы́ми проце́ссами свя́зано распростране́ние во мно́гих стра́нах Хэллоуи́на?
7. Отмеча́ется ли Хэллоуи́н в Кита́е? Как вы ду́маете, почему́?
8. Сравни́те, как происхо́дит заключе́ние бра́ка и пра́зднуется сва́дьба в Росси́и и в Кита́е.

12

КУХНЯ

（饮食）

Ру́сские блю́да

Совреме́нный обе́д ру́сских ча́ще всего́ состои́т из заку́ски и трёх блюд.

Заку́ски Счита́ется, что заку́ски возбужда́ют аппети́т. На заку́ску подаю́т икру́, сыр, шпро́ты, сала́т, ква́шеную капу́сту, мочёные я́блоки, солёные грибы́, солёные огурцы́, селёдку.

Пе́рвые блю́да На пе́рвое подаю́тся супы́. Они́ де́лаются на мясно́м, ры́бном, грибно́м бульо́нах, овощно́м, фрукто́вом, я́годном отва́рах, да́же на ква́се, молоке́ и простоква́ше. Супы́ подаю́т горя́чими и́ли холо́дными. Наибо́лее изве́стные супы́: щи, борщ, рассо́льник, свеко́льник, уха́ и окро́шка. В на́ше вре́мя одни́м из са́мых распространённых пе́рвых блюд остаю́тся знамени́тые щи — суп из мя́са, све́жей и́ли ква́шеной капу́сты и други́х овоще́й. К щам подаю́т смета́ну, а иногда́ гре́чневую ка́шу. Не ме́нее распространён борщ — мясно́й суп со свёклой, капу́стой и други́ми овоща́ми. Широ́кой изве́стностью по́льзуется ру́сский рассо́льник — суп из у́тки, ку́рицы и́ли по́чек с солёными огурца́ми. Среди́ ру́сских блюд сле́дует назва́ть и окро́шку — холо́дный суп из ква́са с мелконаре́занными кусо́чками мя́са, све́жих овоще́й, яи́ц вкруту́ю. Она́ подаётся в холо́дном ви́де со смета́ной. Это освежа́ющий суп, кото́рый осо́бенно популя́рен ле́том.

Вторы́е блю́да Ассортиме́нт вторы́х блюд в ру́сской ку́хне необыча́йно широ́к — тут и бога́тый ры́бный и мясно́й стол, и разнообра́зные блю́да из круп, грибо́в, овоще́й, яи́ц, моло́чные и мучны́е блю́да.

Ры́бу гото́вят по-ра́зному: во фритю́ре, на ве́ртеле и угля́х, а та́кже на сковороде́ под разли́чными со́усами — смета́нными, тома́тными, моло́чными, грибны́ми. Из мясны́х блюд наибо́лее распространена́ говя́дина тушёная и́ли жа́реная, с разли́чными гарни́рами.

俄式菜肴

现代的俄餐通常由冷盘和三道菜组成。

冷盘 通常认为，冷盘是开胃菜。可以做冷盘的有：鱼子酱、奶酪、油浸鲱鱼罐头、沙拉、酸白菜、渍苹果、腌蘑菇、酸黄瓜和咸鲱鱼等。

第一道菜属汤类。汤可以是肉汤、鱼汤、蘑菇汤，也可以是用蔬菜、水果、浆果熬出来的，还可以用格瓦斯、牛奶和酸牛奶熬煮。汤有凉、热之分，其中最有名的是圆白菜汤、红菜汤、腌黄瓜肉汤、甜菜叶汤、鱼汤、冷杂拌汤。如今第一道菜中最为普遍的仍是圆白菜汤，用肉、新鲜圆白菜或酸菜和其他蔬菜做成。这种汤主要加酸奶油，有时还加荞麦粥。同样著名的还有用肉、甜菜、圆白菜和其他蔬菜一起煮的红菜汤。俄罗斯的腌黄瓜肉汤久负盛名，这是一种用鸭子、鸡或者腰子加上腌黄瓜熬成的汤。俄餐中还有一种必提的冷杂拌汤，用格瓦斯加上切成碎块的肉丁、新鲜蔬菜、煮老的鸡蛋做成。冷杂拌汤属凉汤，食用时加酸奶油。这种汤十分爽口，夏天很受欢迎。

俄餐中**第二道菜**的品种相当丰富：有鱼类、肉类做的菜，有用碎米、蘑菇、蔬菜做的菜，还有蛋类、奶制品和面制品。

鱼的做法各不相同：可油炸，可放在钎子或者炭火上烤制，也可以用平底锅加上各种调汁煎（如酸奶油、番茄汁、奶汁、蘑菇汁）。肉类菜中最受偏爱的是加各种配菜的炖牛肉和煎牛肉。

肉馅做的炸肉饼和炸肉排也很受欢迎。现代俄餐中，第二道菜的一个突出特点是蔬菜种类丰富：土豆、圆白菜、胡萝卜、甜菜等。这些蔬菜往往并不独立成菜，而是做肉菜或鱼类菜的配菜。

　　第二道菜中的面制品有用死面做成的水煮食品：面条、通心粉、细面条、水饺和甜馅饺子。第二道菜还包括烤肉串、炸鸡和薄饼。

　　应当指出，俄罗斯人吃第一道菜和第二道菜时离不开面包。餐桌上一般都摆放着切片白面包或黑面包。

　　第三道菜是甜食或甜点，包括各种羹类、糖汁水果、甜馅饼、蜜糖饼干、烤苹果、烤梨、果酱、各种冰淇淋以及果子冻、慕斯和奶油甜点等，还会端上新鲜水果。但是俄罗斯人不常喝甜饮料，而是喝茶或咖啡。

Из мясно́го фа́рша гото́вят котле́ты, шни́цели. Их то́же лю́бят. Характе́рная осо́бенность вторы́х блюд совреме́нной ку́хни — оби́лие овоще́й: карто́феля, капу́сты, морко́ви, свёклы и т.д. Ча́ще всего́ э́ти о́вощи не самостоя́тельное блю́до, а гарни́р к мя́су и́ли ры́бе.

Ко вторы́м мучны́м блю́дам отно́сятся варёные изде́лия из пре́сного те́ста: лапша́, макаро́ны, вермише́ль, пельме́ни и варе́ники. На второ́е подаю́т та́кже шашлы́к, жа́реную ку́рицу, блины́.

На́до отме́тить, что у ру́сских и пе́рвое, и второ́е блю́да едя́т с хле́бом. На столе́ обы́чно есть наре́занный ломтя́ми бе́лый и́ли чёрный хлеб.

Тре́тьи блю́да — сла́дкое, и́ли десе́рт. Сюда́ отно́сятся кисели́, компо́ты, сла́дкие пироги́, пря́ники, печёные я́блоки и гру́ши, варе́нья, моро́женое ра́зных сорто́в, та́кже желе́, му́ссы, кре́мы, подаю́тся и све́жие фру́кты. Одна́ко ча́ще ру́сские пьют не сла́дкие напи́тки, а чай и́ли ко́фе.

Но́вые слова́

шпро́ты 油浸熏制鲱鱼罐头
мочёный 浸渍过的
селёдка 小咸鱼
окро́шка 冷杂拌汤
по́чка 腰子
вкруту́ю 煮硬的，煮老的（指鸡蛋）
фритю́р（煎食品用的）熟油
ве́ртел（烤肉的）铁扦
фарш 肉末

шни́цель 炸肉排
гарни́р（青菜、马铃薯等做的）配菜
пре́сный 不发酵的
ломо́ть（面包、瓜果等）一块，一片
кисе́ль 羹
пря́ник（加香料的）蜜糖饼干
варе́нье 果酱，蜜饯
желе́ 果子冻
крем 奶油甜点

Вопро́сы и зада́ния

1. Из ско́льких блюд состои́т традицио́нный ру́сский обе́д?
2. Что тако́е заку́ска? Каки́е ру́сские заку́ски вы зна́ете?
3. Что подаю́т на пе́рвое?
4. Что подаю́т на второ́е?
5. Что тако́е десе́рт? Каки́е десе́рты популя́рны в Росси́и?
6. Что тако́е гарни́р? Каки́е гарни́ры популя́рны в Росси́и?
7. Каки́е ру́сские блю́да вы про́бовали? Назови́те их, расскажи́те, из чего́ их гото́вят.
8. Узна́йте реце́пт ва́ших люби́мых блюд кита́йской ку́хни. Напиши́те по-ру́сски, из чего́ и как их гото́вят.

Хлеб-соль

В России по старинному русскому обычаю дорогих гостей встречала девушка с хлебом-солью (хлеб-соль — это свежий круглый хлеб <каравай> с солонкой на нём, подаваемый на блюде с красивым вышитым полотенцем). И теперь на официальных церемониях почётных гостей встречают хлебом-солью.

В России самым главным, самым ценным продуктом всегда считали хлеб. Как говорят в народе, «хлеб на стол — и стол престол, а хлеба ни куска — и стол доска». Хлеб для русских — это не просто еда, это символ дружбы, гостеприимства, знак приветствия, а также награда за труд.

Соль долгие годы тоже считали драгоценной. Из сочетания «хлеб-соль» образованы многие русские фразеологизмы и слова. Например, «Хлеб да соль!» — пожелание приятного аппетита. А «водить хлеб-соль с кем-либо» значит «находиться в дружеских, приятельских отношениях с кем-либо». Хлебосольный дом — дом радушный, гостеприимный. Хлебосольный хозяин — самая большая похвала человеку, умеющему от всей души принять добрых гостей и угостить их. Хлебосольство — яркая черта русского национального характера.

Хлеб-соль преподносят также как знак доверия и пожелания успеха.

Квас, чай, кофе

Квас — это особый русский напиток, его любят и в деревнях, и в городах России. Приготовление кваса было распространено в России так же широко, как и хлебопечение. Хлебные квасы были весьма разнообразны по вкусу и аромату, обладали освежающими свойствами. Большинство квасов готовили на основе ржаного хлеба (ржаных сухарей), сахара, дрожжей, солода (но часто и без солода). В магазинах продают экстракт хлебного кваса и квасное сусло, из которых легко и быстро можно приготовить квас по рецепту, помещённому на этикетке.

Впервые чай попал в Россию в 17-ом веке. Новый напиток пришёлся русским по вкусу, и вскоре чай стал постоянным предметом импорта. Русские больше любят чёрный чай, пьют его с сахаром, мёдом, конфетами, вареньем.

Другой широко распространённый у русских напиток — кофе. В России кофе как напиток распространился значительно позже чая. Великий реформатор Пётр I всемерно способствовал распространению этого напитка.

面包和盐

在俄罗斯，按照古老习俗常常由一个手捧面包和盐的姑娘迎接贵客（新鲜的大圆面包，上面放一个盐罐，面包和盐放在铺着漂亮的绣花巾的盘子里端上来）。如今在一些正式的仪式上也用面包和盐迎接贵宾。

在俄罗斯，面包一直被视为是最主要的、最珍贵的食品。正像民间所说的那样："面包端上桌，桌子成御座；用餐没面包，桌子成棺椁。"对俄罗斯人来说，面包不仅仅是食品，还是友谊、好客的象征，表示欢迎，也是对劳动的奖赏。

很长一段时期，盐被看成是很珍贵的。因此，现在由"面包"和"盐"两个俄文单词组成了许多俗语。如 хлеб да соль! 意为祝愿胃口好，而водить хлеб-соль с кем 意为与谁友好往来，хлебосольный дом 意为盛情好客之家，хлебосольный хозяин 则是对诚心诚意、热情待客的主人最高的称赞，хлебосольство 则是俄罗斯民族性格最鲜明的特点。

总之，面包和盐反映的是信任和对成功的祝愿。

格瓦斯、茶、咖啡

格瓦斯是俄罗斯特有的饮料，无论在城市还是在乡村，人们都很喜欢喝这种饮料。在俄罗斯，酿制格瓦斯非常普及，就像烤制面包一样。用面包发酵的格瓦斯有各种不同的口味和香味，其特点是清凉、提神。大多数的格瓦斯用黑麦面包（黑麦面包干）、糖、酵母、麦芽（经常也不加麦芽）酿造而成。商店里一般有售面包制成的格瓦斯精汁和格瓦斯酒母，只要按照标签上的说明就可以用这些原料轻松便捷地制出格瓦斯来。

茶叶进入俄罗斯是在17世纪。这种新饮料很合俄罗斯人的口味，很快就成为一种长期进口的商品。俄罗斯人比较喜欢喝红茶，喝的时候可以加糖、蜂蜜，也可以就着糖果、果酱等一起喝。

俄罗斯人普遍钟爱的另一种饮料是咖啡。咖啡作为饮料在俄罗斯比茶普及得要晚。伟大的改革家彼得一世竭尽全力促进了这种饮料的普及。但直到 19 世纪初咖啡还只有个别富裕人家才饮用。1892 年后，俄罗斯才开办了第一批咖啡作坊，人们开始在家里喝咖啡，也开始光顾咖啡馆。现在，咖啡在诸多饮料中占有牢固的地位。

Но вплоть до начала 19-ого века кофе пили лишь в некоторых богатых домах. Только после 1892-ого года в России стали открываться первые кофейные заведения и люди начали пить кофе не только дома, но и в кафе. В наше время кофе прочно занимает своё место в ряду других напитков.

Новые слова

солонка 盐罐，盐瓶
почётный 受人尊敬的，享有盛名的
гостеприимство 好客
приветствие 欢迎
награда 奖赏
радушный 殷勤好客的，亲热的
аромат 香味

солод 麦芽
экстракт 精汁，提取物
сусло 酒母，麦芽汁
поместить 放在
этикетка 标签
реформатор 改革者

Вопросы и задания

1. Чем встречают почётных и дорогих гостей в России?
2. Что долгие годы было основной, главной едой русских? Каково символическое значение этого продукта?
3. Объясните значение и происхождение слов «хлебосольный», «хлебосольство».
4. Чем хлебосольство отличается от гостеприимства? (Для ответа уточните значение этих слов по словарю.)
5. Как вы понимаете значение поговорок «Щи да каша — пища наша», «Без соли, без хлеба худая (плохая) беседа», «Не красна изба углами, красна пирогами»?
6. Какой напиток является исконно русским? Из чего его делают?
7. Когда русские начали пить кофе?

РЕЛИГИИ

（宗教）

В России сегодня не существует официальной статистики членства в религиозных организациях, так как закон запрещает требовать от граждан заявлений об их религиозной принадлежности. Таким образом, о религиозности россиян и об их конфессиональной самоидентификации можно судить лишь по социологическим опросам населения.

Население России исповедует различные религии, из которых самыми распространёнными являются православие, или православное христианство, и ислам. Кроме этого, распространены католицизм, иудаизм и ламаизм (часть буддизма). По данным исследований, сделанных Российской академией наук в 2013-ом году, население страны распределяется по конфессиональной принадлежности следующим образом: православие — 79%; ислам — 4%, атеизм — 7%, непринадлежность к какому-либо вероисповеданию — 9%, другие — 1%.

По данным ВЦИОМ (Всероссийский центр изучения общественного мнения) на 2010-ый год конфессиональный состав населения России таков: православие — 75 %, ислам — 5 %, католицизм — 1 %, протестантизм — 1 %, иудаизм — 1 %, буддизм — 1 %, «являюсь верующим, но к какой-либо конкретной конфессии не принадлежу» — 3 %, неверующие — 8 %, «колеблюсь между верой и неверием» — 3 %, другого вероисповедания — 1 %, затруднились ответить — 1 %.

28-ого апреля 2016-ого года ВЦИОМ представляет данные о том, считают ли россияне свою жизнь предопределённой высшими силами и полагаются ли на помощь Бога в повседневных заботах. Опрос выяснил, что число людей, которые полагаются на Бога, составляет 67% в 2016-ом году. Не верят в бога в 2016-ом году 14% россиян, никогда на него не рассчитывают — 11%.

由于法律禁止强制公民申报个人的宗教信仰，所以当今俄罗斯缺乏关于不同宗教组织成员的官方数据。有关俄罗斯人的宗教认识及其教会从属情况只能通过社会抽样调查了解。

俄罗斯居民信仰各种宗教，最普遍的是东正教（即东方基督正教）和伊斯兰教。除此之外，还有天主教、犹太教和藏传佛教。据俄罗斯科学院2013年所进行的调研，俄罗斯国内居民的宗教归属分别为：东正教79%，伊斯兰教4%，无神论者7%，不属于任何宗教派别者9%，其他1%。

全俄民意调研中心2010年颁布的关于不同宗教信仰人数的数据如下：东正教75%，伊斯兰教5%，天主教1%，新教1%，犹太教1%，佛教1%，信奉神灵但不属于任何宗教派别者3%，无神论者8%，游移于信仰与非信仰之间者3%，其他信仰者1%，难以明确答复者1%。

2016年4月28日全俄民意调研中心颁布的数据表明，在问到俄罗斯人是否认为个人的生活由上天决定、在他们日常遇到困难的时候是否求助于上帝时，67%的受访者确认希望是寄托于上帝，14%的俄罗斯人不相信上帝，11%的人从来没有指望过上帝。

公元 988 年，古俄罗斯按照拜占庭的仪式接受了东正教。弗拉基米尔大公命令摧毁所有多神教神像，要求神职人员宣传东正教。东正教在莫斯科公国和俄罗斯帝国的形成过程中起了最重要的作用。

十月革命胜利之初（1917 年），俄罗斯通过了一系列剥夺教会财政资助的法令。1918 年 1 月 20 日，俄罗斯苏维埃联邦社会主义共和国人民委员会通过了教会与国家分离、学校与教会分离的法令。1943 年恢复了被废除的东正教宗主教制。战后的苏联终于采取了东正教与其他宗教共存的形式。不同宗教开始在国家的密切监视下发展，这些主流宗教在同形形色色被视为旁门左道的宗教派别的角逐中甚至还得到了国家的大力支持。

世纪之交的俄罗斯依然是世界上最大的一个东正教国家。20 世纪 90 年代中期，注册的宗教团体中一半以上（4566 个）属于东正教会。

随着俄罗斯社会的变革，东正教和其他宗教获得了再生，尽管这一再生过程充满了矛盾而又出人意料。俄罗斯接受东正教的千年庆典活动广泛而又隆重，完全成了一个全民的节日。宗教瞬间变得时髦起来。教会被允许进入中小学教育，教堂得以重建。如今的俄罗斯，国家不再干预人们的宗教信仰。

除了大部分俄罗斯人，信仰东正教的还有生活在俄罗斯的乌克兰人、白俄罗斯人、摩尔多瓦人、格鲁吉亚人、保加利亚人、茨冈人、希腊人等。

有一种说法认为，一千多年前俄罗斯境内就有人开始信仰伊斯兰教。达吉斯坦共和国境内的杰尔宾特市①于 651 年首次被阿拉伯攻占。俄罗斯穆夫提②委员会证实：公元 8 世纪在

Приня́тие Дре́вней Ру́сью правосла́вия по византи́йскому обря́ду произошло́ в 988-о́м году́. Князь Влади́мир приказа́л уничто́жить все язы́ческие и́долы, а духове́нству — пропове́довать но́вую ве́ру. Именно правосла́вие сыгра́ло важне́йшую роль в формирова́нии Моско́вского, а зате́м и росси́йского госуда́рства.

В пе́рвые же ме́сяцы по́сле октя́брьского переворо́та (1917-ый год) в Росси́и был при́нят ряд декре́тов и постановле́ний, лиша́вших це́рковь материа́льной по́мощи, а 20-ого января́ 1918-ого го́да Сове́т Наро́дных Комисса́ров РСФСР при́нял изве́стный Декре́т об отделе́нии це́ркви от госуда́рства и шко́лы — от це́ркви. В 1943-ем году́ бы́ло восстано́влено упразднённое правосла́вное патриа́ршество. В послевое́нное вре́мя госуда́рство наконе́ц-то нашло́ фо́рму взаимоде́йствия с Правосла́вной Це́рковью и други́ми конфе́ссиями. Они́ ста́ли развива́ться под бди́тельным о́ком госуда́рства и да́же получи́ли акти́вную подде́ржку с его́ стороны́ в борьбе́ с секта́нтством.

На рубеже́ второ́го и тре́тьего тысячеле́тий Росси́я остаётся крупне́йшей правосла́вной страно́й ми́ра. В числе́ зарегистри́рованных на середи́ну 90-ых годо́в 20-ого ве́ка религио́зных объедине́ний бо́лее полови́ны — 4566 — принадлежа́ло Ру́сской Правосла́вной Це́ркви.

Совреме́нное возрожде́ние Правосла́вной Це́ркви и други́х конфе́ссий, нача́вшееся с перестро́йкой, происхо́дит во мно́гом противоречи́выми и неожи́данными путя́ми. Тысячеле́тие приня́тия Ру́сью правосла́вия бы́ло отме́чено широко́ и гла́сно, как общенаро́дный пра́здник. Рели́гия мгнове́нно ста́ла мо́дной. Це́рковь была́ допу́щена к шко́льному образова́нию, ста́ли восстана́вливаться и стро́иться хра́мы. Госуда́рство ны́не ника́к не меша́ет проявле́нию религио́зного чу́вства.

Кро́ме ру́сских, составля́ющих бо́льшую часть ве́рующих, к правосла́вию принадлежа́т живу́щие в Росси́и украи́нцы, белору́сы, молдава́не, грузи́ны, болга́ры, цыга́не, гре́ки и т.д.

Есть така́я ве́рсия, что исла́м испове́дуется на террито́рии Росси́и уже́ бо́лее ты́сячи лет. Впервы́е го́род Дербе́нт (Дагеста́н) был шту́рмом взят ара́бами-мусульма́нами в 651-ом году́. По свиде́тельству Сове́та му́фтиев Росси́и,

---

① 杰尔宾特是俄罗斯达吉斯坦共和国的第二大城市，也是俄国最南部的城市。其城邦、古城和要塞于 2003 年被列入世界文化遗产名录。

② 伊斯兰教教职称谓，即教法说明官。职责为咨询与告诫。他们对各类新问题、新案件的诉讼提出正式的法律意见，以作为判决的依据。

на территории Дербента уже в 8-ом веке была построена мечеть. В настоящее время основными регионами распространения ислама на территории Российской Федерации являются Среднее и Нижнее Поволжье, Приуралье, Сибирь, Северный Кавказ, крупные города — Москва, Санкт-Петербург и ряд других. Мусульмане России в своём подавляющем большинстве придерживаются суннизма. Его приверженцы — верующие татары, башкиры, кабардинцы, адыгейцы, черкесы, абазины, карачаевцы, ингуши, чеченцы, часть верующих мусульман-осетин, а также удмурты, марийцы и чуваши и др.

В сравнении с приверженцами христианства и ислама сторонников буддизма в Российской Федерации заметно меньше. Ламаизм исповедуют в Российской Федерации верующие калмыки, тувинцы и восточные буряты. В России буддизм появился в 16-ом веке. Официально же буддизм признан соответствующим указом императрицы Елизаветы Петровны. Буддийские общины существуют и в ряде крупных городов (Санкт-Петербурге, Владивостоке, Кемерове, Екатеринбурге, Новосибирске, Хабаровске, Перми, Ростове-на-Дону и др.). Центральное духовное управление буддистов Российской Федерации находится в Улан-Удэ.

К католицизму принадлежат живущие в России литовцы, поляки, немцы и т.д. В настоящее время на территории России функционирует около 230 приходов, четверть из них не имеет храмовых зданий. Организационно приходы объединены в четыре епархии, вместе составляющие митрополию: архиепархия Матери Божией в Москве, Преображенская епархия в Новосибирске, епархия Святого Иосифа в Иркутске, епархия Святого Климента в Саратове.

杰尔宾特就已经修建起清真寺。目前，伊斯兰教在俄罗斯联邦传播的主要地区是伏尔加河中下游、乌拉尔山以西地区、西伯利亚、北高加索地区和莫斯科、圣彼得堡等个别几个大城市。俄罗斯的伊斯兰教徒大多属于逊尼派。主要信徒有：鞑靼人、巴什基尔人、卡巴尔达人、阿迪格人、切尔克斯人、阿巴津人、卡拉恰伊人、印古什人、车臣人，还有一部分奥塞梯人以及乌德穆尔特人、马里人、楚瓦什人等。

与东正教和伊斯兰教信徒相比，俄罗斯佛教信徒要少得多。俄罗斯信仰藏传佛教的有卡尔梅克人、图瓦人和东部的布里亚特人。佛教在俄罗斯出现于16世纪。伊丽莎白·彼得罗芙娜女皇统治时期出台了相应的沙皇令，佛教得到了官方的承认。在一些大城市（如圣彼得堡、符拉迪沃斯克托、克麦罗沃、叶卡捷琳堡、新西伯利亚、哈巴罗夫斯克、彼尔姆、顿河畔罗斯托夫等）均有佛教协会。俄联邦佛教总会设在乌兰乌德。

信仰天主教的主要是生活在俄罗斯的立陶宛人、波兰人和德意志人等。目前天主教在俄罗斯大约有230个教区，其中1/4没有教堂。这些教区合并成天主教莫斯科总教区、天主教新西伯利亚教区、天主教伊尔库茨克教区、天主教萨拉托夫教区，这4个主教辖区又构成都主教辖区。

Новые слова и словосочетания

ислам 伊斯兰教
католицизм 天主教
иудаизм 犹太教
ламаизм 藏传佛教
буддизм 佛教
протестантизм 新教
обряд 仪式
идол 偶像

конфессия 宗教
сектантство 教派
мечеть 清真寺
приверженец 教徒，信徒
буддийская община 佛教协会
приход 教区
епархия 主教辖区
митрополия 都主教辖区

Вопросы и задания

1. Какие религии являются самыми распространёнными в России? Какая религия долгое время была государственной в России?
2. Как и когда была крещена Древняя Русь? Что вы знаете о князе Владимире?
3. Какова роль православия в истории России?
4. Какими были отношения церкви и государства в советский период?
5. Каковы отношения Православной церкви и государства в современной России?
6. Что вы знаете об исламе в России?
7. Что вы знаете о буддизме в России?
8. Сравните религиозную ситуацию в России и Китае. Есть ли сходство? Каковы различия?

14 ЛИТЕРАТУРА

(文学)

Литерату́ра Ки́евской Руси́ (10 век - пе́рвая полови́на 13 ве́ка)

В тече́ние мно́гих веко́в еди́нственной фо́рмой слове́сного худо́жественного тво́рчества, выража́вшего самосозна́ние славя́нских племён, был фолькло́р. У́стное наро́дное тво́рчество бога́то и разнообра́зно. У́стная поэ́зия име́ла мно́го жа́нров: ска́зки, были́ны, пе́сни, за́говоры, посло́вицы, погово́рки, зага́дки. В них отрази́лся быт наро́да и его́ миросозерца́ние; основны́ми черта́ми бы́ли оптими́зм и гумани́зм.

Когда́ возни́кла пи́сьменность у славя́н, то́чно пока́ не устано́влено. Упоря́дочили славя́нскую пи́сьменность, со́здали а́збуку в 9-ом ве́ке бра́тья Кири́лл и Мефо́дий. Распростране́нию славя́нской пи́сьменности спосо́бствовало приня́тие Ру́сью христиа́нства. Креще́ние Руси́ бы́ло предпри́нято в 988-о́м году́ вели́ким ки́евским кня́зем Влади́миром. Приня́тие христиа́нства бы́ло прогресси́вным для того́ вре́мени идеологи́ческим и полити́ческим а́ктом. Отличи́тельная черта́ пе́рвых ру́сских произведе́ний пи́сьменности — осозна́ние ру́сскими себя́ в проце́ссе исто́рии, откры́тие самого́ фа́кта истори́ческого проце́сса. В у́стном наро́дном тво́рчестве э́того не́ было.

Пе́рвые оригина́льные произведе́ния древнеру́сской литерату́ры — ле́тописи

Летописа́ние на Руси́ начало́сь в середи́не 11-ого ве́ка, при Яросла́ве Му́дром. Из древне́йших ле́тописей до нас дошла́ лишь «По́весть временны́х лет». Ле́топись вобрала́ в себя́ мно́гие у́стные сказа́ния о происхожде́нии Руси́, отде́льные характери́стики князе́й.

Важне́йший по́сле ле́тописи жанр древнеру́сской литерату́ры — торже́ственная про́поведь, и́ли «Сло́во». Знамени́тым ста́ло «Сло́во о зако́не и благода́ти» митрополи́та Иларио́на. Оно́ посвящено́ пробле́ме соотноше́ния

基辅罗斯时期文学（10—13世纪上半叶）

许多世纪以来，民间口头艺术创作是唯一表达斯拉夫各民族自我意识的文学艺术创作形式。民间口头创作内容丰富，形式多样。口头诗歌体裁众多：有童话诗、壮士诗、民歌、咒语、谚语、俗语、谜语。这些诗歌反映人民的日常生活及其世界观；其基本特征是乐观主义和人道主义。

目前尚无法断定斯拉夫人的文字是何时产生的。我们仅知道，在9世纪，基里尔和梅福季兄弟二人整理出斯拉夫文字，并创造了字母。俄罗斯接受基督教一事加速了斯拉夫文字的传播。公元988年，基辅大公弗拉基米尔使俄罗斯受洗。在当时，接受基督教是一个在意识形态和政治方面均具有进步意义的事件。俄罗斯最初的文字作品的一个重要特点就是展现了俄罗斯人在历史进程中对自我的认识和对历史进程中事件本身的认识，这是先前的民间口头创作所不曾有的。

古俄罗斯最早的文学作品——编年史

俄罗斯编年史始于11世纪中叶智者雅罗斯拉夫执政时期。古代的编年史流传至今的只有《古史纪年》。该书选录了许多有关俄罗斯起源的口头传说以及个别王公的简历。

编年史之后最重要的古俄罗斯文学题材是庄严的训诲，又名"记"。其中最著名的是大主教伊拉里昂的《教规和神赐的训诲》。该书探讨了犹太教教规和基督教神赐之间的关系问题。训诲中洋溢着对俄罗斯大地的热爱、基督教民族和国家平等的思想。训诲对后来的古俄罗斯文学作品产生了一定的影响。

古俄罗斯文学中，最重要的一个里程碑是无名氏所作的《伊戈尔远征记》。该作讲述了1185年4月底至5月初北诺夫哥罗德①王公伊戈尔和他的弟弟弗谢沃洛德、儿子弗拉基米尔征战失利的故事。作者的主要任务是团结俄罗斯的王公们，号召他们共同抵御来自草原的敌人。它可以称作是俄罗斯第一部文学作品。《伊戈尔远征记》享誉世界。1986年，根据联合国教科文组织的决定，在世界各地举行了纪念作品诞生800周年的庆典活动。尽管《伊戈尔远征记》的篇幅只有7—8个现代印张，但它足以同其他世界著名的史诗相提并论。

反抗蒙古鞑靼压迫时期文学（13—14世纪）

1237年，鞑靼大军进入罗斯中部，并给梁赞城和弗拉基米尔城以重创。整个梁赞城被烧毁，居民全部遭屠杀。《拔都攻占梁赞城的故事》（1237）以16世纪编年史的形式流传至今。故事描写了梁赞城在尤里·伊戈列维奇大公的领导下进行的梁赞保卫战，描写了大公的牺牲和城市遭到毁灭的经过。在故事中，爱国主义、英雄主义的基调同宗教的成分融合在一起，这恰恰是那个时代人所具有的特征。

13至14世纪，古俄罗斯文学以强大的力量反映了人民反抗侵略者的精神。《俄罗斯大地毁灭记》是这一时期最优秀的一部作品。这部13世纪壮丽的作品颂扬了俄罗斯的美丽和伟大，流传至今的最后篇章流露出为智者雅罗斯拉夫逝世后基督徒的不幸而悲哀。而没有流传下来的结尾部分，可能讲述了关于蒙古联军入侵而使俄罗斯"灭亡"的故事。

«зако́на» — иудаи́зма и «благода́ти» — христиа́нства. Иде́я равнопра́вия наро́дов и стран, приня́вших христиа́нство, прони́зывает э́то «Сло́во» с его́ патриоти́ческой иде́ей прославле́ния Ру́сской земли́. Оно́ оказа́ло влия́ние на после́дующие произведе́ния древнеру́сской литерату́ры.

Са́мый значи́тельный па́мятник дре́вней ру́сской литерату́ры — «Сло́во о полку́ И́гореве» неизве́стного а́втора. Расска́зывается в «Сло́ве...» о собы́тии конца́ апре́ля – нача́ла ма́я 1185-ого го́да: о неуда́чном вое́нном похо́де Но́вгород-Се́верского кня́зя И́горя с бра́том Все́володом и сы́ном Влади́миром. Гла́вная зада́ча а́втора — сплоти́ть ру́сских князе́й, призва́ть их к противостоя́нию степны́м врага́м. «Сло́во...» мо́жно назва́ть пе́рвым худо́жественным произведе́нием древнеру́сской литерату́ры. «Сло́во о полку́ И́гореве» име́ет мирову́ю изве́стность. В 1986-о́м году́ по реше́нию ЮНЕСКО во всём ми́ре отмеча́лось 800-ле́тие э́того произведе́ния. «Сло́во о полку́ И́гореве», текст кото́рого умеща́ется на 7-8 совреме́нных печа́тных страни́цах, досто́йно стои́т ря́дом с шеде́врами мирово́го э́поса.

Литерату́ра пери́ода борьбы́ про́тив тата́ро-монго́льского и́га (13-14 века́)

В 1237-о́м году́ орды́нские по́лчища вошли́ в центра́льную Русь и нанесли́ стра́шное пораже́ние города́м Ряза́ни и Влади́миру. Ряза́нь была́ вся вы́жжена, населе́ние переби́то. «По́весть о разоре́нии Ряза́ни Баты́ем» (1237) дошла́ до нас в соста́ве летопи́сных сво́дов 16-ого ве́ка. Опи́саны основны́е моме́нты оборо́ны Ряза́ни во главе́ с ряза́нским кня́зем Ю́рием И́горевичем, ги́бели кня́зя и разоре́ния го́рода. Патриоти́ческие, герои́ческие моти́вы сочета́ются в по́вести с религио́зными, как э́то и бы́ло сво́йственно лю́дям той эпо́хи.

В 13-ом – 14-ом века́х древнеру́сская литерату́ра с огро́мной си́лой вы́разила наро́дный дух сопротивле́ния завоева́телям. Замеча́тельным произведе́нием явля́ется «Сло́во о поги́бели Ру́сской земли́». Э́то великоле́пное произведе́ние 13-ого ве́ка, в кото́ром прославля́ется красота́ и вели́чие Руси́, в после́дних строка́х доше́дшей до нас ча́сти звучи́т скорбь «по по́воду беды́ христиа́нам» по́сле сме́рти Яросла́ва Му́дрого, а не доше́дшая до нас заключи́тельная часть «Сло́ва...» расска́зывала, вероя́тно, о «поги́бели» Руси́ от монго́ло-тата́рского наше́ствия.

---

① 乌克兰切尔尼戈夫州的一座古城，距基辅约270公里，距俄乌边境约60公里。在古罗斯时代，该地是一个重要的公国。

Литерату́ра пери́ода Моско́вской Руси́ (14-17 века́)

Впервы́е Москва́ упомина́ется в ле́тописи 1147-о́го го́да, когда́ она́ была́ городко́м Влади́миро-Су́здальского кня́жества. Вели́кий князь Ю́рий Долгору́кий (счита́ющийся основа́телем Москвы́) пригласи́л в Москву́ своего́ сою́зника Но́вгород-Се́верского кня́зя Святосла́ва Ольго́вича на пир. Собы́тие занесено́ в ле́топись. От него́ и начина́ется отсчёт вре́мени существова́ния Москвы́.

Побе́да моско́вского кня́зя Дми́трия, про́званного Донски́м по́сле сраже́ния в 1380-ом году́ с тата́ро-монго́лами на Кулико́вом по́ле, име́ла огро́мное значе́ние. Сраже́нию и побе́де посвящены́ летопи́сная «По́весть о Кулико́вской би́тве» и «Сказа́ние о Мама́евом побо́ище».

Летопи́сная по́весть возни́кла в конце́ 14-ого ве́ка. В ней подро́бно расска́зывается о том, как собира́лось моско́вское во́йско, как Дми́трий Ива́нович (Донско́й) суме́л объедини́ть вокру́г себя́ для отпо́ра тата́ро-монго́лам ру́сский наро́д.

Произведе́ния да́нного пери́ода отлича́ются отраже́нием общеру́сских интере́сов, воплоще́нием иде́й еди́нства, сплочённости. Основны́м жа́нром стано́вится истори́ческая по́весть. Не́которым из истори́ческих пове́стей сво́йственны и о́страя занима́тельность, и ве́рное отраже́ние социа́льных отноше́ний, и психологи́ческая достове́рность. Такова́ му́ромская «По́весть о Петре́ и Февро́нии». Сюже́т по́вести — исто́рия жени́тьбы кня́зя на просто́й де́вушке, му́дрой, спосо́бной на си́льное, бескоры́стное чу́вство. Геро́и прохо́дят разнообра́зные испыта́ния; их любо́вь и ве́рность побежда́ют.

Литерату́ра 17 ве́ка

В 16-ом – 17-ом века́х наблюда́ется измене́ние в жа́нровой систе́ме литерату́ры. Появля́ются све́тские по́вести о ча́стных ли́цах. Растёт индивидуа́льное нача́ло в а́вторской пози́ции. Внача́ле оно́ развива́лось в жити́йной литерату́ре, зате́м — в повествова́тельной про́зе.

Скла́дывался своего́ ро́да первонача́льный «натурали́зм». Получи́ла индивидуализа́цию и прямая́ речь геро́ев. Сюже́ты стано́вятся разнообра́зными. Расширя́ется социа́льная тема́тика литерату́ры. Возника́ет стихотво́рство.

莫斯科罗斯时期文学（14—17世纪）

莫斯科最早为编年史所提及是在1147年，当时莫斯科还只是弗拉基米尔—苏兹达尔公国的一座小城。大公尤里·多尔戈鲁基[①]（被认为是莫斯科的奠基人）邀请他的盟友北诺夫哥罗德王公斯维亚托斯拉夫·奥列戈维奇到莫斯科赴宴。这一事件被载入史册，从此就有了关于莫斯科何时存在的报道。

1380年，莫斯科大公德米特里在库里科沃战场上打败了蒙古联军而获尊号"顿河德米特里"。此次胜利具有重要的意义。许多编年史故事都描写了这一战役以及所取得的胜利，例如《库里科沃战役记》《马迈血战记》。

14世纪末期出现了编年史小说。这些小说详细讲述了莫斯科军队调集的过程以及德米特里·伊凡诺维奇（顿河德米特里）如何善于将王公们团结在自己的周围，抵抗蒙古联军的故事。

莫斯科时期的文学作品反映了所有俄罗斯人的利益，体现了统一、团结的思想。历史小说成为基本题材。其中某些作品具有强烈的趣味性，并且准确反映了种种社会关系以及心理。穆罗姆人的《彼得和费芙罗尼娅的故事》就是这样一部作品。小说的题材是一个王公娶了一位普通人家的姑娘为妻，她聪慧、无私，充满激情。作品主人公经历了各种考验，最终他们的爱情和忠贞获胜。

17世纪文学

16至17世纪文学体裁发生了一些变化，出现了一些描写上层社会人物的纪事作品。作者的个人因素不断增大。这一因素首先在行传文学中，然后在叙事性文学中得到发挥。

当时出现了某种原始的"自然主义"。个性通过主人公直接的话语得到了鲜明的表达。题材开始多样化，文学的社会题材进一步扩大，出现了诗歌创作。

[①] 多尔戈鲁基俄语意为"长手"。这里指俄罗斯历史上著名的"长手尤里"大公。作为基辅大公弗拉基米尔·莫诺马赫的儿子，尤里曾任苏兹达尔公爵和基辅大公。由于其拥有巨大的野心，常出手干涉其他公国的事务，被人奉送了"长手"的绰号。1147年，尤里来到莫斯科，为莫斯科修筑了城堡。因此，1147年被当作了莫斯科的诞生年，尤里·多尔戈鲁基也就成了莫斯科的奠基者。1947年，莫斯科举行建城800周年庆典仪式时，一座"尤里·多尔戈鲁基"的纪念像在苏维埃广场（即现在的特维尔广场）建成。

这一时期现实的特点在17世纪后半叶的日常文学、劝谕性文学中得到了真实的显现。《萨瓦·格鲁德岑的故事》就是这样一部作品。小说中依然表现了行传文学的传统：有罪的人通过祈祷获得拯救。

17世纪文学的特点是题材、情节、生活描写方面的多样性，此时期出现了新的体裁，如讽刺。17世纪最具有讽刺意义的作品是《叶尔舍·叶尔绍维奇的故事》《不公正的审判》和《卡利亚金的状子》。

Реа́льные черты́ действи́тельности того́ вре́мени нахо́дим в бытовы́х, нравоучи́тельных повестя́х второ́й полови́ны 17-ого ве́ка. Такова́, наприме́р, «По́весть о Са́вве Гру́дцыне». В по́вести звуча́т и жити́йные тради́ции: спасе́ние гре́шника моли́твой.

Литерату́ра 17-ого ве́ка характеризу́ется разнообра́зием тем, сюже́тов, многоаспе́ктностью изображе́ния жи́зни. Появля́ются но́вые жа́нры, наприме́р, сати́ра. Наибо́лее я́ркими сатири́ческими повестя́ми 17-ого ве́ка явля́ются: «По́весть о Ерше́ Ершо́виче», «По́весть о Шемя́кином суде́» и «Каля́зинская челоби́тная».

Но́вые слова́

слове́сный 文艺的
фолькло́р 民间口头创作
были́на 壮士诗
упоря́дочить 整理就绪
креще́ние 洗礼
вобра́ть 吸取
про́поведь 训诲
сло́во 记
благода́ть 神赐
митрополи́т 东正教的都主教
прони́зывать 贯穿
по́лчище 一大帮军队（多指敌军）
переби́ть 打死
разоре́ние 攻占
свод 编年史
завоева́тель 侵略者
наше́ствие 入侵
отсчёт 报道

прозва́ть 给……起绰号
сраже́ние 交战，鏖战
побо́ище 大血战
отпо́р 反击
занима́тельность 引人入胜
бескоры́стный 无私的
нату́ра 性格；现实
све́тский 上层社会的
жити́йный 行传的
повествова́тельный 叙事的
скла́дываться 形成
натурали́зм 自然主义
тема́тика 题材
нравоучи́тельный 劝谕的
гре́шник 罪人
характеризова́ться 特点
челоби́тная 状子

Вопро́сы и зада́ния

1. Назови́те жа́нры дре́вней у́стной поэ́зии.
2. Кто и когда́ со́здал славя́нскую а́збуку и пи́сьменность?
3. Почему́ «Сло́во о полку́ Игореве» мо́жно назва́ть литерату́рным шеде́вром мирово́го значе́ния?
4. Какова́ роль древнеру́сской литерату́ры в сопротивле́нии монго́ло-тата́рским завоева́телям?
5. Когда́ возни́кла истори́ческая по́весть? В чём её отли́чие от ле́тописи?

Литерату́ра 18 ве́ка

Рефо́рмы Петра́ I созда́ли предпосы́лки разви́тия литерату́ры, суме́вшей на э́том пути́ стать со вре́менем одно́й из велича́йших литерату́р ми́ра.

Гла́вным направле́нием в ру́сской литерату́ре, как и в веду́щих литерату́рах тогда́шней Евро́пы, стано́вится классици́зм. В отли́чие от западноевропе́йского, ру́сский классици́зм тесне́е свя́зан с просвети́тельством, и э́то привнесло́ в ру́сскую литерату́ру демократи́ческие черты́.

Князь Антио́х Дми́триевич Кантеми́р (1708-1744) пе́рвый ру́сский писа́тель европе́йского ти́па. Он облада́л незауря́дным тала́нтом сати́рика и с большо́й наблюда́тельностью и остроу́мием напада́л на злы́е нра́вы дворя́н, распу́тство духове́нства, взя́точничество чино́вников, плуто́вство купе́чества. Сати́ры напи́саны с пози́ций просвети́тельства.

Замеча́тельным, уника́льным явле́нием не то́лько 18-ого ве́ка, но и всей ру́сской культу́ры предстаёт могу́чая нау́чная и поэти́ческая де́ятельность пе́рвого ру́сского учёного **Михаи́ла Васи́льевича Ломоно́сова** (1711-1765). В 1739-ом году́ Ломоно́сов написа́л поэ́му «На взя́тие Хоти́на» и прилага́ет к ней теорети́ческий тракта́т «Письмо́ о пра́вилах росси́йского стихотво́рства». О́ба э́ти произведе́ния оказа́лись поворо́тным пу́нктом в исто́рии ру́сского стихосложе́ния. Осо́бенно я́рко гениа́льность Ломоно́сова раскры́лась в том, что свое́й пра́ктикой он подтверди́л пра́вильность тео́рии но́вого силла́бо-тони́ческого стихосложе́ния. Силла́бо-то́никой писа́ли поздне́е все ру́сские поэ́ты.

Алекса́ндр Петро́вич Сумаро́ков (1717-1777) был пе́рвым писа́телем-профессиона́лом. Без Сумаро́кова нельзя́ предста́вить себе́ литерату́ру 18-ого ве́ка, с её шу́мной поле́микой, театра́льными сенса́циями. Гла́вное литерату́рное достиже́ние Сумаро́кова — созда́ние траге́дий. Э́то оди́н из са́мых ва́жных жа́нров классици́зма. И́м напи́сано 9 траге́дий. Одно́й из лу́чшх траге́дий явля́ется «Хо́рев».

Гаври́ил Рома́нович Держа́вин (1743-1816) был вторы́м, по́сле Ломоно́сова, ге́нием ру́сской классици́ческой поэ́зии. Он пря́мо продо́лжил достиже́ния Ломоно́сова в о́бласти о́ды: значи́тельно её усоверше́нствовал, прида́л ей ме́нее пара́дный, госуда́рственный хара́ктер, связа́л с сатири́ческими зада́чами.

Проводника́ми преобразова́тельных иде́й Петро́вской

18世纪文学

彼得一世的改革为俄罗斯文学的发展创造了先决条件，使其在自身发展的道路上最终成为世界最伟大的文学之一。

如同当时欧洲的主导文学，俄罗斯文学中的主要流派是古典主义。与西欧的古典主义不同，俄罗斯的古典主义同启蒙思潮更紧密地联系在一起，并将民主的特征引入文学中。

安吉奥赫·德米特里耶维奇·康杰米尔（1708—1744）是第一个欧式俄罗斯作家。他具有非凡的讽刺天才、敏锐的观察力和聪颖的头脑。他抨击了贵族的恶习、教会人士的堕落、官吏的贪污、商人的奸诈。他的讽刺作品表现出启蒙的色彩。

俄罗斯第一位学者是米哈伊尔·瓦西里耶维奇·罗蒙诺索夫（1711—1765）。他的杰出的科研活动和诗歌创作不仅是18世纪，而且也是历代俄罗斯文化中独一无二的现象。1739年，罗蒙诺索夫创作了《攻克霍丁颂》，并且为全诗撰写了理论诠释作品《论俄罗斯诗歌的规则》。这两篇作品成为俄罗斯诗歌史上的转折点。罗蒙诺索夫的天赋尤其明显地表现在他通过自己的实践，证实了音强/音节体这一新的作诗法的正确性。后来的俄罗斯诗人均采用音强/音节体作诗法来进行诗歌创作。

亚历山大·彼得罗维奇·苏马罗科夫（1717—1777）是俄罗斯第一位职业作家。离开苏马罗科夫，很难想象俄罗斯会有18世纪文学那样的辩论的激烈性和戏剧界的跌宕起伏。苏马罗科夫最重要的文学成就是他在俄罗斯创建了"悲剧"，这是古典主义最重要的体裁之一。苏马罗科夫一共写了9部悲剧，其中优秀的剧本有《霍列夫》等。

加夫里尔·罗曼诺维奇·杰尔查文（1743—1816）是继罗蒙诺索夫后俄罗斯古典主义的另一位天才。他直接继承罗蒙诺索夫在颂诗方面的成就：对这一诗体文学进行了完善，淡化了其中庄严、官气十足的色彩，同时加入了讽刺的成分。

彼得大帝时期改革思想的传播者还有费奥方·普罗科波维奇、波索什科夫、塔季谢夫等。在叶卡捷琳娜二世执政时期，法国百科全书派第一次被移植到了俄罗斯大地上。女皇本人也参与了这些思想的传播。发扬这一精神的还有诺维科夫、丘尔科夫、克雷洛夫等人的杂志和一些喜剧作家（冯维辛和卡普尼斯特）。他们的喜剧嘲笑了俄罗斯社会中的粗鲁和愚昧。诺维科夫和拉季舍夫的启蒙活动尤为出色，后者在其《从彼得堡到莫斯科的旅行记》中抨击了农奴制度。

19世纪初产生了感伤主义流派。俄罗斯感伤主义流派最杰出的代表是尼古拉·米哈伊罗维奇·卡拉姆辛（1766—1826）。1792年，他发表了系列中篇小说：《贵族女儿娜塔丽娅》《美丽的公主和幸福的小矮人》《柳多尔》。小说《苦命的丽莎》尤为成功。卡拉姆辛所提出的"就连农民也会爱"的主题在当时具有划时代的意义。人人平等的思想别具一格地贯穿于这部关于农家姑娘的爱情和身亡的小说中。

эпо́хи явля́ются и **Феофа́н Прокопо́вич, Посошко́в, Тати́щев** и др. В ца́рствование императри́цы Екатери́ны II впервы́е перено́сятся на ру́сскую по́чву иде́и францу́зских энциклопеди́стов. Распространя́ла их сама́ императри́ца. В том же ду́хе де́йствовали журна́лы (Новико́ва, Чулко́ва, Крыло́ва и др.) и а́вторы коме́дий (Фонви́зин и Ка́пнист). В коме́диях осме́ивалась гру́бость и неве́жество ру́сского о́бщества. Замеча́тельна просвети́тельная де́ятельность Новико́ва и А. Ради́щева, вы́ступившего про́тив крепостно́го пра́ва в кни́ге «Путеше́ствие из Петербу́рга в Москву́».

В нача́ле 19-ого ве́ка возника́ет сентимента́льное направле́ние. Ярча́йшим представи́телем ру́сского сентиментали́зма яви́лся **Никола́й Миха́йлович Карамзи́н** (1766-1826). В 1792-о́м году́ была́ опублико́вана се́рия его́ повесте́й: «Ната́лья, боя́рская дочь», «Прекра́сная царе́вна и счастли́вый ка́рла», «Людо́р». Осо́бенный успе́х име́ла по́весть «Бе́дная Ли́за». Гла́вный те́зис Карамзина́: «И крестья́нки люби́ть уме́ют» — был открове́нием вре́мени. Мысль о ра́венстве люде́й прони́зывает по́весть о любви́ и ги́бели крестья́нской де́вушки.

Но́вые слова́

предпосы́лка 先决条件	силла́бо-то́ника 音强 / 音节体的作诗法
просвети́тельство 启蒙思潮	поле́мика 辩论
незауря́дный 非凡的	сенса́ция 强烈反响，轰动事件
распу́тство 堕落	о́да 颂诗
духове́нство 教会人士	преобразова́тельный 革新的
взя́точничество 受贿	ка́рла 小矮人
плутовство́ 奸诈	те́зис 论题
тракта́т 专题论文	

Вопро́сы и зада́ния

1. Каки́е те́мы и сюже́ты наибо́лее популя́рны в литерату́ре 17-ого – 18-ого веко́в?
2. Назови́те но́вые жа́нры литерату́ры 17-ого – 18-ого веко́в.
3. Каку́ю роль в становле́нии ру́сской литерату́ры сыгра́л М.В. Ломоно́сов?
4. Охарактеризу́йте литерату́ру ру́сского классици́зма и сентиментали́зма.

Литерату́ра 19 ве́ка

19-ый век — «Золото́й век» ру́сской литерату́ры, когда́ она́ в своём стреми́тельном разви́тии снача́ла вста́ла вро́вень с францу́зской, англи́йской, неме́цкой литерату́рами, породи́ла у себя́ мо́щное романти́ческое движе́ние, зате́м одно́й из пе́рвых вы́шла на широ́кий просто́р крити́ческого реали́зма, вы́двинула имена́ Пу́шкина, Ле́рмонтова, Го́голя, це́лую плея́ду замеча́тельных романи́стов, драмату́ргов, ли́риков — Турге́нева, Гончаро́ва, Остро́вского, Фе́та, Тю́тчева, и, наконе́ц, с Достое́вским, Толсты́м и Че́ховым приобрела́, по всео́бщему тепе́рь призна́нию, всеми́рно-истори́ческое значе́ние, сде́лавшись одно́й из са́мых вели́ких литерату́р ми́ра.

В литерату́ре пе́рвой полови́ны 19-ого ве́ка уже́ закла́дывались те основополага́ющие при́нципы, кото́рые определи́ли её дальне́йшее разви́тие: наро́дность, высо́кие гуманисти́ческие идеа́лы, гражда́нственность и чу́вство национа́льного самосозна́ния, патриоти́зм, по́иски социа́льной справедли́вости. Литерату́ра стано́вится ва́жным сре́дством формирова́ния обще́ственного созна́ния.

На рубеже́ 18-ого – 19-ого веко́в ру́сский сентиментали́зм просуществова́л недо́лго. Герои́ческие собы́тия войны́ 1812-ого го́да спосо́бствовали появле́нию романти́зма.

Васи́лий Андре́евич Жуко́вский (1783-1852) был пе́рвым и крупне́йшим ру́сским рома́нтиком. В нача́ле тво́рческого пути́ Жуко́вский испыта́л влия́ние сентиментали́зма. Популя́рность Жуко́вскому принесли́ балла́ды: «Людми́ла», «Светла́на». Этот жанр не сво́йственен ру́сской национа́льной литерату́ре. Жуко́вскому удало́сь в жа́нре балла́ды обрабо́тать не́которые ру́сские моти́вы. Бо́лее всего́ удава́лась Жуко́вскому инти́мная ли́рика. Замеча́тельны эле́гии: «Ве́чер», «Певе́ц». Их о́бщий тон: и́збранные чу́вства, духо́вное едине́ние, воспомина́ние об уше́дшем, уте́рянном. Жуко́вский откры́л эпо́ху романти́зма, со́здал основны́е жа́нры романти́ческой поэ́зии.

Кондра́тий Фёдорович Рыле́ев (1795-1826) — крупне́йший поэ́т-декабри́ст, уча́стник восста́ния на Сена́тской пло́щади 14-ого декабря́ 1825-ого го́да в Петербу́рге. В знамени́том стихотворе́нии Рыле́ева «Граждани́н», напи́санном в год восста́ния, объединены́ ли́чное и обще́ственное, ча́стное и о́бщее, ру́сское и всеми́рное. Здесь и сати́ра на о́бщество, здесь и призы́в к борьбе́. Стихотворе́ние «Граждани́н» начина́ется с постано́вки поэ́том самому́ себе́ осо́бой зада́чи в жи́зни.

19世纪文学

19世纪是俄罗斯文学的黄金时代。俄罗斯文学在其迅速发展过程中,首先取得了与法国文学、英国文学、德国文学平等的地位,产生了强大的浪漫主义流派,并在此后最先进入批判现实主义的广阔领域,造就了普希金、莱蒙托夫、果戈理这样一些名垂千古的作家和众多的著名小说家、戏剧家、诗人:屠格涅夫、冈察洛夫、奥斯特洛夫斯基、费特、丘特切夫和后来的陀思妥耶夫斯基、托尔斯泰、契诃夫,从而使俄罗斯文学获得了如今世人共认的世界性历史地位,成为世界上最伟大的文学之一。

在19世纪上半叶,俄罗斯文学已经形成了决定它后来发展的基本原则:人民性、高度的人道主义精神、公民性、民主的自我意识、爱国主义和对社会正义的追求。文学成为社会意识形成最重要的手段。

在18世纪和19世纪更迭之际,存在着一个为时短暂的俄罗斯感伤主义。1812年卫国战争的英雄主义事件促进了浪漫主义的产生。

瓦西里·安德列耶维奇·茹科夫斯基(1783—1852)是第一位,也是最伟大的俄罗斯浪漫主义作家。茹科夫斯基在其创作初期深受感伤主义的影响。抒情叙事诗《柳德米拉》《斯维特拉娜》给茹科夫斯基带来了极大的声誉。这不是俄罗斯民族文学所固有的体裁。茹科夫斯基成功地在抒情叙事体裁中改造了某些俄罗斯的主题。茹科夫斯基表达个人感情的抒情诗尤为成功。他的优秀哀诗有《黄昏》《歌手》。这些诗篇共同的基调是特定的情感、孤独的心灵、对已逝往昔的追忆。茹科夫斯基开启了浪漫主义先河,创立了浪漫主义诗歌的基本体裁。

孔德拉季·费奥多罗维奇·雷列耶夫(1795—1826)是最伟大的"十二月党人"诗人,他是1825年12月14日圣彼得堡议会广场起义的参加者。在写于起义当年著名的《公民》一诗中,雷列耶夫将个人和社会、个人和团体、俄罗斯和世界诸因素紧密地联系在一起,这里既有对社会的讽刺,也有对起来斗争的号召。在诗歌《公民》的开头,作者给自己提出了一项生活中特殊的任务。他要为"人的被压抑的自由而奋斗"。在雷列耶夫抒情诗中，他同别斯图热夫一起所创作的旨在鼓动士兵和广大群众的诗歌构成了一个特殊的系列：《啊，祖国让我窒息》《沿着喷泉之河》《我们的沙皇——一个俄罗斯的德国人》《啊，那些岛屿在哪里》《请告诉我，快说吧》《铁匠上路了》。《沉思》构成了雷列耶夫创作中独立的作品系列。这些作品篇幅短小，却具有史诗般的意义，是雷列耶夫的上乘之作。雷列耶夫的公民浪漫主义具有综合性特点，它将古典主义同浪漫主义的成就精湛地结合在一起。

亚历山大·谢尔盖耶维奇·格里鲍耶多夫（1795—1829）是作为著名的诗体喜剧《聪明误》的作者被载入俄罗斯文学史的。《聪明误》是俄罗斯现实主义别具一格的作品。这部剧的主要内容是两大社会政治阵营——爱好自由的新阵营同旧农奴制阵营之间的斗争。在格里鲍耶多夫此剧之前，俄罗斯文学中喜剧所描写的仅仅是一些性格、爱好或年龄方面的冲突。这部喜剧第一次表现了主人公以思想为基础所展开的冲突。

亚历山大·谢尔盖耶维奇·普希金（1799—1837）在19世纪30年代中期的俄罗斯文学中确立了现实主义。普希金的作品第一次以巨大的艺术力量表现出俄罗斯生活、俄罗斯民族性格。普希金以世界性的美学经验丰富了俄罗斯社会。他同荷马、但丁、塞万提斯、莎士比亚、拜伦、歌德等大师并列于世界文学之林。

普希金歌咏自由的抒情诗同十二月党人的革命思想发展有着紧密的联系。《自由颂》给普希金同时代的人以巨大的革命性影响，并在十二月党人的革命鼓动中发挥了重大的作用。在《致恰达耶夫》一诗中，自由的主题同专制作斗争的主题交织在一起，诗人号召他的朋友为祖国贡献出"心灵美好的激情"，为祖国的自由而战。在诗的结尾，诗人着重表达了对专制必将垮台和俄罗斯人民必将解放的信念。而在《乡村》一诗中，普希金将矛头直接指向了农奴制度。

普希金许多美好的诗篇都揭示了人的最细腻和诚挚的情感。这类抒情诗表现出深深的

Поэ́т хо́чет боро́ться «за угнетённую свобо́ду челове́ка». Осо́бый цикл составля́ют в ли́рике Рыле́ева агитацио́нные пе́сни, напи́санные им в соа́вторстве с А. Бесту́жевым для солда́т и широ́кой пу́блики: «Ах, то́шно мне и в родно́й стороне́», «Вдоль Фонта́нки-реки́», «Царь наш — не́мец ру́сский», «Ах, где те острова́», «Ты скажи́, говори́», «Уж как шёл кузне́ц». Соверше́нно самостоя́тельный цикл в тво́рчестве Рыле́ева представля́ют «Ду́мы». Эти небольши́е ли́ро-эпи́ческие произведе́ния явля́лись програ́ммными произведе́ниями Рыле́ева. Рыле́евский гражда́нский романти́зм был синтети́чным, иску́сно объедини́вшим достиже́ния классици́зма и романти́зма.

Алекса́ндр Серге́евич Грибое́дов (1795-1829) вошёл в исто́рию ру́сской литерату́ры как а́втор знамени́той коме́дии в стиха́х «Го́ре от ума́». «Го́ре от ума́» — уника́льное произведе́ние ру́сского реали́зма. Гла́вное содержа́ние пье́сы — борьба́ двух обще́ственно-полити́ческих ла́герей: но́вого, вольнолюби́вого, со ста́рым, крепостни́ческим. До э́той пье́сы Грибое́дова в коме́диях ста́лкивались лишь хара́ктеры, вку́сы, во́зрасты. Впервы́е в коме́дии произошло́ столкнове́ние геро́ев на иде́йной по́чве.

Алекса́ндр Серге́евич Пу́шкин (1799-1837) В середи́не 30-ых годо́в в ру́сской литерату́ре утверди́лся реали́зм. В тво́рчестве Пу́шкина впервы́е с огро́мной худо́жественной си́лой вы́разились ру́сская жизнь, ру́сский национа́льный хара́ктер. Он обогати́л Росси́ю всеми́рным эстети́ческим о́пытом. Пу́шкин стои́т в одно́м ряду́ с Гоме́ром, Да́нте, Серва́нтесом, Шекспи́ром, Ба́йроном, Гёте...

Вольнолюби́вая ли́рика Пу́шкина те́сно свя́зана с разви́тием революцио́нных иде́й декабри́стов. Ода «Во́льность» оказа́ла большо́е революционизи́рующее влия́ние на совреме́нников Пу́шкина, она́ служи́ла декабри́стам в их революцио́нной агита́ции. Те́ма во́льности и борьбы́ с самодержа́вием звучи́т и в стихотворе́нии «К Чаада́еву». Поэ́т призыва́ет своего́ дру́га отчи́зне посвяти́ть «ду́ши прекра́сные поры́вы...», боро́ться за её свобо́ду. В конце́ стихотворе́ния поэ́т с осо́бой си́лой выража́ет ве́ру в неизбе́жность паде́ния самовла́стия и освобожде́ние ру́сского наро́да. В стихотворе́нии «Дере́вня» Пу́шкин выступа́ет про́тив крепостно́го пра́ва.

Во мно́гих прекра́сных стихотворе́ниях Пу́шкин раскрыва́ет са́мые то́нкие, задуше́вные чу́вства. Ли́рика э́того ти́па отлича́ется глубо́кой гума́нностью, и́скренностью, бога́тством пережива́ний.

Несравненный живописец природы, Пушкин воспринимал её зорким глазом художника и тонким слухом музыканта. Таково, например, стихотворение «К морю». Но в этом же стихотворении автор сравнивает свободу безбрежной стихии с возможной свободой человеческой судьбы. В стихотворении «Осень» мы находим не только изображение природы в осеннюю пору; перед нами разворачиваются разнообразные картины жизни.

Специфические особенности пушкинского реализма приобрели всеобъемлющий характер в романе «Евгений Онегин» (1823-1830). «Евгений Онегин» — это первый образец реалистического романа в 19-ом веке. В романе отразилась личность, русский характер самого поэта. Белинский назвал его «энциклопедией русской жизни». В романе описана русская провинциальная и столичная жизнь, патетика высоких чувств героев и быт, русская природа. Главное действующее лицо романа — молодой помещик Евгений Онегин — показан писателем как человек с очень сложным и противоречивым характером. На образе Онегина Пушкин показал тот путь, которым шла часть дворянской интеллигенции его времени — искания в отрыве от общества и от народа. Евгений Онегин первый «лишний человек» в русской литературе.

Творчество Пушкина поражает не только богатством, глубиной идей и образов, мастерством художественной формы, но и многообразием жанров. Выступив вначале как лирик, Пушкин в середине 20-ых годов 19-ого века «Борисом Годуновым» закладывает основы русской реалистической драматургии, впервые показав народ как движущую силу истории. В самом конце тех же 20-ых годов Пушкин обращается к прозе. Он создал целый ряд прозаических произведений — «Арап Петра Великого», «Повести Белкина», «Дубровский», «Пиковая дама», «Капитанская дочка» (первый реалистический исторический роман) и др.

Пушкин — великий национальный русский поэт и писатель. Его творчество с огромной полнотой, глубиной и художественной силой выразило национальные особенности и могущество духовных сил русского народа. Поэзия Пушкина носит подлинно народный характер. Творчество Пушкина отличается высокой идейностью, гуманизмом и демократизмом. Пушкин стал родоначальником передового для своего времени русского критического реализма.

作为一个无与伦比的描绘大自然的作家，普希金以一个艺术家锐利的目光和音乐家敏锐的听觉感知着大自然。属于这类诗歌的有《致大海》等。但在这首诗中，诗人是把无限自然力量的自由比作是人的命运中可能的自由。在《秋天》一诗中，我们看到的不仅有对秋天大自然的描写，还有生活中各种各样的图景。

普希金独具匠心的现实主义的特点在他的小说《叶甫盖尼·奥涅金》（1823—1830）中获得了全方位的体现。《叶甫盖尼·奥涅金》是19世纪第一部现实主义小说的典范。小说极其鲜明地反映了诗人本人的个性和俄罗斯性格。别林斯基称之为"俄罗斯生活的百科全书"。小说描绘了俄罗斯外省和首都的生活、主人公崇高激昂的情感和日常生活、俄罗斯大自然的风光。小说的主人公叶甫盖尼·奥涅金是一个年轻的地主，普希金展示了他所具有的复杂性格和内在的矛盾。通过奥涅金的形象，普希金展示了他那个时代部分贵族知识分子所经历的歧途——脱离社会和脱离人民的探索。叶甫盖尼·奥涅金作为第一个"多余人"的形象进入了俄罗斯文学之中。

普希金的创作不仅以其丰富的内容、深邃的思想、深刻的形象、精湛的艺术形式令人赞叹不已，同时也表现出体裁上的灵活多样性。普希金是以一名抒情诗人身份开始他的创作的，而到了19世纪20年代中期，他则以《鲍里斯·戈都诺夫》奠定了俄罗斯现实主义戏剧的基础，第一次指出人民是历史前进的动力。20年代末期，普希金转向小说创作。他创作了一系列小说：《彼得大帝的黑奴》《别尔金小说集》《杜勃洛夫斯基》《黑桃皇后》《上尉的女儿》（第一部现实主义历史小说）等。

普希金是伟大的俄罗斯民族诗人和作家。他的作品以高度全面、深刻的艺术感染力表现了俄罗斯民族的特点及其强大的精神世界。普希金的诗歌具有真正的全民的性质，他的创作涵盖了高度的思想性、人道主义和民主思想。普希金是他那个时代最先进的俄罗斯批判现实主义的奠基人。

米哈伊尔·尤里耶维奇·莱蒙托夫（1814—1841）是普希金当之无愧的继承人。同普希金一样，祖国和民族的命运是他创作的主要内容。他的抒情诗的中心主题围绕着个人与社会的关系而展开。莱蒙托夫对他那个时代的生活及周围的现实进行了仔细的审视。对祖国的热爱构成了莱蒙托夫许多诗篇的主题（《土耳其人的哀怨》《博罗金诺战役》《两个巨人》《祖国》）。躁动不安而又注定无所作为的个性的悲剧，徒劳无益而又力图挣脱其所处环境的尝试构成了长诗《恶魔》的基本思想内涵。长诗《童僧》表现了一个个性坚强、勇敢、热爱自由，要挣脱陌生、敌视的寺院奔向自由故乡的青年形象。莱蒙托夫戏剧的基本主题在他的《假面舞会》中表现得淋漓尽致。主人公的形象中凝聚了对上流社会虚伪的愤慨和抗议——这一社会毁掉了主人公的期望和幸福。在小说创作方面，莱蒙托夫同样取得了辉煌的成就。《当代英雄》称得上是一部真正的杰作。该作可以说是一部俄罗斯社会心理和哲理小说的最早试作。主人公毕巧林是一个意志坚强、性格果断的人，他总是渴望有所作为。他的性格和所有的行为都表现出极度的矛盾性。可以认为，毕巧林是19世纪30年代一个具有代表性的人物。

尼古拉·瓦西里耶维奇·果戈理（1809—1852）通过以乐观、明快的笔墨描写他所熟悉的民间生活开始了自己的文学生涯。《索罗庆采市集》《五月的夜，或女溺死鬼》《圣诞前夜》《可怕的复仇》被冠以书名《狄康卡近乡夜话》分上下两集问世。《夜话》的宝贵之处在于，果戈理表现出人民精神的力量、他们深邃的人性、完整的情感和丰富的语言。收入《密尔格拉得集》的有幻想中篇《维》、历史激情中篇《塔拉斯·布尔巴》《旧式地主》《两个伊凡吵架的故事》。在第三部集子《阿拉伯式的花纹》中有4部中篇小说：《涅瓦大街》《肖像》《狂人日记》《外套》。这些故事流露出果戈理对孤独的小人物的同情以及对社会上的不公正和贬低人的尊严的抗议。在果戈理这些作品中既有"含泪的笑"、幻想，又有夸张、荒诞。喜剧《钦差大臣》的实质在于

Михаи́л Ю́рьевич Ле́рмонтов (1814-1841) — досто́йный прее́мник Пу́шкина. Так же, как у Пу́шкина, су́дьбы ро́дины и наро́да бы́ли основны́м содержа́нием его́ тво́рчества. Центра́льная те́ма его́ ли́рики — ли́чность и её отноше́ния с о́бществом. Ле́рмонтов при́стально всма́тривается в жизнь своего́ ве́ка, в окружа́ющую его́ действи́тельность. Любо́вь к ро́дине — те́ма мно́гих стихотворе́ний Ле́рмонтова («Жа́лоба ту́рка», «Бородино́», «Два велика́на», «Ро́дина»). Траге́дия мяте́жной ли́чности, обречённой на безде́йствие, безуспе́шность попы́тки вы́рваться из тех усло́вий, в кото́рые она́ поста́влена, составля́ют основно́й иде́йный смысл поэ́мы «Де́мон». Те́ма поэ́мы «Мцы́ри» — изображе́ние си́льной, сме́лой, свободолюби́вой ли́чности, ю́ноши, рву́щегося на во́лю, на ро́дину из чу́ждой и вражде́бной ему́ монасты́рской среды́. Гла́вные моти́вы пьес Ле́рмонтова прояви́лись в са́мой я́ркой его́ дра́ме «Маскара́д». В о́бразе геро́я сконцентри́рованы не́нависть и проте́ст про́тив усло́вностей све́тского о́бщества, погуби́вшего его́ наде́жды, его́ сча́стье. Больши́х успе́хов дости́г Ле́рмонтов в о́бласти про́зы. По́длинным шеде́вром явля́ется рома́н «Геро́й на́шего вре́мени». Произведе́ние мо́жно счита́ть пе́рвым о́пытом социа́льно-психологи́ческого и филосо́фского рома́на в Росси́и. Гла́вный геро́й Печо́рин — си́льная, волева́я нату́ра, жа́ждущая де́ятельности. Его́ хара́ктер и всё его́ поведе́ние отлича́ются кра́йней противоречи́востью. Мо́жно сказа́ть, что Печо́рин — челове́к 30-ых годо́в, типи́чный геро́й своего́ вре́мени.

Никола́й Васи́льевич Го́голь (1809-1852) на́чал своё литерату́рное по́прище с жизнера́достного, кра́сочного изображе́ния наро́дной жи́зни, хорошо́ ему́ изве́стной. «Соро́чинская я́рмарка», «Ма́йская ночь, и́ли Уто́пленница», «Ночь пе́ред Рождество́м», «Стра́шная месть» вы́шли в свет в двух сбо́рниках под о́бщим загла́вием «Вечера́ на ху́торе близ Дика́ньки». «Вечера́» це́нны тем, что в них Го́голь показа́л душе́вную си́лу наро́да, его́ глубо́кую челове́чность, глубину́ и полноту́ чувств, бога́тство языка́. В сбо́рник «Ми́ргород» вошли́ фантасти́ческая по́весть «Вий», исто́рико-патети́ческая по́весть «Тара́с Бу́льба», «Старосве́тские поме́щики» и «По́весть о том, как поссо́рился Ива́н Ива́нович с Ива́ном Ники́форовичем». В тре́тий сбо́рник «Арабе́ски» вошли́ четы́ре по́вести: «Не́вский проспе́кт», «Портре́т», «Запи́ски сумасше́дшего», «Шине́ль», в кото́рых Го́голь проявля́ет симпа́тии к заби́тому, «ма́ленькому» челове́ку и протесту́ет про́тив социа́льной несправедли́вости и униже́ния челове́ческого досто́инства. В э́тих произведе́ниях у Го́голя наблюда́ются и «смех сквозь слёзы», и фанта́стика, и гиперболи́зм, и гроте́ск. Суть коме́дии «Ревизо́р» — и́менно в гроте́сковом пока́зе действи́тельности. В «Ревизо́ре» Го́голь изобража́ет обыва́тельское существова́ние чино́вников уе́здного го́рода, взя́точников, казнокра́дов, карьери́стов и безде́льников. Ещё бо́льшей си́лы обобще́ния несоверше́нств ру́сской жи́зни, их обличе́ния Го́голь дости́г в поэ́ме «Мёртвые ду́ши». В «Мёртвых ду́шах» изображены́ ра́зные обще́ственные сосло́вия, среди́ кото́рых нема́ло «мёртвых душ» в обы́чной земно́й жи́зни. Углуби́в крити́ческий реали́зм Пу́шкина, Го́голь со́здал таки́е произведе́ния, кото́рые вы́росли в гро́зный обвини́тельный акт про́тив сами́х усто́ев феода́льно-крепостни́ческого ми́ра.

Тво́рчество знамени́того ру́сского писа́теля-реали́ста **Ива́на Серге́евича Турге́нева** (1818-1883) начина́ется с ци́кла расска́зов «Запи́ски охо́тника», принёсшего ему́ широ́кую изве́стность. В «Запи́сках охо́тника» гла́венствуют три те́мы: жизнь крестья́н, жизнь поме́щиков и духо́вный мир образо́ванного сосло́вия. Гла́вное насле́дие Турге́нева — шесть рома́нов: «Ру́дин» (1856), «Дворя́нское гнездо́» (1859), «Накану́не» (1860), «Отцы́ и де́ти» (1862), «Дым» (1867) и «Новь» (1877). Чу́ткость к о́стрым пробле́мам совреме́нности, глубо́кий реали́зм, стро́йность компози́ции, бога́тство языка́, наконе́ц, це́лая галере́я прекра́сных же́нских о́бразов де́лают тво́рчество Турге́нева весо́мым вкла́дом в ру́сскую и мирову́ю литерату́ру («Ася», «Дворя́нское гнездо́», «Накану́не», «Ве́шние во́ды» и др.)

Ива́н Алекса́ндрович Гончаро́в (1812-1891) Литерату́рная изве́стность прихо́дит к Гончаро́ву с вы́ходом в свет рома́на «Обыкнове́нная исто́рия». В э́том рома́не высме́иваются бессодержа́тельная мечта́тельность, отвлечённо-романти́ческие представле́ния о жи́зни. Рома́н «Обло́мов» был опублико́ван в 1859-ом году́ накану́не отме́ны крепостно́го пра́ва и стал уда́ром по ру́сскому ба́рству. Чита́телю предоста́влена возмо́жность проследи́ть, как постепе́нно умира́ет в челове́ке челове́к. Рома́н «Обры́в» увлека́тельно и глубо́ко обоснова́л пра́во геро́ев на по́иски но́вой жи́зни, но́вых отноше́ний, любви́, дру́жбы, де́ла. Гончаро́в явля́ется одни́м из крупне́йших представи́телей ру́сского реали́зма.

Ру́сская литерату́ра 2-ой полови́ны 19-ого ве́ка — са́мая филосо́фская и социа́льная в Евро́пе. В ней в对现实荒诞的再现。在《钦差大臣》中，果戈理描绘了省城官吏的日常生活，他们贪污受贿，热衷于仕途而又无所作为。通过小说《死魂灵》，果戈理对俄罗斯生活中的弊病进行了更有力的总结和揭露。《死魂灵》描写了社会各阶层，也包括普通的人间生活中的"死魂灵"。果戈理作品深化了普希金的批判现实主义，对封建农奴社会结构进行了强烈的谴责。

伊凡·谢尔盖耶维奇·屠格涅夫（1818—1883）是俄罗斯著名的现实主义作家。屠格涅夫的创作始于短篇故事集《猎人笔记》，该故事集给他带来了广泛的声誉。《猎人笔记》表现出三个主题：农民的生活、地主的生活、知识阶层的精神生活。《罗亭》(1856)、《贵族之家》（1859）、《前夜》（1860）、《父与子》（1862）、《烟》（1867）和《处女地》（1877）这六部长篇小说构成了屠格涅夫最主要的文学遗产。对时代重大问题的敏感、深刻的现实主义、严谨的小说结构、丰富的语言以及一系列美好的女性形象（《阿霞》《贵族之家》《前夜》《春潮》等），使屠格涅夫的作品成为俄罗斯文学和世界文学中的瑰宝。

伊凡·亚历山大罗维奇·冈察洛夫（1812—1891）的长篇小说《平凡的故事》的问世给作者带来了广泛的文学声誉。小说嘲笑了空洞的幻想和对生活不切实际的浪漫想象。作家的另一部长篇小说《奥勃洛莫夫》发表于农奴制废除前夕的1859年的一段时间。作品给了俄罗斯贵族重重的一击。小说向人们展示了一个人的正面品质是如何渐渐地在其身上消亡的全过程。长篇小说《悬崖》情节引人入胜并深刻表现了主人公寻找新生活及新型的人际关系的过程，表现了其对爱情、友谊和事业成功的追求。冈察洛夫是俄罗斯现实主义文学最伟大的代表作家之一。

19世纪下半叶的俄罗斯文学是欧洲最具有哲理性和社会性的文学。这一时期的俄罗斯文学，通过一系列艺术形象反映了一个伟大民族思维的全部力量。陀思妥耶夫斯基、托尔斯泰、契诃夫等人的创作就涵盖了这些宝贵的思想和精神财富。

费奥多尔·米哈伊罗维奇·陀思妥耶夫斯基（1821—1881）的著作享誉全世界。陀思妥耶夫斯基是一个性格复杂、充满内在矛盾的作家。作为俄罗斯最伟大的现实主义作家，他熟知生活、擅长心理分析，为穷人和受压迫者忧心迫切，表现出高度的人道主义思想。陀思妥耶夫斯基对小官吏、小人物的心理进行了深入的发掘，这是一种自卑和自负的混合体、一种双重性格、一种地下室习性、一种自始至终存在的心灵上的迷茫。

在 19 世纪 40 年代中叶，俄罗斯文学中逐渐形成了一个继承普希金、莱蒙托夫和果戈理现实主义的流派。这大都是一些年轻作家及其最初的作品：赫尔岑（《谁之罪》《科鲁波夫医生》《偷东西的喜鹊》）、冈察洛夫（《平凡的故事》）、屠格涅夫（《猎人笔记》《父与子》）、格里高罗维奇（《乡村》）、诗人涅克拉索夫及其民主题材的诗歌。还有诸如达里、布特科夫、巴纳耶夫这样一些小说大师。他们的随笔描写了贫困的彼得堡的方方面面。所有这些作家被称作"自然派作家"。这一流派作家在描述生活时不加任何粉饰，而是按其本来面目进行描写。果戈理及其创作的《死魂灵》和《外套》对这一派作家产生了明显的影响。《祖国记事》和《现代人》杂志的主要评论家别林斯基被视为是他们的精神导师。陀思妥耶夫斯基第一部作品《穷人》（1846），无论就书名，还是就主人公和捍卫人权的主题，都表现出这一流派的精神。

从《穷人》中引出的三条主线贯穿于年轻的陀思妥耶夫斯基后来的创作始终。小说《脆弱的心》（1848）和《白夜》（1848）构成了第一条线，其中陀思妥耶夫斯基试图表达他相信幻想家们的"梦想"最终会成为现实。第二条线由小说《普罗哈钦先生》（1846）、《诚实的小偷》（1848）、《涅朵奇卡·涅兹万诺娃》（1849）组成。这些小说表现出环境决定个性的传统写法，同时也展示了个性为捍卫自己的权利而奋争的努力。最后一条线由小说《两重人格》（1846）和《女房东》（1847）组成。这时小说中的主人公们在某种思想、有时可能是某种带有哲学意味的思想的激励下奋起反抗。三种倾向的结合最终对陀思妥耶夫斯基"思辨"小说的形成起了重大作用。

陀思妥耶夫斯基的长篇巨

художественных образах отразилась вся сила мысли великого народа. Сокровища мысли и духа заключены в художественном творчестве Достоевского, Толстого, Чехова и др.

Фёдора Михайловича Достоевского (1821-1881) читает весь мир. Сложен и противоречив Достоевский. Величайший русский писатель-реалист, знаток жизни, психолог-ясновидец, сострадающий бедным и угнетённым, гуманист. Достоевский сделал важное открытие в психологии мелкого чиновника, «маленького человека»: смесь униженности и амбиций, «двойничество», «подполье», постоянное метание души.

В середине 40-ых годов 19-ого века сложилась целая школа последователей реализма Пушкина, Лермонтова и Гоголя. Это были молодые писатели с их главными произведениями: Герцен («Кто виноват?», «Доктор Крупов», «Сорока-воровка»), Гончаров («Обыкновенная история»), Тургенев («Записки охотника», «Отцы и дети»), Григорович («Деревня») и Некрасов, как поэт, вышедший на демократические темы. Были и беллетристы, мастера очерков о петербургской бедноте: Даль, Бутков, Панаев. Вся эта группа писателей называлась «натуральной школой» — школой, изображающей жизнь без прикрас, как в самой «натуре». Особенно заметное влияние на школу было со стороны Гоголя, автора «Мёртвых душ» и «Шинели». Идейным вдохновителем школы был Белинский, главный критик журналов «Отечественные записки» и «Современник». Всё в первом произведении Достоевского «Бедные люди» (1846) было в духе школы: и название, и герои, и пафос отстаивания человеческих прав.

От «Бедных людей» расходятся три линии в последующем творчестве молодого Достоевского. Первую образуют «Слабое сердце» (1848), «Белые ночи» (1848), в них Достоевский пытается выразить веру в осуществление «сновидений» мечтателей. Вторая линия: «Господин Прохарчин» (1846), «Честный вор» (1848), «Неточка Незванова» (1849). Здесь по традиции всегда господствует «среда» над «личностью», намечаются попытки бунта личности за свои права. И, наконец, третью линию составляют «Двойник» (1846), «Хозяйка» (1847) — с героями бунта, одержимыми некоей идеей, иногда философского характера. Слияние этих трёх направлений способствовало впоследствии созданию великих «идеологических» романов Достоевского.

Великие романы Достоевского имеют философский

характер. Достоевский разработал свою оригинальную концепцию реализма. Свой реализм он называл «фантастическим», реализмом «в высшем смысле».

«Преступление и наказание» (1866) открывает собой период великих романов в творчестве Достоевского. В «Преступлении и наказании» слились в единый синтез проблемы социальные, философские и психологические. Таков был и замысел Достоевского: выразить в мыслях и поступках развитого человека из нового поколения опровержение общепринятых юридических норм.

В романе «Идиот» (1868) не общество судит героя, а герой — общество. Смысл романа в широком изображении противоречий русской пореформенной жизни, всеобщего разлада, потери «приличия», «благовидности», разгула цинизма.

«Бесы» (1872) — самый «скандальный» роман Достоевского. Роман — сатира, памфлет и трагедия.

«Братья Карамазовы» (1879-1880) — последний, итоговый и, безусловно, самый великий роман Достоевского. В романе «Братья Карамазовы» поставлен вопрос о смысле бытия, о личности. Достоевский приходит к выводу, что ни одна существовавшая система государственного устройства с её учреждениями не может оградить права человека, она губит его. Спасение только в обновлении каждого отдельно взятого человека.

Трилогия «Детство» (1852), «Отрочество» (1854) и «Юность» (1857) **Льва Николаевича Толстого** (1828-1910) захватывает читателя глубоким психологизмом, умением писателя воспроизводить «диалектику души». В трилогии впервые в русской литературе была поставлена проблема становления характера.

Осенью 1853-его года началась война России с Турцией. Толстой в чине прапорщика находится в действующей армии. Он пишет свои «Севастопольские рассказы».

Великая эпопея народного героизма — роман «Война и мир» был создан Л.Н. Толстым в период наивысшего расцвета его жизненных и творческих сил. Грандиозность замысла, широкий и разносторонний охват действительности России первой четверти 19-ого века, важность поставленных вопросов, глубина показа человеческих переживаний, художественное совершенство изображения — всё это поражает читателей в романе «Война и мир». В романе «Война и мир» Толстой показал нравственные силы русского народа. Изображением

作一般都浸透着哲学精神。陀思妥耶夫斯基形成了自己特定的关于现实主义的概念。他称自己的现实主义是幻想现实主义，是最高意义上的现实主义。

小说《罪与罚》（1866）开创了陀思妥耶夫斯基优秀长篇小说创作的先河。在《罪与罚》中，社会、哲学和心理方面的问题被有机地整合为一体。这正是陀思妥耶夫斯基的构思所在：他希望通过对新一代中先进人物思想和行为的描写来反驳社会公认的法律准则。

小说《白痴》（1868）所表现的并不是社会对主人公的抨击，而是主人公对社会的抨击。小说的意义在于对俄罗斯农奴制改革后社会生活中的矛盾进行了广泛描写，对社会普遍的堕落、人的尊严的丧失和享乐主义盛行进行了全方位的写真。

小说《群魔》（1872）在陀思妥耶夫斯基的小说中以"描写丑闻"著称。这是一部充满讽刺、抨击的悲剧性小说。

《卡拉马佐夫兄弟》（1879—1880）是陀思妥耶夫斯基最后一部具有总结性意义的作品，无疑也是他最伟大的小说。《卡拉马佐夫兄弟》一书提出了关于生存的意义和个性的问题。陀思妥耶夫斯基所得出的结论是：任何一个现存的国家体制连同它的机构都无法保证人的各项权利，它只是毁坏着个人。只有每个人都改变自己，才能拯救这个世界。

列夫·尼古拉耶维奇·托尔斯泰（1828—1910）的三部曲《童年》（1852）、《少年》（1854）、《青年》（1857）以深刻的心理分析和作家对"心灵辩证法"的再现吸引着读者。三部曲在俄罗斯文学中第一次提出了性格形成的问题。

1853年秋开始了俄罗斯与土耳其的战争。托尔斯泰作为中士参战。这时他正在创作《塞瓦斯托波尔故事》。

伟大的人民英雄主义史诗——小说《战争与和平》创作于托尔斯泰生命和创造力最旺盛时期。小说反映出作者宏伟的构思，全方位涵盖了19世纪前25年的俄罗斯现实。小说提出了许多重大问题，深刻展现了人的情感，表现出完美的艺术力，这一切都给人留下了强烈的印象。托尔斯泰通过小说《战争与和平》，表现了俄罗斯人民的道德力量。托尔斯泰继承了 19 世纪俄罗斯文学的优良传统，将人民描写为历史的基本动力，指出主人公的个人命运与人民生活的各种事件休戚相关。俄罗斯人民的人道主义、爱国主义、英雄主义思想使小说成为一部具有世界意义的伟大的作品。

托尔斯泰将有关"家庭的思想"作为其第二部伟大的小说《安娜·卡列尼娜》的基础。在这部小说中，托尔斯泰描写了一个聪慧、貌美的年轻妇女的悲剧的命运。她试图挣脱贵族社会谎言的枷锁，但最终在同虚伪和欺骗的道德力量所作的差距悬殊的斗争中成了牺牲品。妇女解放的题材在小说中得到了如此真实、全面的描述，最终使《安娜·卡列尼娜》成为世界文学中一部关于这一题材的杰作。

从 1889 年到 1899 年的 10 年间，托尔斯泰创作了他的第三部大作——《复活》，这部小说成为作家后期创作的顶峰。小说全面广泛地描写了俄罗斯社会的不同集团，从贵族阶层、京城的官僚、僧侣教士、富裕农家到贫苦农民、工人和手艺人、军官和官吏等等。托尔斯泰通过主人公涅赫留托夫的形象确立了他关于勿以暴力抗恶的思想、人的道德自我完善的思想，认为这是改变人生活的唯一出路。在小说《复活》中，托尔斯泰以震撼人心的笔墨描绘出走向灭亡的俄罗斯农村的景象。

19 世纪最后 10 年，托尔斯泰仍然笔耕不辍。他对当时所发生的种种事件做出积极的反应。这一时期的优秀作品有：戏剧《活尸》、中篇小说《哈吉－穆拉特》和短篇小说《舞会之后》。

俄罗斯文学在 19 世纪最后 10 年内获得了世界意义，这与托尔斯泰的功绩密不可分。1908 年，世界文化界共同庆祝托尔斯泰诞辰 80 周年。

另一位俄罗斯伟大作家**安东·巴甫罗维奇·契诃夫**（1860—1904）在其短暂的一生中通过中短篇小说再现了 19 世纪 80 至 90 年代俄罗斯现实的几乎所有方面。契诃夫的幽默和讽刺常令人拍案叫绝。这些幽默和讽刺同对生活的意义、生活中各种悲剧因素的思

наро́да как основно́й дви́жущей си́лы исто́рии, пока́зом зави́симости ли́чной судьбы́ геро́я от собы́тий жи́зни наро́да Толсто́й сле́дует лу́чшим тради́циям ру́сской литерату́ры 19-ого ве́ка. Иде́и гумани́зма, патриоти́зма, герои́зма ру́сского наро́да де́лают рома́н велича́йшим произведе́нием мирово́го значе́ния.

В осно́ву второ́го своего́ рома́на «Анна Каре́нина» Толсто́й положи́л «мысль семе́йную». В рома́не Толсто́й изобрази́л траги́ческую судьбу́ молодо́й, у́мной, краси́вой же́нщины, пыта́вшейся порва́ть пу́ты лжи дворя́нского о́бщества и поги́бшей в нера́вной борьбе́ со лжи́вой и безду́шной мора́лью. Те́ма эмансипа́ции же́нщины получи́ла тако́е достове́рное, всесторо́ннее подтвержде́ние свое́й и́стинности пра́ва на жизнь, что «Анна Каре́нина» оказа́лась са́мым я́рким рома́ном в мирово́й литерату́ре на э́ту те́му.

Де́сять лет, с 1889-ого по 1899-ый год, рабо́тал Толсто́й над тре́тьим больши́м рома́ном — «Воскресе́ние», явля́ющимся верши́ной тво́рчества писа́теля в после́дний пери́од его́ жи́зни и де́ятельности. Широко́ и всесторо́нне отражена́ в рома́не жизнь разли́чных групп ру́сского о́бщества: аристократи́ческого дворя́нства, столи́чной бюрокра́тии, духове́нства и секта́нтства, бога́того и бе́дного крестья́нства, рабо́чих и мастеровы́х, вое́нной среды́ и чино́вничества. В о́бразе гла́вного геро́я Нехлю́дова Толсто́й утвержда́ет свою́ иде́ю о непротивле́нии злу наси́лием, нра́вственного самоусоверше́нствования челове́ка как еди́нственного пути́ к измене́нию жи́зни люде́й. Толсто́й дал в рома́не «Воскресе́ние» потряса́ющую карти́ну вымира́ния ру́сской дере́вни.

Литерату́рная де́ятельность Толсто́го продолжа́ется и в 90-ых года́х. Он жи́во открика́ется на собы́тия совреме́нности. Выдаю́щиеся произведе́ния э́того пери́ода — дра́ма «Живо́й труп», по́весть «Хаджи́-Мура́т» и расска́з «По́сле ба́ла».

Ру́сская литерату́ра приобрела́ ещё в 19-ом ве́ке в его́ после́днее десятиле́тие мирово́е значе́ние, в э́том заслу́га и Толсто́го. В 1908-ом году́ весь культу́рный мир отмеча́л 80-ле́тие Льва Никола́евича.

Ещё оди́н я́ркий ру́сский писа́тель, **Анто́н Па́влович Че́хов** (1860-1904), в свои́х расска́зах и повестя́х суме́л отобрази́ть почти́ все сто́роны росси́йской действи́тельности 80-ых – 90-ых годо́в 19-ого ве́ка. Удиви́тельны ю́мор и сати́ра Че́хова. Они́ соединя́ются с разду́мьями над смы́слом жи́зни, её траги́ческими сторона́ми. Че́хов поража́ет достове́рнейшим воспроизведе́нием бу́дничной действи́тельности, жи́зни просты́х люде́й, их стремле́ний, их су́деб. Че́хов выбира́л те́мы и сюже́ты, всем знако́мые, подча́с анекдоти́чны. Че́хов никогда́ не навя́зывает чита́телю откры́той тенде́нции, он предоставля́ет возмо́жность самому́ чита́телю де́лать вы́воды. После́днее осо́бенно ва́жно и составля́ет осо́бый «секре́т» тала́нта Че́хова. Ге́ний Че́хова вы́разился не в эпи́ческой широте́ охва́та явле́ний жи́зни, а в концентри́рованном их изображе́нии лакони́чными сре́дствами, углубле́нии спо́собов типиза́ции явле́ний при по́мощи «мелоче́й». Че́хову удало́сь подня́ть на но́вую высоту́ ру́сский реали́зм конца́ 19-ого – нача́ла 20-ого ве́ка. Расту́щий интере́с Че́хова к обще́ственно-полити́ческим вопро́сам сказа́лся в его́ реше́нии пое́хать на о́стров Сахали́н, ме́сто ка́торги и ссы́лки в ста́рой Росси́и. Результа́том пое́здки Че́хова на Сахали́н яви́лась кни́га «О́стров Сахали́н» — описа́ние невыноси́мо тяжёлой жи́зни ка́торжников и ссы́льных на э́том о́строве.

Че́ховым бы́ли со́зданы таки́е замеча́тельные произведе́ния, как расска́з «Челове́к в футля́ре» и по́весть «Ио́ныч». «Челове́к в футля́ре» — э́то расска́з об учи́теле гре́ческого языка́ Бе́ликове, кото́рый боя́лся вся́кого проявле́ния свобо́дной мы́сли, боя́лся вся́кой переме́ны, всего́ но́вого. Рису́я в э́том расска́зе мра́чную карти́ну совреме́нной ему́ жи́зни, Че́хов уста́ми одного́ из де́йствующих лиц писа́тель утвержда́ет: «Нет, бо́льше жить так невозмо́жно». Э́та мысль убежда́ла чита́теля в том, что необходи́мо в ко́рне измени́ть жизнь. «Ио́ныч» — э́то траги́ческая исто́рия мора́льного паде́ния челове́ка. На протяже́нии двадцати́ страни́ц расска́зано, как постепе́нно под влия́нием окружа́ющей среды́ молодо́й, у́мный, по́лный сил, лю́бящий свой труд, жизнера́достный челове́к, врач по профе́ссии, превраща́ется в жа́дного обыва́теля, кото́рого интересу́ет то́лько нажи́ва. По́весть «Ио́ныч» — оди́н из са́мых соверше́нных образцо́в че́ховского лакони́зма, иску́сства писа́теля на немно́гих страни́цах, в немно́гих стро́чках сказа́ть о́чень мно́гое.

В после́днем расска́зе Че́хова «Неве́ста» (1903) герои́ня расска́за На́дя броса́ет родно́й дом, го́род, жениха́ и е́дет учи́ться. Расска́з насы́щен предчу́вствием но́вого, све́тлого. В э́том расска́зе вы́ражена ве́ра самого́ Че́хова в бу́дущее Росси́и.

Са́мыми я́ркими пье́сами че́ховской драматурги́и

构成了契诃夫戏剧创作的顶峰。《樱桃园》是契诃夫最优秀的话剧，这部话剧深刻地昭示了旧生活注定灭亡、新生活必将诞生。

ста́ли «Ча́йка» (1896), «Дя́дя Ва́ня» (1897), «Три сестры́» (1901), «Вишнёвый сад» (1904). «Вишнёвый сад» — са́мая значи́тельная пье́са Че́хова. Здесь глубоко́ затро́нуты вопро́сы ги́бели ста́рого укла́да жи́зни и зарожде́ние но́вого.

Но́вые слова́

вро́вень 与……齐平
основополага́ющий 基本的
балла́да 抒情诗
инти́мный 个人的
эле́гия 哀诗
сена́тский 议会的
агитацио́нный 鼓动的
то́шно 恶心地
иску́сно 精湛地
самовла́стие 专制
задуше́вный 诚挚的
безбре́жный 无限的
стихи́я 自然力
всеобъе́млющий 包罗万象的
пате́тика 激情
ара́п 黑奴
родонача́льник 奠基人
прее́мник 继承者
при́стально 仔细地
ту́рок 土耳其人
мяте́жный 躁动不安的
обрести́ 注定
усло́вность 虚伪
по́прище 生涯
уто́пленница 溺水者
месть 复仇
арабе́ска 阿拉伯式的花纹
заби́тый 备受折磨的
гиперболи́зм 夸张
гроте́ск 怪诞
ревизо́р 钦差大臣
обыва́тельский 庸俗的
взя́точник 贪污受贿分子
казнокра́д 盗用公款者
карьери́ст 追求个人名利地位的人
обличе́ние 揭露
сосло́вие 阶层

гла́венствовать 占首位
весо́мый 有重量的
ба́рство 贵族老爷们
обры́в 悬崖
обоснова́ть 论证
смесь 混合
амби́ция 自负
двойни́чество 两重性
после́дователь 追随者
соро́ка 喜鹊
беллетри́ст 小说家
о́черк 随笔
прикра́сы (复) 夸张
па́фос 热情
отста́ивание 捍卫
двойни́к 两重人
опроверже́ние 反驳
разгу́л 嚣张
цини́зм 享乐主义
сканда́льный 描写丑闻的
памфле́т 抨击性的文章
бытие́ 生存，生活
огради́ть 隔开
губи́ть 危害
обновле́ние 更新
диале́ктика 辩证法
чин 职衔
пра́порщик (旧俄陆军) 准尉
эпопе́я 史诗
за́мысел 构思
пу́ты (复) 系马蹄的羁绊，束缚
эмансипа́ция 摆脱束缚
аристократи́ческий 贵族的
мастерово́й 手艺人
отклика́ться 对……做出反应
отобрази́ть 反映
разду́мье 沉思

анекдоти́чный 荒诞不经的
эпи́ческий 史诗般的
ка́торга 苦役

ссы́лка 流放
затро́нуть 触及
укла́д 制度

Вопро́сы и зада́ния

1. Почему́ 19-ый век в исто́рии ру́сской литерату́ры на́зван «золоты́м»?
2. Охарактеризу́йте основны́е литерату́рные направле́ния ру́сской литерату́ры 19-ого ве́ка.
3. Назови́те основны́е те́мы ли́рики А.С. Пу́шкина. Вы́учите наизу́сть одно́ и́ли не́сколько стихотворе́ний поэ́та.
4. Расскажи́те о тво́рчестве М.Ю. Ле́рмонтова. В чём осо́бенность его́ ли́рики и про́зы?
5. В чём своеобра́зие тво́рчества Н.В. Го́голя? Перескажи́те одно́ из прочи́танных ва́ми его́ произведе́ний.
6. Да́йте характери́стику литерату́рному проце́ссу 2-ой полови́ны 19-ого ве́ка. Назови́те выдаю́щиеся произведе́ния э́того пери́ода. Охарактеризу́йте иде́йно-темати́ческое содержа́ние тво́рчества одного́ из а́второв ука́занного пери́ода.

Литерату́ра конца́ 19 – нача́ла 20 веко́в

После́днее десятиле́тие 19-ого ве́ка открыва́ет в ру́сской, да и в мирово́й литерату́ре но́вый эта́п. Осо́бенно динами́чно в э́то вре́мя развива́лась ру́сская поэ́зия, вновь — по́сле пу́шкинской эпо́хи — вы́шедшая на авансце́ну общекульту́рной жи́зни страны́. Поздне́е поэ́зия э́той поры́ получи́ла назва́ние «поэти́ческого ренесса́нса» или «сере́бряного ве́ка». Ру́сская литерату́ра нача́ла 20-ого ве́ка, не созда́в большо́го рома́на, породи́ла замеча́тельную поэ́зию, наибо́лее значи́тельным направле́нием в кото́рой был символи́зм. Восста́в про́тив крити́ческого реали́зма и «удуша́ющего ме́ртвенного позитиви́зма», символи́сты провозгласи́ли «... три гла́вных элеме́нта но́вого иску́сства: мисти́ческое содержа́ние, си́мволы и расшире́ние худо́жественной впечатли́тельности» (Д.С. Мережко́вский); они́ порыва́ли с демократи́ческими и гражда́нственно-социа́льными тради́циями ру́сской литерату́ры, пропове́довали кра́йний индивидуали́зм.

При́нято различа́ть «ста́рших» и «мла́дших» символи́стов. «Ста́ршие» (В. Брю́сов, К. Бальмо́нт, Ф. Сологу́б, Д. Мережко́вский, З. Ги́ппиус), прише́дшие в литерату́ру в 90-ые го́ды, в пери́од глубо́кого кри́зиса поэ́зии, пропове́довали культ красоты́ и свобо́дного самовыраже́ния поэ́та. «Мла́дшие» символи́сты (А. Блок, А. Бе́лый, Вяч. Ива́нов, С. Соловьёв) на пе́рвый план выдвига́ли филосо́фские иска́ния.

19世纪末至20世纪初的文学

19世纪最后10年是俄罗斯乃至世界文学的一个崭新的时代。在这一时期，俄罗斯诗歌继普希金时代之后重新走上国家社会文化生活的前台，表现出勃勃生机。后来，这个时期的诗歌获得了"诗艺复兴"或"白银时代"的美称。20世纪初期的俄罗斯文学没有产生恢宏的小说，却孕育了以象征主义为其主要倾向的诗歌精品。象征主义者在反对批判现实主义和"摧残心灵毫无生气的实证主义"后提出了"……新艺术的3个要素：神秘主义的内容、象征、艺术印象的扩展"（梅列日科夫斯基）；他们摒弃了俄罗斯文学的民主性与公民社会性的传统，宣扬极端的个人主义。

人们通常把象征派分为"年长派"和"少壮派"。"年长派"象征主义者（B.勃留索夫、K.巴尔蒙特、Ф.索洛古勃、Д.梅列日科夫斯基、З.吉皮乌斯）于19世纪90年代开始文学创作。时值严重的诗歌危机，他们宣扬对美和诗人自由表达自我的崇尚。"少壮派"象征主义者（A.勃洛克、A.别雷、Вяч.伊凡诺夫、C.索洛维约夫）则把哲学探索提到了首要位置。

1910 年前夕，"象征主义结束了自己的扩张"（Н. 古米廖夫），取而代之的是阿克梅主义。阿克梅派（Н. 古米廖夫、С. 戈罗杰茨基、А. 阿赫玛托娃、О. 曼德尔施塔姆、В. 纳尔布特、М. 库兹明）奉行把诗歌从象征派对理想化呼吁的状态中解放出来，还诗歌以明朗、实在和"对生活的愉快感受"（Н. 古米廖夫）。

同时还存在着另一股现代派潮流，即未来主义，包括几个分支：自我未来派（И. 谢韦里亚宁等）、诗歌阁楼派（В. 拉夫列尼约夫、Г. 伊凡诺夫等）、离心机集团（Н. 阿谢耶夫、Б. 帕斯捷尔纳克等）、热带雨林派（Д. 布尔柳克、В. 马雅可夫斯基、В. 赫列勃尼科夫等），他们自称是立体未来派、将来人，即来自未来的人。

20 世纪伊始，个人生活中的两件要事决定了诗人亚历山大·亚历山大罗维奇·勃洛克（1880—1921）的创作生涯。第一件事是他对柳博芙·德米特里耶芙娜·门捷列娃的真挚感情使他们于 1903 年结婚。另一件事是他迷恋上 В. 索洛维约夫的哲学思想。勃洛克在第一部诗作《美妇人诗抄》（1904—1905）中反映了这两次事件。

1905 年至 1907 年期间，勃洛克越来越关注周围的日常生活，展示了生活戏剧般失衡后自然原力的胜利告捷。这些对世界的新见解在他的几部诗集中均得到了反映，如《绝望的喜悦》（1907）、《雪面具》（1907）、《雪地》（1908）、《晚钟》（1911）。也正是在这几年间，勃洛克创作出几部抒情剧：《临时戏台》《广场上的国王》与诗歌《陌生女郎》（1906），稍后又有两部剧作《命运之歌》（1908）和《玫瑰花与十字架》（1913）问世。同时，作家还发表了一系列政论文章和文论，如《天灾人祸之时》《民众与知识分子》《论俄罗斯象征主义的现状》等。1918 年 1 月，勃洛克写下了著名的《知识分子与革命》一文、长诗《十二个》以及诗歌《西徐亚人》。

马克西姆·高尔基（1868—1936）的创作生涯始于 1892 年 9 月发表的短篇小说《马卡尔·楚德拉》。1895 年，《萨

К 1910-ому году «символи́зм зако́нчил свой круг разви́тия» (Н. Гумилёв), его́ смени́ло но́вое литерату́рное направле́ние — акмеи́зм. Уча́стники гру́ппы акмеи́стов (Н. Гумилёв, С. Городе́цкий, А. Ахма́това, О. Мандельшта́м, В. Нарбу́т, М. Кузми́н) деклари́ровали освобожде́ние поэ́зии от символисти́ческих при́зывов к «идеа́льному», возраще́ние ей я́сности, ве́щности и «ра́достное любова́ние бытиём» (Н. Гумилёв).

Одновре́менно возни́кло друго́е модерни́стское тече́ние — футури́зм, распа́вшийся на не́сколько группиро́вок: «Ассоциа́ция эгофутури́стов» (И. Северя́нин и др.); «Мезони́н поэ́зии» (Б. Лавренёв, Г. Ива́нов и др.); «Центрифу́га» (Н. Асе́ев, Б. Пастерна́к и др.), «Гиле́я», уча́стники кото́рой Д. Бурлю́к, В. Маяко́вский, В. Хле́бников и др. именова́ли себя́ кубофутури́стами, будетля́нами, т.е. людьми́ из бу́дущего.

Алекса́ндр Алекса́ндрович Блок (1880-1921) Нача́льный эта́п тво́рчества поэ́та отме́чен двумя́ ва́жными собы́тиями. Пе́рвое из них — глубо́кое чу́вство к Л.Д. Менделе́евой, увенча́вшееся их бра́ком в 1903 году́. Второ́е — увлече́ние филосо́фскими иде́ями В.С. Соловьёва. Оба собы́тия нашли́ своё отраже́ние в пе́рвом поэти́ческом сбо́рнике Бло́ка «Стихи́ о Прекра́сной Да́ме» (1904-1905).

В пери́од 1905-ого – 1907-ого годо́в Блок с нараста́ющим внима́нием вгля́дывается в реа́лии окружа́ющей его́ повседне́вности, обнару́живая торжество́ стихи́йного нача́ла в драмати́ческой дисгармо́нии жи́зни. Этот но́вый взгляд на мир нашёл выраже́ние в сбо́рниках «Неча́янная ра́дость» (1907), «Сне́жная ма́ска» (1907), «Земля́ в снегу́» (1908) и «Ночны́е часы́» (1911). В э́ти же го́ды Блок создаёт цикл лири́ческих драм: «Балага́нчик», «Коро́ль на пло́щади» (1906), и стихи́ «Незнако́мка» (1906), а по́зже ещё две дра́мы — «Пе́сня судьбы́» (1908) и «Ро́за и Крест» (1913), а та́кже печа́тает ряд публицисти́ческих и литературове́дческих стате́й — «Безвре́менье», «Наро́д и интеллиге́нция», «О совреме́нном состоя́нии ру́сского символи́зма» и др. Поэ́т создаёт в тече́ние января́ 1918-ого го́да свои́ изве́стные произведе́ния: статью́ «Интеллиге́нция и револю́ция», поэ́му «Двена́дцать» и стихотворе́ние «Ски́фы».

Тво́рческий путь **Алексе́я Макси́мовича Го́рького** (1868-1936) начался́ с публика́ции в сентябре́ 1892-ого го́да расска́за «Мака́р Чу́дра». В 1895-ом году́ «Сама́рская газе́та» напеча́тала его́ расска́з «Стару́ха Изерги́ль», а столи́чный журна́л «Ру́сское бога́тство» — расска́з «Челка́ш». Широ́кая изве́стность прихо́дит к писа́телю с рома́ном «Фома́ Горде́ев», опублико́ванным в журна́ле «Жизнь» в 1899-ом году́. В нача́ле ве́ка Го́рький пи́шет свои́ пе́рвые пье́сы — «Меща́не» (1901), «На дне» (1902), «Да́чники» (1904), «Де́ти со́лнца», «Ва́рвары» (о́бе — 1905). Пери́од жи́зни на о́строве Ка́при был для Го́рького о́чень плодотво́рен в тво́рческом отноше́нии. В э́то вре́мя им бы́ли напи́саны пье́са «После́дние» (1908), пе́рвая реда́кция «Ва́ссы Желе́зновой» (1910), по́вести «Ле́то», «Городо́к Окуро́в» (о́бе — 1909), рома́н «Жизнь Матве́я Кожемя́кина» (1910-1911), кото́рый сам писа́тель счита́л национа́льно зна́чимым произведе́нием. В о́бразе гла́вного геро́я отрази́лись негати́вные черты́ национа́льного хара́ктера: неспосо́бность челове́ка распоряди́ться свое́й жи́знью, пасси́вность в отноше́нии к действи́тельности, кото́рая обора́чивается траге́дией несостоя́тельной, бессмы́сленно прожи́той жи́зни. Э́та те́ма ста́нет веду́щей в тво́рчестве Го́рького в 1920-ые – 1930-ые го́ды. В 1913-ом году́, по́сле амни́стии, писа́тель возврати́лся в Петербу́рг, где и жил до свое́й второ́й эмигра́ции — 1921-ого го́да. В э́тот пери́од выхо́дят в свет цикл расска́зов «По Руси́» (1912-1916), две пе́рвые по́вести автобиографи́ческой трило́гии «Де́тство» и «В лю́дях» (1913-1916). За грани́цей он зако́нчил тре́тью часть автобиографи́ческой трило́гии — по́весть «Мои́ университе́ты», рома́н «Де́ло Артамо́новых» (1925) и на́чал рабо́ту над гла́вной кни́гой всей жи́зни — эпопе́ей «Жизнь Кли́ма Самги́на», кото́рая так и оста́лась незавершённой. Уже́ в рома́не «Мать» (1906) худо́жественно утвержда́ется эсте́тика но́вого тво́рческого ме́тода, кото́рый значи́тельно по́зже, в середи́не 30-ых годо́в, получи́л назва́ние социалисти́ческого реали́зма. Писа́тель пока́зывает распростране́ние социалисти́ческих иде́й среди́ рабо́чих и пыта́ется вы́явить, наско́лько они́ перспекти́вны и актуа́льны, спосо́бны ли обогати́ть ли́чность, пробуди́ть её к становле́нию и вну́треннему ро́сту.

Леони́д Никола́евич Андре́ев (1871-1919) вписа́л в исто́рию ру́сской слове́сности сере́бряного ве́ка одну́ из са́мых я́рких, удиви́тельных и своеобра́зных страни́ц. В апре́ле 1898-ого го́да состоя́лся дебю́т Андре́ева как проза́ика — был опублико́ван и подпи́сан по́длинным и́менем и фами́лией расска́з «Баргамо́т и Гара́ська». Ра́нние расска́зы Андре́ева, прони́кнуты иде́ями демократи́зма и гумани́зма, продолжа́ют реалисти́ческие литерату́рные тради́ции. Носи́телями нра́вственного нача́ла выступа́ют «уни́женные и оскорблённые»: де́ти, погружённые в нищету́ безра́достной городско́й жи́зни («Пе́тька на да́че»,

马拉报》刊登了他的短篇小说《伊则吉尔老婆子》，而首都杂志《俄罗斯财富》则登载了短篇小说《切尔卡什》。1899年，高尔基在《生活》杂志上发表长篇小说《福马·高尔杰耶夫》，这给他带来了广泛的声誉。20世纪初，高尔基创作出第一批剧本：《小市民》（1901）、《在底层》（1902）、《消夏客》（1904）、《太阳的孩子们》和《野蛮人》（1905）。意大利卡普里岛侨居时期是高尔基作品成果的丰硕时期。他写下了剧本《最后一代》（1908），首次发表了剧本《瓦萨·热列兹诺娃》（1910）、中篇小说《夏天》和《奥古洛夫镇》（1909）。长篇小说《马特维·科热米亚金的一生》（1910—1911）被作者本人认为是一部具有民族意义的作品。在小说主人公的形象中折射出俄罗斯民族性格中的消极特征：个人缺乏把握自己生活的能力，面对庸碌无为的悲剧性生活的现实采取消极的态度。该主题在20至30年代成为高尔基创作的主导主题。1913年大赦之后，高尔基返回彼得堡，一直生活到1921年第二次出国。在这一时期，他出版了短篇小说集《罗斯漫游》（1912—1916）、自传体三部曲的前两部中篇《童年》和《在人间》（1913—1916）。在国外，他完成了第三部《我的大学》、长篇小说《阿尔塔莫诺夫家的事业》（1925），并着手写作一生中最重要而又终未完成的一部小说——史诗《克里姆·萨姆金的一生》。通过长篇小说《母亲》（1906），高尔基确立了一种新的艺术创作方法，这种创作方法后来在20世纪30年代中期被称为"社会主义现实主义"。作家展示了社会主义思想在工人中的传播，力图揭示这种思想的前景和现实性，表现其对于丰富个性、促进个性形成和内心成长的作用。

列昂尼德·尼古拉耶维奇·安德列耶夫（1871—1919）在俄罗斯"白银时代"文学史上写下了最光辉、奇妙、独特的一页。1898年4月，安德列耶夫作为小说家以真实姓名发表了处女作——短篇小说《巴尔加莫特和加拉西卡》。安德列耶夫早期的短篇小说充满了民主和人道精神，继承了现实主义文学传统。小说中道德精神的载体是一些"被侮辱与被损害的人": 陷入毫无乐趣的贫穷的城市生活之中的孩子(《别墅里的别奇卡》《小傻瓜阿廖沙》)、雇农科斯德林(《在萨布罗沃村》)、磨坊开机器的阿列克谢·斯捷潘诺维奇(《在河边》)、老铁匠梅尔库罗夫(《春天的承诺》)等穷苦人。在安德列耶夫诸如《在窗旁》《在地下室里》《大满贯》《小天使》等小说中, 主人公感受到对生活的惶恐, 感觉到令人压抑的厄运的力量——人在其下无法与之抗衡。安德列耶夫笔下也有一些较积极的主人公, 他们有心要去同周围世界中那些与人敌对的力量较量一番。《谢尔盖·彼得罗维奇的故事》的主人公就是其中之一。中篇小说《瓦西里·菲韦斯基的一生》的主人公也属这一类。在安德列耶夫 1900 年至 1905 年创作的诸如《墙》《警报》《谎言》《深渊》《红笑》等作品中, 各种带有思辨性的情绪、体验和感情以一种"纯粹的"、赤裸裸的形式表现出来。小说的叙述没有具体的时间背景, 有时主人公甚至无名无姓, 没有任何个人性格特征。在安德列耶夫最优秀的小说之一《七个被绞死者的故事》中, 作家对自己的主人公们——革命者的英勇无畏精神给予了应有的评价, 展示出他们赴绞刑前精神的伟大。安德列耶夫经常从哲学和心理角度重新诠释圣经故事的情节, 由此决定了其用以表现艺术内容的"假定性手段"所侧重的是"存在"之层面而非生活本身。这些情节在《瓦西里·菲韦斯基的一生》、短篇小说《叶列阿扎尔》《人类的儿子》、中篇小说《伽略人犹大》、话剧《安那太马》《戴锁链的参孙》、长篇小说《撒旦日记》中均有所体现。

如果不谈安德列耶夫那些在内容和形式上都有所创新的戏剧作品, 就无法想象他完整的艺术世界。在话剧《人的一生》《饥饿之王》《安那太马》和《海洋》中, 安德列耶夫勾勒出一幅幅概括性的画卷, 表现人的生活、人类的历史以及其他一些宏观的道德哲理问题和现象。在最后几部抒情剧和自白式作品(《挨耳光的人》《安魂曲》《狗的华尔兹》)中, 作家最大限度地袒露了其因最

«Алёша-дурачо́к»), бе́дные страда́ющие лю́ди наподо́бие рабо́тающего крестья́нина Косты́лина («В Сабу́рове»), машини́ста ме́льницы Алексе́я Степа́новича («На реке́»), ста́рого кузнеца́ Мерку́лова («Весе́нние обеща́ния»). В таки́х расска́зах Андре́ева, как «У окна́», «В подва́ле», «Большо́й шлем», «Ангело́чек» и други́х, геро́и испы́тывают страх и у́жас пе́ред жи́знью, ощуща́ют вла́стную, подавля́ющую си́лу ро́ка, кото́рой не мо́гут противостоя́ть. Есть у Андре́ева и бо́лее акти́вные геро́и, гото́вые поме́риться си́лами с тем, что вражде́бно челове́ку в окружа́ющем ми́ре. Тако́в геро́й «Расска́за о Серге́е Петро́виче». Тако́в и геро́й по́вести «Жизнь Васи́лия Фиве́йского». В таки́х расска́зах Андре́ева пе́рвой полови́ны 1900-ых годо́в, как «Стена́», «Наба́т», «Ложь», «Бе́здна», «Кра́сный смех», то и́ли ино́е филосо́фское настрое́ние, пережива́ние, чу́вство раскрыва́ется в «чи́стом», обнажённом ви́де, повествова́ние развёртывается вне приме́т определённого вре́мени, геро́и зачасту́ю не называ́ются по имена́м, лишены́ каки́х-либо индивидуа́льных черт. А в «Расска́зе о семи пове́шенных» — одно́м из лу́чших произведе́ний Андре́ева — писа́тель, воздава́я до́лжное му́жеству свои́х геро́ев — революционе́ров-террори́стов, раскрыва́ет вели́чие их ду́ха накану́не ка́зни. «Усло́вным» спо́собом воплоще́ния худо́жественного содержа́ния, сосредо́точенностью не на бытово́м, а на «быти́йном» во мно́гом объясня́ется ча́стое обраще́ние писа́теля к библе́йским сюже́там, переосмы́сленным в филосо́фско-психологи́ческом пла́не. Моти́вы э́тих сюже́тов испо́льзованы в «Жи́зни Васи́лия Фиве́йского», в расска́зах «Елеаза́р», «Сын челове́ческий», в по́вести «Иу́да Искарио́т», в дра́мах «Ана́тэма», «Самсо́н в око́вах», в рома́не «Дневни́к Сатаны́».

Худо́жественный мир Андре́ева невозмо́жно предста́вить себе́ без его́ драмату́ргии, нова́торской по содержа́нию и фо́рме. В пье́сах «Жизнь челове́ка», «Царь-Го́лод», «Ана́тэма», «Океа́н» да́ны обобщённые карти́ны челове́ческой жи́зни, челове́ческой исто́рии, други́х масшта́бных нра́вственно-филосо́фских пробле́м и явле́ний. В после́дних ли́рико-драмати́ческих, испове́дальных сочине́ниях Андре́ева («Тот, кто получа́ет пощёчины», «Ре́квием», «Соба́чий вальс») с преде́льной обнажённостью прояви́лась душе́вная траге́дия писа́теля, так и не суме́вшего прибли́зиться к разреше́нию коренны́х противоре́чий жи́зни и потому́ чу́вствовавшего себя́ бесконе́чно одино́ким в окружа́ющем ми́ре. В «Жи́зни человéка» (как и в нéкоторых послéдующих пьéсах) Андрéеву удалóсь предвосхитить харáктерные осóбенности экспрессионистской драматургии.

Пéрвым рýсским лауреáтом Нóбелевской прéмии стал **Ивáн Алексéевич Бýнин** (1870-1953). В 1910-ом годý он публикýет пóвесть «Дерéвня», а двумя годáми пóзже — «Суходóл», где опúсывает отстáлость рýсской дерéвни и упáдок дворянства. Óбраз Бýнина дореволюциóнного перúода — это óбраз эстéта и реалиста, котóрому свóйствен явно пессимистúческий взгляд на людéй и на вéщи. Одúн из сáмых извéстных егó расскáзов — «Господúн из Сан-Францúско» (1916) — расскáзывает о богáтом америкáнце, котóрый умирáет во врéмя роскóшного путешéствия на Кáпри, а затéм возвращáется в гробý обрáтно в Амéрику. Тéме смéрти и недолговéчности счáстья предстояло занять в твóрчестве Бýнина центрáльное мéсто. Бýдучи непримирúмым протúвником совéтской влáсти, в 1920-ом годý Бýнин покидáет Совéтскую Россúю. Наибóлее значúтельные произведéния Бýнина-эмигрáнта — «Мúтина любóвь» (1925) и «Жизнь Арсéньева» (1930). В этот перúод егó твóрчество отмéчено ностальгúей: Бýнин предаётся воспоминáниям об ушéдших днях. Нарядý со смéртью и гúбелью любóвь станóвится однóй из основных тем егó расскáзов — все онú печáльны и окáнчиваются трагúчески. Расскáзы из сбóрника «Тёмные аллéи» — все на тéму любвú, не «велúкой», «вéчной» любвú, но крáтких, мимолётных встреч. Герóи Бýнина охвáчены сильнéйшими эротúческими úли сексуáльными чýвствами, котóрым онú не в сúлах противостоять.

终无法解决生活的根本矛盾而感到在周围世界中无限孤独的心灵悲剧。在《人的一生》（以及后来的几部话剧）中，安德列耶夫已经率先显露出表现主义戏剧的典型特征。

伊凡·阿列克谢耶维奇·蒲宁（1870—1953）是第一位获诺贝尔文学奖的俄罗斯作家。1910年，他出版了中篇小说《乡村》。两年后出版了《苏霍多尔》，书中描写了俄罗斯农村的落后和贵族的衰败。革命前，蒲宁所创造的形象多属于唯美主义和现实主义的形象，充满了对人世间的悲观见解。《旧金山来的先生》（1916）是其最著名的短篇故事之一。故事讲的是一个美国富翁在去卡普岛的豪华旅行中丧命，而后被装在棺材里运回美国。死亡和幸福易逝的主题在蒲宁的作品中占主要地位。作家对苏维埃政权持不妥协的态度导致他于1920年离开苏维埃俄国。蒲宁侨居时期最著名的作品是《米佳的爱情》（1925）和《阿尔谢尼耶夫的一生》（1930）。这一期间的作品具有明显的怀乡情结：作家沉醉于对往昔的回忆。同死亡纠结在一起的爱情成了他的故事基本主题之一。所有这些故事都表现出忧郁的情调，总是以悲剧告终。小说集《幽暗的林间小径》中的所有故事均以爱情为题材。这些爱情并非是伟大、永恒的爱情，而是短暂易逝的邂逅。蒲宁的主人公被强烈的肉欲和性的感觉所左右而无力自拔。

Нóвые словá

динамúчно 活跃
авансцéна 前台
ренессáнс 复兴
удушáть 使窒息
мéртвенный 毫无生气的
позитивúзм 实证主义
мистúческий 神秘的
порывáть 摒弃
проповéдовать 宣扬
культ 崇拜
акмеúзм 阿克梅派

модернúстский 现代派的
футурúзм 未来主义
распадáться 分裂
мезонúн 顶楼
центрифýга 离心机
гилéя 热带雨林
увенчáться 得到好的结局
нарастáть 积聚起来
балагáнчик 临时戏台
публицистúческий 政论的
безврéменье 文化停滞的时代

скифы（复）西徐亚人
негати́вный 消极的
пасси́вность 消极
обора́чиваться 摆脱困境
дебю́т 处女作
проза́ик 小说作家
носи́тель 载体
погрузи́ть 使陷入
наподо́бие 类似
ме́льница 磨坊
шлем 满贯
рок 厄运
поме́риться 较量
наба́т 警报
бе́здна 深渊
обнажённый 裸露的
повествова́ние 叙述

приме́та 特征
пове́сить 绞死
библе́йский 《圣经》中的
око́вы（复）锁链
испове́дальный 自白式的
пощёчина 耳光
ре́квием 安魂曲
предвосхити́ть 预料
экспрессиони́стский 表现主义的
упа́док 衰落
эсте́т 唯美主义者
пессимисти́ческий 悲观的
гроб 棺材
непримири́мый 不妥协的
преда́ться 醉心于
эроти́ческий 色情的
сексуа́льный 性欲的

 Вопро́сы и зада́ния

1. Почему́ литерату́рный проце́сс рубежа́ 19-ого – 20-ого веко́в называ́ют «сере́бряным ве́ком» ру́сской литерату́ры?
2. Каки́е литерату́рные направле́ния характе́рны для поэ́зии э́того пери́ода?
3. Познако́мьтесь с тво́рчеством А.А. Бло́ка. Вы́учите наизу́сть одно́ из его́ стихотворе́ний.
4. Охарактеризу́йте тво́рческий путь А.М. Го́рького. Перескажи́те одно́ из его́ произведе́ний.
5. В чём осо́бенность тво́рческого ме́тода Л. Андре́ева?
6. За что И.А. Бу́нину была́ присуждена́ Но́белевская пре́мия в о́бласти литерату́ры?

20 世纪 20 年代文学

20世纪20年代初，几百万俄罗斯人流亡异国他乡。流亡者在异族语言和文化环境中创立了俄罗斯流亡文学。

俄罗斯文学的另外两个分支则活动在苏俄境内。其中一支就是"隐匿"文学，它由那些没有可能或根本不愿意发表作品的艺术家们所创立。20世纪80年代末，当"隐匿"文学大量涌现在各种杂志上时，人们才开始明白，苏联各个时期都有大量写好却锁进"抽屉"的手稿，这些手稿都曾经被出版社退回。20 世纪俄罗斯文学的第三个分支是苏联文学，即那些可以在国内创作和发表，能让读者见到的文学作品。

Литерату́рный проце́сс 20 годо́в 20 ве́ка

В нача́ле 20-ых годо́в 20-ого ве́ка из Росси́и эмигри́ровали миллио́ны ру́сских люде́й. В чужо́й языково́й и культу́рной среде́ они́ со́здали литерату́ру диа́споры ру́сского рассе́яния.

Две други́е ве́тви национа́льной литерату́ры развива́лись в Сове́тской Росси́и. Одну́ из э́тих ве́твей соста́вила «потаённая» литерату́ра, со́зданная худо́жниками, кото́рые не име́ли возмо́жности и́ли же принципиа́льно не хоте́ли публикова́ть свои́ произведе́ния. В конце́ 80-ых годо́в, когда́ пото́к э́той литерату́ры хлы́нет на журна́льные страни́цы, ста́нет я́сно, что ка́ждое сове́тское десятиле́тие бога́то ру́кописями, напи́санными «в стол» — отве́ргнутыми изда́тельствами. Тре́тью ветвь ру́сской литерату́ры 20-ого ве́ка соста́вила сове́тская литерату́ра — та, что создава́лась в стране́, публикова́лась и находи́ла путь к чита́телю.

Гроте́ск, гипе́рбола, фанта́стика в литерату́ре 20-ых годо́в Действи́тельность нача́ла 20-ых годо́в представля́лась совреме́нникам насто́лько ирреа́льной, что появле́ние в литерату́ре э́того пери́ода фантасти́ческого гроте́ска вполне́ закономе́рно. Он прису́тствует в тво́рчестве реали́ста Го́рького («Расска́з о геро́е», «Кара́мора»), молодо́го Каве́рина («Скандали́ст, и́ли Вечера́ на Васи́льевском о́строве», расска́зы пе́рвой полови́ны 20-ых годо́в), Ю. Тыня́нова («Восковая персо́на», «Подпору́чик Киже́»), А. Гри́на («Кана́т», «Крысоло́в», «Се́рый автомоби́ль» и други́е расска́зы), М. Булга́кова («Дьяволиа́да», «Соба́чье се́рдце», «Роковы́е я́йца»).

Серге́й Алекса́ндрович Есе́нин (1895-1925) про́жил коро́ткую, но ослепи́тельно я́ркую жизнь, траги́чески оборва́вшуюся в три́дцать лет. В нача́ле 1916-ого го́да в Петрогра́де вы́шел пе́рвый поэти́ческий сбо́рник Есе́нина «Ра́дуница», получи́вший высо́кую оце́нку кри́тики. За свою́ коро́ткую тво́рческую жизнь (1915-1925) Есе́нин вы́пустил о́коло тридцати́ книг, подгото́вил к изда́нию собра́ние стихотворе́ний в трёх тома́х. Земна́я жизнь Серге́я Есе́нина оборвала́сь в ночь на 28-о́е декабря́ 1925-ого го́да в ленингра́дской гости́нице «Англете́р».

Влади́мир Влади́мирович Маяко́вский (1893-1930) был одни́м из тех, кто подписа́л манифе́ст футури́стов «Пощёчина обще́ственному вку́су» (1912). В 1915-ом году́ Маяко́вский опубликова́л поэ́мы «Облако в штана́х». В поэ́ме «Про э́то» (1923) говори́тся о конфли́кте ме́жду поэ́том и повседне́вной реа́льностью. Маяко́вский был а́втором больши́х пропаганди́стских поэ́м: «Влади́мир Ильи́ч Ле́нин» (1924) и «Хорошо́!» (1927); в после́дней он рису́ет положи́тельный о́браз строи́тельства но́вой жи́зни в сове́тской Росси́и. В 1929-ом году́ Маяко́вским бы́ли напи́саны две сатири́ческие пье́сы, «Клоп» и «Ба́ня», напра́вленные про́тив сове́тского засто́я, бюрокра́тии и меща́нства. Наряду́ с Пу́шкиным, Ле́рмонтовым и Некра́совым Маяко́вский входи́л в число́ наибо́лее чита́емых поэ́тов в Сове́тском Сою́зе.

А́нна Андре́евна Ахма́това (1889-1966) вво́дит в стихи́ своего́ ро́да дневни́к, гла́вной те́мой кото́рого явля́ется любо́вь. Е́ю напи́саны одни́ из са́мых лу́чших в ру́сской литерату́ре стихо́в о любви́ («Молю́сь око́нному лучу́», «Два стихотворе́ния» в сб. «Ве́чер», «Ско́лько просьб…» и т.п.). В э́той же́нской ли́рике, просто́й и насы́щенной, звуча́т та́кже те́мы одино́чества и призва́ния поэ́та; в поэ́зии Ахма́товой есть и религио́зные элеме́нты; в ней нет ми́стики, но

这些诗歌中没有神秘主义，有的只是悲观和绝望。同她最初几部诗集相比较，后来的作品中爱情主题退居第二位。回忆和告别往事成了主旋律，对俄罗斯悲剧命运的思考蒙上了的宗教色彩。

玛丽娜·茨维塔耶娃（1892—1941）16岁时开始发表作品。革命前俄罗斯已出版了她的三部诗集：《黄昏纪念册》(1910)、《魔灯》(1912)以及《选自两本书》(1913)。20年代她出版了两本同名诗集《里程碑》，其中收录了1914年至1921年间的抒情诗。1922年5月，茨维塔耶娃离开俄罗斯，1939年6月12日离开法国返回祖国。"铁腕"时代疯狂而残酷的世界把绞索套上了她的脖子：她的丈夫和女儿被捕。国家出版社推迟出版她的诗集。卫国战争开始后，茨维塔耶娃走投无路，于1941年8月31日自戕离开人世。

短篇小说《龙》《洞窟》《马迈》[①]以及叶甫盖尼·扎米亚京（1884—1937）20年代的一些政论文都充满了对人、对俄罗斯和革命的忧患意识。写于1920年至1921年、却在1988年才在自己祖国面世的长篇小说《我们》同样是出于对世界命运的担忧而完成的作品。作家各个时期的作品在选材方面有着极大的区别。扎米亚京小说的地域跨度极其广阔：早期的中短篇小说《县城种种》《阿拉特里城》《遥远的地方》使读者们得以了解俄罗斯外省的世界；中篇小说《岛民》《猎人者》又将场景移至英国；而1918年至1920年的短篇小说（《龙》《马迈》《洞窟》）写的是发生在彼得格勒的故事；长篇小说《我们》中的故事情节则是在一个虚拟的、没有明确地理坐标的国度中展开的。

米哈伊尔·布尔加科夫（1891—1940）1923年至1925年间的中篇小说《魔障》《不祥的蛋》和《狗心》（最后一部1987年才在苏联发表）显示了作家的讽刺才能。1925年，《俄罗斯》杂志刊载了长篇小说《白卫军》的前几章，外国读者在1927年至1929年见到了《白卫军》的全貌，而苏联出版完整的《白卫军》则是1966年的事了。从话剧《土尔

[①] 小说主人公之姓。

есть меланхо́лия и разочаро́ванность. В сравне́нии с её пе́рвыми сбо́рниками, во второ́й фа́зе тво́рчества те́ма любви́ отступа́ет на за́дний план. Основну́ю роль игра́ют воспомина́ние и проща́ние, мы́сли о траге́дии Росси́и принима́ют религио́зный отте́нок.

Мари́на Цвета́ева (1892-1941) начала́ печа́таться в 16 лет. До револю́ции в Росси́и вы́шли три кни́ги её стихо́в: «Вече́рний альбо́м» (1910), «Волше́бный фона́рь» (1912) и «Из двух книг» (1913). В 20-ые го́ды бы́ли и́зданы две кни́ги с одина́ковым назва́нием «Вёрсты», где была́ со́брана ли́рика 1914-ого – 1921-ого годо́в. В ма́е 1922-ого го́да Цвета́ева эмигри́ровала из Росси́и. 12-ого ию́ня 1939-ого го́да отплыла́ из Фра́нции на ро́дину. Безу́мный и жесто́кий мир «желе́зного» ве́ка петлёй захлестну́л ей го́рло. Аресто́ваны её муж и дочь. Госли́тиздат заде́рживает кни́жку стихо́в. С нача́ла Вели́кой Оте́чественной войны́ Цвета́ева совсе́м растеря́лась. 31-ого а́вгуста 1941-ого го́да вели́кий ру́сский поэ́т Мари́на Ива́новна Цвета́ева доброво́льно ушла́ из жи́зни.

Трево́гой за судьбу́ челове́ка, Росси́и, револю́ции прони́заны расска́зы «Драко́н», «Пеще́ра», «Мама́й», публицисти́ческие статьи́ 20-ых годо́в **Евге́ния Замя́тина** (1884-1937). Трево́гой за су́дьбы ми́ра продикто́ван и рома́н «Мы», напи́санный в 1920-ом – 1921-ом года́х и уви́девший свет на ро́дине писа́теля то́лько в 1988-ом году́. Произведе́ния Евге́ния Замя́тина ра́зных лет чрезвыча́йно разнообра́зны по испо́льзованному в них жи́зненному материа́лу. Широка́ геогра́фия замя́тинской про́зы: ра́нние по́вести и расска́зы («Уе́здное», «Алаты́рь», «На кули́чках») знако́мят чита́теля с ми́ром ру́сской прови́нции; по́вести «Островитя́не», «Ловец челове́ков» перено́сят в А́нглию, а расска́зы 1918-ом – 1920-ого годо́в («Драко́н», «Мама́й», «Пеще́ра») — в Петрогра́д, де́йствие рома́на «Мы» развора́чивается в вы́мышленной стране́, лишённой определённых географи́ческих координа́т.

Сатири́ческий дар писа́теля **Михаи́ла Булга́кова** (1891-1940) я́рко прояви́лся в повестя́х 1923-ого – 1925-ого годо́в «Дьяволиа́да», «Роковы́е я́йца» и «Соба́чье се́рдце» (после́дняя из них опублико́вана в СССР лишь в 1987-ом году́). А в 1925-ом году́ на страни́цах журна́ла «Росси́я» появи́лись пе́рвые гла́вы рома́на «Бе́лая гва́рдия». Зарубе́жные чита́тели познако́мились с по́лным те́кстом рома́на в 1927-ом – 1929-ом года́х, но на ро́дине писа́теля он бу́дет и́здан лишь в 1966-о́м году́. С пье́сы «Дни Турбины́х» тво́рчество писа́теля те́сно связа́лось с теа́тром. Им напи́саны пье́сы «Зо́йкина кварти́ра», «Багро́вый о́стров», «Бег», «Кабала́ святош́», «Ада́м и Ева», «Блаже́нство», «Ива́н Васи́льевич», «Алекса́ндр Пу́шкин», «Бату́м», инсцениро́вки (а по су́ти, оригина́льные пье́сы) «Мёртвых душ», «Войны́ и ми́ра», «Дон Кихо́та». Ни одна́ из э́тих пьес не была́ разрешена́ к постано́вке. Рома́н «Ма́стер и Маргари́та» — верши́нное произведе́ние М. Булга́кова.

Крупне́йшей фигу́рой среди́ молоды́х писа́телей-эмигра́нтов был **Влади́мир Набо́ков** (1899-1977). До 1937-о́го го́да он жил в Берли́не. Бу́дучи жена́тым на евре́йке, он поки́нул Герма́нию и посели́лся во Фра́нции. В 1940-о́м году́ Набо́ков смог уе́хать в Аме́рику, где преподава́л ру́сскую и европе́йскую литерату́ру. Набо́ков уже́ в де́тстве получи́л двуязы́чное воспита́ние; э́то дало́ ему́ возмо́жность переводи́ть свои́ ру́сские сочине́ния на англи́йский язы́к и соотве́тственно на ру́сский — англи́йские. Вот не́которые из его́ ру́сских рома́нов: «Ма́шенька» (1926), «Защи́та Лу́жина» (1930), «Согляда́тай» (1930), «По́двиг» (1932), «Отча́яние» (1936), «Приглаше́ние на казнь» (1938), «Дар» (1937-1938). Как ру́сский а́втор, он печа́тался под псевдони́мом В. Си́рин. За́падная кри́тика пробуди́лась то́лько по́сле того́, как в пари́жском изда́тельстве, печа́тавшем произведе́ния, запрещённые а́нгло-америка́нской цензу́рой, вы́шел рома́н «Лоли́та» (1955).

Но́вые слова́

диа́спора 向国外流亡
рассе́яние 分散
потаённый 隐匿的
хлы́нуть 涌出
кара́мора 长腿蚊
скандали́ст 爱惹事的人
восково́й 蜡烛的
кана́т 绳索
крысоло́в 捕鼠者
дьяволиа́да 魔障
роково́й 不祥的
ра́дуница 扫墓日
клоп 臭虫
засто́й 停滞
меща́нство 小市民阶层

ми́стика 神秘主义
меланхо́лия 忧郁
разочаро́ванность 悲观情绪
петля́ 绞索
захлестну́ть 套上
пеще́ра 洞窟
кули́чки（复）遥远的地方
координа́та 坐标
багро́вый 紫红色的
кабала́ 债契
свято́ша 伪善者
инсцениро́вка （由小说等改编的）戏剧
евре́йка 犹太女人
согляда́тай 窥视者
цензу́ра 书刊检查

Вопросы и задания

1. На какие ветви разделилась русская литература в 20-ые годы 20-ого века? Дайте характеристику этим направлениям.
2. Что вы знаете о С.А. Есенине? Выучите наизусть одно из стихотворений поэта.
3. Охарактеризуйте творчество В.В. Маяковского.
4. Назовите основные отличительные черты творчества Е. Замятина, М. Булгакова, В. Набокова. Перескажите одно из прочитанных произведений указанных авторов.

20 世纪 30—50 年代的文学进程：

从 30 年代初起，尤其是作家代表大会之后，苏联文学中越来越明显地表现出千篇一律的倾向。文学趋于单一的审美范式，而且还采用一个伪学术的名称——社会主义现实主义创作方法。

只有儿童文学作家还得以在自己"非严肃"的作品中运用文字、语音的游戏和离奇的构思。这样的作品有 Б. 日特科夫的《大海的故事》《动物的故事》，А. 盖达尔的《丘克与盖克》《蓝色的杯子》《第四掩蔽所》以及 М. 普里什文、К. 帕乌斯托夫斯基、В. 比安卡、Е. 恰鲁申等描写自然界的短篇小说。

30 年代被枪决或惨死在集中营的俄罗斯作家有诗人 Н. 克留耶夫、О. 曼德尔施塔姆、Б. 科尔尼洛夫，小说家 И. 巴别尔、И. 卡塔耶夫、Б. 皮利尼亚克，政论与讽刺作家 М. 科利佐夫，批评家 А. 沃龙斯基等人。被捕入狱服刑的有 Н. 扎博洛茨基、Л. 马尔登诺夫、Я. 斯梅利亚科夫、Б. 鲁契约夫和其他数十名作家。

更可怕的是舆论迫害，这是对艺术家进行的精神摧残。报刊上经常发表严厉批判的文章和揭发性报道，被点名的作家时刻都准备会在某一天夜里遭逮捕，从而注定他们要忍受长年的缄默，写了东西只能"压抽屉"。遭受如此噩运的有 М. 布尔加科夫、А. 普拉东诺夫、战前回国的 М. 茨维塔耶娃、А. 克鲁乔内赫，还有 А. 阿赫玛托娃、М. 左琴科和许多其他语言巨匠。那些当时所谓没有走上"社会主义现实主义康庄大道"的作家，只是在极少情况下才能使其作品与读者见面，属于这样的作家有：М. 普里什文、К. 帕乌斯托夫斯基、Б. 帕斯捷尔纳克、В. 英贝尔、Ю. 奥列沙、Е. 施瓦茨。

继承和发扬了 19 世纪俄罗

Литературный процесс 30-50 годов 20 века

С начала 30-ых годов, особенно после съезда писателей, всё отчётливее проступала тенденция универсализации литературы, приведения её к единому эстетическому шаблону, которому было подобрано псевдоакадемическое название — метод социалистического реализма.

Лишь детским писателям удавалось ещё использовать в своих «несерьёзных» произведениях игру словом, звуками, смысловые парадоксы. Именно таковы «Морские истории» и «Рассказы о животных» Б. Житкова, «Чук и Гек», «Голубая чашка», «Четвёртый блиндаж» А. Гайдара, рассказы о природе М. Пришвина, К. Паустовского, В. Бианки, Е. Чарушина.

В 30-ые годы начался процесс физического уничтожения писателей: были расстреляны или погибли в лагерях поэты Н. Клюев, О. Мандельштам, Б. Корнилов; прозаики И. Бабель, И. Катаев, Б. Пильняк; публицист и сатирик М. Кольцов, критик А.К. Воронский и многие другие литераторы. Арестовывались и отбывали сроки заключения Н. Заболоцкий, Л. Мартынов, Я. Смеляков, Б. Ручьёв и десятки других писателей.

Не менее страшным было и публичное преследование, своего рода нравственное уничтожение художников, когда в печати появлялись разносные статьи, статьи-доносы и подвергаемый «экзекуции» писатель, уже готовый к ночному аресту, обрекался на многолетнее молчание, на писание «в стол». Именно эта судьба постигла М. Булгакова, А. Платонова, вернувшуюся перед войной из эмиграции М. Цветаеву, А. Кручёных, А. Ахматову, М. Зощенко и многих других мастеров слова. Лишь изредка удавалось пробиться к читателю писателям, не стоявшим, как тогда говорили, «на столбовой дороге социалистического реализма»: М. Пришвину, К. Паустовскому, Б. Пастернаку, В. Инбер, Ю. Олеше, Е. Шварцу.

Традиции русской классической литературы 19-ого

столетия и литературы «серебряного века» продолжили и развили писатели зарубежья и «андеграунда». Из советской России уехали писатели и поэты, олицетворявшие цвет русской литературы: И. Бунин, Л. Андреев, А. Аверченко, К. Бальмонт, З. Гиппиус, Б. Зайцев, Вяч. Иванов, А. Куприн, М. Осоргин, А. Ремизов, И. Северянин, Тэффи, И. Шмелёв, Саша Чёрный, не говоря уже о более молодых, но подававших большие надежды М. Цветаевой, М. Алданове, Г. Иванове, В. Ходасевиче и многих других.

Осмысление судеб трагического века составило содержание философской прозы 30-ых – 50-ых годов: как с использованием мифов («Мастер и Маргарита» М. Булгакова, «Чевенгур», «Котлован» и «Ювенильное море» А. Платонова), так и лирико-социальной («Доктор Живаго» Б. Пастернака). Все эти произведения не могли быть опубликованы на родине в 30-ые годы, они составили один из пластов закрытой литературы (позднее она будет названа литературой «возвращённой»).

Человек, сосредоточивший в себе весь мир, пытающийся привести к гармонии трагический век в собственном сознании, стал главным героем лирической прозы М. Пришвина и стихов Б. Пастернака. Вера в разум человека пронизывает философские повести М. Зощенко «Возращённая молодость» и «Перед восходом солнца».

Особую роль в развитии философского романа сыграл в 30-ые – 50-ые годы **Леонид Леонов** (1899-1995). Книги Л. Леонова вполне вписывались в разрешённую тематику социалистического реализма: «Соть» внешне соответствовала канону «производственного романа» о строительстве заводов в медвежьих углах России; «Скутаревский» — литературе о «врастании» дореволюционного учёного-интеллигента в советскую жизнь; «Дорога на океан» — «правилам» жизнеописания героической жизни и смерти коммуниста; «Русский лес» представлял собой полудетективное описание борьбы прогрессивного учёного с псевдоучёным.

В трагическом 1937-ом году появилась книга **Александра Малышкина** (1892-1938) «Люди из захолустья», где на примере строительства завода в условно обрисованном городе Красногорске показывалось, как изменились судьбы бывшего гробовщика Ивана Журкина, батрачонка Тишки, представительницы интеллигенции Ольги Зыбиной и многих других русских людей.

Интерес к изменению психологии человека в революции и послереволюционном преобразовании жизни

们极大的兴趣，从而使教育题材小说日趋活跃。Н. 奥斯特洛夫斯基（1904—1936）著名的《钢铁是怎样炼成的》一书就属于这一类型。

30年代俄罗斯文学中，**历史小说**占有重要的位置。对俄罗斯过去，甚至是对整个人类历史的关注使不同流派的艺术家得以弄清当代成功与失败的根源所在并揭示出俄罗斯民族性格的特征。

与此同时不能不看到，苏联作家对历史的理解与俄侨作家有着根本的不同。在 А. 托尔斯泰的小说《彼得一世》、С. 谢尔盖耶夫—岑斯基的史诗《俄罗斯的再生》和 А. 诺维科夫—普里波伊的小说《对马岛》中，主要的活动力量都是人民，俄罗斯历史被视为是必然走向革命运动的历史。多部历史作品的主人公都是革命造反者（普加乔夫、拉辛等）。

侨民历史小说家感兴趣的则完全是另外一些事件与人物。其中最普遍的体裁是长篇传记。Н. 别尔别洛娃（1901—1993）撰写了远离政治的俄罗斯作曲家的传记小说：《柴可夫斯基，孤独的一生》（1936）和《鲍罗廷》（1938）；М. 蔡特林（1882—1945）发表了《五个人与其他人》一书（1944）。这五个人是 В. 斯塔索夫、М. 格林卡、М. 巴拉基廖夫、А. 鲍罗廷和 М. 穆索尔斯基。其他人是指 Н. 里姆斯基-科萨科夫、А. 达尔戈梅日斯基、А. 谢洛夫、Ц. 居伊。

即使是涉及革命题材（М. 蔡特林的研究小说《十二月党人，一代人的命运》或者 М. 阿尔达诺夫的四部曲《思想者》以及三部曲《钥匙》《逃亡》《洞窟》和长篇小说《根源》），侨民作家所描写的客体也都是人，他们思考的对象是处于历史事件轨道中心的人的个性的道德根源。

对20世纪30年代的俄罗斯文学进程的论述不提讽刺作品则是不完整的。30年代讽刺作品几乎完全失去了其活力。幽默作品，其中包括富有哲理的幽默作品，冲破了苏联报刊检查的层层阻碍。这首先是指 М. 左琴科的小说《蓝色的书》（1934—1935），书中作者思考的问题可以从章节的标题中看出："金钱""爱情""阴谋""失

активизировал жанр романа воспитания. Именно к этому жанру относится знаменитая книга **Николая Островского** (1904-1936) «Как закалялась сталь».

Большое место в литературе 30-ых годов занимает **историческая проза**. Обращение к прошлому России, а то и всего человечества, открывало перед художниками самых разных направлений возможность понять истоки современных побед и поражений, выявить особенности русского национального характера.

Вместе с тем нельзя не заметить, что понимание истории у советских писателей и у художников русского зарубежья различалось коренным образом. В романе А. Толстого «Пётр Первый», в эпопее С. Сергеева-Ценского «Преображение России», в романе А. Новикова-Прибоя «Цусима» главной действующей силой был показан народ, история России рассматривалась как необходимое движение к революции. Героями многих исторических книг становились революционеры-бунтари (Пугачёв, Разин и др.).

Совершенно иные события и герои интересовали авторов исторической прозы русского зарубежья. Наиболее популярным здесь был жанр романа-биографии. Нина Берберова (1901-1993) написала романы о наименее политизированных русских композиторах: «Чайковский, история одинокой жизни» (1936) и «Бородин» (1938); Михаил Цетлин (1882-1945) — книгу «Пятеро и другие» (1944). Эти пятеро — В. Стасов, М. Глинка, М. Балакирев, А. Бородин и М. Мусоргский. В числе «других» в книге — Н. Римский-Корсаков, А. Даргомыжский, А. Серов, Ц. Кюи.

Но даже если писатели-эмигранты и обращались к революционной тематике (роман-исследование М. Цетлина «Декабристы. Судьба одного поколения» или тетралогия М. Алданова «Мыслитель», его же трилогия «Ключ», «Бегство», «Пещера» и роман «Истоки»), предметом их изображения был человек, объектом раздумий — нравственные истоки личности, оказавшейся в орбите исторических событий.

Разговор о литературном процессе 30-ых годов был бы неполным без упоминания сатиры. В 30-ые годы сатира почти полностью выродилась, юмор, в том числе и философский, пробивался сквозь все препоны советской цензуры. Речь идёт в первую очередь о «Голубой книге» (1934-1935) М. Зощенко, где писатель размышляет, как видно из названий глав, о «Деньгах», «Любви», «Коварстве», «Неудачах» и «Удивительных событиях», а в итоге — о смы́сле жи́зни и филосо́фии исто́рии.

Вое́нная про́за Вели́кая Оте́чественная война́ на како́е-то вре́мя верну́ла оте́чественной литерату́ре её было́е многообра́зие и еди́нство. Война́ сде́лала вновь возмо́жным трагеди́йное нача́ло в оте́чественной литерату́ре. И оно́ прозвуча́ло в поэ́ме П. Антоко́льского «Сын» с её траги́ческими стро́ками. Трагеди́йно и суро́во звучи́т кни́га стихо́в А. Сурко́ва «Дека́брь под Москво́й» (1942). Про́тив войны́ бу́дто восстаёт сама́ приро́да. О стра́шном отступле́нии сове́тских во́йск с суро́вой беспоща́дностью расска́зывает стихотворе́ние К. Си́монова «Ты по́мнишь, Алёша, доро́ги Смоле́нщины». По́сле недо́лгих спо́ров, нужна́ ли на фро́нте инти́мная ли́рика, она́ верну́лась в литерату́ру пе́сней А. Сурко́ва «Земля́нка», многочи́сленными пе́снями М. Исако́вского.

В литерату́ру верну́лся наро́дный геро́й, не вождь, не сверхчелове́к, а рядово́й бое́ц, вполне́ земно́й, обыкнове́нный. Это и лири́ческий геро́й ци́кла стихо́в К. Си́монова «С тобо́й и без тебя́» (в него́ входи́ло и получи́вшее всео́бщее призна́ние «Жди меня́»), тоску́ющий по до́му, влюблённый, ревну́ющий, не лишённый обыкнове́нного стра́ха, но уме́ющий преодоле́ть его́. Это и Васи́лий Тёркин из «Кни́ги про бойца́» А. Твардо́вского.

Суро́вая пра́вда войны́ с её кро́вью и трудовы́ми бу́днями составля́ет содержа́ние по́вести К. Си́монова «Дни и но́чи» (1943-1944), положи́вшей нача́ло его́ по́здней трило́гии «Живы́е и мёртвые». Тради́ции толсто́вских «Севасто́польских расска́зов» о́жили в по́вести В. Некра́сова «В око́пах Сталингра́да». Романти́ческим па́фосом прони́кнут рома́н А. Фаде́ева «Молода́я гва́рдия». Писа́тель воспринима́ет войну́ как противостоя́ние добра́-красоты́ и зла-безобра́зия. Траге́дия семьи́ в войне́ ста́ла содержа́нием поэ́мы А. Твардо́вского «Дом у доро́ги» и расска́за А. Плато́нова «Возвраще́ние».

Свои́ пробле́мы испы́тывала и литерату́ра ру́сского зарубе́жья. Оди́н за други́м уходи́ли из жи́зни писа́тели пе́рвой волны́ ру́сского зарубе́жья. Эмигра́нты послевое́нной поры́ ещё то́лько осва́ивались в литерату́ре: ещё предстоя́ло появи́ться лу́чшим кни́гам поэ́тов Ива́на Ела́гина (1918-1987), Дми́трия Клено́вского (1893-1976), Никола́я Мо́ршена (1917-2001). Лишь рома́н Никола́я Наро́кова (1887-1969) «Мни́мые величи́ны» (1946) получи́л почти́ столь же широ́кую мирову́ю изве́стность, как и про́за пе́рвой волны́ ру́сской эмигра́ции.

败"和"惊人的事件"——总之,是关于生命的意义和历史的哲理。

战争文学 伟大的卫国战争使俄罗斯文学在一段时间里恢复了原来的多样性与一致性。战争使俄罗斯文学重新可以描写悲剧性的东西。这一主题表现在 П. 安托科尔斯基充满悲情的长诗《儿子》中。А. 苏尔科夫的诗集《莫斯科近郊的十二月》（1942）充满悲情和冷峻,仿佛大自然也起来反对战争。К. 西蒙诺夫的诗（《阿廖沙,你可记得斯摩棱斯克大道》）严厉无情地述说了苏军可怕的撤退。对战场上是否需要表达个人情感的抒情诗曾有过暂短的争论。之后这种抒情风格重又出现在 А. 苏尔科夫的歌曲创作《女同乡》以及 М. 伊萨科夫斯基的多首歌曲中。

彼时苏联文学中又出现了来自人民的主人公,后者既不是领袖,也不是超人,而是普通士兵,尘世中完全的普通人。К. 西蒙诺夫有一组抒情诗的主人公就属这类人物。组诗名为《与你在一起和没有你》（其中包括获得公认的《等着我》）。这样的主人公会想家,会恋爱,会忌妒,也怀有普通人的恐惧,但他们善于克服恐惧感。А. 特瓦尔多夫斯基的《士兵之歌》中的瓦西里·焦尔金同样如此。

К. 西蒙诺夫的中篇小说《日日夜夜》（1943—1944）主要描写的是战争的严酷现实：流血牺牲与日常的艰辛,这部小说为他后来的三部曲《生者与死者》奠定了基础。而列夫·托尔斯泰《塞瓦斯托波尔故事》的传统在 В. 涅克拉索夫的中篇《在斯大林格勒战壕里》得到了再现。А. 法捷耶夫的长篇小说《青年近卫军》充满了浪漫主义的激情。作家视战争为善美与恶丑的较量。А. 特瓦尔多夫斯基的长诗《路旁的屋》和 А. 普拉东诺夫的短篇《归来》均以战争时期家庭悲剧作为内容。

国外俄侨文学也遇到了自己的问题。第一次移民浪潮中的侨民作家们相继谢世。战后的侨民作家还在熟悉文学创作,И. 叶拉金(1918—1987)、Д. 克列诺夫斯基（1893—1976）、Н. 莫尔申（1917—2001）等诗人的优秀作品还是后来才出现的。只有 Н. 纳罗科夫（1887—1969）的长篇小说《虚名》（1946）享有如第一次侨民潮作家小说般的世界性广泛声誉。

1924 年，年轻的米哈伊尔·肖洛霍夫（1905—1984）在《青年真理报》上发表了第一部短篇故事《胎痣》。两年后相继出版了他最早的两部长篇：《顿河的故事》和《蔚蓝色的草原》。1932 年，他出版了《未开垦的处女地》（上部）。1943 年至 1944 年，《真理报》和《红星报》上开始连载他的长篇小说《他们为祖国而战》。1956 年，短篇《一个人的遭遇》脱稿。1959 年至 1960 年，他完成了《未开垦的处女地》的下部。作家的艺术世界最鲜明地展现在史诗性长篇小说《静静的顿河》中。在这部四卷本的作品中，肖洛霍夫讲述了顿河流域哥萨克的故事，先是将它置于第一次世界大战前夕的年代里来讲述（这使得作家可以展现哥萨克人在和平年代的生活），然后将它置于革命时代和国内战争时代来讲述。《静静的顿河》是俄罗斯民族对世界文学的一个贡献，它展现了 20 世纪人类与个性的命运。这是伟大艺术家的热切号召：希望全世界的人保护全人类的共同价值，拒绝战争与暴力，肯定人生活的自身价值，个人生活应与人民的生活、与宇宙相交融。

鲍里斯·列昂尼多维奇·帕斯捷尔纳克（1890—1960）曾在晚些时候认为自己 1917 年以前的作品均属不成熟之作。他1922 年出版了诗集《生活——我的姐妹》，20 年代写的诗集还有《主题和变奏》（1923）、史诗《1905 年》（1926）和《史密特尉官》（1926—1927），另有《短篇故事集》（1925）。从 1936 年起，他悄悄地开始撰写给他带来世界性声誉的长篇小说《日瓦戈医生》。1957 年小说的意大利语译本出版。小说在欧洲引起强烈反响：苏联著名作家第一次公开批评马克思主义和革命。《日瓦戈医生》是第一部境外出版物。1958 年，帕斯捷尔纳克获诺贝尔奖。苏联当局把获奖称作是"对苏联人民的叛变"，帕斯捷尔纳克只好"自愿"放弃诺贝尔奖。长篇小说《日瓦戈医生》是一部遵循古典主义传统的作品。书中人物众多，情节跨度为四分之一个世纪之多（从 1903 年到 1929 年），情节发生在俄罗

В 1924-ом году́ в газе́те «Ю́ношеская пра́вда» был напеча́тан пе́рвый расска́з молодо́го **Михаи́ла Шо́лохова** (1905-1984) «Ро́динка». А двумя́ года́ми по́зже вы́шли сра́зу две пе́рвые кни́ги писа́теля: «Донски́е расска́зы» и «Лазо́ревая степь». В 1932-о́м году́ в печа́ти появи́лась пе́рвая кни́га «По́днятой целины́». В 1943-ем – 1944-ом года́х в «Пра́вде» и «Кра́сной звезде́» на́чали печа́таться гла́вы рома́на «Они́ сража́лись за Ро́дину». В 1956 году́ появи́лся расска́з «Судьба́ челове́ка» и в 1959-ом – 1960-ом года́х — втора́я кни́га «По́днятой целины́». Наибо́лее я́рко худо́жественный мир писа́теля прояви́лся в рома́не-эпопе́е «Ти́хий Дон». В четырёх тома́х Шо́лохов расска́зывает исто́рию до́нского каза́чества снача́ла в го́ды, непосре́дственно предше́ствующие пе́рвой мирово́й войне́ (что даёт возмо́жность показа́ть жизнь казако́в в ми́рное вре́мя), зате́м во вре́мя револю́ции и гражда́нской войны́. Рома́н «Ти́хий Дон» вошёл в мирову́ю литерату́ру как ру́сский национа́льный вклад в изображе́ние судьбы́ челове́чества и ли́чности в 20-ом ве́ке. Э́то стра́стный призы́в вели́кого худо́жника к лю́дям ми́ра сохрани́ть общечелове́ческие це́нности, отказа́ться от войн и наси́лия, утверди́ть самоце́нность челове́ческой жи́зни, её слия́нность с наро́дным бытие́м, с ко́смосом.

Бори́с Леони́дович Пастерна́к (1890-1960) Поздне́е свои́ стихи́, напи́санные до 1917-ого го́да, он рассма́тривал как незре́лые. Пастерна́к в 1922-о́м году́ публику́ет сбо́рник «Сестра́ моя́ — жизнь». В 20-ые го́ды появля́ются поэти́ческий сбо́рник «Те́мы и вариа́ции» (1923), поэ́мы «Девятьсо́т пя́тый год» (1926) и «Лейтена́нт Шмидт» (1926-1927), а та́кже сбо́рник «Расска́зы» (1925). С 1936-о́го го́да он в по́лной та́йне рабо́тает над рома́ном «До́ктор Жива́го», кото́рому суждено́ бы́ло принести́ мирову́ю сла́ву писа́телю. В 1957-о́м году́ рома́н был и́здан в италья́нском перево́де. Рома́н стал на За́паде сенса́цией: впервы́е ви́дный сове́тский писа́тель откры́то выража́л кри́тику маркси́зма и револю́ции. «До́ктор Жива́го» был пе́рвым произведе́нием самизда́та. В 1958-о́м году́ Пастерна́ку присужда́ется Но́белевская пре́мия. Сове́тские вла́сти назва́ли пре́мию «преда́тельством по отноше́нию к сове́тскому наро́ду». Пастерна́к «доброво́льно» отка́зывается от Но́белевской пре́мии. Рома́н «До́ктор Жива́го» — произведе́ние, сле́дующее класси́ческой тради́ции. В нём оби́лие персона́жей, де́йствие разы́грывается в разли́чных места́х Росси́и на протяже́нии бо́лее че́тверти ве́ка (с 1903-его по

1929-ый год). Пастернак рассказывает о жизненном пути Юрия Живаго. Поиск личностного «я» в огне революции и гражданской войны — главная тема романа.

斯各地。帕斯捷尔纳克讲述了尤里·日瓦戈的生活历程。在革命和国内战争的战火中寻找个性的"我"是该小说的主题。

Новые слова

шаблон 样板
псевдоакадемический 伪学院式的
парадокс 奇谈怪论
блиндаж 掩蔽所
преследование 迫害
разносный 斥骂的
донос 告密
столбовая дорога 康庄大道
котлован 基坑
ювенильный 岩浆源的
врастание 与……成为一体
захолустье 偏僻地区
обрисовать 描绘

батрачонок 雇农
Цусима 对马岛（日本）
бунтарь 造反者
тетралогия 四部曲
орбита 轨道
препона 阻碍
коварство 阴谋
окоп 堑壕
родинка 胎痣
лазоревый（民，诗）天蓝色的
вариация 变奏
самиздат 个人出版

Вопросы и задания

1. В чём особенность литературного процесса 30-ых годов?
2. Назовите основные литературные направления в развитии литературы 30-ых – 50-ых годов.
3. Каковы особенности «военной прозы»? Перескажите одно из прочитанных произведений на эту тему.
4. Дайте характеристику творчества М.А. Шолохова.
5. Расскажите об истории создания и идейно-тематическом своеобразии романа Б. Пастернака «Доктор Живаго». Почему автору романа была присуждена Нобелевская премия?

Литературный процесс 60 годов 20 века

Конец 50-ых – 60-ые годы с лёгкой руки писателя Ильи Эренбурга получили название «оттепель».

Первопроходцем новых путей в литературе стала социально-аналитическая проза, возникшая на стыке очерка и собственно художественной литературы. Исследовательское начало, постановка актуальных социальных проблем, достоверность и точность изображения характерны для произведений В. Овечкина, А. Яшина, Ф. Абрамова, В. Тендрякова.

Соединение опыта очеркового социально-аналитического

20 世纪 60 年代文学

取名于作家 И. 爱伦堡的同名小说，50 年代末至 60 年代被称为"解冻"时代。

产生于特写和文学作品之间以剖析社会为己任的小说成为文学创作新途径探索的开路先锋。擅长分析，提出社会热点问题，对现实可信、精准的描述，这一切成为 В. 奥维奇金、А. 雅申、Ф. 阿勃拉莫夫、В. 田德里亚科夫等人创作的典型特征。

以特写的形式将关于生活

的社会分析研究体验与关注人的内心世界的自白体小说相结合，构成了60年代至80年代"农村小说"特有的现象。

俄罗斯人丰富多彩的性格有时会在毫无征兆的情况下进发出来，这样一种性格被 B. 舒克申（1929—1974）纳入了视野。作家的第一部短篇集《农村居民》于1963年出版，紧接着又发表了《在远方》《乡亲们》《性格》。舒克申笔下的主人公对邪恶与不公正有着敏锐的反应，他们按着自己的道德准则和良心生活。作家还展现出另一类主人公：其中一些人只关心个人生活是否称心如意，希望一切都要"不逊于他人"，另一些则随意践踏他人的尊严（《委屈》《附语》《干灭火了》《结实的汉子》）。当然，舒克申不是用单一色彩来刻画人物，他在最广泛的层面上展示生活和人。但是作家所钟情的显然是那些生活中拥有人民智慧经验的人（《信》《霞雨》《老人之死》）。

60年代初，引起人们注意的是一批文学新秀：小说界中有 A. 格拉吉林、B. 阿克肖诺夫、B. 马克西莫夫、Г. 弗拉基莫夫，诗歌界有 E. 叶甫图申科、A. 沃兹涅先斯基、P. 罗日杰斯特文斯基。

亚历山大·伊萨耶维奇·索尔仁尼琴（1918—2008）是诺贝尔文学奖获得者之一。对作家而言，随获奖而来的是来自苏联当局的摧残和迫害。1962年，索尔仁尼琴在杂志上发表了处女作《伊凡·杰尼索维奇的一天》，随后出版了单行本。小说的成功成为俄罗斯战后文学中最大的事件，作家也随即扬名国内外。1973至1975年间，他在巴黎出版了《古拉格群岛》（三卷本），这是一部全方位描述苏联集中营世界的"艺术性研究试作"。除了多部古拉格题材作品，索尔仁尼琴还创作了一系列讲述生存之意义、人所肩负的责任、善与恶的作品（《玛特辽娜的家》《克切托夫卡车站纪事》）以及讲述生与死的作品（《癌病房》）。1974年初，作家失去了苏维埃公民的资格，被驱逐出境。从1976年至1994年，索尔仁尼琴定居美国。在那里，他孜孜不倦地创作长篇巨著《红轮》（1971—1991），这是一部讲

исследования жи́зни с достиже́ниями испове́дальной про́зы, обращённой к вну́треннему ми́ру челове́ка, даст в 60-ые – 80-ые го́ды фено́мен «дереве́нской» про́зы.

Хара́ктер ру́сского челове́ка в его́ многообра́зных и подча́с неожи́данных проявле́ниях привлечёт внима́ние Васи́лия Шукшина́ (1929-1974). Пе́рвый сбо́рник расска́зов писа́теля — «Се́льские жи́тели» — вы́йдет в 1963-ем году́, за ним после́дуют «Там вдали́», «Земляки́», «Хара́ктеры». Геро́и Шукшина́ о́стро реаги́руют на зло и несправедли́вость, они́ живу́т по свои́м нра́вственным зако́нам, по веле́нию се́рдца. Предста́вил писа́тель и друго́й тип геро́ев: тех, кто живёт лишь забо́той о со́бственном благополу́чии, о том, что́бы всё бы́ло «как у люде́й», кто мо́жет похо́дя растопта́ть досто́инство друго́го челове́ка («Оби́да», «Постскри́птум», «Сре́зал», «Кре́пкий мужи́к»). Коне́чно, Шукши́н не рисова́л свои́х геро́ев како́й-то одно́й кра́ской, он пока́зывал жизнь и челове́ка в са́мых ра́зных их проявле́ниях, одна́ко симпа́тии его́ я́вно на стороне́ тех, кто живёт в соотве́тствии с му́дрым духо́вным о́пытом наро́да («Письмо́», «Зарево́й дождь», «Как помира́л стари́к»).

В нача́ле 60-ых годо́в в це́нтре внима́ния оказа́лись писа́тели но́вого литерату́рного поколе́ния: в про́зе — А. Глади́лин, В. Аксёнов, В. Макси́мов, Г. Влади́мов, в поэ́зии — Е. Евтуше́нко, А. Вознесе́нский, Р. Рожде́ственский.

Алекса́ндр Иса́евич Солжени́цын (1918-2008) — тре́тий из пяти́ ру́сских но́белевских лауреа́тов-литера́торов, для кото́рого э́та литерату́рная награ́да сопровожда́лась оскорбле́ниями и пресле́дованиями со стороны́ сове́тских власте́й. В 1962-о́м году́ состоя́лся журна́льный дебю́т Солжени́цына, за кото́рым после́довал вы́ход «Одного́ дня Ива́на Дени́совича» отде́льным изда́нием. Успе́х расска́за был велича́йшим литерату́рным собы́тием со вре́мени оконча́ния войны́; а́втор сра́зу же стал знамени́тостью, в том числе́ и за рубежо́м. В 1973-ем – 1975-ом года́х в Пари́же появля́ется «Архипела́г ГУЛАГ» (в 3-х тома́х), обши́рный «о́пыт худо́жественного иссле́дования» це́лого ми́ра концентрацио́нных лагере́й в СССР. Паралле́льно с кни́гами о ГУЛА́Ге А. Солжени́цын создаёт ряд произведе́ний о смы́сле бытия́, о челове́ческой отве́тственности, о добре́ и зле («Матрёнин двор», «Слу́чай на ста́нции Кочето́вка»), о жи́зни и сме́рти («Ра́ковый ко́рпус»). В нача́ле 1974-ого го́да его́ лиша́ют сове́тского гражда́нства и высыла́ют из страны́. С 1976-о́го по 1994-ый год Солжени́цын живёт в США, где неуста́нно рабо́тает над эпопе́ей «Кра́сное колесо́» (1971-1991), кото́рое расска́зывает о ру́сской револю́ции и непосре́дственно предше́ствующем ей пери́оде. В 1994-ом году́ он возвраща́ется в Росси́ю.

Всесою́зную изве́стность **Валенти́ну Григо́рьевичу Распу́тину** (1937-2015) принесла́ по́весть «Де́ньги для Мари́и», сюже́т кото́рой (по́иски де́нег для дове́рчивой и не искушённой в бухга́лтерских дела́х продавщи́цы се́льской ла́вки, обвинённой в растра́те) позво́лил писа́телю психологи́чески глубоко́ раскры́ть хара́ктеры са́мых ра́зных люде́й, показа́ть как нра́вственные верши́ны, так и глуби́ны челове́ческого паде́ния. После́дующие по́вести «После́дний срок» (1970), «Живи́ и по́мни» (1974), «Проща́ние с Матёрой» (1976) закрепи́ли за писа́телем сла́ву одного́ из лу́чших представи́телей так называ́емой дереве́нской про́зы. В нача́ле 80-ых годо́в писа́тель со́здал цикл расска́зов («Век живи́ — век люби́», «Что переда́ть воро́не?», «Ната́ша» и др.), в кото́рых отошёл от дереве́нской тема́тики, хотя́ и оста́лся ве́рен нра́вственной проблема́тике. Результа́том наблюде́ний над далеко́ не лу́чшими измене́ниями в жи́зни дере́вни и нра́вственности люде́й ста́ла публицисти́ческая по́весть «Пожа́р» (1985). В после́дние го́ды В. Распу́тин целико́м посвяти́л себя́ реше́нию актуа́льных пробле́м совреме́нности: экологи́ческих, нра́вственных, литерату́рно-организацио́нных. Уви́дели свет его́ о́черки и статьи́ на э́ти те́мы, а та́кже гла́вы публицисти́ческой кни́ги «Сиби́рь, Сиби́рь...».

Юрий Трифонов (1925-1981) пе́рвым же свои́м произведе́нием, рома́ном «Студе́нты» (1950), доби́лся госуда́рственного призна́ния: получи́л Ста́линскую пре́мию. Перехо́дным ша́гом на э́том пути́ стал его́ рома́н «Утоле́ние жа́жды» (1963). По́вести «Обме́н» (1969), «Предвари́тельные ито́ги» (1970), «До́лгое проща́ние» (1971), «Друга́я жизнь» (1975), «Дом на на́бережной» (1976) принесли́ писа́телю широ́кую изве́стность среди́ чита́телей и почти́ по́лное непонима́ние у кри́тиков. Три́фонова упрека́ли за то, что в его́ но́вых произведе́ниях не́ было кру́пных ли́чностей, что конфли́кты стро́ились на бытовы́х, жите́йских, а не широкомасшта́бных ситуа́циях. Как бы отвеча́я на э́ту кри́тику, Ю. Три́фонов оди́н за други́м создава́л произведе́ния на истори́ческие, точне́е, исто́рико-революцио́нные те́мы («О́тблеск костра́», «Нетерпе́ние», «Стари́к»), где он вновь сопряга́л высо́кое и обы́денное, иска́л связь ме́жду революцио́нной непримири́мостью и жесто́костью на́ших дней. Два после́дних рома́на «Вре́мя и ме́сто» и «Исчезнове́ние» уви́дели свет уже́ по́сле сме́рти писа́теля.

述俄国革命的作品。1994年，作家返回俄罗斯。

中篇小说《为玛丽娅借钱》使瓦连京·格里高利耶维奇·拉斯普京(1937—2015)名扬全国。小说的情节是这样的：一个易轻信且没有财务经验的乡村小店女售货员被判侵占公款，家人四处借钱以补亏空。作家借助于这一情节深刻揭示了形形色色的人物心理，展现了人的道德境界和堕落的程度。他后来发表的中篇小说《最后的期限》(1970)、《活着可要记住》(1974)、《告别马焦拉》(1976)使作家成为农村题材小说最优秀的代表之一。80年代初期，作家的系列短篇小说(《活到老，爱到老》《能向乌鸦说些什么？》《娜塔莎》等)仍然挖掘道德问题，但已经脱离了农村题材。作家对农村生活以及人的道德状况中的一些远不如人意的变化的观察最终成就了政论性中篇小说《火灾》(1985)。再后来，拉斯普京全身心致力于解决现代社会中诸如生态环境、道德、文学组织这样的热点问题。涵盖这些主题的随笔、论文以及政论作品《西伯利亚，西伯利亚……》的部分章节已经问世。

尤里·特里丰诺夫(1925—1981)的第一部作品长篇小说《大学生》(1950)一经发表就得到了国家的认可，荣获斯大林奖。从长篇小说《解渴》(1963)开始，中篇小说《交换》(1969)《初步总结》1970)《长离别》(1971)、《另一种生活》(1975)和《滨河街公寓》(1976)一方面使特里丰诺夫在读者中声名鹊起，另一方面却令众多评论家大惑不解。评论界指责特里丰诺夫的新作中没有高大的人物，冲突不是建立在大背景而是日常生活的情境之中。像是对这些评论的回应，特里丰诺夫接二连三地创作出历史题材的小说。确切地说，这是一些革命历史题材的小说(《篝火的反光》《急不可耐》《老人》)。在这些作品中，作家再一次把崇高的与日常的事物联系到一起，寻找革命坚定性同生活残酷性之间的联系。特里丰诺夫的最后两部长篇小说《时间与地点》和《消逝》在作家逝世后才得以问世。

Новые слова

первопрохо́дец 先驱人物
фено́мен 现象
похо́дя 一边走一边……
растопта́ть 踩坏
постскри́птум 附语
сре́зать 使难堪
зарево́й 朝霞的

искушённый 内行的
растра́та 盗用公款
экологи́ческий 生态的
утоле́ние жа́жды 解渴
о́тблеск 反光
сопряга́ть 使结合起来

 Вопросы и задания

1. Как вы ду́маете, почему́ пери́од 50-ых – 60-ых годо́в в ру́сской литерату́ре был на́зван «о́ттепелью»?
2. Назови́те имена́ писа́телей но́вого литерату́рного поколе́ния э́того пери́ода. В чём осо́бенность их тво́рческого ме́тода?
3. Охарактеризу́йте тво́рчество А.И. Солжени́цына.

20 世纪 50 年代至 70 年代战争题材小说

苏联战争题材小说规模宏大：1945 至 1985 年期间，出版了 2 万余部战争题材的作品。这一时期战争文学作家最有名的代表是：维克多·涅克拉索夫、戈里高利·巴克拉诺夫、尤里·邦达列夫、瓦西里·贝科夫。

尤里·邦达列夫在中篇小说《营请求炮火》(1957)中称自己是"战壕真实"最有力的代表之一。在中篇小说《最后的炮火》(1959)、长篇小说《宁静》(1962)及其续篇《两个人》(1964)、长篇小说《岸》和其他一些作品中，邦达列夫描写了对死亡的恐惧和从前线归来的人的命运。在极端残酷的战争条件下弘扬人性的精神构成了邦达列夫的长篇小说《热的雪》(1969)的主要思想内容。

另一个对战争中卑鄙行为和恐惧心理很少加以掩盖的作家是戈里高利·巴克拉诺夫。在中篇小说《寸土》中，他描写了前线极端的情景，而没有力图将这样的情景理想化（这是一些注定要失败的战斗）。他的作品真实可信地再现了战

Вое́нная про́за 50-70 годо́в 20 ве́ка

Вое́нная про́за в Сове́тском Сою́зе чрезвыча́йно масшта́бна: в 1945-ом – 1985-ом года́х вы́шло свы́ше 20000 книг, посвящённых вое́нной те́ме. Наибо́лее значи́тельные представи́тели вое́нной про́зы — Ви́ктор Некра́сов, Григо́рий Бакла́нов, Юрий Бо́ндарев и Васи́лий Бы́ков.

В по́вести «Батальо́ны про́сят огня́» (1957) **Юрий Бо́ндарев** заяви́л себя́ одни́м из са́мых си́льных представи́телей «око́пной пра́вды». В по́вести «После́дние за́лпы» (1959), рома́не «Тишина́» (1962) и его́ продолже́нии «Дво́е» (1964), рома́не «Бе́рег» (1975) и други́х произведе́ниях Бо́ндарев пи́шет о стра́хе сме́рти, о су́дьбах верну́вшихся с войны́. Па́фос челове́чности в бесчелове́чных усло́виях войны́ определя́ет основно́е иде́йное содержа́ние рома́на Юрия Бо́ндарева «Горя́чий снег» (1969).

Друго́й писа́тель, кото́рый столь же ма́ло затушёвывает ме́рзость и страх войны́, — **Григо́рий Бакла́нов**. В по́вести «Пядь земли́» (1959) Бакла́нов пи́шет об экстрема́льных ситуа́циях на фро́нте без мале́йшей попы́тки их идеализи́ровать (о боя́х, кото́рые бы́ли зара́нее обречены́ на пораже́ние). Писа́тель суме́л достове́рно запечатле́ть на бума́ге суро́вые бу́дни войны́. Не́которые порица́ли его́ за то, что он пи́шет с «чрезме́рным натурали́змом».

Также без малейшего пафоса и на первый взгляд через изображение довольно малозначительных деталей повседневной фронтовой жизни написана повесть **Виктора Некрасова** «В окопах Сталинграда» (1946). Поле зрения героев ограничено тем, что происходит непосредственно у них на глазах. Некрасова интересует не героическое, не грандиозное, не стратегические аспекты военных действий, но трагичность существования маленького человека и то, как он реагирует на суровые будни войны.

С острой критикой пишет о Советской армии белорусский писатель **Василь Быков**. Ему принесло известность беспощадное изображение страха, социальной несправедливости, эгоизма и трусости военачальников, тогда как «маленький» солдат у него полон мужества и готов к самопожертвованию. За роман «Обелиск» Быков получил Государственную премию.

В 1960-ом году **Василий Гроссман** завершил роман «Жизнь и судьба». Являясь как бы второй книгой романа «За правое дело» (1953), он вместе с тем самостоятелен в творчестве писателя. Но, увы, увидеть свет в 60-ых ему было не суждено: идеологическая заданность в литературе оказалась несовместимой с романом, который пришёл к читателю лишь в 1988-ом году. Во многом он был созвучен военной прозе той поры: и своей трагической искренностью, и философской мыслью о бессмертии народа, и верой в торжество идеалов свободы. Вместе с тем роман «Жизнь и судьба» затрагивал такие сложные и противоречивые проблемы государственного устройства и партийного руководства страной, которые делали невозможной публикацию романа в то время.

Константин Симонов, опубликовав в 1960-ом году роман «Живые и мёртвые», давший название трилогии, в которую вошли ещё два романа — «Солдатами не рождаются» (1964) и «Последнее лето» (1970). В трилогии повествуется о трёх годах Великой Отечественной — от первых дней трагических неудач советской армии до победоносного наступления в Белоруссии в последнее лето войны. В ходе романного действия поле боя сменяется картиной штабной работы, раздумья героев о себе и своих близких переходят в философские размышления автора о судьбе страны, мира; в центре внимания автора — героизм офицеров и солдат.

Современная литературная ситуация

С началом в 1985-ом году нового этапа в общественно-

争中严峻的日常生活，并因此被一些人指责为"过分的自然主义"。

维克多·涅克拉索夫的中篇《在斯大林格勒的战壕里》（1946），同样缺少激情，乍一看甚至是对毫无意义的战争日常生活的细节描写。主人公的视野局限于他们所亲眼目睹的东西。涅克拉索夫感兴趣的不是英勇和宏伟的场面，不是战争行动的战略方面，而是小人物存在的悲剧性和他对严峻的战争日常的反应。

白俄罗斯作家瓦西里·贝科夫以尖锐批评的笔触描写了苏联军队。对军事首长的怯战、社会不公、利己主义和恐惧心理加以无情描写给作家带来了知名度。而作家笔下的"小"兵英勇无比，时刻准备做出牺牲。贝科夫的长篇小说《方尖碑》获得了国家奖。

1960 年，瓦西里·格罗斯曼完成了长篇小说《生活与命运》的创作。这部小说可以说是长篇小说《为了正义的事业》（1953）的下卷，同时又是一部独立的作品。可惜在60年代，这部小说因为不符合当时的文学指导思想无法出版，到1988年才得以同读者见面。这部小说在很多方面同当时的战争小说是一致的：悲痛真挚的情感、关于人民不朽的哲理思想、自由理想必胜的信心。小说还触及了关于国家体制和党对国家的领导等一些复杂而又充满矛盾的问题。有鉴于此，小说在当时未能面世。

康斯坦丁·西蒙诺夫在1960年出版了长篇小说《生者与死者》，是三部曲中的第一部，另两部是《军人不是天生的》（1964）和《最后一个夏天》（1970）。三部曲讲述了伟大卫国战争的年代苏军从初战可悲的失利到战争最后一个夏天白俄罗斯的胜利进军。小说所描写的情节往复于战场和司令部之间。作者对国家、世界命运的哲学思考取代了主人公关于个人和亲人的思绪，作者尤其关注官兵们的英雄主义行为。

当代文坛状况

随着 1985 年俄罗斯国内社

会政治生活新阶段的开始，文艺发展的条件也发生了剧变。社会政治结构的根本变化首先带来了言论的自由。在改革的年代里，一些不久前还是禁区的话题和问题得到公开讨论，苏联时期俄罗斯文学经典作家（如 М. 高尔基、А. 阿赫玛托娃、А. 特瓦尔多夫斯基、Б. 帕斯捷尔纳克、А. 普拉东诺夫和 М. 布尔加科夫等）以及俄侨作家（如 И. 蒲宁、И. 什梅廖夫、М. 阿尔达诺夫、Г. 伊凡诺夫和 В. 纳博科夫等）遭禁的作品发表了，这些均引起了社会公众的强烈兴趣。

1985 年至 1986 年改革初期，主要杂志上发表了三部作品，即 В. 拉斯普京的《火灾》、Ч. 艾特玛托夫的《断头台》、В. 阿斯塔菲耶夫的《悲伤的侦探》，三部作品立刻成为全社会关注的焦点。这三部风格迥异的作品的共同之处在于：素材取自现代生活，在表达作者立场方面，具有此前多年来文学上罕见的作者观点表达之主动性和尖锐性。

这一时期（20 世纪 80 年代和 90 年代之交）的文学发展过程中，最为活跃、最具有社会意义的一部分是所谓的"回归文学"。创作于过去 60 年间（20 至 70 年代）的在苏联鲜为人知的作品纷纷发表在各种杂志上，术语"回归文学"成为 1987 年至 1991 年间文学期刊上频频出现的一个词。

А. 阿赫玛托娃的长诗《安魂曲》和 А. 特瓦尔多夫斯基的长诗《记忆永恒》在读者中引起了极大的反响。两部作品由于其作者表现出的社会、政治思想的异端倾向，在过去均未能面世。

М. 布尔加科夫、А. 普拉东诺夫、М. 茨维塔耶娃、О. 曼德尔施塔姆、侨居国外的 И. 蒲宁等一些备受排挤的作家，尽管在 60 年代已有部分作品获得发表，但直到这时才真正、完全、彻底地回到了俄罗斯读者中间。

然而，这时他们的作品所回到的是一个有别于它们被创作出来时的社会心理和美学的语境中，因而立刻获得了双重的意义：读者接受他们的作品，

полити́ческой жи́зни страны́ ре́зко измени́лись усло́вия разви́тия литерату́ры и иску́сства. Кардина́льные переме́ны в полити́ческой организа́ции о́бщества пре́жде всего́ принесли́ с собо́й свобо́ду сло́ва. В го́ды «перестро́йки» огро́мный обще́ственный интере́с был вы́зван откры́тым обсужде́нием ещё неда́вно «закры́тых» тем и пробле́м, публика́цией пре́жде запрещённых произведе́ний как кла́ссиков сове́тского пери́ода ру́сской литерату́ры (М. Го́рького, А. Ахма́товой, А. Твардо́вского, Б. Пастерна́ка, А. Плато́нова, М. Булга́кова и др.), так и писа́телей ру́сского зарубе́жья (И. Бу́нина, И. Шмелёва, М. Алда́нова, Г. Ива́нова, В. Набо́кова и др.).

Уже́ на рубеже́ «перестро́йки», в 1985-ом – 1986-ом года́х, в центра́льных журна́лах бы́ли опублико́ваны три произведе́ния, сра́зу попа́вшие в фо́кус обще́ственного внима́ния: «Пожа́р» В. Распу́тина, «Плаха́» Ч. Айтма́това и «Печа́льный детекти́в» В. Аста́фьева. О́бщим в э́тих ра́зных по стили́стике произведе́ниях бы́ло обраще́ние к материа́лу совреме́нной жи́зни и неви́данная для литерату́ры предше́ствующих лет акти́вность, да́же ре́зкость в выраже́нии а́вторской пози́ции.

В э́тот пери́од (на рубеже́ 80-ых – 90-ых годо́в) са́мым живы́м и обще́ственно значи́мым уча́стком литерату́рного проце́сса оказа́лась так называ́емая возвращённая литерату́ра. Страни́цы журна́лов запо́лнились произведе́ниями, со́зданными в пре́жние шесть десятиле́тий (20-ые – 70-ые го́ды), но неизве́стными широ́кому чита́телю на террито́рии СССР. Те́рмин «возвращённая литерату́ра» стал акти́вно испо́льзоваться в литерату́рной периоди́ке 1987-о́го – 1991-о́го годо́в.

Большо́й чита́тельский резона́нс был вы́зван публика́цией поэ́м А. Ахма́товой «Ре́квием» и А. Твардо́вского «По пра́ву па́мяти». О́ба произведе́ния в своё вре́мя не могли́ быть напеча́таны из-за очеви́дного обще́ственно-полити́ческого инакомы́слия, проя́вленного их а́вторами.

По́лностью и оконча́тельно верну́лись к оте́чественному чита́телю М. Булга́ков, А. Плато́нов, М. Цвета́ева, О. Мандельшта́м, эмигра́нтский И. Бу́нин и други́е опа́льные худо́жники, чьи кни́ги части́чно издава́лись уже́ в 60-ые го́ды.

Одна́ко тепе́рь их произведе́ния возвраща́лись в ино́й обще́ственно-психологи́ческий и эстети́ческий конте́кст, чем тот, в кото́ром они́ создава́лись, и потому́ сра́зу же приобрета́ли двойно́й ста́тус, воспринима́ясь читателем и как факты истории литературы, и как живые явления литературы современной. Преобладал второй тип восприятия. «Котлован» и «Чевенгур» А. Платонова, «Собачье сердце» М. Булгакова, «Мы» Е. Замятина и многие другие «возвращённые» произведения прочитывались прежде всего как свидетельские показания людей, оппозиционных тоталитарному режиму.

Одной из характерных черт литературного процесса конца 80-ых – начала 90-ых годов стало усиление интереса писателей к исторической теме. Среди них романы А. Рыбакова «Дети Арбата» и В. Дудинцева «Белые одежды». Роман Рыбакова, повествующий о жизни молодого поколения 30-ых годов и написанный с использованием приёмов увлекательного беллетризма, вообще стал бестселлером второй половины 80-ых годов.

С произведениями, обращёнными к недавнему прошлому, выступили такие разные писатели, как Б. Можаев (роман «Изгой»), В. Аксёнов («Московская сага»), Б. Окуджава (роман «Упразднённый театр»). Однако наиболее значительным в этом ряду — и по широчайшему охвату материала, и по сложности и глубине поднимаемых проблем, и по объёму самого текста, наконец, — стало «повествование в отмеренных сроках» А.И. Солженицына «Красное колесо», публикация эпопеи была завершена в 1993-ем году.

Более продуктивной и художественно состоятельной в конце 80-ых – начале 90-ых годов была литература, ориентированная не столько на идеологические, сколько на исследование социально-психологических и нравственных координат современной жизни. Такие писатели, как Л. Петрушевская, Т. Толстая, В. Маканин, далеки от злободневных политических страстей, их влечёт экзистенциальная глубина частной жизни современного человека.

Наиболее влиятельной в первой половине 90-ых годов в России оказалась концепция постмодернизма. Отечественная критика называет среди первых проявлений русского постмодернизма поэму В. Ерофеева «Москва — Петушки», лирику И. Бродского, роман А. Битова «Пушкинский дом», романы писателя третьей волны эмиграции Саши Соколова «Школа для дураков», «Между собакой и волком», «Палисандрия». Истоки постмодернистского мироощущения в России — конец 60-ых годов, время окончания периода «оттепели» в

既当作文学史实，又当作现代文学的活跃的现象，但以第二种接受为主导。人们把 A. 普拉东诺夫的《基坑》和《切文古尔镇》、M. 布尔加科夫的《狗心》、E. 扎米亚京的《我们》和其他一些"回归文学"作品首先是当作反对极权体制的有力见证来解读的。

80年代末90年代初，俄罗斯文学发展的另一个显著特征就是作家对历史题材产生了极大的兴趣。其中长篇小说有 A. 雷巴科夫的《阿尔巴特大街的儿女们》、В. 杜金采夫的《穿白衣的人们》。雷巴科夫的小说讲述的是20世纪30年代年轻人的生活，小说以引人入胜的通俗文学风格写就，在80年代后半期成为一部名副其实的畅销书。

描写当代事件的作品也相继问世，如 Б. 莫扎耶夫的长篇小说《被抛弃的人》、В. 阿克肖诺夫的《莫斯科触角》、Б. 奥库扎瓦的长篇小说《被关闭的剧院》。然而这方面最重要的作品，从取材的广泛、提出问题的复杂与深刻、作品的篇幅来看，当推 A. 索尔仁尼琴的"特选时段的故事"《红轮》，1993年这部史诗出齐。

80年代末90年代初，兴起了一股别具一格的文学思潮，其创作与其说是追求作品的思想性，不如说是旨在研究当代生活中种种社会心理和道德的取向。像 Л. 彼得鲁舍夫斯卡娅、Т. 托尔斯泰娅、В. 马卡宁这些作家，他们远离当前现实的政治斗争，吸引他们的是当代个人生活的存在主义的深刻内涵。

90年代上半期俄罗斯文学界有影响力的还有后现代主义思潮。俄罗斯评论界把 В. 叶罗费耶夫的长诗《莫斯科—彼图什基》、И. 布罗茨基的抒情诗、А. 比托夫的长篇小说《普希金之家》、第三次移民浪潮中的侨民作家萨莎·索科洛夫的长篇小说《傻瓜学校》《狗和狼之间》《红木》视为俄罗斯后现代主义的登场。俄罗斯后现代主义思潮源于60年代末——正值社会进程中"解冻"时期结束之际。

当代文学中最重要的成就是研究人生存的存在主义深刻内涵。作品的题材本身被作家认为是创作的次要因素，最主要的是主题材料能否相当严肃和深刻地展开关于人与世界相互关系的永恒话题。

在20世纪90年代，除俄罗斯国内的文学奖外，1992年开始颁发不列颠布克文学奖，用以奖励当代俄罗斯长篇小说的杰出成就。这一奖项引起很大反响。

每年对上一年度优秀长篇小说评奖提名的过程以及最终评定结果几乎都成为文学期刊的主要话题。获布克文学奖的俄罗斯作家有 М. 哈里托诺夫（1992）、В. 马卡宁（1993）、Б. 奥库扎瓦（1994）、Г. 弗拉基莫夫（1995）、А. 谢尔盖耶夫（1996）、А. 阿佐尔斯基（1997）、А. 莫罗佐夫（1998）、М. 布托夫（1999）、М. 希什金（2000）、Л. 乌丽茨卡娅（2001）、О. 巴甫洛夫（2002）、Р. Д. Г. 加里耶果（2003）、В. 阿克肖诺夫（2004）、Д. 古茨科（2005）、О. 斯拉夫尼科娃（2006）、А. 伊里切夫斯基（2007）、М. 叶里扎罗夫（2008）、Е. 契诺娃（2009）、Е. 科丽娅迪娜（2010）、А. 丘达科夫（2011）、А. 德米特里耶夫（2012）、А. 沃罗斯（2013）、В. 沙罗夫（2014）、А. 斯涅基廖夫（2015）、П. 阿列什科夫斯基（2016）、А. 尼古拉延科（2017）。

进入21世纪，俄罗斯文学继续随着时代潮流发展。其中主要的思潮为后现代主义、后现实主义、现代主义和新感伤主义。受欢迎的当代著名作家有：Ю. 波里亚科夫、М. 威列尔、Л. 乌丽茨卡娅、Д. 卢比娜、В. 索罗金、Т. 托尔斯泰娅、Л. 彼得鲁舍夫斯卡娅、В. 托卡列娃、В. 马卡宁等。

общественном развитии.

Наиболее значительные достижения современной литературы связаны с исследованием экзистенциальных глубин человеческого существования. Сама по себе тематика произведений осознаётся писателями как второстепенный аспект творчества. Главное — насколько серьёзно и глубоко тот или иной тематический материал позволяет повести разговор о вечных проблемах взаимоотношений человека и мира.

Помимо отечественных литературных премий, в 90-ые годы заметный резонанс получило присуждение британской литературной премии Букера, которой с 1992-ого поощряются и наиболее яркие достижения современного русского романа. Процесс выдвижения (номинации) на премию лучших романов прошедшего года и итоговое решение жюри является едва ли не главной темой литературной периодики. В числе отечественных лауреатов Букеровской премии — М. Харитонов (1992), В. Маканин (1993), Б. Окуджава (1994), Г. Владимов (1995), А. Сергеев (1996), А. Азольский (1997), А. Морозов (1998), М. Бутов (1999), М. Шишкин (2000), Л. Улицкая (2001), О. Павлов (2002), Р. Д. Г. Гальего (2003), В. Аксёнов (2004), Д. Гуцко (2005), О. Славникова (2006), А. Иличевский (2007), М. Елизаров (2008), Е. Чижова (2009), Е. Колядина (2010), А. Чудаков (2011), А. Дмитриев (2012), А. Волос (2013), В. Шаров (2014), А. Снегирёв (2015), П. Алешковский (2016), А. Николаенко (2017).

В 21-ом веке литература в России продолжает развиваться по законам, диктуемым временем. Основные её направления — постмодернизм, постреализм, модернизм и неосентиментализм. Из наиболее «читаемых», известных современных писателей можно назвать следующие имена: Ю. Поляков, М. Веллер, Л. Улицкая, Д. Рубина, В. Сорокин, Т. Толстая, Л. Петрушевская, В. Токарева, В. Маканин и др.

Новые слова

залп 齐射
затушёвывать 掩盖
мерзость 卑鄙行为
пядь 一寸
запечатлеть 刻画出，记录下来
порицать 指责
аспект 问题的某个方面

самопожертвование 自我牺牲精神
несовместимый 不相容的
кардинальный 基本的
фокус 焦点
плаха 断头台
периодика 定期出版物
инакомыслие 异端思想

опа́льный 凋落的
беллетри́зм 美文文学风格
бестсе́ллер 畅销书
изго́й 被抛弃的人
са́га 韵文故事
упраздни́ть 废除
продукти́вный 卓有成效的
ориенти́ровать 朝着……目标发展

злободне́вный 大众关心的
экзистенциа́льный 存在主义的
палисандри́я 巴里桑德尔（主人公名）之流
номина́ция 名称
ито́говый 总结性的
жюри́ 评委会

Вопросы и задания

1. В чём осо́бенность «переосмысле́ния» те́мы войны́ в тво́рчестве писа́телей 50-ых – 70-ых годо́в?
2. Перескажи́те одно́ из прочи́танных ва́ми произведе́ний э́того пери́ода.
3. Назови́те но́вые тенде́нции в разви́тии ру́сской литерату́ры эпо́хи «перестро́йки».
4. Познако́мьтесь с одни́м и́ли не́сколькими произведе́ниями совреме́нных росси́йских писа́телей. Как бы вы охарактеризова́ли их тво́рческий ме́тод? Какова́ основна́я тема́тика совреме́нных произведе́ний?

ИСКУССТВО
（艺术）

音乐

18世纪是俄罗斯大变革的时期。彼得一世的改革促成了俄罗斯上流社会世俗艺术的繁荣。彼得一世下令组建了管乐队，在检阅、节庆等隆重场合进行演奏。俄罗斯作曲家逐步掌握了西欧的音乐体裁。他们力求在西欧的音乐表现形式中融入自己的内容。

俄罗斯古典音乐的奠基人当推格林卡（主要作品有歌剧《伊凡·苏萨宁》和《鲁斯兰与柳德米拉》、交响乐《卡玛林斯卡亚》和《西班牙前奏曲》）。他将俄罗斯音乐提高到了世界水平。1836年11月27日，格林卡的歌剧《伊凡·苏萨宁》首演，这一天被认为是俄罗斯古典歌剧的诞生日。

达尔戈梅斯基是格林卡的同时代人，前者更年轻一些，也是格林卡的知己和继承者（代表作有歌剧《渔美人》《石客》《艾斯梅拉达》）。达尔戈梅斯基在音乐创作中善于表达普通人的内心感受和生动的语言音调。格林卡和达尔戈梅斯基的创作构成了俄罗斯古典音乐发展的第一阶段。

19世纪60年代是俄罗斯社会巨大变革时期，农奴制的废除和60年代的变革引起了俄罗斯国内解放运动的高涨，音乐生活明显民主化，出现了专门的音乐教育学校。

伟大的钢琴家、作曲家和指挥安·鲁宾斯坦（作品有歌剧《恶魔》《西伯利亚猎人》等）

Му́зыка

18-ый век был вре́менем больши́х преобразова́ний в Росси́и. Рефо́рмы Петра́ I спосо́бствовали расцве́ту све́тского, нецерко́вного иску́сства. По указа́нию Петра́ I бы́ли со́зданы духовы́е орке́стры, кото́рые игра́ли на торже́ственных пара́дах и пра́зднествах. Ру́сские компози́торы постепе́нно осво́или жа́нры, вы́работанные за́падно-европе́йским иску́сством. Они́ стреми́лись в европе́йские фо́рмы вложи́ть своё содержа́ние.

Основополо́жником ру́сской класси́ческой му́зыки по пра́ву счита́ется М.И. Гли́нка (Оперы «Ива́н Суса́нин» и «Русла́н и Людми́ла»; симфони́ческие сочине́ния «Кама́ринская», «Испа́нские увертю́ры»). Он по́днял ру́сскую му́зыку до у́ровня высо́ких достиже́ний мирово́го музыка́льного иску́сства. 27-о́е ноября́ 1836-о́го го́да — день постано́вки «Ива́на Суса́нина» — счита́ется днём рожде́ния ру́сской класси́ческой о́перы.

Мла́дшим совреме́нником Гли́нки, его́ дру́гом и после́дователем был А.С. Даргомы́жский (о́пера «Руса́лка», «Ка́менный гость», «Эсмера́льда»). Даргомы́жский суме́л переда́ть душе́вные пережива́ния просто́го челове́ка, интона́ции живо́й ре́чи. Тво́рчество Гли́нки и Даргомы́жского соста́вило пе́рвый эта́п в исто́рии ру́сской класси́ческой му́зыки.

60-ые го́ды — э́то бы́ло вре́мя огро́много обще́ственного подъёма в Росси́и. Отме́на крепостно́го пра́ва, рефо́рмы 1860-ых годо́в вы́звали рост освободи́тельного движе́ния в стране́. Музыка́льная жизнь Росси́и заме́тно демократизи́ровалась. Появля́ются специа́льные музыка́льные уче́бные заведе́ния.

Мно́го сил и эне́ргии де́лу музыка́льного образова́ния о́тдал А.Г. Рубинште́йн (о́перы «Де́мон», «Сиби́рские охо́тники» и др.) — вели́кий пиани́ст, компози́тор, дирижёр.

По его инициативе в 1859-ом году в Петербурге открылось Русское музыкальное общество (РМО) и музыкальные классы при нём, а в 1862-ом году — первая русская консерватория. В 1866-ом году открылась консерватория в Москве. Её основателем и директором стал брат А.Г. Рубинштейна — Н.Г. Рубинштейн.

В 60-ые годы за решительное обновление русской музыки выступают композиторы «Могучей кучки»: М.А. Балакирев, М.П. Мусоргский, Н.А. Римский-Корсаков, А.П. Бородин, Ц.А. Кюи. Они много внимания уделяли исторической опере, считая, что через события прошлого можно лучше понять и передать настоящее.

Художественный расцвет русской музыки в это время связан также с именем П.И. Чайковского (оперы «Евгений Онегин», «Чародейка», «Пиковая дама», «Иоланта»). Чайковский стал реформатором балета, он сделал музыку ведущим компонентом балетной драматургии (балеты «Лебединое озеро», «Спящая красавица», «Щелкунчик»). Его гениальный дар проявился прежде всего в отражении внутреннего мира человека.

В 80-ые – 90-ые годы, когда творчество многих крупнейших композиторов достигает высокой зрелости, появляются такие шедевры, как «Пиковая дама» и 6-ая симфония Чайковского, «Снегурочка», «Царская невеста» и «Шехеразада» Римского-Корсакова, выдвигается новое поколение композиторов. Его наиболее видные представители — А.К. Глазунов (балеты «Раймонда», «Времена года», «Барышня-служанка»; концерт для скрипки — поэма «Стенька Разин»), С.И. Танеев, А.К. Лядов, М.М. Ипполитов-Иванов и др. Общественный подъём начала 20-ого века нашёл опосредованное отражение в произведениях С.В. Рахманинова (оперы «Алеко», «Скупой рыцарь», «Франческа да Римини»). В начале 20-ого века на горизонте русского искусства вспыхнули ещё два ярчайших таланта — И.Ф. Стравинский и С.С. Прокофьев. В «Весне священной» Стравинского и «Скифской сюите» Прокофьева проявилась поступь нового века.

Уже в середине 20-ых годов заявили о себе молодые композиторы, воспитанные советскими консерваториями, в том числе Д.Д. Шостакович, В.Я. Шебалин и Д.Б. Кабалевский (опера «Кола Брюньон»).

В 30-ые годы советская музыка вступила в пору своего активного развития. По всему миру прозвучали прославленные творения С.С. Прокофьева (балет «Ромео и

为音乐改革事业倾注了大量的心血。在他的倡议下，1859年在彼得堡成立了第一个俄罗斯音乐协会及其附属音乐班，1862年成立了俄国第一所音乐学院。1866年莫斯科音乐学院成立，奠基人及院长是安·鲁宾斯坦的胞弟尼·鲁宾斯坦。

19世纪60年代，"强力集团"的作曲家巴拉基列夫、穆索尔斯基、里姆斯基—科萨科夫、鲍罗廷和居伊均主张俄罗斯音乐的革新。他们十分重视历史歌剧，认为借鉴以往可以更好地理解并再现现在。

这段时期俄罗斯音乐艺术的繁荣与柴可夫斯基（作品有歌剧《叶甫盖尼·奥涅金》《巫婆》《黑桃皇后》《约兰达》）的名字密不可分。柴可夫斯基是芭蕾舞的改革者，他使音乐成为芭蕾舞剧的主要元素（如芭蕾舞剧《天鹅湖》《睡美人》《胡桃夹子》）。他非凡的音乐才能首先表现在对人的内心世界的刻画上。

19世纪80至90年代，许多著名作曲家的创作均达到了炉火纯青的境界，音乐杰作相继涌现，如柴可夫斯基的《黑桃皇后》《第六交响曲》，里姆斯基—科萨科夫的《雪姑娘》《沙皇的新娘》《天方夜谭》等。同时涌现出一批新一代作曲家，其中最著名的代表人物是格拉祖诺夫（作品有芭蕾舞《雷蒙达》《四季》《小姐—丫环》，小提琴协奏曲《斯坚卡·拉辛》）、塔涅耶夫、里亚多夫、伊波利多夫—伊凡诺夫等。20世纪初社会巨大的变革在作曲家拉赫玛尼诺夫的作品（歌剧《阿列哥》《吝啬骑士》《里米尼的弗兰切斯卡》）中得到了间接的反映。20世纪初，俄罗斯艺术舞台上又出现了两颗闪耀的新星：斯特拉文斯基和普罗科菲耶夫。斯特拉文斯基的《春之祭》和普罗科菲耶夫的《西徐亚组曲》宣告了新世纪的到来。

早在20世纪20年代中期，一批苏联音乐学院培养的年轻作曲家就已脱颖而出，其中有肖斯塔科维奇、舍巴林和卡巴列夫斯基（代表作是歌剧《科拉斯·布勒尼翁》）。

30年代苏联音乐进入了蓬勃发展时期。普罗科菲耶夫的著名作品（如芭蕾舞剧《罗密欧与朱丽叶》）已享誉世界。

哈恰图良的创作才华在30年代达到了巅峰。他的钢琴协奏曲、小提琴协奏曲、交响乐和著名的芭蕾舞《加雅涅》《斯巴达克》，为莱蒙托夫的剧本《假面舞会》所作的曲子至今还吸引着听众。

30年代歌曲创作也进入繁荣时期。后来卫国战争时期出现的许多歌曲成为人民英勇精神的象征，如《神圣的战争》《鹰》《布良斯克森林哗哗响》《黑夜》等。这些歌曲极大地鼓舞了人民反法西斯的斗志，歌曲中可以听到人民的愤怒与作战的决心，这些歌曲在战斗的间隙温暖了战士们的心。

二战后的苏联音乐的主要题材是表现创造性劳动和为争取和平而斗争。50年代至70年代，音乐艺术中出现了明显的变化：生活景象和情节范围扩大，表现手段新颖，形式更趋完善。这段时期出现了一批天才作曲家，他们在歌剧、交响乐、歌曲、合唱音乐等不同风格中展示了自己。这些人是谢德林（作品有歌剧《死魂灵》、芭蕾舞剧《神驼马》《安娜·卡列尼娜》）、斯洛尼姆斯基、彼特罗夫、恰科夫斯基、施尼特凯等。

绘画

从彼得大帝时期到整个18世纪，俄罗斯绘画艺术的主要体裁是肖像画。尼基京和马特维耶夫两位肖像画画家的作品标志着心理肖像画的诞生。18世纪后半叶，罗科托夫和列维茨基两位风景画大师的肖像画表明，俄罗斯绘画艺术已趋成熟。而波罗维科夫斯基的绘画将18世纪的肖像画艺术推向顶峰。

19世纪，俄罗斯绘画艺术发生了重大变化。19世纪初俄罗斯新的绘画流派——浪漫主义取代了18世纪后半叶的古典主义。最早的浪漫主义代表画家是吉普林斯基。而维涅茨安诺夫则成为俄罗斯风俗画的奠

Джулье́тта»).

В 30-ые го́ды расцвёл оригина́льный тво́рческий дар А.И. Хачатуря́на. Его́ фортепиа́нный и скрипи́чный конце́рты, симфо́нии, изве́стные бале́ты «Гаянэ́», «Спарта́к», прекра́сная му́зыка к дра́ме М.Ю. Ле́рмонтова «Маскара́д» продолжа́ют увлека́ть слу́шателей и сего́дня.

В 30-ые го́ды наступи́л по́длинный расцве́т пе́сенного тво́рчества. В го́ды Вели́кой Оте́чественной войны́ появи́лись пе́сни, ста́вшие си́мволами наро́дного му́жества: «Свяще́нная война́», «Орлёнок», «Шуме́л суро́во бря́нский лес», «Тёмная ночь» и др. Они́ вдохновля́ли на борьбу́ с фаши́змом, в них слы́шались я́рость и гнев наро́да, его́ гото́вность к борьбе́, они́ согрева́ли солда́тские сердца́ в часы́ о́тдыха.

В послевое́нные го́ды гла́вными те́мами сове́тской му́зыки ста́ли те́мы созида́тельного труда́ и борьбы́ за мир. В 50-ые – 70-ые го́ды в музыка́льном иску́сстве происхо́дят суще́ственные измене́ния: расширя́ется круг жи́зненных о́бразов и сюже́тов, обновля́ются его́ вырази́тельные сре́дства, совершенствуется фо́рма. В э́ти го́ды вы́двинулась плея́да одарённых компози́торов, проявивших себя́ в ра́зных жа́нрах: о́пере, симфо́нии, пе́сне, хорово́й му́зыке. Это Р.К. Щедри́н (о́пера «Мёртвые ду́ши»; бале́ты «Конёк-Горбуно́к», «А́нна Каре́нина»), С.М. Слони́мский, А.П. Петро́в, Б.А. Чайко́вский, А.Г. Шни́тке и др.

Жи́вопись

Среди́ жа́нров жи́вописи, начина́я с петро́вского вре́мени и на протяже́нии всего́ 18-ого ве́ка, веду́щим стано́вится жанр портре́та. Тво́рчество двух ру́сских портрети́стов — И.Н. Ники́тина и А.М. Матве́ева — знамену́ет рожде́ние со́бственно психологи́ческого портре́та. Свиде́тельством зре́лости ру́сского иску́сства, дости́гнутой во второ́й полови́не 18-ого ве́ка, явля́ются рабо́ты двух крупне́йших мастеро́в живопи́сного портре́та — Ф.С. Ро́котова и Д.Г. Леви́цкого. Тво́рчество В.Л. Боровико́вского заверша́ет блестя́щий расцве́т портре́тного иску́сства 18-ого ве́ка.

С наступле́нием 19-ого ве́ка в ру́сском иску́сстве происхо́дят суще́ственные измене́ния. Нача́ло ве́ка ознамено́вано рожде́нием но́вого худо́жественного тече́ния — романти́зма, кото́рый постепе́нно сменя́ет классици́зм второ́й полови́ны 18-ого ве́ка. Пе́рвым представи́телем романти́зма в жи́вописи стал О.А. Кипре́нский. А.Г. Венециа́нов стано́вится родонача́льником русского бытового жанра. П.А. Федотов вносит в бытовые картины конфликт, развитое драматургическое действие.

Переосмысление традиционных форм академической школы порождает такие монументальные творения в исторической живописи, как «Последний день Помпеи» К.П. Брюллова и «Явление Христа народу» А.А. Иванова.

«Последний день Помпеи» К.П. Брюллова

«Явление Христа народу» А.А. Иванова

С началом 1860-ых годов, со времени отмены крепостного права, русское искусство получает острую критическую направленность. Об этом заявляло большинство произведений В.Г. Перова «Проводы покойника», «Тройка». А картины В.И. Сурикова противопоставляли застою современной жизни преобразовательную мощь переломных исторических эпох («Покорение Ермаком Сибири», «Боярыня Морозова», «Утро стрелецкой казни»). Передовое русское искусство с начала 1860-ых годов развивалось в русле критического, или демократического, реализма. Расцвет демократического реализма второй половины 19-ого века связан с деятельностью основанного

基人，另一位艺术家费多托夫的创作将矛盾冲突和戏剧场景写入了风俗画。

对传统学院派绘画表现形式的重新思考使得一批气势宏伟的画作产生，如布留洛夫的《庞贝城的末日》、伊凡诺夫的《基督现身人间》。

19世纪60年代废除农奴制之后，俄罗斯绘画艺术表现出强烈的批判内涵。彼罗夫的大部分作品都证明了这一点，如《送葬》《三套车》等。而苏里科夫的作品把停滞不前的现实生活与历史转折时期改革的巨大动力相对照（如《叶尔马克征服西伯利亚》《女贵族莫洛佐娃》《近卫军临刑的早晨》）。19世纪60年代初，俄罗斯的先进艺术开始沿着批判现实主义或民主现实主义的轨道发展。19世纪70年代巡回展览画派协会的诞生促成了19世纪下半叶民主现实主义绘画艺术的空前繁荣。巡回展览画派的精神领袖和组织者是克拉姆斯科伊（代表作有《托尔斯泰》《涅克拉索夫》）。19世纪最后10年，巡回展览画派的肖像画（代表画家有彼罗夫、克拉姆斯科伊、雅罗申科）和风景画（代表作有列维坦的《三月》《湖，罗斯》《墓地上空》，希什金的《黑麦》《松林之晨》，库因芝的《白桦林》《第涅伯河之夜》，波列诺夫的《莫斯科庭院》《芜草丛生的池塘》《祖母的花园》）获得了巨大的成功。

в 1870-ом году́ Товáрищества передвижны́х худо́жественных вы́ставок, изве́стного как «Передви́жники». Иде́йным вождём и организа́тором передви́жников был И.Н. Крамско́й («Л. Толсто́й», «Некра́сов»). В после́дние десятиле́тия 19-ого ве́ка в тво́рчестве передви́жников возраста́ет роль портре́та (В.Г. Перо́в, И.Н. Крамско́й, Н.А. Ярошéнко) и пейзáжа (И.И. Левита́н: «Март», «Óзеро, Русь», «Над вéчным поко́ем»; И.И. Ши́шкин: «Рожь», «Утро в сосно́вом лесу́»; А.И. Куи́нджи: «Берёзовая ро́ща», «Ночь на Днепре́»; В.Д. Поле́нов: «Моско́вский дво́рик», «Заро́сший пруд», «Бáбушкин сад»).

«Проводы покойника» В.Г. Перова

«Тройка» В.Г. Перова

«Боярыня Морозова» В.И. Сурикова

«Утро стрелецкой казни» В.И. Сурикова

«Над вечным покоем» И.И. Левитана

«Утро в сосновом лесу» И.И. Шишкина

«Берёзовая роща» А.И. Куинджи

«Московский дворик» В.Д. Поленова

19世纪80年代是转折的10年，这一时期，巡回展览画派通过列宾和苏里科夫的绘画将现实主义推向了顶峰。这个时期俄罗斯绘画艺术中的杰作有苏里科夫的作品《近卫军临刑的早晨》《女贵族莫洛佐娃》《叶尔马克征服西伯利亚》，列宾的《库尔斯克省的宗教行列》《伏尔加河上的纤夫》《伊凡雷帝杀子》《宣传者被捕》《不期而至》《拒绝忏悔》。与此同时，一批新一代的画家以新的画风崭露头角，如谢罗夫（《少女和桃子》《阳光下的少女》《玛丽亚·叶尔莫罗娃》）、弗鲁贝尔（《天鹅公主》《坐着的天魔》）。一些画家（如瓦斯涅佐夫、涅斯捷罗夫）对神话题材、寓意深刻的故事、民间传奇再度表现出兴趣。

80-ые го́ды 19-ого ве́ка бы́ли перехо́дным десятиле́тием, когда́ достига́ет свои́х верши́н передви́жнический реали́зм в тво́рчестве И.Е. Ре́пина и В.И. Су́рикова. В э́ти го́ды бы́ли со́зданы таки́е шеде́вры ру́сской жи́вописи, как «Утро стреле́цкой ка́зни», «Боя́рыня Моро́зова», «Поколе́ние Сиби́ри Ермако́м» В.И. Су́рикова; «Кре́стный ход в Ку́рской губе́рнии», «Бурлаки́ на Во́лге», «Ива́н Гро́зный и сын его́ Ива́н», «Аре́ст пропаганди́ста», «Не жда́ли», «Отка́з от и́споведи» И.Е. Ре́пина. Ря́дом с ни́ми уже́ выступа́ют худо́жники но́вого поколе́ния с ино́й тво́рческой програ́ммой: В.А. Серо́в («Де́вочка с пе́рсиками», «Де́вушка, освещённая со́лнцем», «Мари́я Ермо́лова»); М.А. Вру́бель («Царе́вна-Ле́бедь», «Де́мон сидя́щий»). Ожива́ет интере́с к ска́зочным, аллегори́ческим и мифологи́ческим сюже́там (В.М. Васнецо́в, М.В. Не́стеров).

«Бурлаки на Волге» И.Е. Репина

«Иван Грозный и сын его Иван» И.Е. Репина

«Не ждали» И.Е. Репина

«Девочка с персиками» В.А. Серова

«Царевна-Лебедь» М.А. Врубеля

«Демон сидящий» М.А. Врубеля

«Иван-Царевич на Сером Волке» В.М. Васнецова

«Видение отроку Варфоломею» М.В. Нестерова

Револю́ция 1917-ого го́да заста́ла иску́сство в сло́жной, противоречи́вой ситуа́ции. В стране́ существова́ли все ти́пы худо́жественной культу́ры — от почти́ примити́вных, первобы́тных, до стоя́вших на са́мом высо́ком у́ровне мирово́го разви́тия. Большу́ю роль в формирова́нии сове́тского иску́сства сыгра́л план монумента́льной пропага́нды (апре́ль 1918-ого го́да), предусма́тривавший пропага́нду коммунисти́ческих иде́й худо́жественными сре́дствами. Ма́ссовое агитацио́нное иску́сство революцио́нного хара́ктера прояви́лось в герои́чески призы́вных и сатири́ческих компози́циях, устана́вливавшихся в города́х во вре́мя пра́здников, в ро́списях агитацио́нных поездо́в и парохо́дов. Появи́лись рису́нки, эста́мпы, посвящённые революцио́нным собы́тиям, пра́здникам, гражда́нской войне́.

В худо́жественной культу́ре 1930-ых годо́в первостепе́нное значе́ние получи́ли кру́пные темати́ческие компози́ции, посвящённые герои́ческой исто́рии страны́, достиже́ниям пе́рвых пятиле́ток, сове́тскому укла́ду жи́зни. Больши́е темати́ческие вы́ставки (наприме́р, «Индустри́я социали́зма»), оформле́ние кру́пных анса́мблей (Всесою́зная сельскохозя́йственная вы́ставка в Москве́), павильо́нов СССР на всеми́рных вы́ставках в Пари́же и Нью-Йо́рке, монумента́льные компози́ции (скульпту́рная гру́ппа «Рабо́чий и колхо́зница») В.И. Му́хиной на Пари́жской Всеми́рной вы́ставке демонстри́ровали жизнеутвержда́юшую си́лу сове́тского иску́сства, его́ иде́йную целеустремлённость. В го́ды Вели́кой Оте́чественной войны́ худо́жники самоотве́рженно труди́лись на фро́нте и в тылу́, помога́я сре́дствами иску́сства мобилизова́ть наро́д на разгро́м врага́. В послевое́нные го́ды гла́вными те́мами иску́сства ста́ли истори́ческая побе́да сове́тского наро́да в войне́, его́ труд по восстановле́нию и разви́тию наро́дного хозя́йства.

Многогра́нно по тема́тике, жа́нрам, худо́жественным приёмам ста́ло иску́сство 1970-ых – нача́ла 1980-ых годо́в. Общей чертой для иску́сства э́того пери́ода ста́ла ре́зкая индивидуализа́ция о́бразов и худо́жественных приёмов. Вы́рос интере́с, с одно́й стороны́, к больши́м социа́льным пробле́мам, к истори́ческой перспекти́ве, с друго́й — к ми́ру инти́много дома́шнего бытия́.

十月革命后，艺术界形势扑朔迷离，错综复杂。不同美术流派，从几近原始的类似早期人类画作的绘画风格到当时世界美术最前沿的风格无所不有。1918年4月制定的以艺术手段宣传共产主义思想的宏伟计划，对苏维埃艺术事业的形成和发展起了重要作用。每逢节日期间，遍布城市及交通工具上的革命性宣传鼓动画、讽刺画成为大众宣传艺术的主要形式。各种革命事件、节日欢庆、国内战争成为众多绘画和版画作品的主题。

20世纪30年代，表现祖国英勇历史、歌颂第一个五年计划成就、描写苏维埃生活方式的大型主题画作是最重要的作品。此时举办了一系列专题展览（如社会主义重工业展），完成了一些大型建筑群（莫斯科的全苏农业展览馆），苏联展馆的美术设计在巴黎及纽约举办的世界展览会上进行展示，巴黎世界展览会上还展出了穆辛娜的雄伟组雕（《工人与集体农庄女社员》），这充分体现出苏维埃艺术的生命力和高度思想性。卫国战争期间，艺术家们在前线或后方忘我地以画笔动员人民打败敌人。战后，美术创作的主要题材是苏联人民在卫国战争中的胜利及战后恢复和发展国民经济的劳动。

20世纪70年代到80年代初艺术的主题、体裁和表现手法丰富多彩。这一时期美术创作的共同特征是：形象与艺术手法具有明显的个人特点。画家更关心表现社会重大问题、历史的未来走向及家庭日常生活中的隐秘世界。

Новые слова

увертю́ра 前奏曲
просла́вленный 著名的
фортепиа́нный 钢琴的
монумента́льный 气势宏伟的
боя́рыня 女贵族

стреле́цкий 近卫军的
передви́жник 巡回展览派画家
аллегори́ческий 寓意的
примити́вный 原始的
ро́спись 壁画，装饰图案

Вопросы и задания

1. Кто счита́ется основополо́жником ру́сской класси́ческой му́зыки? Каки́е произведе́ния он со́здал?
2. Расскажи́те о тво́рчестве П.И. Чайко́вского.
3. Подгото́вьте сообще́ние об одно́м из росси́йских компози́торов сове́тского пери́ода.
4. Назови́те выдаю́щихся ру́сских портрети́стов 18-ого – нача́ла 19-ого ве́ка.
5. Что вы зна́ете о передви́жниках? Кто входи́л в их число́? Почему́ они́ так называ́ли себя́?
6. Каки́е изве́стные произведе́ния передви́жников вы зна́ете?
7. Назови́те поло́тна В.И. Су́рикова. Каки́м собы́тиям росси́йской исто́рии они́ посвящены́?
8. Каки́м бы́ло изобрази́тельное иску́сство в СССР в 30-ые го́ды?

雕塑

俄罗斯民间石塑和木雕历史悠久。斯拉夫人的石头圣像是古俄罗斯雕塑的典范。丰富的空间感、人类的激情、尘世之美在很多雕塑艺术形式中都得到体现。最生动的例子是苏兹达尔圣诞教堂著名的用熟金勾画的铜门（西门和南门）。

14世纪，木雕手艺在俄罗斯的城市和乡村都成为一种职业。18世纪是俄罗斯文化发展的重要阶段。城市及郊区的沙皇官邸和达官显贵的宫殿开始用架上制作的圆形雕塑、装饰性雕塑和半身雕塑来装饰。

18世纪前半叶，俄罗斯雕塑艺术中的重要人物是拉斯特雷利。他对大型装饰性雕塑艺术做出了巨大贡献，其作品包括彼得宫瀑布群（组合喷泉）的雕饰。

Скульпту́ра

Ко́рни ру́сской наро́дной скульпту́ры и резьбы́ по де́реву ухо́дят в глубину́ веко́в. Образца́ми древнеру́сской скульпту́ры явля́ются ка́менные славя́нские и́долы. Объёмно-простра́нственная систе́ма скульпту́ры и её па́фос челове́ческого нача́ла, красоты́ земно́го нахо́дят воплоще́ние во всех ви́дах иску́сства. Я́рким приме́ром э́того слу́жат знамени́тые ме́дные врата́ (За́падные и Ю́жные) Рождественского собо́ра в Су́здале, распи́санные «жжёным зла́том».

В 14-ом ве́ке мастерство́ резьбы́ по де́реву стано́вится профессиона́льным и в го́роде, и в дере́вне. 18-ый век — ва́жная ве́ха в разви́тии ру́сской культу́ры. Городски́е и заго́родные ца́рские резиде́нции, дворцы́ зна́ти ста́ли украша́ться кру́глой станко́вой скульпту́рой, декорати́вной пла́стикой и портре́тными бю́стами.

Заме́тной фигу́рой в скульпту́ре пе́рвых десятиле́тий 18-ого ве́ка в Росси́и был Бартоломе́о-Ка́рло Растре́лли. Он внёс значи́тельный вклад во мно́гие декорати́вно-монумента́льные скульпту́рные рабо́ты, в том числе́ в украше́ние Большо́го каска́да (систе́ма фонта́нов) в Петерго́фе.

Вторая половина 18-ого века — период высокого подъёма скульптуры. Развиваются все её основные виды: рельеф, статуя, портретный бюст. Знаменитый скульптор Ф.И. Шубин был мастером именно бюста. Им был выполнен большой оригинальный цикл исторических портретов. Это пятьдесят восемь овальных мраморных рельефов, позднее переданных в Оружейную палату Московского Кремля. В 90-ые годы 18-ого века расцвёл талант классициста М.И. Козловского, автора знаменитого «Самсона» в Петергофе. Другие знаменитые скульпторы этого периода: Ф.Ф. Щедрин (архитектурный ансамбль Адмиралтейства в Петербурге и Большого каскада в Петергофе); И.П. Мартос (памятник Минину и Пожарскому, расположен в Москве, на Красной площади).

Младшим из плеяды выдающихся русских скульпторов 18-ого века был И.П. Прокофьев. Ему принадлежит статуя «Актеон, преследуемый собаками», «Пастушок Акид», аллегорическая фигура «Волхов».

18 世纪下半叶，俄罗斯雕塑艺术发展达到了一个高峰。浮雕、塑像及半身肖像等各种主要雕塑形式均得到发展。著名的雕塑家舒宾是一名半身雕像大师。他完成了一系列举世无双的历史人物塑像。他的 58 座椭圆形大理石浮雕作品后被移交到莫斯科克里姆林宫兵器馆。18 世纪 90 年代，古典主义雕塑家科兹罗夫斯基的才华得到充分展现，他的作品有彼得宫著名的喷泉《参孙①》。这一时期的著名雕塑家还有：谢德林（彼得堡海军部大厦艺术建筑群和彼得宫瀑布群的设计者）、马尔托斯（莫斯科红场上的米宁和巴扎尔斯基纪念像的设计者）。

18 世纪俄罗斯雕塑家中杰出的后起之秀是普罗科菲耶夫，他创作有铜像《猎犬追捕下的阿克泰翁②》《牧羊人阿基德》、别具寓意的沃尔霍夫河的拟人化雕像。

«Самсон» М.И. Козловского

«Актеон, преследуемый собаками» И.П. Прокофьева

Вершиной творчества В.И. Демут-Малиновского и С.С. Пименова стала созданная ими скульптура арки Главного штаба. С наибольшей силой и художественной выразительностью эта тема раскрывается в венчающей

雕塑家捷穆特-马林诺夫斯基和皮梅诺夫的巅峰之作是彼得堡总参谋部拱门的雕塑。位于拱门顶端的《胜利女神战车》组雕具有强大的艺术表现

---

① 参孙（shēn sūn）是《圣经·士师记》中的一位犹太人士师，生于公元前 11 世纪的以色列，为玛挪亚的儿子。他凭借神力徒手击杀雄狮并只身与以色列的外敌非利士人争战周旋。此喷泉表现参孙掰开雄狮（瑞典人崇拜之动物）的嘴，象征着彼得大帝征服北方瑞典的雄心壮志。

② 希腊神话中的猎人。他因偶然看到女神阿尔忒弥斯（即罗马神话中的狄安娜）沐浴，被其盛怒之下变成一头小鹿。这头小鹿后被他所饲养的猎犬撕成碎片。

力。奥尔罗夫斯基（作品有圣彼得堡喀山大教堂前的库图佐夫元帅纪念像及巴克莱·德·托利元帅纪念像）和克洛特（主要作品有夏园中的寓言家克雷洛夫纪念像）也是19世纪上半叶杰出的雕塑大师。

а́рку скульпту́рной гру́ппе «Побе́да». К числу́ видне́йших мастеро́в ру́сской скульпту́ры пе́рвой полови́ны 19-ого ве́ка принадлежа́т и Б.И. Орло́вский (па́мятник фельдма́ршалам Куту́зову и Баркла́ю де То́лли пе́ред Каза́нским собо́ром в Петербу́рге) и П.К. Клодт (па́мятник баснопи́сцу И.И. Крыло́ву в Ле́тнем саду́).

«Победа», В.И. Демут-Малиновский и С.С. Пименов

Памятник Кутузову, Б.И. Орловский

Памятник Барклаю, Б.И. Орловский

Памятник Крылову в Летнем саду, П.К. Клодт

Самыми выдающимися скульпторами второй половины 19-ого века были скульптор-реалист М.М. Антокольский (Статуя «Иван Грозный», памятник Петру I, статуя «Христос перед судом народа») и проектировщик М.О. Микешин (проект памятника «Тысячелетие России»), А.М. Опекушин (памятник А.С. Пушкину в Москве).

«Христос перед судом народа», М.М. Антокольский

Памятник Пушкину, А.М. Опекушин

С.Т. Конёнков, А.С. Голубкина и Н.А. Андреев стали ведущими представителями русской скульптуры начала 20-ого века. Основной тенденцией развития скульптуры 30-ых годов 20-ого века стало тяготение к монументальности. Эта тенденция выразилась в творчестве таких скульпторов, как В.И. Мухина, И.Д. Шадр, М.Г. Манизер и Н.В. Томский. Много работал в области военного героического портрета скульптор Е.В. Вучетич (мемориал «Советскому воину-освободителю»).

Архитектура

На развитие древнерусской архитектуры оказало влияние византийское искусство, которое было самобытно интерпретировано древнерусскими архитекторами. В 17-ом – 19-ом веках сложились местные школы архитектуры в Новгороде, Пскове, Владимире и других. С 14-ого века ведущее место среди них заняла московская школа, и постепенно сформировался единый стиль древнерусской архитектуры. Её отличали ясное выявление конструкции

19 世纪下半叶最杰出的雕塑大师有现实主义雕塑家安托科里斯基（作品有雕塑《伊凡雷帝》、彼得一世纪念像、雕塑《面对蒙昧民众审判之耶稣》）、设计大师米可申（雕塑《千年俄罗斯》的设计者）、奥佩库申（莫斯科的普希金纪念像设计者）。

科尼奥科夫、戈鲁普金娜、安德列耶夫是 20 世纪初俄罗斯雕塑艺术的主要代表。20 世纪 30 年代，雕塑艺术发展的趋势是追求宏伟的气势。这种趋势表现在穆辛娜、沙德尔、马尼泽尔、托姆斯基这几位雕塑家的作品中。雕塑家乌切吉奇在塑造军人英雄形象方面贡献颇大（主要作品有纪念像《献给苏维埃军人—解放者》）。

建筑

对古俄罗斯建筑艺术的发展产生影响的是拜占庭艺术，古俄罗斯的建筑大师们以独特的方式对拜占庭艺术做了诠释。17 至 19 世纪时，诺夫哥罗德、普斯科夫、弗拉基米尔及其他城市的地方建筑艺术学派均已形成。从 14 世纪起，莫斯科学派占据了主导地位，并逐步形成了古俄罗斯建筑艺术的统一风格。它的特点是建筑结构鲜明、宏伟匀称，有卓绝的比例关系和严格的空间搭配。十字圆顶教堂建筑十分流行，16世纪还出现了别具一格的塔顶教堂。在古俄罗斯教堂的内部，四壁装饰着豪华的壁画、水彩壁画、圣像画和实用装饰艺术品。古俄罗斯建筑中最优秀的作品有基辅索菲亚教堂(1037)、诺夫哥罗德索菲亚教堂(1050)、距弗拉基米尔不远位于涅尔利河畔的圣母守护大教堂(1165)、莫斯科克里姆林宫建筑群(14—17世纪)、莫斯科红场上的圣瓦西里大教堂（1560）及其他建筑群。与石砌建筑并存的还有俄罗斯的木结构建筑。这种建筑的典范是基日岛上的博物馆保护区和其他露天博物馆。基日建筑的特点是所有建筑物均为木制，没有使用一颗钉子。据传说，一位工匠建完基日的主教堂之后，把斧子扔到了教堂边的湖里。他认为，他再不可能盖出如此美丽的建筑物。

зданий, велича́вые пропо́рции, стро́гая уравнове́шенность простра́нства. Широ́кое распростране́ние получи́ли кресто́во-ку́польные хра́мы, в 16-ом ве́ке появи́лся своеобра́зный тип шатро́вых хра́мов-ба́шен. Внутри́ древнеру́сские хра́мы бы́ли бога́то укра́шены стенно́й ро́списью, фре́сками, произведе́ниями и́конописи, декорати́вно-прикладно́го иску́сства. Лу́чшие творе́ния древнеру́сских зо́дчих — Софи́йский собо́р в Ки́еве (зало́жен в 1037-о́м году́) и Софи́йский собо́р в Но́вгороде (1050), це́рковь Покрова́ на Нерли́ (1165) близ Влади́мира, анса́мбль Моско́вского Кремля́ (14-ый – 17-ый века́), храм Васи́лия Блаже́нного (1560) на Кра́сной пло́щади в Москве́ и други́е зда́ния и анса́мбли. Наряду́ с ка́менным высо́кого соверше́нства дости́гло деревя́нное ру́сское зо́дчество, образцы́ кото́рого предста́влены в музе́е-запове́днике в Ки́жах и в други́х музе́ях под откры́тым не́бом. Уника́льность архитекту́рного анса́мбля Ки́жи заключа́ется в том, что все его́ зда́ния — деревя́нные, и постро́ены без еди́ного гвоздя́. По леге́нде, ма́стер, постро́ивший гла́вную це́рковь в Ки́жах, бро́сил топо́р в о́зеро, на берегу́ кото́рого она́ стои́т. Он счита́л, что не смо́жет постро́ить ничего́ бо́лее прекра́сного.

Софийский собор в Новгороде

Церковь Покрова на Нерли

В 18-ом ве́ке устана́вливаются широ́кие культу́рные свя́зи Росси́и с западноевропе́йскими госуда́рствами. Архитекту́ра и изобрази́тельное иску́сство приобрета́ют всё бо́лее све́тский хара́ктер, ведётся большо́е гражда́нское строи́тельство. Возника́ют но́вые ти́пы зда́ний. Большо́е значе́ние для разви́тия оте́чественной архитекту́ры и градострои́тельства, в ча́стности, име́ла застро́йка но́вой столи́цы Росси́и — Петербу́рга, в кото́ром была́ уме́ло применена́ регуля́рная плани́ровка и сочета́ние архитекту́рных форм с осо́бенностями ландша́фта. В при́городах Петербу́рга — Ораниенба́уме (ны́не го́род Ломоно́сов), Петерго́фе (ны́не го́род Петродворе́ц), Ца́рском Селе́ (ны́не го́род Пу́шкин), Па́вловске и други́х места́х в 18-ом ве́ке начало́сь сооруже́ние дворцо́во-па́рковых анса́мблей, ста́вших впосле́дствии выдаю́щимися архитекту́рными па́мятниками.

С середи́ны 18-ого ве́ка получа́ет распростране́ние архитекту́рный стиль баро́кко, крупне́йшим представи́телем кото́рого в Росси́и был В.В. Растре́лли (а́втор архитекту́рного анса́мбля Зи́мнего дворца́). Баро́кко приобрело́ на ру́сской по́чве своеобра́зные черты́. Это в пе́рвую о́чередь сочета́ние бога́того пласти́ческого и цветово́го убра́нства фаса́дов зда́ний с я́сностью пла́нов и объёмной компози́цией.

В после́дней тре́ти 18-ого ве́ка баро́кко уступи́ло ме́сто классици́зму (гла́вные представи́тели: А. Ворони́хин, А. Заха́ров). В конце́ 18-ого – пе́рвой тре́ти 19-ого ве́ка бы́ли постро́ены дом Пашко́ва (ны́не ста́рое зда́ние Росси́йской госуда́рственной библиоте́ки в Москве́), зда́ние Сена́та в Моско́вском Кремле́, Каза́нский собо́р, зда́ние Адмиралте́йства, Миха́йловский дворе́ц (ны́не Ру́сский музе́й) в Петербу́рге, со́зданы городски́е анса́мбли в Москве́, Петербу́рге, Яросла́вле, Костроме́, Полта́ве и други́х города́х, загоро́дные уса́дьбы и дворцо́во-па́рковые анса́мбли. Сооруже́ния э́того вре́мени отлича́ются широ́ким разма́хом простра́нственных компози́ций и торже́ственной пара́дностью, чёткостью и геометри́змом архитекту́рных форм, сде́ржанным декорати́вным оформле́нием. В 30 – 50-ые го́ды 19-ого ве́ка классици́зм прихо́дит в упа́док. Во второ́й полови́не 19-ого ве́ка в архитекту́ре госпо́дствует эклекти́зм, при кото́ром в архитекту́рных прое́ктах соединя́ются черты́ разли́чных сти́лей (го́тики, баро́кко, классици́зма).

В конце́ 19-ого – нача́ле 20-ого ве́ка в Росси́и прояви́л себя́ стиль «моде́рн». Его́ представи́тели стреми́лись к

18世纪，俄罗斯与西欧各国建立了广泛的文化联系。建筑和造型艺术开始越来越具备上流社会的特征，同时大规模的民用建设方兴未艾。出现了许多新型的建筑物。在俄罗斯新首都彼得堡的建设中，人们巧妙地使用对称性布局，并将建筑形式与特殊的地貌结合在一起，这对俄罗斯建筑艺术和城市建设的发展起了重要的作用。在彼得堡市郊奥拉宁堡（今罗蒙诺索夫城）、彼得宫（今彼得宫城）、皇村（今普希金城）、巴甫洛夫斯克以及其他一些地方，18世纪开始修建的宫廷园林建筑群后来成为优秀建筑艺术的标志性文物。

18世纪中叶，俄罗斯开始流行巴洛克式建筑艺术风格，典型的代表人物是拉斯特雷利（冬宫建筑群的设计者）。巴洛克式风格在俄罗斯土壤上拥有了独有的特点。其特点是建筑物正面多姿多彩的装饰，清晰的平面、立体的构图融合在一起。

18世纪后30年，巴洛克风格让位于古典主义风格（主要代表人物：沃罗尼欣、扎哈罗夫）。18世纪末至19世纪前30年，在莫斯科建造的帕什柯夫住宅（今俄罗斯国家图书馆老楼）、莫斯科克里姆林宫参政院大楼，莫斯科、彼得堡的喀山教堂、海军部大厦、米哈伊尔宫（今俄罗斯博物馆），彼得堡、雅罗斯拉夫尔、科斯特罗马、波尔塔瓦及其他城市修建的市内建筑群、市郊庄园和宫廷园林建筑群都属于古典派风格。这一时期建筑的特点是空间结构宽敞、庄严隆重，建筑形式清晰，带有几何图形元素，外观装饰严谨。19世纪30至50年代，古典主义渐趋衰落。19世纪下半叶，折中主义占据统治地位，它的建筑设计往往把不同风格（哥特式、巴洛克式、古典主义）综合在一起。

19世纪末至20世纪初，俄罗斯出现了现代派风格。现代派艺术家们致力于结构因素和艺术因素的统一。他们广泛使用金属部件和新的装饰材料，利用非对称形式并借鉴哥特式传统。

единству конструктивных и художественных начал, широко применяли металлические детали, новые отделочные материалы, использовали асимметрию, обращались к традициям готики.

Новые слова

пластика 雕塑
баснописец 寓言作家
проектировщик 设计师，设计者
тяготение 追求
самобытно 独特地
пропорция 比例
уравновешенность 稳重

шатровый 圆锥形的
фреска（水彩）壁画
планировка 布局
убранство 装饰
размах 规模，气势
эклектизм 折中主义
готика 哥特式

Вопросы и задания

1. Расскажите о развитии русской скульптуры в 18-ом веке.
2. Кто автор данного памятника? Найдите самостоятельно информацию об этом памятнике, сделайте сообщение о нём.

Памятник «Тысячелетие России»

3. Каковы особенности древнерусской архитектуры?

4. Перед вами фотография архитектурного ансамбля Кижи. В чём его уникальность? Какая легенда связана с данным ансамблем?

5. Что это?

Слова для справок: купол, колокольня, часовня, храм, шпиль, архитектурный ансамбль, роспись.

民间工艺

现代的俄罗斯工艺品制作多种多样,有刺绣、花边编织、陶器、漆器艺术制品、织毯、雕刻、壁画、铸造品、印花、木制品、石制品、骨制品、金属制品和皮革制品等。其中最古老的民间工艺是木制艺术品。人们用雕刻和绘画来装饰房屋、餐具、纺车、扁担、雪橇和家具。

几个世纪以来,民间工艺品制作手法日臻完善,工艺秘笈代代相传。一些地区以一种或几种工艺品而闻名。如俄罗斯北方城市托尔若克的妇女自古以来就从事金线缝制,而沃罗格达的妇女则从事花边编织;帕列赫村、姆斯焦尔村、霍鲁伊村先以圣像绘画而闻名,后以微型画和漆制品而闻名;霍赫洛姆村及其近郊出产各种木绘;俄罗斯北方之城大乌斯鸠克、罗斯托夫出产首饰制品——生产氧化银和珐琅制品。

沃洛格达花边是一种在特制的小木轴上编织制作的俄罗斯花边①,流行于沃洛格达州。该工艺产生于19世纪初。

格热利陶瓷器为格热利市(莫斯科州拉门斯克地区)一带的陶瓷企业制品。这是一种在白底上绘有鲜艳的蓝色图案的瓷器。18世纪下半叶,黑色(普通的)和釉面(上釉的)陶制品开始为白底彩绘釉面陶瓷所代替。19世纪这里开始生产瓷器、彩瓷和半彩瓷。

德姆科沃玩具(又称维亚特卡或基洛夫玩具)是一种俄罗斯民间工艺制品。这种工艺自古以来就存在于维亚特卡市(今基洛夫市)附近的德姆科沃镇。德姆科沃玩具由黏土塑造、烧制,在白底色上涂有鲜艳的胶画颜料,配有箔金装饰②。它是快乐和活力的象征。

若斯托沃彩绘是一种俄罗斯民间艺术制品,该工艺19世

Народные промыслы

Отрасли современных художественных промыслов России разнообразны. Среди них — вышивка, плетение кружев, керамика, художественные лаки, ковроделие, резьба, роспись, литьё, чеканка, обработка дерева, камня, кости, металла, кожи и др. К старейшим видам русских народных промыслов относится изготовление художественно обработанных предметов из дерева. Резьбой и росписью украшались жилища, посуда, прялки, коромысла, дуги и сани, мебель.

Веками совершенствовались приёмы обработки изделий, передавались из поколения в поколение секреты мастерства. Определённые местности славились своим промыслом, иногда несколькими. Так, в северном русском городе Торжке женщины издавна занимались золотым шитьём, а в Вологде — плетением кружев; сёла Палех, Мстёра, Холуй были славны своими мастерами иконописи, а затем миниатюрной живописью и лаковыми изделиями; село Хохлома и его окрестности — разными видами росписи по дереву; в северных русских городах Великий Устюг, Ростов развивалось ювелирное искусство — производство чернёного серебра и русской эмали-финифти.

Вологодское кружево — вид русского кружева, плетённого на коклюшках (специальных палочках); распространён в Вологодской области. Промысел существует с первой четверти 19-ого века.

Гжельская керамика — изделия керамических предприятий в районе г. Гжель (Раменский район Московской области). Это изделия с сочной синей росписью по белому фону. Во второй половине 18-ого века «чёрные» (простые) и «муравленые» (поливные) гончарные изделия сменяются майоликой с многоцветной росписью по белой поливе. С 19-ого века производятся фарфор, фаянс и полуфаянс.

Дымковская игрушка (вятская, кировская игрушка) — русский народный художественный промысел; издавна существует в слободе Дымково (ныне на территории г. Вятка). Дымковскую игрушку лепят из глины, обжигают и по грунту ярко раскрашивают темперой, украшают сусальным золотом. Дымковская игрушка — символ радости, жизненной силы.

Жостовская роспись — русский народный художественный промысел; возник в начале 19-ого

---

① 以此工艺可制作餐巾、床罩、窗帘、台布、头巾以及长条形供剪卖的花边。花纹图案主要为花草、禽鸟、雪花等。
② 一般造型为动物、骑士、穿花裙的女士、童话及日常生活中的人物。

ве́ка в дере́вне Жо́стово (ны́не Мыти́щинский райо́н Моско́вской о́бласти). Декорати́вная жи́вопись ма́слом на металли́ческих подно́сах, покрыва́емых зате́м ла́ком: буке́ты, фру́кты, испо́лненные я́ркими кра́сками на чёрном и́ли цветно́м фо́не.

Касли́нское литьё — худо́жественные изде́лия (скульпту́ра, решётки, архитекту́рные элеме́нты и т.д.) из чугуна́ и бро́нзы, производя́щиеся на чугуноли́тейном заво́де в го́роде Касли́. Тради́ции Касли́нского литья́ (графи́ческая чёткость силуэ́та, сочета́ние тща́тельно отде́ланных дета́лей) сложи́лись в 19-ом ве́ке.

Матрёшка — ру́сская игру́шка, деревя́нная я́рко раскра́шенная ку́кла полуова́льной фо́рмы, по́лая внутри́, в кото́рую вкла́дываются таки́е же ку́клы ме́ньшего разме́ра. Матрёшка появи́лась в конце́ 19-ого ве́ка. Назва́ние произошло́ от уменьши́тельно-ласка́тельной фо́рмы ру́сского и́мени Матрёна, кото́рое бы́ло широко́ распространено́ в про́шлом в крестья́нской среде́. Ка́ждая матрёшка представля́ет собо́й изображе́ние де́вочки и́ли же́нщины в ру́сской национа́льной оде́жде: в сарафа́не, с платко́м на голове́. В рука́х она́ де́ржит корзи́нку и́ли буке́т цвето́в.

Мстёрская миниатю́ра — вид ру́сской наро́дной миниатю́рной жи́вописи те́мперой на ла́ковых изде́лиях из папье́-маше́ (коро́бки, шкату́лки и др.). Возни́кла в 1923-ем году́ в посёлке Мстёра (Влади́мирская о́бласть) на осно́ве иконопи́сного про́мысла. Для мстёрской миниатю́ры характе́рны теплота́ и живопи́сная мя́гкость колори́та, небольши́е фигу́рки, пейза́жный фон.

Оренбу́ргский пухо́вый плато́к — вя́заный плато́к из ко́зьего пу́ха и осно́вы (х/б, шёлка и́ли др.). Пуховяза́льный про́мысел появи́лся в Оренбу́ргском кра́е в 18-ом ве́ке. Паути́нка и палантин — э́то о́чень то́нкие, как паути́на, платки́. Они́ име́ют, как пра́вило, сло́жный узо́р и испо́льзуются как украше́ние. Ка́чество изде́лия неред́ко определя́ют так: пропуска́ют изде́лие че́рез кольцо́. Если оно́ прохо́дит че́рез кольцо́, то э́то настоя́щий оренбу́ргский плато́к.

纪初出现于若斯托沃村（今莫斯科州梅季新斯克地区），它是一种绘在金属托盘上的装饰油画，画面上再涂清漆，图案多为花束、水果，以黑色或彩色为背景，绘上鲜艳的油彩画。

卡斯里铸造品是卡斯里市生铁铸造厂生产的一种生铁和青铜工艺品（包括雕塑、栅栏、建筑元素等）。卡斯里铸造品的风格（线条轮廓清晰，细节精心点缀）形成于19世纪。

玛特廖什卡套娃[①]是一种俄罗斯玩具，为色彩鲜艳的圆柱形木制空心娃娃，由木娃娃一个套一个组成。玛特廖什卡套娃出现于19世纪末。名称来源于从前农村常见的女性名字"玛特廖娜"的爱称。每一个娃娃都是小姑娘或妇女的造型，她们身穿俄罗斯民族服装萨拉凡，头戴方巾，手中提着花篮或拿着花束。

姆斯乔尔微型工艺品是一种粘在硬纸板涂漆制品上的、用胶画颜料绘成的微型画工艺品（如小匣、首饰盒等）。1923年出现于姆斯乔尔镇（弗拉基米尔州），在圣像绘画业基础上发展而成。此工艺品的特点是色调温暖柔和，小巧玲珑，绘有各种风景画。

奥伦堡绒毛头巾是一种以棉、丝或其他材料为主料，配以山羊绒织成的头巾。这种毛纺工艺于18世纪出现于奥伦堡州。网状的头巾和披肩如蛛网般轻薄，通常织有复杂的图案，主要用于装饰。人们常用它是否能够穿过戒指来判断其质量。如果能穿过戒指，则为真正的奥伦堡绒毛头巾。

[①] "玛特廖什卡"这一名字含有拉丁词根 mater，意为母亲，象征着人类的繁衍。除了童话人物外，历史人物、权贵政要甚至日常生活中的人和事都能成为其描绘的对象。套娃的制作工艺十分考究，单单木材的准备就颇费时日。莱姆树、桦树是制作套娃的理想木材，一般在初春时节把富含汁液的树砍倒，剥去树皮，只剩少数几环树皮以防止木材开裂，然后暴露于空气中通风。做中等尺寸的套娃，要晾两年；如果要做一个15件的套娃，则每个娃娃的内壁要做得很薄，对木材的要求也就更高，一般要晾五六年。每个娃娃要经过植空、烫花、镶金等15道工序才能制成。

帕列赫微型工艺画是一种在涂漆的硬纸板制品（如小匣、首饰盒、烟盒）上用胶画颜料绘制出的微型画。它1923年产生于帕列赫镇，是在圣像画工艺基础上发展起来的。帕列赫微型工艺画的特点是人物形象特意拉长，尤显逸态横生，作画细腻，金漆厚重。

金银丝蟠花饰品是一种透花的或焊制在金属质地上的精细的金线、银线或铜线制品，线有平滑的也有搓捻的，装饰有银色或金色的小球和珐琅。罗斯最早出现这种制品是在9到10世纪。15到16世纪是莫斯科金银丝蟠花饰品制作的繁荣时期。18到19世纪工艺品的工业生产初具规模，各种工艺和材料开始使用。

费多斯基诺微型工艺画是一种在涂漆的硬纸板制品上用胶画颜料绘成的带有俄罗斯风格图案的微型画。这种绘画工业1798年起如费多斯基诺村（莫斯科州），将故事情节、肖像、风景、静物写生等在黑色背景或在亮丽的材料上涂上3至4层油漆制作而成。

罗斯托夫珐琅制品是一种特殊的装饰艺术，它将珐琅与金属混制而成，这一艺术工艺产生于18世纪的罗斯托夫（雅罗斯拉夫尔州）。它是在覆盖着珐琅的铜制品上，用透明的耐火颜料绘制成的微型画。

霍尔莫戈雷骨雕工艺很久以来就流传于霍尔莫戈雷村及附近一带村落（阿尔汉格尔斯克州）。该工艺的繁荣时期是18世纪至19世纪上半叶。

霍赫洛姆彩画产生于17世纪，名称来源于霍赫洛姆村（下哥罗德州）。这是一种木制品（出现于餐具、家具），绘有丰富的装饰性图案，在黑色或金黄色背景下绘有深金色的图案。图案的基调是花草野果。

Па́лехская миниатю́ра — вид наро́дной ру́сской миниатю́рной жи́вописи те́мперой на ла́ковых изде́лиях из папье́-маше́ (коро́бки, шкату́лки, портсига́ры). Возни́кла в 1923-ем году́ в посёлке Па́лех на осно́ве иконопи́сного про́мысла. Для па́лехских миниатю́р характе́рны то́нкий пла́вный рису́нок, оби́лие зо́лота, изя́щество удлинённых фигу́р.

Скань — ажу́рный и́ли напа́янный на металли́ческий фон узо́р из то́нкой золото́й, сере́бряной и́ли ме́дной про́волоки, гла́дкой и́ли вито́й, допо́лненный зе́рнью (ма́ленькие сере́бряными и́ли золоты́ми ша́риками) и эма́лью. Пе́рвые изде́лия на Руси́ появи́лись в 9-ом – 10-ом века́х. 15-ый – 16-ый века́ — вре́мя расцве́та моско́вской ска́ни. В 18-ом – 19-ом века́х бы́ло нала́жено промы́шленное произво́дство, ста́ли испо́льзоваться разнообра́зные техноло́гии и материа́лы.

Федо́скинская миниатю́ра — ру́сская миниатю́рная жи́вопись ма́слом на ла́ковых изде́лиях из папье́-маше́. Худо́жественный про́мысел в селе́ Федо́скино (Моско́вская обл.) существу́ет с 1798-о́го го́да. Сюже́тные компози́ции, портре́ты, пейза́жи, натюрмо́рты и т.д. выполня́ются ма́сляными кра́сками в 3-4 сло́я на чёрном фо́не и́ли на светоотража́ющем материа́ле.

Росто́вская фини́фть — осо́бый вид прикладно́го иску́сства, в кото́ром испо́льзуется эма́ль в сочета́нии с мета́ллом. Росто́вская фини́фть — ру́сский наро́дный худо́жественный про́мысел; существу́ет с 18-о́го ве́ка в го́роде Росто́в (Яросла́вская о́бласть). Миниатю́рные изображе́ния выполня́ются прозра́чными огнеупо́рными кра́сками на ме́дных изде́лиях, покры́тых эма́лью.

Холмого́рская резна́я кость Резьба́ по ко́сти с дре́вности распространена́ в селе́ Холмого́ры и прилега́ющих деревня́х (Арха́нгельская обл.). Расцве́т про́мысла — 18-ый век – пе́рвая полови́на 19-ого ве́ка.

Хохломска́я ро́спись возни́кла в 17-ом ве́ке. Назва́ние происхо́дит от села́ Хохлома́ в Нижегоро́дской о́бласти. Это деревя́нные изде́лия (посу́да, ме́бель) с бога́той декорати́вной ро́списью кра́сно-золоти́стыми узо́рами на чёрном и́ли золото́м фо́не. Моти́вы ро́списи — тра́вы, цветы́, я́годы.

Вологодское кружево

Гжельская керамика

Дымковская игрушка

Жостовская роспись

Каслинское литьё

Мстёрская миниатюра

Палехская миниатюра

Скань

Федоскинская миниатюра

Ростовская финифть

Холмогорская резная кость

Хохломская роспись

Новые слова

вы́шивка 绣花
плете́ние 编织
кру́жево 花边
пря́лка 纺车
миниатю́рный 微型精细的
эма́ль 珐琅
фини́фть 珐琅制品
коклю́шка 编织花边用的小木轴

грунт 底色
те́мпера 胶画颜料
суса́льный 包有金箔的
силуэ́т 轮廓
пути́нка 网状编织物
палати́н 披肩
паути́на 蜘蛛网
натюрмо́рт 静物写生

 Вопросы и задания

1. С по́мощью словаря́ раскро́йте поня́тие «наро́дный про́мысел».
2. Перечи́слите ру́сские наро́дные про́мыслы. Расскажи́те об одно́м из них подро́бно.
3. Каки́е ру́сские наро́дные про́мыслы изображены́ на фо́то?

4. Что вы зна́ете об э́том наро́дном про́мысле?

16

ТУРИЗМ

（旅游）

В настоя́щее вре́мя тури́зм в Росси́и пережива́ет свой подъём. Тури́стов привлека́ет бога́тое культу́рное насле́дие и про́шлое Росси́и. Большинство́ туристи́ческих це́нтров Росси́и сосредото́чено в Москве́ и Санкт-Петербу́рге, так как в э́тих города́х располо́жены са́мые изве́стные достопримеча́тельности страны́.

Москва́

Москва́ — столи́ца Росси́йской Федера́ции. Пло́щадь го́рода — 1080,47 кв. км. Здесь располо́жены ценне́йшие па́мятники исто́рии и архитекту́ры мирово́го значе́ния: Кремль, Новоде́вичий монасты́рь, Филёвская це́рковь, Моско́вский госуда́рственный университе́т, Триумфа́льная а́рка, Мемориа́льный ко́мплекс Побе́ды на Покло́нной горе́. Воссо́зданы Воскресе́нские воро́та Кремля́ с часо́вней Иве́рской Бо́жьей Ма́тери и Храм Ико́ны Каза́нской Бо́жьей Ма́тери. Уси́лиями городско́го руково́дства и при акти́вной фина́нсовой подде́ржке жи́телей Москвы́ был восстано́влен Храм Христа́ Спаси́теля.

Кремль располо́жен в са́мом це́нтре столи́цы Росси́и. Его́ мо́щные сте́ны и ба́шни, златове́рхие хра́мы и дворцы́ возвыша́ются на Борови́цком холме́ над Москво́й-реко́й и образу́ют неповтори́мый по красоте́ и вели́чию архитекту́рно-худо́жественный анса́мбль, кото́рый включён в Спи́сок Всеми́рного культу́рного и приро́дного насле́дия ЮНЕСКО.

Моско́вский Кремль — си́мвол росси́йской госуда́рственности, оди́н из крупне́йших архитекту́рных анса́мблей ми́ра, богате́йшая сокро́вищница истори́ческих рели́квий, па́мятников культу́ры и иску́сства.

На рубеже́ 11-ого – 12-ого веко́в на Борови́цком холме́ возни́кло славя́нское поселе́ние, да́вшее нача́ло го́роду. К концу́ 15-ого столе́тия Кремль стал резиде́нцией госуда́рственной вла́сти страны́. В 1918-ом году́ она́ вновь

俄罗斯当今旅游业蒸蒸日上，其丰富的文化遗产和历史传承吸引了众多的游客。主要的旅游景点集中在莫斯科和圣彼得堡，这两个城市拥有蜚声全俄的名胜古迹。

莫斯科

莫斯科是俄罗斯联邦的首都。莫斯科城市面积为1080.47平方公里。这里有许多举世闻名的古迹：克里姆林宫、新圣母修道院、菲廖夫教堂、国立莫斯科大学、凯旋门、俯首山胜利纪念建筑群。与伊维尔圣母教堂连成一体的克里姆林宫复活门及喀山圣母圣像教堂近些年得以修复。在莫斯科市政府的领导和广大市民的支持下，基督救世主教堂也被修复了。

克里姆林宫位于俄罗斯首都的中心。它那高大坚固的围墙和钟楼、金顶教堂和宫殿耸立在莫斯科河畔的博罗维茨山岗上，构成了一组瑰丽而又雄伟的艺术建筑群。它已被联合国教科文组织列为世界文化遗产。

莫斯科克里姆林宫作为俄罗斯国家的象征，是世界上最大的建筑群之一，是最丰富的文化和艺术古迹的宝库之一。

11至12世纪之交，在波罗维茨山岗上出现了斯拉夫人居民点，这便是城市的雏形。到15世纪末，克里姆林宫成为国家政权的所在地。1918年，莫斯科重新成为首都，克里姆林宫则成为最高权力机关的办公地点。如今，俄罗斯联邦总统府就设在莫斯科的克里姆林宫。

人们可以畅游克里姆林宫，参观兵器馆这样著名的瑰宝博物馆，欣赏恢弘的古教堂广场及其蜚声国内外的教堂建筑，浏览圣母安息教堂、天使长教堂和圣母领报教堂、法衣置放教堂、大牧首宅邸，欣赏圣母安息钟楼中的展品。

在伊凡诺夫广场上，可以见到铸造艺术的大作——炮王和钟王。在参议院广场，可以见到彼得大帝时期莫斯科稀有的建筑物——军械库大楼以及著名建筑师马·费·卡扎科夫的杰作之一——参议院大楼。军械库旁摆放的是古俄罗斯的大炮和 1812 年卫国战争时缴获的大炮。皇宫广场上的大克里姆林宫建筑群是 19 世纪俄国皇帝的官邸。

克里姆林宫教堂广场是莫斯科最古老的广场。圣母安息教堂在这些教堂中占中央地位。它建成于 1480 年，当时正值俄罗斯人民彻底摆脱了长达两个多世纪的蒙古鞑靼人的统治。几百年来，圣母安息教堂被视作俄罗斯国家主教堂。在这里颁布最重要的国家法令，大公和沙皇在这里登基，后来历代皇帝在这里加冕。

天使长教堂不同于圣母安息教堂严肃的建筑风格，以华丽、装饰细节丰富多彩为特点。从 14 世纪初到 18 世纪末，它一直是俄国王公和沙皇的安息之地。该教堂内共有 46 座棺椁。1712 年，俄罗斯帝国首都由莫斯科迁往彼得堡。彼得大帝及以后的历代俄国皇帝都葬在彼得堡的彼得保罗大教堂。

在教堂广场的南部、靠近莫斯科河处，耸立着美丽如画的九圆顶圣母领报教堂。它虽然不大，但酷似一座雪白的金字塔，高高的金色圆顶在阳

стáла столи́цей, а Кремль — ме́стом рабо́ты вы́сших о́рганов вла́сти. Сего́дня в Моско́вском Кремле́ располага́ется резиде́нция Президе́нта Росси́йской Федера́ции.

Вы мо́жете соверши́ть увлека́тельное путеше́ствие по Кремлю́: посети́ть знамени́тый музе́й-сокро́вищницу — Оруже́йную пала́ту, уви́деть вели́чественный анса́мбль дре́вней Собо́рной пло́щади и его́ знамени́тые хра́мы, зайти́ в Успе́нский, Арха́нгельский и Благове́щенский собо́ры, це́рковь Ризоположе́ния, Патриа́ршие пала́ты, посети́ть вы́ставку в Успе́нской зво́ннице.

На Ива́новской пло́щади вас ждёт встре́ча с просла́вленными па́мятниками лите́йного иску́сства — Царь-пу́шкой и Царь-ко́локолом, на Сена́тской пло́щади вы уви́дите зда́ние Арсена́ла — редча́йшего па́мятника архитекту́ры Москвы́ вре́мени Петра́ Вели́кого и Сена́та — одного́ из лу́чших творе́ний знамени́того зо́дчего М.Ф. Казако́ва. Ря́дом с Арсена́лом расположи́лись древнеру́сские пу́шки и трофе́йные ору́дия Оте́чественной войны́ 1812-ого го́да. А на Дворцо́вой пло́щади раски́нулся анса́мбль Большо́го Кремлёвского дворца́ — резиде́нции росси́йских импера́торов 19-ого ве́ка.

Собо́рная пло́щадь Кремля́ явля́ется са́мой ста́рой в Москве́. Центра́льное ме́сто среди́ собо́ров занима́ет Успе́нский. Его́ строи́тельство бы́ло заверше́но в 1480-ом году́, когда́ ру́сский наро́д оконча́тельно сбро́сил бо́лее чем двухвеково́е монго́ло-тата́рское и́го. На протяже́нии не́скольких столе́тий Успе́нский собо́р явля́лся гла́вным собо́ром госуда́рства. Здесь оглаша́лись наибо́лее ва́жные госуда́рственные зако́ны, возводи́лись на престо́л вели́кие князья́ и цари́, здесь коронова́лись все росси́йские импера́торы.

В отли́чие от стро́гой архитекту́ры Успе́нского собо́ра, Арха́нгельский отлича́ется наря́дностью, оби́лием декорати́вных дета́лей. С нача́ла 14-ого и до нача́ла 18-ого ве́ка он был усыпа́льницей вели́ких ру́сских князе́й и царе́й. Всего́ в собо́ре 46 гробни́ц. Пётр I и после́дующие ру́сские импера́торы погреба́лись в Петербу́рге, куда́ в 1712-ом году́ была́ перенесена́ из Москвы́ столи́ца Росси́йской импе́рии.

В ю́жной ча́сти Собо́рной пло́щади, бли́же к Москве́-реке́, стои́т живопи́сный по силуэ́ту девятигла́вый Благове́щенский собо́р. Небольшо́й, он напомина́ет белосне́жную пирами́ду со сверка́ющими на со́лнце золоты́ми купола́ми на верши́не. Собо́р был постро́ен в 1484-ом – 1489-ом года́х. Благове́щенский собо́р примыка́л к ца́рскому дворцу́ и был домо́вой це́рковью, где на повседне́вных богослуже́ниях прису́тствовали чле́ны ца́рской семьи́. В собо́ре сохрани́лся оди́н из древне́йших кремлёвских иконоста́сов.

Ещё одно́ выдаю́щееся сооруже́ние на Собо́рной пло́щади — колоко́льня Ива́н Вели́кий. Это са́мое высо́кое сооруже́ние Кремля́, её высота́ — 80 м. Колоко́льня была́ заложена́ в 1505-ом году́ и лишь в 1600-ом году́ её строи́тельство бы́ло заверше́но.

Ме́жду Благове́щенским и Арха́нгельским собо́рами располо́жено зда́ние, привлека́ющее внима́ние свои́м вне́шним ви́дом. Это Granови́тая пала́та. Кирпичи́ в её фаса́де уло́жены выступа́ющими нару́жу гра́нями, что придаёт зда́нию весьма́ своеобра́зный о́блик.

Оруже́йная пала́та и Алма́зный фонд Оруже́йная пала́та Моско́вского Кремля́ явля́ется старе́йшим в стране́ музе́ем ру́сского и зарубе́жного декорати́вно-прикладно́го иску́сства. Здесь со́браны пои́стине ска́зочные сокро́вища — свы́ше 50 тыс. ценне́йших худо́жественных рели́квий 12-ого – 20-ого веко́в. Среди́ них — немно́гие, сохрани́вшиеся до на́ших дней уника́льные произведе́ния ру́сской культу́ры домонго́льского пери́ода (12-ого – 13-ого веко́в).

Экспози́ция Оруже́йной пала́ты разделена́ на 7 отде́лов по катего́риям экспона́тов: ца́рские коро́ны и тро́ны, предме́ты ко́нского убра́нства, каре́ты, ору́жие, предме́ты бы́та, предме́ты ку́льта и пода́рки.

В музе́е храня́тся истори́ческие зна́ки госуда́рственной вла́сти — знамени́тая ша́пка Монома́ха, кото́рой венча́ли на престо́л ру́сских царе́й в 16-ом – 17-ом века́х, великоле́пные ца́рские венцы́. Олицетворе́нием вла́сти бы́ли держа́вы и ски́петры. Держа́ва — э́то шар, заверша́ющийся высо́ким кресто́м, ски́петр — краси́вый жезл, уве́нчанный двугла́вым орло́м — гербо́м Росси́и. Изгото́вленные из зо́лота, укра́шенные драгоце́нными камня́ми, эма́лью, они́ явля́ются шеде́врами ювели́рного иску́сства.

Есть в Оруже́йной пала́те и колле́кция ца́рских тро́нов. Среди́ них — резно́й трон из слоно́вой ко́сти царя́ Ива́на Гро́зного, усы́панный бриллиа́нтами, за что он и был на́зван «бриллиа́нтовым», трон царя́ Алексе́я Миха́йловича. Есть здесь и двойно́й трон, изгото́вленный для двух малоле́тних ца́рствующих бра́тьев — Ива́на и Петра́ (бу́дущего Петра́ I). Позади́ э́того тро́на бы́ло специа́льное скры́тое ме́сто, предназна́ченное для царе́вны-ре́гентши Со́фьи.

---

① 又称棱石宫。

光下熠熠生辉。这座教堂建于1484至1489年间。圣母领报教堂曾与皇宫连接，是家族式教堂，皇家成员出席这里的日常礼拜。教堂里保留有克里姆林宫内最古老的圣像壁画。

广场周围最突出的建筑物是伊凡雷帝钟楼。它是克里姆林宫内最高的建筑，高达80米。钟楼于1505年动工修建，一直到1600年才竣工落成。

在圣母领报教堂和天使长教堂之间，有一个外形醒目的建筑，这是多棱宫①，它的正面墙壁上每一块石头都突出一个棱角，赋予了整个建筑别具特色的外形。

兵器馆与珍宝馆 莫斯科克里姆林宫兵器馆是用最古老的俄罗斯与外国实用装饰艺术装点而成的博物馆。这里收藏有5万多件12—20世纪珍贵无比的艺术瑰宝。其中有流传至今犹如吉光片羽的蒙古人侵前时期（12—13世纪）的俄罗斯文化珍品。

兵器馆按陈设品的种类分为7个展区：皇冠御座展区、马具展区、御车展区、兵器展区、生活用品展区、教礼用具展区、礼品展区。

该馆保存着国家政权的标志：16至17世纪俄国沙皇们登基加冕用的著名的莫诺马赫王冠、富丽堂皇的沙皇皇冠。球状权标和权杖是权力的化身。球状权标为一个圆球，顶部有一个高高的十字架；权杖为一柄漂亮的手杖，顶部镶着俄国国徽双头鹰。它们都是金制的，饰有各种宝石、珐琅，均为珠宝艺术的杰作。

兵器馆陈列里有一整套沙皇御座的收藏品。在这些收藏中，有伊凡雷帝的象牙宝座（宝座镶有很多钻石，曾被称为钻石宝座），有沙皇阿列克谢·米哈伊罗维奇的宝座。这里还有一个宝座可坐二人，为伊凡和彼得（后来的彼得大帝）两兄弟同朝为帝时使用。宝座后面有一个隐蔽的位子，那时两个沙皇年幼，在他们接见外国使臣时，摄政公主索菲亚就藏在宝座后听政。

从兵器馆的陈列品中可以想象皇宫生活有多么奢侈。金、银、水晶制作的食器放满了许多展柜。有1个纯金勺重2公斤，1个牛角形酒杯可以盛装1斤多酒（每次必须将酒一饮而尽，因为这种杯子无法竖立置放）。陈列的衣物上面也奢华地缀满了金银珍宝。这里可以看到1件装饰有黄金和名贵宝石的盛服，重达30公斤。

在展示古老纺织品、刺绣、贵重花边、服装的大厅里可以看到沙皇的加冕皇袍、狂欢舞会服装、男式长袍、豪华的克里诺林裙、织锦缎、丝绒等。

在御车展区可以看到御辇制作的改进，车子的装饰也随年代愈加美观了。车子四周有雕刻或绘画，并镶以宝石。这里既有正规仪式用车、夏季用车和游览用车，又有冬季用的爬犁式车。有的车需用6匹或9匹马来拉。有一个爬犁需用32匹马来拉。

兵器馆中很大一部分收藏品是外国使节赠给俄国沙皇的礼品。古时候，这些礼品是在克里姆林宫多棱宫举行朝见仪式时呈献上来的。兵器陈列馆保存的外国使节礼物藏品为莫斯科之最，这些礼物来自英国、荷兰、瑞典、伊朗、中国、土耳其及其他国家，见证了俄国广泛的外交关系。

兵器馆目前所在的楼宇于1851年建成。该楼底层的珍宝馆常年对外开放。这里收藏着大量历史珍品和艺术瑰宝：独一无二的宝石、世界珠宝艺术的杰作，包括俄国沙皇曾用过的加冕标志物。其中有叶卡捷琳娜二世的大皇冠。这顶皇冠是为女皇1762年加冕制作的。冠顶镶有一颗398.72克拉的罕见的深红色水晶石。这是珍宝

Она занима́ла э́то ме́сто для того́, что́бы подска́зывать малоле́тним царя́м, как себя́ вести́ во вре́мя прие́ма и́ми иностра́нных посло́в.

Экспона́ты Оруже́йной пала́ты даю́т возмо́жность предста́вить себе́, в како́м бога́тстве и в како́й ро́скоши жи́ли представи́тели ца́рствующего до́ма. Витри́ны экспози́ции запо́лнены посу́дой из зо́лота, серебра́ и хрусталя́. Здесь есть и ковш из чи́стого серебра́ ве́сом 2 кг, и ку́бок в ви́де ро́га ёмкостью бо́лее полули́тра, вино́ из кото́рого ну́жно бы́ло выпива́ть в оди́н прие́м, поско́льку тако́й ку́бок невозмо́жно бы́ло поста́вить. Вы́ставленные предме́ты оде́жды та́кже ще́дро укра́шены зо́лотом, серебро́м и самоцве́тами. Здесь мо́жно уви́деть наря́д, укра́шенный зо́лотом и драгоце́нными камня́ми, вес кото́рого составля́ет о́коло 30 килогра́ммов.

В за́ле, кото́рый отведён под пока́з стари́нных тка́ней, шитья́, драгоце́нных кру́жев, костю́мов, взо́ру предстаю́т ритуа́льные пла́тья ру́сских царе́й, карнава́льные оде́жды, камзо́лы, пы́шные криноли́ны, парча́, ба́рхат.

Колле́кция каре́т даёт представле́ние о том, как соверше́нствовались экипа́жи и как они́ станови́лись всё бо́лее наря́дными. Со всех сторо́н каре́ты украша́лись разьбо́й и́ли изображе́ниями, а та́кже инкрусти́ровались драгоце́нными камня́ми. Бы́ли экипа́жи пара́дные, ле́тние, прогу́лочные и зи́мние са́нные. В не́которые экипа́жи запряга́ли по 6 и́ли 9 лошаде́й, а в оди́н са́нный экипа́ж ну́жно бы́ло запряга́ть 32 ло́шади.

Значи́тельную часть колле́кции Оруже́йной пала́ты составля́ют посо́льские дары́ ру́сским царя́м, кото́рые в старину́ вруча́лись во вре́мя аудие́нций в Грановитой пала́те Кремля́. В Оруже́йной пала́те храни́тся одна́ из крупне́йших в Москве́ колле́кций посо́льских даро́в из Англии, Голла́ндии, Шве́ции, Ира́на, Кита́я, Ту́рции и други́х стран. Она́ свиде́тельствует о широ́ких дипломати́ческих свя́зях ру́сского госуда́рства.

Зда́ние, в кото́ром сейча́с размеща́ется Оруже́йная пала́та, бы́ло постро́ено в 1851-ом году́. В ни́жнем этаже́ зда́ния Оруже́йной пала́ты размещена́ постоя́нная вы́ставка «Алма́зный фонд». Здесь со́браны огро́мные истори́ческие и худо́жественные це́нности: уника́льные драгоце́нные ка́мни, шеде́вры мирово́го ювели́рного иску́сства, в том числе́ бы́вшие коронацио́нные рега́лии ру́сских царе́й. Среди́ них — больша́я коро́на Екатери́ны II. Её вы́полнили для корона́ции императри́цы в 1762-ом году́. Коро́ну венча́ет уника́льная тёмно-кра́сная шпине́ль ве́сом в 398,72 кара́та. Это оди́н из семи истори́ческих камне́й Алма́зного фо́нда. Друго́й истори́ческий ка́мень — алма́з «Орло́в». Его́ вес 189,62 кара́та. Он был на́йден в Индии в 17-ом ве́ке. В Росси́ю ка́мень попа́л в 1773-ем году́, когда́ граф Григо́рий Орло́в купи́л его́ за 100000 рубле́й (су́мма по тем времена́м колосса́льная) и подари́л Екатери́не II. Она́ укра́сила им свой золото́й импера́торский ски́петр.

Моско́вский Кремль

Кра́сная пло́щадь

Кра́сная пло́щадь располо́жена в це́нтре Москвы́. В 15-ом ве́ке на э́том ме́сте был база́р, кото́рый называ́лся «Торг» и́ли «Кра́сная пло́щадь», что в ру́сском языке́ означа́ло «краси́вая пло́щадь». Совреме́нная Кра́сная пло́щадь име́ет разме́ры 700 м в длину́ и 130 м в ширину́. С за́пада она́ ограни́чена ча́стью кра́сной Кремлёвской стены́ с тремя́ ба́шнями. В ю́жной ча́сти пло́щади, на ро́вном ме́сте стои́т са́мое дре́внее сооруже́ние — Ло́бное ме́сто, постро́енное в 1547-о́м году́ для оглаше́ния ца́рских ука́зов и пригово́ров. За ним — Храм Васи́лия Блаже́нного. Он был постро́ен за пери́од с 1555-ого по 1561-ый год в ознаменова́ние завоева́ния Ива́ном IV Каза́ни и Астраха́ни и включе́ния их в соста́в Росси́и. Этот собо́р поража́ет оригина́льностью свои́х форм. Гла́вную це́рковь с больши́м шатрообра́зным

馆中7件具有历史意义的宝石之一。另外一件具有历史意义的宝石是"奥尔洛夫"钻石，重189.62克拉。17世纪在印度发现该钻石。1773年，这块钻石流落到俄国，格里高里·奥尔洛夫伯爵耗费10万卢布（在当时是一笔巨款）购买来赠送给叶卡捷琳娜二世。她用这颗钻石装饰自己的金制皇杖。

红场位于莫斯科市中心。15世纪，这里曾是一个市场，并被命名为"集市"或"红场"，后者俄语意为"美丽的广场"。现在红场的面积为700米×130米，它的西边是克里姆林宫的红墙及3座高塔。红场南面的平地上有一座红场上最古老的建筑——宣谕台，建于1547年，是沙皇发布诏书、宣读行刑判决的地方。它的后面是圣瓦西里教堂，建于1555到1561年，它是为庆祝伊凡四世攻占喀山和阿斯特拉罕并将其纳入俄国版图而修建的。该教堂造型别致，带有穹形大顶盖的中心教堂被8个带有俄罗斯建筑典型的圆顶的小教堂所环绕。所有这些教堂由内部的长廊连接在一起。每个独立的教堂均以圣人的名字命名。教堂的前方是米宁和波扎尔斯基青铜纪念像。在红场的北端，有一座红砖银顶建筑，建于 1874 至 1883 年，现为俄罗斯国家历史博物馆。

位于红场西部中间位置，有一座靠近克里姆林宫墙的红色花岗岩建筑，是列宁的陵墓。列宁自 1924 年逝世以后一直长眠于此。列宁墓曾修建过三次，前两次均为木结构，现今则为大理石墓，建于 1930 年。列宁墓定期对外免费开放，任何人都可以在这里参观。列宁的遗体被安放在水晶棺椁里。列宁墓的后方坐落着斯大林墓。在斯大林墓后面的红场的围墙内埋葬着苏共早期活动家们的遗体和骨灰。

克里姆林宫红墙外有一座长条形公园，这是亚历山大花园。它是莫斯科人最喜欢休憩的地方之一。园内有一座无名烈士墓，建成于 1967 年胜利日前夜。陵墓上的长明火从那时起熊熊燃烧至今。长明火旁边设有卫士仪仗队，这是俄罗斯联邦一号岗哨。国家一号岗哨是从列宁墓被移到此处的。在莫斯科，新郎新娘在结婚之日都要到这里来，向无名英雄们敬献鲜花。

покрытием окружают восьмиугольником церкви меньшего размера, с характерными для русской архитектуры куполами в виде луковиц. Все эти церкви объединены внутренней галереей. Отдельные церкви храма названы именами святых. Перед храмом размещается бронзовый памятник Минину и Пожарскому. В северной части площади — здание из красного кирпича с серебристой крышей, построенное в 1874-ом – 1883-ем годах. Сейчас здесь находится Российский государственный исторический музей.

В западной части площади, по центру, у самой Кремлёвской стены расположено сооружение из красного гранита. Это Мавзолей В.И. Ленина. После смерти Ленина в 1924-ом году его тело постоянно находится здесь. Мавзолей трижды перестраивался, причём первые два были деревянными, а современный — мраморный — был построен в 1930-ом году. В установленное время в Мавзолей открыт свободный доступ, и желающие могут посетить это место, где в хрустальном гробу покоится тело Ленина. За Мавзолеем находится могила Сталина. Здесь же и на Кремлёвской стене позади него захоронены останки и прах деятелей Коммунистической партии Советского Союза прежних лет.

Парк, который полосой вытянулся вдоль Кремлёвской стены, называется Александровским садом. Он является одним из любимейших мест отдыха москвичей. В саду находится памятник «Могила неизвестного солдата». Он был открыт в 1967-ом году в канун празднования дня Победы, и с тех пор на нём пылает негасимое пламя Вечного огня. У Вечного огня стоит охрана — почётный караул, это Пост №1 Российской Федерации. Пост №1 страны был перенесён от Мавзолея к Вечному огню. Вступающие в брак молодые москвичи приезжают сюда, чтобы возложить цветы к Могиле.

Могила неизвестного солдата

Новоде́вичий монасты́рь

Новоде́вичий монасты́рь — правосла́вный же́нский монасты́рь в Москве́, осно́ванный в 1524-ом году́. Удиви́тельно краси́вый монасты́рь представля́ет собо́й великоле́пный архитекту́рный анса́мбль: крепостны́е сте́ны, возведённые в 17-ом ве́ке; Смоле́нский собо́р, постро́енный в 1525-ом году́; тра́пезная, колоко́льня (строе́ния конца́ 17-ого ве́ка); жилы́е, хозя́йственные и церко́вные постро́йки на террито́рии монастыря́. Он был включён в спи́сок Всеми́рного насле́дия в 2004-ом году́. В настоя́щее вре́мя у стен монастыря́ нахо́дится мемориа́льное кла́дбище, где поко́ится прах вели́ких де́ятелей ру́сской культу́ры: писа́телей, арти́стов, обще́ственных де́ятелей, учёных.

Третьяко́вская галере́я В ти́хом Лавру́шинском переу́лке Замоскворе́чья, стари́нного райо́на го́рода к ю́гу от Кремля́, стои́т зда́ние, вне́шний о́блик кото́рого напомина́ет ска́зочный ру́сский те́рем. Его́ фаса́д укра́шен ста́рым гербо́м Москвы́: вса́дник — Гео́ргий Победоно́сец, разя́щий копьём зме́я. Это и есть Моско́вская худо́жественная галере́я и́мени Па́вла Миха́йловича и Серге́я Миха́йловича Третьяко́вых. Она́ была́ осно́вана моско́вским купцо́м П.М. Третьяко́вым в 1856-ом году́ и пе́редана в дар го́роду в 1892-ом году́.

Па́вел Третьяко́в приобрета́л произведе́ния то́лько ру́сской шко́лы. Осо́бенно мно́го в его́ колле́кции бы́ло карти́н передви́жников. Большо́й заслу́гой Третьяко́ва явля́ется его́ начина́ние — покупа́ть и́ли зака́зывать портре́ты выдаю́щихся де́ятелей ру́сской культу́ры: писа́телей, компози́торов, худо́жников, учёных, обще́ственных де́ятелей.

Сего́дня в Третьяко́вской галере́е со́брано бо́лее 60 тыс. произведе́ний ру́сского иску́сства 11-ого – 20-ого веко́в: ико́ны, жи́вопись, скульпту́ра, гра́фика. Здесь нахо́дится крупне́йшее в ми́ре собра́ние древнеру́сского иску́сства

新圣母修道院是莫斯科一座东正教女子修道院，建于1524年。美轮美奂的修道院呈现为一组富丽堂皇的建筑群：在修道院内有17世纪兴建的城堡的墙体，有建于1525年的斯摩棱斯克教堂，有17世纪末盖的修道院的食堂、钟楼，还有居所、日常事务楼和教堂建筑。2004年，该修道院被联合国教科文组织定为世界文化遗产。如今，教堂的墙外有一片墓地，这里是对俄罗斯文化做出重大贡献的一些伟大作家、演员、社会活动家、学者的长眠之地。

特列季亚科夫画廊 克里姆林宫以南的莫斯科河南岸的老区里有一条拉夫鲁申巷。巷子里有一座建筑物，外表酷似俄罗斯童话中的宫殿。它的正面装饰着莫斯科的旧城徽：常胜将军乔治骑士正在用利剑刺杀一条毒蛇。这就是莫斯科巴维尔·米哈伊罗维奇·特列季亚科夫和谢尔盖·米哈伊罗维奇·特列季亚科夫兄弟美术馆。它由莫斯科商人巴维尔·特列季亚科夫于1856年创建并于1892年赠送给莫斯科市。

巴维尔·特列季亚科夫只收购俄国学派的作品。他的收藏品里，巡回展览画派的绘画作品尤其多。特列季亚科夫的一项伟大功绩在于他购买或者订购了许多作家、作曲家、美术家、科学家、社会活动家等俄国文化杰出人士的肖像画。

如今特列季亚科夫画廊收藏了6万多件11至20世纪的俄国艺术品：圣像画、绘画、雕塑、线条画。这里有世界最大的古俄罗斯艺术品收藏，藏有 5 千多件珍品。该馆保存着一件独一无二的 12 世纪初的拜占庭艺术品——弗拉基米尔圣母圣像画。该馆还存有古俄罗斯艺术最完美的一件艺术作品——安德烈·鲁勃廖夫的《圣三一》圣像画。

特列季亚科夫画廊藏有俄国写生画各个发展阶段的代表作品，收藏着 19 世纪后半叶美术家的优秀作品。这里有萨夫拉索夫、希什金、瓦斯涅佐夫、苏里科夫等画家的画作，其中伊里亚·列宾的创作是俄国现实主义的顶峰，最著名的作品是《伊凡雷帝杀子》。特列季亚科夫画廊还存有著名风景画家列维坦的优秀作品。

大剧院（莫斯科国家大剧院）是俄罗斯主要的歌舞剧剧院，是俄罗斯音乐和戏剧文化的最大中心。它建成于 1776 年，1806 年成为国家剧院。19 世纪下半叶，大剧院的歌剧艺术和芭蕾艺术进入了繁荣时期。当时排演了格林卡的歌剧《伊凡·苏萨宁》《鲁斯兰与柳德米拉》，达尔戈梅斯基的《美人鱼》，穆索尔斯基的《鲍里斯·戈都诺夫》，里姆斯基-科萨科夫的《白雪公主》《普斯科夫女人》《萨特阔》《金

— бо́лее 5 тыс. экспона́тов. В музе́е храни́тся уника́льное произведе́ние византи́йского иску́сства нача́ла 12-ого ве́ка — ико́на Влади́мирской Богома́тери. В музе́е нахо́дится и са́мое соверше́нное произведе́ние древнеру́сского иску́сства — просла́вленная ико́на «Тро́ица» Андре́я Рублёва.

В Третьяко́вской галере́е предста́влены все эта́пы разви́тия ру́сской жи́вописи, со́браны лу́чшие рабо́ты худо́жников второ́й полови́ны 19-ого ве́ка. Здесь есть произведе́ния Савра́сова, Ши́шкина, Васнецо́ва, Су́рикова. Тво́рчество Ильи́ Ре́пина яви́лось верши́ной ру́сского реали́зма. Наибо́лее знамени́та карти́на «Ива́н Гро́зный и сын его́ Ива́н». В Третьяко́вке нахо́дятся и лу́чшие рабо́ты пейзажи́ста Исаа́ка Левита́на.

Третьяко́вская галере́я

Большо́й теа́тр

Большо́й теа́тр (Госуда́рственный академи́ческий Большо́й теа́тр, ГАБТ) — веду́щий ру́сский теа́тр о́перы и бале́та, крупне́йший центр ру́сской музыка́льной и театра́льной культу́ры. Го́дом рожде́ния Большо́го теа́тра счита́ется 1776-о́й. В 1806-о́м году́ теа́тр стал госуда́рственным. По́длинный расцве́т о́перного и бале́тного иску́сства Большо́го теа́тра наступи́л во второ́й полови́не 19-ого ве́ка. В нём бы́ли поста́влены о́перы «Ива́н Суса́нин», «Русла́н и Людми́ла» М.И. Гли́нки; «Руса́лка»

А.С. Даргомы́жского; «Бори́с Годуно́в» М.П. Му́соргского; «Снегу́рочка», «Псковитя́нка», «Садко́», «Золото́й петушо́к», «Ска́зка о царе́ Салта́не» Н.А. Ри́мского-Ко́рсакова; «Князь И́горь» А.П. Бородина́; «Евге́ний Оне́гин», «Череви́чки», «Пи́ковая да́ма» П.И. Чайко́вского и др. Наряду́ с ни́ми шли лу́чшие о́перные произведе́ния зарубе́жных компози́торов: В.А. Мо́царта, Д. Росси́ни, К. Ве́бера, Д. Ве́рди, Ж. Гуно́, Ж. Бизе́ и други́х. Бале́ты П.И. Чайко́вского «Лебеди́ное о́зеро», «Спя́щая краса́вица», «Щелку́нчик» про́чно вошли́ в репертуа́р Большо́го теа́тра и ста́ли си́мволами ру́сского бале́та.

О́перная и бале́тная тру́ппы Большо́го теа́тра побыва́ли во мно́гих стра́нах ми́ра, знакомя́ зарубе́жную пу́блику с образца́ми ру́сского класси́ческого иску́сства.

Ма́лый теа́тр (Госуда́рственный академи́ческий Ма́лый теа́тр) Официа́льно го́дом откры́тия Ма́лого теа́тра счита́ется 1824-ый год, когда́ раздели́лись о́перно-бале́тная и драмати́ческая тру́ппы Большо́го теа́тра. Драмати́ческий теа́тр, в отли́чие от музыка́льного Большо́го теа́тра, получи́л назва́ние Ма́лого. Он нахо́дится ря́дом с Больши́м теа́тром. Ма́лый теа́тр сыгра́л большу́ю роль в разви́тии ру́сской культу́ры и театра́льного иску́сства. Здесь бы́ли поста́влены лу́чшие пье́сы ру́сских писа́телей-драмату́ргов: «Го́ре от ума́» А.С. Грибое́дова, «Ревизо́р» Н.В. Го́голя, пье́сы И.С. Турге́нева, А.К. Толсто́го, Л.Н. Толсто́го. С 50-ых годо́в 19-ого ве́ка основны́м драмату́ргом Ма́лого Теа́тра стано́вится А.Н. Остро́вский. Теа́тр поста́вил 47 его́ пьес. Иногда́ теа́тр называ́ли До́мом Остро́вского. На сце́не Ма́лого теа́тра шли пье́сы и зарубе́жных драмату́ргов: Ло́пе де Ве́га, В. Шекспи́ра, Ф. Ши́ллера и др.

Гла́вные у́лицы Москвы́ Но́вый Арба́т — одна́ из са́мых совреме́нных у́лиц го́рода. По обе́им сторона́м её располо́жены высо́тные зда́ния. Здесь же размеща́ются магази́ны с изы́сканными това́рами. У́лица о́чень оживлённая, на ней име́ется мно́жество мест для развлече́ния и о́тдыха, наприме́р, киноконце́ртный зал «Октя́брь», теа́тр «Эрмита́ж», казино́.

За Но́вым Арба́том прохо́дит у́лица ширино́й всего́ в 7-8 ме́тров, э́то — Арба́т. В настоя́щее вре́мя явля́ется пешехо́дной у́лицей. На ней располо́жено большо́е коли́чество интере́сных магази́нов, заку́сочных, кафе́ и ба́ров. Здесь же с многочи́сленных лотко́в продаю́т произведе́ния жи́вописи (ма́сло), а ча́стные худо́жники рису́ют портре́ты на зака́з.

雄鸡》《沙皇萨尔坦的故事》，鲍罗廷的《伊戈尔大公》，柴可夫斯基的《叶甫盖尼·奥涅金》《高跟靴》《黑桃皇后》等。剧院同时上演过莫扎特、罗西尼、韦伯、威尔第、古诺、比才等国外作曲家最优秀的作品。柴可夫斯基的芭蕾舞剧《天鹅湖》《睡美人》《胡桃夹子》已成为大剧院的保留剧目并成为俄罗斯芭蕾舞剧的象征。

大剧院的歌舞剧团和芭蕾舞团常赴世界各地巡演，向国外观众介绍俄罗斯古典艺术的精髓。

1824年，小剧院（莫斯科国家小剧院）正式揭幕。由此大剧院的歌舞剧团和话剧团正式分开。为了区别于音乐大剧院，话剧院取名为小剧院。它位于大剧院的旁边。小剧院在发展俄罗斯文化和戏剧艺术过程中起了巨大的作用。在这里排演了俄罗斯剧作家们的优秀作品，如格利鲍耶多夫的《聪明误》，果戈理的《钦差大臣》，屠格涅夫、列·托尔斯泰和阿·托尔斯泰的剧作。从19世纪50年代起，阿·奥斯特罗夫斯基成为小剧院的主要剧作家，剧院上演了他的47部剧作，因此有时剧院也被称为"奥斯特罗夫斯基之家"。小剧院的舞台上还常上演洛佩·德·维加、莎士比亚、席勒等国外剧作家的话剧。

莫斯科的主要街道 新阿尔巴特大街是莫斯科最现代化的大街之一。马路两侧的高楼大厦鳞次栉比，楼下并排有一家家的精品店。大街上人头攒动，街道两边有多个娱乐休闲场所，如十月电影音乐厅、艾尔米塔日剧院、赌场等。

新阿尔巴特大街后面是一条仅7到8米宽的小街——老阿尔巴特街——目前已作为步行街，沿街有不少特色商店、小吃店、咖啡厅、酒吧，还有不少出售油画的街头货摊，给人画像的个体艺术家也集中在这条街。

Улица Арбат

Памятник Окуджаве на Арбате

特维尔大街也是一条早已闻名于世的商业街。这里有许多著名的品牌商店，大部分是食品店和礼品店，如叶利谢耶夫食品店。国内外游客都喜欢到这里购买纪念品。特维尔大街上的大型宾馆有帕拉斯大饭店、北京饭店、中央宾馆、国旅饭店等。这里有莫斯科最大的麦当劳，街上新开了餐厅、咖啡厅、酒吧、夜总会等等。在俄罗斯帝国时期，沙皇从彼得堡来到莫斯科后就是沿特维尔大街进入克里姆林宫的。在特维尔大街上有莫斯科奠基者长手尤里的纪念像。

Улица Тверска́я, в отли́чие от други́х, давно́ явля́ется широко́ изве́стной торго́вой у́лицей. Здесь нахо́дятся мно́гие изве́стные магази́ны, бо́льшая часть кото́рых — гастроно́мы и магази́ны пода́рков, наприме́р, Елисе́евский магази́н. Го́сти из Росси́и и зарубе́жные тури́сты лю́бят покупа́ть здесь сувени́ры. Из кру́пных оте́лей на Тверско́й мо́жно отме́тить оте́ль «Пала́с», гости́ницы «Пеки́н», «Центра́льная», «Интури́ст». Здесь же нахо́дятся са́мые кру́пные в Москве́ рестора́ны «Макдо́нальдс», а та́кже мно́жество откры́тых рестора́нов, кафе́, ба́ров, ночны́х клу́бов и т.п. Во времена́ Росси́йской импе́рии по Тверско́й у́лице цари́ въезжа́ли в Кремль, приезжа́я в Москву́ из Санкт-Петербу́рга. На э́той у́лице нахо́дится и па́мятник Ю́рию Долгору́кому — основа́телю Москвы́.

Елисеевский магазин

Памятник Юрию Долгорукому

Ле́нинский проспе́кт — са́мая широ́кая у́лица Москвы́. Ширина́ доро́жного полотна́ достига́ет бо́лее 50 м. По проспе́кту осуществля́ется семиря́дное и восьмиря́дное движе́ние в ка́ждую сто́рону. Основны́ми объе́ктами, располо́женными на Ле́нинском проспе́кте, явля́ются: гости́ница «Спу́тник», гости́ница «Ю́жная», «Моско́вский дом тури́ста». Кро́ме того́, на у́лице мно́жество кру́пных и ме́лких магази́нов, спосо́бных удовлетвори́ть любы́е потре́бности покупа́телей.

列宁大街是莫斯科最宽的一条街，路面宽达50多米。在宽阔的大马路上，每个方向都可并行7至8辆汽车。列宁大街上有卫星宾馆、南方宾馆、莫斯科旅游者之家等酒店设施。除此之外，这里还有大大小小的百货商店，可以满足购物者的各种需要。

Но́вые слова́ и словосочета́ния

Новоде́вичий монасты́рь 新圣母修道院	запряга́ть 套车
Триумфа́льная а́рка 凯旋门	аудие́нция （地位很高的）接见
рели́квия （宝贵的）遗物	шпине́ль 尖晶石
резиде́нция 府邸	те́рем 塔
камзо́л （掐腰、齐膝长的）男式外衣	«Псковитя́нка» 《普斯科夫女人》
криноли́н 克里诺林裙	«Череви́чки» 《高跟靴》
парча́ 织锦缎	«Щелку́нчик» 《胡桃夹子》
ба́рхат 丝绒	лото́к 街头货摊
инкрусти́роваться 镶嵌	

Вопро́сы и зада́ния

1. Каки́е па́мятники исто́рии и архитекту́ры располо́жены в Москве́?
2. Почему́ Моско́вский Кремль включён в Спи́сок Всеми́рного культу́рного и приро́дного насле́дия ЮНЕСКО?
3. Какова́ исто́рия Моско́вского Кремля́?
4. Каки́е достопримеча́тельности располо́жены в Кремле́?
5. Где нахо́дится Собо́рная пло́щадь? Почему́ она́ так называ́ется?
6. Где нахо́дится Оруже́йная пала́та? Каки́м музе́ем она́ явля́ется?
7. Назови́те не́сколько изве́стных экспона́тов Оруже́йной пала́ты и Алма́зного фо́нда.

8. Опишите Красную площадь.
9. В чём заключается специфика внешнего вида собора Василия Блаженного?
10. Чем знаменит архитектурный комплекс Новодевичьего монастрыря?
11. В честь кого названа Третьяковская галерея?
12. Расскажите о деятельности П.М. Третьякова.
13. Назовите несколько знаменитых произведений русского искусства, хранящихся в Третьяковской галерее.
14. Что вы знаете из истории Большого театра?
15. Чем известен Малый театр?
16. Опишите улицы Новый Арбат и Арбат. Чем они отличаются?

圣彼得堡

圣彼得堡是俄罗斯西北联邦区和列宁格勒州的行政中心。该城建城日为1703年5月16日（27日）。1712年至1918年间，它曾是俄罗斯的首都。城市位于涅瓦河流入波罗的海芬兰湾的河口处。圣彼得堡是俄罗斯第二大城市（仅次于莫斯科）。圣彼得堡有一个形象的称号——北方威尼斯。河流约占市区面积的10%。

彼得一世登基之后，俄罗斯竭力恢复通往欧洲的近道：通过涅瓦河进入波罗的海。1703年5月，彼得大帝开始修建作为俄罗斯在波罗的海出口的前哨基地和堡垒的圣彼得堡。1712年，圣彼得堡成为俄罗斯的首都。

1914年8月，因为与德国交战，圣彼得堡被按俄罗斯人的表达习惯更名为彼得格勒。1924年列宁逝世后，城市改名为列宁格勒。1941年6月22日，苏联遭到纳粹德国的进攻。战争期间，近100万列宁格勒人死于饥饿、寒冷或轰炸。近50万在围困中牺牲的人被埋葬在圣彼得堡彼斯卡廖夫陵园，这里成为俄罗斯最大的国家战争历史纪念馆之一。1991年，经城市全民公决，列宁格勒恢复了它在历史上的名称——圣彼得堡。

艾尔米塔日博物馆（冬宫） 冬宫是根据拉斯特雷利的设计方案于1754年至1762年在涅瓦河畔建成的一座皇宫。皇宫

Санкт-Петербург

Санкт-Петербург — административный центр Северо-Западного Федерального округа и Ленинградской области Российской Федерации. Датой основания города считается 16-ое (27-ое) мая 1703-его года. Санкт-Петербург был столицей России с 1712-ого по 1918-ый годы. Город расположен в месте впадения реки Невы в Финский залив Балтийского моря. Санкт-Петербург — второй (после Москвы) по величине город России. Одно из символических названий Санкт-Петербурга — Северная Венеция. Внутренние воды занимают около 10% территории города.

Воцарение на российском престоле Петра I привело к стремлению России восстановить связи с Европой по ближнему пути: через Неву в Балтику. Как форпост и оплот России на выходе в Балтийское море в мае 1703-его года был основан Санкт-Петербург. В 1712-ом году город стал столицей России.

В августе 1914-ого года в связи с войной с Германией город был переименован на русский лад и стал называться Петроградом. В 1924-ом году после смерти В.И. Ленина город был переименован в Ленинград. 22-ого июня 1941-ого года Советский Союз был атакован нацистской Германией. За годы войны город потерял почти 1 миллион человек, скончавшихся от голода и холода и убитых в результате бомбардировок. Пискарёвское мемориальное кладбище в Санкт-Петербурге, на котором захоронено почти 500 тыс. человек, жертв блокады, — один из наиболее значительных национальных военных памятников России. В 1991-ом году после общегородского референдума городу было возвращено историческое название — Санкт-Петербург.

Государственный музей Эрмитаж Царский дворец, названный Зимним, был построен в 1754-ом – 1762-ом годах по проекту архитектора Растрелли на берегу Невы.

В нём всё пышно, празднично, роскошно. Первоначально в нём было 1050 покоев, 117 лестниц, 1886 дверей, 1945 окон. По форме дворец прямоугольный с выступами по углам и внутренним парадным двором.

До февраля 1917-ого года Зимний дворец был царской резиденцией, а затем в его залах размещалось буржуазное Временное правительство. Сейчас это крупнейший музей страны — Государственный Эрмитаж. По величине и богатству коллекций Эрмитаж входит в число четырёх крупнейших музеев мира, среди которых Британский музей в Лондоне, парижский Лувр, Нью-йоркский Метрополитен-музей.

Эрмитаж возник как личный музей императрицы Екатерины II. В Эрмитаже хранится более двух с половиной миллионов экспонатов: 15 тыс. картин, 12 тыс. скульптур, 600 тыс. произведений графики, более миллиона монет, орденов и памятных знаков, 224 тыс. предметов прикладного искусства. Большую часть их составляют уникальные образцы живописи, скульптуры, художественной мебели, фарфора, золота, серебра, хрусталя, тканей, средневекового оружия, изделий из самоцветов и слоновой кости.

Среди экспонатов отдела истории первобытной культуры можно увидеть грубые ручные рубила эпохи палеолита, которым около 500 тыс. лет. В залах отдела античного мира (Древняя Греция и Древний Рим) представлены мраморные статуи, прекрасная коллекция ювелирных изделий, изделий из металла и стекла. Среди шедевров греческой скульптуры 4-ого века до н. э. — скульптурная группа «Геракл, борющийся со львом».

Обширные коллекции отдела западноевропейского искусства занимают свыше 120 залов. Итальянская живопись и скульптура представлена такими именами, как Леонардо да Винчи, Рафаэль Санти, Микеланджело Буонаротти, Тициан и др. Живописные школы Фландрии и Голландии представлены в Эрмитаже лучшими образцами — полотнами Рубенса и Рембрандта. В числе имеющихся здесь полотен — «Даная», «Снятие с креста», «Святое семейство». В Эрмитаже можно увидеть лучшие образцы того, что было создано художественной культурой Франции на протяжении 15-ого – 20-ого веков. Эрмитаж владеет самой крупной зарубежной коллекцией художественных произведений французских мастеров. Она занимает более 40 залов.

里的所有陈设富丽、精美、豪华。最初皇宫里共有1050个房间、117级台阶、1886扇门、1945扇窗户。皇宫呈长方形，四角建有凸出部分，附有华丽的内院。

1917年2月前，冬宫一直是沙皇的官邸，后来资产阶级临时政府设在冬宫的大厅里。如今这里设有全国最大的博物馆——艾尔米塔日国家博物馆。艾尔米塔日博物馆以其规模和丰富的馆藏与伦敦大英博物馆、巴黎卢浮宫、纽约大都会艺术博物馆一起成为世界四大博物馆。

艾尔米塔日博物馆最初是女皇叶卡捷琳娜二世的私人博物馆。艾尔米塔日博物馆里保存着250多万件展品：1.5万件绘画，1.2万件雕塑，60万件线条画作品，100多万枚硬币、奖章和纪念章，22.4万件装饰艺术物品。其中大部分是写生画、雕塑、富有艺术气息的家具、瓷器、黄金、白银、水晶、纺织品、中世纪兵器、宝石与象牙制品等稀世之宝。

在原始文化展区的展品中，可以看到50万年前旧石器时代粗糙的手磨石斧。"古希腊、古罗马"展区的各展厅里，陈列着大理石雕像、精美的首饰藏品、金属与玻璃制品。其中包括公元前4世纪希腊雕塑的杰作《赫拉克勒斯搏狮》组雕。

西欧艺术展区的大量收藏品陈列在120多个大厅里。意大利写生画和雕塑艺术区陈列的都是列奥纳多·达·芬奇、拉斐尔·圣齐奥、米开朗基罗·博那罗蒂、提香等大师的画作。艾尔米塔日博物馆收藏有佛兰德派和荷兰写生派的优秀作品——鲁本斯和伦勃朗的画作：《达那厄》《下十字架》《神圣家族》。在艾尔米塔日博物馆里还可以看到15至20世纪的法国艺术杰作。艾尔米塔日博物馆所藏的法国艺术品为法国国外之最，分别陈列在40多个展厅里。

这里东方展区的馆藏共收集有 16 万件展品。其中有古埃及纸莎草纸文献、雕塑，巴比伦、亚述、印度、中国、日本、土耳其及其他国家的展品。远东各国艺术展区收藏着俄罗斯最多的中国文物和艺术品。最古老的展品中有殷商时期的甲骨文（约有 200 件）、20 世纪 20 年代在蒙古考古挖掘时出土的珍稀丝绸和绣品（公元前 1 世纪）。博物馆陈列的中国艺术品中，还有大量的瓷器、漆器、珐琅制品、画家的绘画作品、民间年画。

Колле́кция отде́ла Восто́ка — са́мая кру́пная в Росси́и. В ней со́брано 160 тыс. экспона́тов. Среди́ них древнееги́петские папи́русы, скульпту́ра, изде́лия из Вавило́нии, Асси́рии, Индии, Кита́я, Япо́нии, Ту́рции и други́х стран. В отде́ле иску́сства стран Да́льнего Восто́ка храни́тся крупне́йшая в Росси́и колле́кция па́мятников культу́ры и иску́сства Кита́я. Среди́ древне́йших экспона́тов — на́дписи на гада́тельных костя́х (о́коло 200 штук) эпо́хи Инь-Шан, уника́льные шёлковые тка́ни и вы́шивки (1-ый век до н. э.), на́йденные в двадца́тые го́ды 20-ого ве́ка во вре́мя раско́пок в Монго́лии. Иску́сство Кита́я предста́влено в музе́е та́кже фарфо́ром, изде́лиями из ла́ка, эма́ли, карти́нами худо́жников, наро́дными карти́нами «Няньхуа́».

Эрмита́ж

Дворцо́вая пло́щадь

冬宫广场 广场上最古老的建筑冬宫建成后，从它的窗户眺望到涅瓦河对岸的景色平淡无奇。于是，在冬宫对面建一座广场这一任务于 1819 年交给了意大利裔俄罗斯建筑师卡尔·罗西。

罗西设计建造了一座黄白两色的建筑物，以半圆形围住冬宫广场。这座大楼通常称作

Дворцо́вая пло́щадь Когда́ был постро́ен Зи́мний дворе́ц, старе́йшее из зда́ний на пло́щади, вид из его́ о́кон на противополо́жный бе́рег Невы́ не отлича́лся красото́й. «Устрое́ние про́тив Зи́мнего дворца́ пра́вильной пло́щади» бы́ло возло́жено в 1819-ом году́ на росси́йского архите́ктора италья́нского происхожде́ния Ка́рла Ро́сси.

Постро́енное Ро́сси гига́нтское жёлто-бе́лое зда́ние, полукру́гом опоя́сывающее пло́щадь пе́ред дворцо́м, обы́чно называ́ют Гла́вным шта́бом. По существу́, э́то два самостоя́тельных сооруже́ния, объединённые Триумфа́льной а́ркой. О́бщая длина́ фаса́да — 580 ме́тров. Контра́ст Гла́вного шта́ба и Зи́мнего дворца́ де́лает Дворцо́вую пло́щадь осо́бенно вели́чественной и своеобра́зной. Зда́ния разли́чны: Зи́мний дворе́ц живопи́снее, бога́че, Гла́вный штаб стро́же, но они́ воспринима́ются как ча́сти еди́ного анса́мбля. И́стинным украше́нием зда́ния Ро́сси ста́ла Триумфа́льная а́рка. Она́ щедро оформлена скульпту́рами: здесь и ста́туи во́инов, и декорати́вные доспе́хи. Венча́ет а́рку грандио́зная колесни́ца (16 ме́тров в длину́, 10 ме́тров в высоту́), на кото́рой «мчи́тся» крыла́тая Сла́ва с эмбле́мой госуда́рства в рука́х.

И ещё одну́ достопримеча́тельность мы уви́дим на Дворцо́вой пло́щади. В её це́нтре в па́мять побе́ды над Наполео́ном была́ устано́влена Алекса́ндровская коло́нна. Её высота́ 47,5 ме́тра. Э́то це́льная грани́тная глы́ба, кото́рая де́ржится на постаме́нте без вся́ких крепле́ний, то́лько си́лой со́бственной тя́жести. О́бщий вес сооруже́ния — о́коло 600 тонн, диа́метр коло́нны — почти́ 4 ме́тра. Венча́ет её фигу́ра а́нгела с кресто́м. А́нгел попира́ет нога́ми змею́ — си́мвол побеждённых враго́в.

Петропа́вловская кре́пость Почти́ в це́нтре Петербу́рга, на За́ячьем о́строве, в са́мом широ́ком ме́сте тече́ния Невы́ располо́жена Петропа́вловская кре́пость. Она́ рове́сница го́рода, день её закла́дки — 16-ое ма́я 1703-его го́да — счита́ется днём основа́ния Петербу́рга. Го́род возни́к и на́чал развива́ться под защи́той кре́пости, со́зданной как форпо́ст Росси́и в Се́верной войне́ со Шве́цией. Царь Пётр I сам вы́брал для неё ме́сто, весьма́ удо́бное для оборо́ны, сам следи́л за сооруже́нием бастио́нов. В 1717-ом году́ она́ ста́ла госуда́рственной полити́ческой тюрьмо́й, где томи́лись изве́стные лю́ди Росси́и: Ради́щев, Черныше́вский, Го́рький.

Гла́вная достопримеча́тельность Петропа́вловский кре́пости — собо́р, торже́ственно зало́женный в ию́не 1703-его го́да во и́мя апо́столов Петра́ и Па́вла, кото́рый и дал назва́ние всей кре́пости. Над зда́нием собо́ра госпо́дствует высо́кая колоко́льня со шпи́лем, его́ высота́ 122 ме́тра. Шпиль уве́нчан флю́гером в ви́де а́нгела с кресто́м. С земли́ а́нгел вы́глядит совсе́м кро́шечным, на са́мом же де́ле он дово́льно вели́к: его́ высота́ 3,2 м, а кры́лья простира́ются на 3,8 м. Петропа́вловский собо́р интере́сен и вну́тренним убра́нством. Резно́й дубо́вый золочёный иконоста́с напомина́ет триумфа́льную трёхпролётную а́рку.

总参谋部。实际上，这是两座独立的建筑物，由一座凯旋门连接在一起。正面的跨度为580米。参谋部与冬宫交相辉映，使冬宫广场显得宏伟、别致。两座建筑物风格迥异：冬宫华美一些，总参谋部则端庄一些；但它们又是一个统一建筑群的两个部分。凯旋门成了罗西设计的大楼的真正装饰。它配有大量的塑像：这里有兵士的全身雕像，也有装饰华丽的盔甲。凯旋门顶上是一架巨大的马车（长16米，高10米），手持国徽的荣耀女神站立在马车上展翅"飞驰"。

在冬宫广场上我们还可以看见一处名胜：为纪念战胜拿破仑，在广场中央树立了亚历山大纪念柱。它的高度为47.5米。这根整块的花岗石柱不用任何支撑，只靠自身重量屹立在基石上。建筑总重量为600吨，圆柱直径近4米。它的顶尖上有一个手持十字架的天使。天使双脚踩着一条象征败敌的蛇。

彼得保罗要塞位于圣彼得堡中心附近，在涅瓦河最宽处的兔儿岛上。它的奠基日是1703年5月16日，即彼得堡的奠基日。这座城市是在彼得保罗要塞的保护下诞生和发展的，当时它作为俄国同瑞典进行北方战争的前哨阵地而修建。彼得一世亲自为它选择了一处易于防御的地点，亲自监督堡垒的施工。1717年，彼得保罗要塞成了国家关押政治犯的监狱。俄国著名人士拉季舍夫、车尔尼雪夫斯基、高尔基等曾被羁押在此。

1703年6月为纪念圣徒彼得和保罗而建的教堂是彼得保罗要塞主要的名胜古迹，整个要塞名称由此而来。教堂建筑物的上空威武地屹立着一座高度为122米的高大尖顶的钟楼。顶端是一个手持十字架天使形状的风向标。从地面上看天使极小，实际上非常大：高3.2米，翼展3.8米。彼得保罗教堂的内部装修也非常有趣。橡木雕成的镀金圣像壁犹如一座三重跨度的凯旋门。圣像壁上的每一组图案都加工极其精细。该教堂是俄国皇帝的寝陵。亚历山大二世夫妇陵墓上的墓碑特别引人注目。石棺是由波罗的海玉石和乌拉尔蔷薇辉石制成。石棺制作工作持续了17年。

在要塞大院里可以看到一座由石柱和装潢性雕塑装饰而成的典雅别样的陈列馆。它是专为彼得一世的小船建造的，称作"俄罗斯海军之父的小屋"。旁边是造币厂。这些建筑物形成于18世纪末至19世纪初。

圣彼得堡有一个悠久的传统：中午12点整，要塞的一座炮台上响起大炮的轰鸣声，这是准确报时的信号。

俄罗斯国家博物馆是世界上最大的俄罗斯本土艺术博物馆，是俄罗斯第一个国家造型艺术博物馆，于1895年根据沙皇尼古拉二世的命令建成，1898年3月起对外开放。博物馆展品达40万件，代表了俄国民族艺术的各个时期。这里保存的俄罗斯雕塑和线条画收藏品最多，最全面。家具、茶炊、石刻、刺绣、瓷器和俄国宝石等收藏品极其华美。部分大厅还展出了杰出的俄罗斯古代艺术文物：圣像画、壁画、马赛克画。这里集中了2500多幅圣像画，近2万件民间工艺品。可以毫不夸张地说：俄罗斯国家博物馆是一部自公元5世纪到今天的直观的民族艺术百科全书。

民间工艺品大厅使人流连忘返。帕列赫、费多斯基诺、霍赫洛姆、德姆科沃、格热利这些名称早就穿越国界名扬四海。这里我们可以看到彩绘的盒子、精致的匣子、精美的微型漆制品、木勺、瓢、碗、泥塑玩具、精美的钩花制品。

俄罗斯国家博物馆拥有一批独一无二的俄国18世纪雕塑艺术藏品、19至20世纪优秀的雕塑范品以及丰富的俄国学院派写生画藏品。这里可以看

Весь узо́р иконоста́са отде́лан с филигра́нной то́чностью. Собо́р — усыпа́льница ру́сских импера́торов. Осо́бенно примеча́тельны надгро́бия над моги́лами Алекса́ндра II и его́ супру́ги. Их саркофа́ги вы́полнены из балти́йской я́шмы и ура́льского орлеца́, рабо́та над ни́ми дли́лась 17 лет.

В кре́пости мо́жно осмотре́ть изя́щный, укра́шенный коло́ннами и декорати́вной скульпту́рой павильо́н, постро́енный специа́льно для бо́тика Петра́ I, — «до́мик де́душки росси́йского фло́та», и располо́женный ря́дом Моне́тный двор. Эти зда́ния появи́лись в конце́ 18-ого – нача́ле 19-ого ве́ка.

В Петербу́рге есть да́вняя тради́ция — ро́вно в 12 часо́в дня раздаётся вы́стрел одно́й из пу́шек кре́пости. Это сигна́л то́чного вре́мени.

Госуда́рственный Ру́сский музе́й — са́мый обши́рный музе́й ру́сского иску́сства в ми́ре, пе́рвый в Росси́и госуда́рственный музе́й ру́сского изобрази́тельного иску́сства, осно́ванный в 1895-ом году́ по Ука́зу импера́тора Никола́я II. Он откры́лся в ма́рте 1898-о́го го́да. Колле́кция музе́я включа́ет о́коло 400000 экспона́тов. В его́ экспози́ции широко́ предста́влены ра́зные пери́оды ру́сского национа́льного иску́сства. Здесь нахо́дится не име́ющее себе́ ра́вных по величине́ и полноте́ собра́ние ру́сской скульпту́ры и гра́фики. Великоле́пны колле́кции ме́бели, самова́ров, резьбы́ по ка́мню, вы́шивки, изде́лия из фарфо́ра и ру́сских самоцве́тов. В не́скольких за́лах со́браны выдаю́щиеся па́мятники древнеру́сского иску́сства — ико́ны, фре́ски, моза́ика. Здесь со́браны богате́йшие колле́кции: бо́лее двух с полови́ной ты́сяч ико́н и о́коло двадцати́ ты́сяч произведе́ний наро́дных про́мыслов. Без преувеличе́ния мо́жно сказа́ть, что Ру́сский музе́й — нагля́дная энциклопе́дия национа́льного иску́сства начина́я с 5-ого ве́ка до на́ших дней.

Посети́тели музе́я надо́лго заде́рживаются в за́лах, где со́браны произведе́ния наро́дных про́мыслов. Не́которые назва́ния давно́ перешагну́ли госуда́рственные грани́цы и хорошо́ изве́стны во всём ми́ре: Па́лех, Федо́скино, Хохлома́, Ды́мково, Гжель. Здесь мы мо́жем уви́деть расписны́е шкату́лки, ла́рчики, коро́бочки, изя́щные ла́ковые миниатю́ры, деревя́нные ло́жки, ковши́, ми́ски, гли́няные игру́шки, тонча́йшие кружева́.

В музе́е нахо́дится уника́льное собра́ние ру́сской скульпту́ры 18-ого ве́ка, лу́чшие образцы́ скульпту́ры 19-ого и 20-ого веко́в, а та́кже обши́рная колле́кция русской академической живописи. Здесь можно увидеть знаменитый «Девятый вал» Ивана Айвазовского и полные свежести и первозданной красоты пейзажи Ивана Шишкина. В Русском музее немало замечательных работ художников второй половины 19-ого века, в том числе и «передвижников». Прекрасно представлено в музее и русское искусство конца 19-ого – начала 20-ого веков. Есть в музее и работы известных мастеров 20-ого века и художников, совсем близких нам по времени, таких, как Марк Шагал, Казимир Малевич.

Другие туристические центры

Кроме двух столиц, большой популярностью пользуются небольшие города, знаменитые своей архитектурой, историей. Список основных достопримечательностей в других городах России: Золотое кольцо России, включающее Суздаль, Владимир, Ростов, Сергиев Посад, Ярославль и другие города; Кижи, Валаам (Республика Карелия); Мамаев курган с монументом «Родина-мать зовёт!» (Волгоград); Соловки (Архангельская область); Троице-Сергиева Лавра (Сергиев Посад); Кремль, Ярославово дворище, Юрьев монастырь и музей деревянного зодчества Витославлицы (Великий Новгород); Казанский Кремль (Казань); Успенский собор (Дмитров в Московской области); Ясная поляна (Тульская область); Тульский Кремль (Тула).

到伊·艾瓦佐夫斯基的名画《惊涛骇浪》和伊凡·希什金的那些充满清新气息和原生美的风景画。俄罗斯国家博物馆里有不少19世纪下半叶美术家的优秀画作，其中包括巡回展派画家的作品。该馆还藏有19世纪末至20世纪初的俄罗斯优秀艺术品，也有20世纪著名大师如马克·夏卡尔、卡济米尔·马列维奇等人的作品。

其他著名旅游点

除了莫斯科和圣彼得堡这两座大城市，一些以建筑和历史而闻名的城镇同样具有很高的知名度。俄罗斯其他著名景点还有：金环，包括苏兹达尔、弗拉基米尔、罗斯托夫、谢尔基镇、雅罗斯拉夫尔等城市，卡累利阿共和国的基日、巴兰，伏尔加格勒的马迈山岗《祖国母亲在召唤！》巨型群雕，阿尔汉格尔斯克州的索洛韦茨群岛，谢尔基镇的圣三一谢尔基修道院，大诺夫哥罗德的克里姆林宫、雅罗斯拉夫宅邸遗址、圣尤里男子修道院和维托斯拉夫木结构建筑艺术博物馆，喀山市的喀山克里姆林宫，莫斯科州德米特罗夫市的圣母安息教堂，图拉州的亚斯纳亚波良纳庄园，图拉市的图拉克里姆林宫等。

Кижи

Скульптура «Родина-мать зовёт!» на Мамаевом кургане

Троице-Сергиева Лавра

Ярославово дворище

同样，俄罗斯沿伏尔加河、勒拿河、叶尼塞河以及横贯西伯利亚铁路（从莫斯科到太平洋沿岸的符拉迪沃斯托克）的旅游也颇受欢迎。此外，得到迅速发展的还有俄罗斯北部芬兰—乌戈尔地区（如卡累利阿共和国）的旅游业。吸引国际游客的主要旅游景点还包括举世无双的贝加尔湖。

尽管俄罗斯是一个寒冷的国家，但俄罗斯还有着许多气候温和的地带，高加索黑海沿岸的许多大城市是夏天的避暑胜地。索契拥有著名的海滨浴场。克拉斯诺达尔边疆区的度假胜地有很多家庭旅馆。

当然，要走遍俄罗斯所有的城市不仅外国人无法做到，就连土生土长的俄罗斯人也难以实现。

Среди туристов популярны круизы по крупным рекам — Волге, Лене и Енисею, а также путешествия по Транссибирской магистрали (железной дороге, тянущейся от Москвы до Владивостока, города на берегу Тихого океана). Кроме того, активно развивается туризм на русском севере и в северных «финно-угорских» регионах) (например, в Карелии). Одним из главных туристических объектов, притягивающих иностранных туристов, является уникальное озеро Байкал.

Несмотря на то, что Россия считается одной из стран с самым холодным климатом, на её территории находятся также области с умеренным климатом, а многие города Черноморского побережья Кавказа — это летние курорты. Город Сочи известен своими пляжами. На курортах Краснодарского края широко распространён семейный отдых.

Конечно, побывать во всех городах России не под силу не только иностранцу, но и коренному россиянину.

Новые слова

воцарéние 登基
рубúло 石斧
палеолúт 旧石器时代
папúрус 纸莎草纸
колеснúца（古希腊罗马作战或竞赛用的）双轮马车
постамéнт 底座
бастиóн 堡垒

флю́гер 风向标
саркофáг 石棺
орлéц 蔷薇辉石
бóтик 小船
лáрчик（存放贵重物品用的）精致的匣子
монумéнт 巍峨的纪念碑
лáвра（东正教）大修道院
круúз 水（海）上旅游

Вопросы и задания

1. Кем и когда был основан Санкт-Петербург?
2. Почему Петербург неофициально называют Северной Венецией? Какие ещё неофициальные названия города вы знаете?
3. Как менялось название города за 3 века его истории?
4. Что вы знаете о блокаде Ленинграда? Кого называют блокадниками?
5. Почему государственный музей Эрмитаж является одним из самых крупных и замечательных музеев мира?
6. Расскажите об архитектурном ансамбле Дворцовой площади.
7. Как строилась Петропавловская крепость? Как менялось её предназначение?
8. Какая давняя традиция связана с пушками Петропавловской крепости?
9. Что можно посмотреть в Русском музее?
10. Что такое «Золотое кольцо России»?
11. Что вы знаете об озере Байкал?
12. Почему Черноморское побережье Кавказа привлекает и российских, и зарубежных туристов?

本书另配有方便课堂教学的电子课件，特向使用本教材的教师免费赠送。相关专业任课教师，请完整填写本页下方的"教师联系表"，拍照发送至：pup_russian@163.com 我们将为您提供下载链接。

教师联系表

教材名称	《俄罗斯概况》（第2版）			
姓名：	职务：	职称：	邮编：	
通信地址：				
电子邮箱：				
学校地址：				
教学科目与年级：			班级人数：	

欢迎关注微信公众号
"北大外文学堂"
获取更多新书信息